INHALTSVERZEICHNIS

JASON MASON
STEFAN ERDMANN

DAS VERBORGENE WELTGEHEIMNIS

Das geozentrische Weltbild und die Rätsel
unseres unerklärlichen Sonnensystems
Gibt es Beweise für eine flache Erde?
Existieren echte Fotografien der Erde
aus dem Weltraum?

WAHRHEIT JETZT!

AnuRa Verlag

AnuRa Verlag
Im Wiesengrund 6
31558 Hagenburg
www.erdmann-forschung.de

Druck:
CPI – Ebner & Spiegel, Ulm
Satz und Layout:
Stefan Erdmann
Umschlaggestaltung:
Amadeus Holey

ISBN 978-398562-025-8

Vorwort des Verlegers

Der Sachbuchautor Jason Mason ist seit vielen Jahren sicherlich einer der bekanntesten und spannendsten Autoren im deutschsprachigen Raum. Vor vielen Jahren lernten wir uns auf einem Templer-Treffen in Österreich persönlich kennen.

Die Fülle seiner Quellen hat mich, neben seiner sehr besonderen Geschichte als Sohn eines „Men in Black" (MiB), schon in seinen ersten Werken sehr beeindruckt.

Als Jason mir von seinem Buchprojekt erzählte, war ich neugierig und auch gespannt auf das Manuskript. Nachdem ich es gelesen hatte, wusste ich, dass ich dieses Buch sehr gerne verlegen möchte, insbesondere auch im Hinblick auf die skandalöse, verlogene und mafiöse Klimapolitik weltweit und das Ammenmärchen vom menschengemachten Klimawandel. Warum? Weil die Sonne letztlich der ***Klima-Motor*** ist! Die Klima-Hysterie ist ein Multi-Milliarden-Geschäft, und wer daran im Enddefekt verdient, kann man sich wohl denken. Schlimmer noch ist die Tatsache, dass weltweit so viele Politiker und ihre Regierungen diesem Betrug auf dem Leim gehen, teilweise sicherlich auch wissend, dass hinter alldem ein riesiger Betrug steht. Das heißt nicht, dass es keinen Klimawandel gibt, den gibt es seit Jahrtausenden. Doch wissen die meisten Menschen, Politiker und die vielen Klima-Chaoten der *Dümmsten Generation* und ihre NGO-Schergen nicht einmal den Unterschied zwischen Klima und Wetter.

So ist dieses Buch auch in politischer Hinsicht brandaktuell, weil nahezu alle im Buch behandelten Themen Teil unseres täglichen Lebens sind.

Faszination Universum

Meine Generation ist mit „Raumschiff Enterprise" und den unendlichen Weiten des Universums groß geworden, mit Captain Kirk, Commander Spock und dem guten alten Scotty, der seine Kameraden überallhin beamen konnte...

Wie weit diese unendlichen Weiten in Wirklichkeit sind, wissen wir nicht, und wir werden es sehr wahrscheinlich auch nie erfahren und auch nicht, ob das Universum wirklich unendlich ist.

Jeder Mensch ist bei der Suche nach Antworten auf die Fragen des Daseins und nach dem Sinn des Lebens natürlich gewillt, diese zu begreifen. Das heißt: Er will sie im wahrsten Sinne des Wortes anfassen können oder sie sehen können. Mit anderen Worten: Er will naturwissenschaftliche Beweise, und die beruhen bekanntermaßen auf der Logik. Die Logik ist die Lehre beziehungsweise die Wissenschaft von der Struktur, den Formen und Gesetzen des Denkens; die Lehre vom folge-richtigen Denken, vom richtigen Schlussfolgern aufgrund gegebener Aussagen, folgerichtiges schlüssiges Denken. Ob man aber mit Logik und Verstand die unendlichen Weiten des Universums auch nur ansatzweise begreifen kann, ist mehr als zu bezweifeln, so viel steht fest. Das Universum hat nahezu unendlich viele Sonnensysteme und somit eine unvorstellbare Dimension.

Das, was Sie sehen, ist nur ein Bruchteil, vielleicht vergleichbar mit einem Sandkorn an einem kilometerweiten Strand. Allein in der Milchstraße gibt es nach modernen Schätzungen rund 200 Milliarden Sonnen, die wiederum ein eigenes Planetensystem besitzen. 200 Milliarden!

Inzwischen glauben viele Forscher, dass es wohl eher 300 Milliarden Sonnen sind – allein in unserer Galaxis. UND: Astronomen schätzen die Zahl der Galaxien im Universum auf 100 Milliarden!

200 Milliarden Sonnen, 100 Milliarden Galaxien! Diese schätzungsweise 200 Milliarden Sonnen, die wahrscheinlich ein eigenes Planetensystem besitzen, könnten schätzungsweise 12 Milliarden Planeten mit lebensfreundlichen Bedingungen besitzen – aber das nur am Rande.

Wenn wir glauben, wir könnten den Kosmos auch nur ansatzweise nur über unsere Logik erschließen, ist unser Gedankenspiel schon beendet, weil es letztlich nicht funktioniert – es ist unlogisch! Würden wir sagen, wenn es um die Entstehung des Universums und um die Entstehung unseres Planeten geht, dass diesbezüglich weitestgehend alles geklärt beziehungsweise wissenschaftlich erforscht ist und dass beispielweise die ***Evolutionstheorie*** des Menschen keine wesentlichen Fragen mehr aufwirft, würden wohl die meisten Leser brav mit dem Kopf nicken.

Das Gegenteil ist jedoch der Fall, wie wir im weiteren Verlauf von Jason Mason erfahren werden: *„Die Vorstellung der Evolutionstheorie ist ein Artefakt des 20. Jahrhunderts, das seine Nützlichkeit verloren hat. Vereinheitlichung ist ein Trugbild, und die Entstehung der Arten kann nicht ohne ein höheres Prinzip wie eine Schöpfung funktionieren.“*

Auch wenn wohl ein jeder, zumeist in der Schulzeit, von der möglichen Entstehung des Universums einmal gehört hat und wir alle im Biologieunterricht Grundlagen der Evolutionslehre erfahren haben, ist es wohl für viele schwer, diese beiden Punkte in einer kurzen Chronologie aufzuzeigen. Aus den Augen, aus dem Sinn!

Kreationismus und Evolutionismus

Bei der Frage nach der Evolution des Menschen kommen dann unweigerlich Glaube und Religion mit ins Spiel, deren Grundlagen und kirchlichen Dogmen – je nach Konfession – dem Menschen seit frühester Kindheit eingetrichtert wurden. Gott ist Schöpfer des Himmels und der Erde und schlussendlich auch des Menschen. Diesem sogenannten ***Kreationismus*** steht der ***Evolutionismus*** gegenüber, der wiederum behauptet, dass sich alles Leben, einschließlich des Menschen, über einen langen Zeitraum hinweg durch Selektion, Veränderung, Auswahl und Anpassung entwickelt hat.

In beiden Fällen – **Kreationismus** und **Evolutionismus** – wird es Zeit, sich mit der Aktualität der Gegenwart zu befassen und nicht mit alten und dogmatisierten Weltbildern von Kirche und Wissenschaft der Vergangenheit. Genau das ist Jason Mason in diesem Buch sehr gut gelungen.

In jedem Fall ist der Mensch „die Krone der Schöpfung“, und diese Meinung ist allgemein leider immer noch weit verbreitet – frei nach dem Motto der Genesis, wo es da heißt: *„Seid fruchtbar und mehret Euch und füllet die Erde und macht sie Euch untertan...“* Wenn wir uns dann auf dem Erdball umsehen, stellen wir unweigerlich fest, dass der Mensch diese Aufforderung Gottes erfüllt hat, wenn auch sehr unrühmlich.

Hat unser Schöpfer oder haben *die* Schöpfer etwa damit gemeint, dass die Spezies Mensch seine Mitmenschen, seine Brüder und Schwestern, beharrlich unterdrücken, nach Hautfarbe unterscheiden, Hunger und Unterdrückung fördern statt abstellen und ständig neue Kriege führen soll? Krankheit, Krieg und Drogen sind mittlerweile die größten „Unternehmen" beziehungsweise Geschäfte auf unserem Planeten, und auch die „Kirche" mit ihrer falschen Christus-Lehre ist mittendrin und verdient auch mit dabei.

Die Evolutionslehre ist nichts weiter als eine Theorie

Über das Thema Evolution sind gefühlt schon ganze Bibliotheken zusammengeschrieben worden. Schlimmer noch: Die Evolutionstheorie ist seit Jahrzehnten zur Evolutionslehre avanciert. Sie ist und bleibt aber nichts als eine Theorie und ist zudem eine verhältnismäßig junge Theorie mit einigen offenen Fragen und Widersprüchen. Dreimal dürfen Sie raten, was unsere Kinder in der Schule lernen. Dort würde diese Theorie nie auch nur ansatzweise in Frage gestellt werden, geschweige denn über die Möglichkeit einer künstlichen Erschaffung des Erdenmenschen durch Außerirdische diskutiert werden. Dogma bleibt Dogma. So ist es nicht nur in der Kirche, sondern vielfach auch in der Wissenschaft.

Nur noch ein kleiner Beleg dafür: Der Neodarwinismus stellt beispielsweise eine Art offizielles Glaubenssystem in der US-Regierung dar. Jeder amerikanische Wissenschaftler, der einen Zuschuss für ein Forschungsvorhaben beantragt, hat im Falle einer Unterstützung die Auflage, von dem darwinistischen Dogma nicht wesentlich abzuweichen. Schönes freies Amerika! Auch in Großbritannien war nahezu jeder Wissenschaftler der letzten fünfzig Jahre überzeugter Darwinist. Erst in den vergangenen Jahren haben sich die „Tore" geöffnet. Immer mehr Wissenschaftler brechen mit dem alten Dogma, zeigen in alternativen Publikationen die Mängel auf und stellen neue Sichtweisen dar.

Ich möchte die Evolutionstheorie vom Grundsatz her gar nicht in Frage stellen. Wir befinden uns in einem stetigen evolutionären Fortentwicklungsprozess, zumindest in Bezug auf unsere geistige Entwicklung. Dennoch steht die Evolutionstheorie bekanntermaßen nach dem heutigen Erkenntnisstand auf sehr wackeligen Füßen. Neben den Fakten der antiken Überlieferungen liegen fossile Funde (zum Beispiel Schädelfunde) vor, die

die Evolutionstheorie in zentralen Punkten widerlegen. Charles Darwin hat übrigens selbst niemals behauptet, dass seine Theorie die Entstehung des Lebens endgültig erklärt.

Die zentrale Frage, die durch die Evolutionstheorie bislang nicht beantwortet werden konnte, ist beispielsweise die der Intelligenzwerdung des „Urmenschen". Es gibt keine sichtbare und belegbare Entwicklungsstufe zwischen dem „Affenmenschen" (Homo erectus) und dem modernen Menschen (Homo sapiens), die allerdings notwendig gewesen wäre. Erst dieser sogenannte **Missing Link**, das fehlende Bindeglied, wird uns endgültig über unsere wirkliche Herkunft Auskunft geben können. Letztlich wird das endgültig die Frage beantworten, die sich mittlerweile so viele Wissenschaftler und Forscher stellen, ob möglicherweise im Frühstadium, in der „Kindheit" der Menschheitsentwicklung, eine gezielte genetische Manipulation am „Urmenschen" stattfand. Die Beantwortung kann hier nur aus verschiedenen Lagern erfolgen. Zum einen ist es die Altertumsforschung und somit die Betrachtung der uns heute vorliegenden Überlieferungen über die ältesten Kulturen und die zugrundeliegenden schriftlichen Zeugnisse.

Jason Mason präsentiert uns in diesem neuen Werk viele spannende Fakten dazu.

„Ancient Aliens" – Die Schöpfergötter der Bibel kamen aus dem Weltall

Schon in den biblischen Texten, den alten mesopotamischen Texten und in vielen anderen Überlieferungen weltweit wird über große Männer, Riesen und Titanen gesprochen, die geherrscht haben und bis heute nichts an Faszination und Interesse eingebüßt haben.

Über den ganzen Erdball verteilt gibt es zum Teil jahrtausendealte Berichte, wie die „Göttersöhne" auf die Erde herabkamen und sich mit den Töchtern der Erde paarten, wie wir schon in Genesis 6, 4 lesen: *„In jenen Tagen gab es auf Erden die Riesen, und auch später noch, nachdem sich die Göttersöhne mit den Menschentöchtern eingelassen hatten und diese ihnen Kinder geboren hatten. Das sind die Helden der Vorzeit, die berühmten Männer."*

Interessant ist auch der Text aus der Bibel der *Deutschen Bibelgesellschaft* von 1982. Hier wird berichtet: *„Damals, und auch später noch, lebte auf der Erde das Geschlecht der Riesen. Sie waren aus der Verbindung der Göttersöhne mit den Menschentöchtern hervorgegangen und sind als die großen Helden der Vorzeit bekannt."*

Erschreckend ist dagegen die Aussage „Gottes" in Genesis 6, Vers 7. Dort beklagt er sich über das sündige und böse Verhalten der Menschen, die er erschaffen hat. Er sagte: *„Ich will die Menschen wieder ausrotten – und nicht nur die Menschen, sondern alle Tiere, die auf dem Land und in der Luft leben. Es wäre besser gewesen, wenn ich sie gar nicht erst geschaffen hätte."*

Das tat der liebe Gott der Kirche dann auch. Es kam die Sintflut – das *Gericht Gottes* – über die bösen Menschen, und mit ihr wurde auch das Geschlecht der Riesen auf der Erde vernichtet.

Ich habe seit Beginn meiner freien Forschungstätigkeit Ende der 1980er-Jahre sehr viel Zeit in Afrika verbracht, inklusive meiner Forschungstätigkeit in Ägypten und auf dem Gizeh-Plateau. Im Mittel-punkt vieler Forschungsreisen und Expeditionen in Nordafrika, Ostafrika und allen südafrikanischen Ländern stand die Frage nach der außerirdischen Herkunft des Menschen. So traf ich zweimal den großen und weltweit bekannten Sangoma Credo Mutwa (Credo Vusa´Mazulu Mutwa) in Südafrika.

Anfang der 2000er-Jahre traf ich Credo Mutwa im Zusammenhang mit meinen Recherchen zu meinem ersten Buch *„Den Göttern auf der Spur – Gentechnik vor 400.000 Jahren"* (Amadeus Verlag 2001) das erste Mal in Südafrika, zuletzt im Jahr 2010, gemeinsam mit Jan van Helsing.

Sein Bekanntheitsgrad wuchs Mitte der 1960er-Jahre sprunghaft mit der Veröffentlichung seiner ersten beiden Bücher: *„Indaba, My Children"* und *„My People"*. Die Presse überschlug sich nach seiner ersten Veröffentlichung im Jahre 1964. Die *Sunday Tribune* schrieb von einem *„außergewöhnlichen Beitrag"*, den Mutwa als Schriftsteller leistete. Bis zu seinem Tod im Jahre 2020 wurde Credo Mutwa von Menschen aus aller Welt besucht und verehrt, so zum Beispiel auch von dem im Jahr 2013 verstorbenen Nelson Mandela.

Die Überlieferungen von Credo Mutwa unterstreichen insbesondere, dass die Erde von außerirdischen Zivilisationen besucht wurde. In seinem Klassiker *„Indaba, My Children"* berichtet auch Mutwa von einer kosmischen Katastrophe, also von der Genesis vor der Genesis, so wie es zum Beispiel auch Zecharia Sitchin in seinem Werk *„Der zwölfte Planet"* ausführlich beschrieben hat. Mutwa berichtet von Kulturbringern, die von den Sternen auf die Erde kamen und sich mit den Menschentöchtern paarten. Sie bauten Gold und andere Rohstoffe ab und haben, so Mutwa, die Geschicke der Menschheit bis zum heutigen Tage beeinflusst.

Credo Mutwa war ein ganz außergewöhnlicher Mann, mit einem großen Wissensschatz, egal wie dogmatisierte Gruppierungen aus Religion und Wissenschaft das bewerten mögen.

Schon die verblüffende Übereinstimmung zu den Überlieferungen von Sitchin und den Anunnaki-Göttern aus dem Schöpfungsbericht aus dem Zweistromland – dem Enuma Elisch – ist faszinierend genug.

Tatsache ist, dass sie im Kern das widerspiegeln, was nicht nur im Alten Testament, sondern weltweit in den Mythen unzähliger Völker verankert ist. Es ist die Geschichte von hochbegabten Kulturbringern, die in der „Kindheit“ der Menschheitsgeschichte zur Erde kamen und den frühzeitlichen Menschen maßgeblich beeinflussten. Sie brachten ihm Wissen, Kultur und Sprache. Möglicherweise ist das auch als der Zeitpunkt für die Entstehung der Religionen zu sehen. Die Götterboten, wie sie in den verschiedenen Überlieferungen auch immer genannt werden, schufen das erste moderne Königreich, möglicherweise im Zweistromland zwischen Euphrat und Tigris, und schufen den modernen Menschen, den *Lulu amelu* (-> den Gemischten/nach Sitchin), damit er ihnen diene und *„fortan das Joch der Götter trage“*, bis zum heutigen Tage. Es ist die Genesis vor der Genesis!

Die Verehrung der Sonne steht im unmittelbaren Zusammenhang mit den Schöpfergöttern aus dem Weltall

Christus und die Verehrung der Sonne...

Wir sind nicht die Krone der Schöpfung, sondern ein evolutionärer Fremdling, der sein Auftauchen der Laune einer Gruppe von „Göttern“ zu verdanken hat!

Sowohl für die Evolutionisten als auch für die Kreationisten wäre die „Evolution“ durch außerirdische Kulturbringer ein Desaster, so viel steht fest! Das können wir schon aus den Quellen und Inschriften der alten Hochkulturen lernen. So sind der Schöpfungsmythos des Alten Testaments, die Jesus-Geschichte und viele andere „Geschichten“ aus der „Heiligen Schrift“ ein Plagiat aus älteren Überlieferungen aus Mesopotamien, Indien, Südamerika und dem alten Ägypten. Das betrifft nicht nur die Schöpfungsgeschichte des Alten Testaments, also die Erschaffung des Menschen auf unserem Planeten, wie ich gerade aufgezeigt habe, sondern insbesondere auch den religiösen Stellenwert der Sonne der alten Hochkulturen in Südamerika, Mesopotamien, Ägypten und so weiter, denn dort stand die Sonne in ihrer Bedeutung im Mittelpunkt. Später wurde dies schon im frühen Christentum schlichtweg ausradiert. Schon diese politisch-religiöse Entscheidung erinnert sehr stark an die Gegenwart, wo Gesetze erlassen werden, frei nach dem Motto: **Die Lüge ist die Wahrheit.** Und dann bedenken wir einmal, wie sich die Kirche heute verhält und welchen politischen Einfluss sie in Sachen Schöpfung, Evolution, Corona und Agenda-Politik, aber auch in Sachen Klimawandel hat. Die gläubigen Schafe – und davon gibt es geschätzt mehr als zwei Milliarden – werden in der heutigen Zeit über die Kanäle der Medienwelt bestens versorgt, nur nicht mit der Wahrheit.

Schon allein aus diesem Grund ist dieses Buch von Jason Mason mit all den inhaltlichen Themen hinsichtlich des Universums, wie Schöpfung, außerirdische Schöpfer, Klima-Motor Sonne und so weiter, sehr wichtig und lesenswert!

Kurz noch einmal zur Kirche und zur Bedeutung der Sonne: Das erste Konzil der jungen Christenheit wurde durch Kaiser Konstantin (ca. 274-337) im Jahre 325 einberufen und in Nicäa abgehalten. Kaiser Konstantin legalisierte das Christentum bereits zwölf Jahre zuvor im Römischen Reich, war aber eigentlich ein Anhänger des **Sonnen-Kultes** – er war kein getaufter Christ! So rief Konstantin auch das erste internationale Konzil der Christen ein, um das offizielle Christusbild zu etablieren, was ihm schließlich auch gelang.

Die Wahrheit ist aber eine andere: *„Die Geburt Christi, als Sohn des Weltenvaters, in der Nacht zum 25. Dezember von einem ‚irdischen Weibe', einer Jungfrau geboren, findet eine Fülle gleichlaufender Überlieferungen bei den alten Völkern. Agni in Indien, Mithras in Persien, Osiris in Ägypten, Adonis, Bacchus, Apollo in Syrien, Phönizien und Griechenland; Manu und auch Buddha und viele andere ‚Göttersöhne' sind in der Nacht zum 25. Dezember geboren. Alljährlich am 25. Dezember feierten in Rom die Priester und Bruderschaften des Bacchus, des Mithras, der Venus und der Isis die Geburt des jungen Sonnengottes. Überall in allen Provinzen des Reiches auch trug man die Wiege mit dem Neugeborenen in feierlicher Prozession herum, mit dem Jubelrufe: ‚Evoe Bacchus!' Ceres, die glückliche Mutter des Bacchus wurde als die ‚Heilige Jungfrau' gepriesen. Auf einer alten Terrakottavase ist uns eine Darstellung dieses Vorganges erhalten. Die Priester des Horus trugen nach alter Übung die Tonsur, von denen sie die römische Kirche übernahm, eine Art, die Haare zu tragen, die dazu dient, dem kosmischen Willen leichteren Zutritt zu gestatten. Alle diese Göttersöhne heilten Krankheiten, erweckten Tote, taten Wunder und mussten schließlich sterben nach der Forderung des* *uralten Mythos vom ewigen Wechsel des Lebens über Geburt und Tod, erlebt im Ablauf eines Rundganges der Sonne durch den Jahresring. Die Jungfrau Maria mit dem Jesuskind auf dem Arme ist keine jüngere Vorstellung, kein ‚christliches' Herkommen, sondern ein Erbteil der allgemein menschlichen Verehrung des Wunders der Mutterwerdung, der Mütterlichkeit der Erde überhaupt. Wir kennen die Juno mit dem Kinde auf dem Arme, die Artemis von Ephesus, die ‚unbefleckte Jungfrau', die Artemis von Chrysos, die Demeter, ‚Dea Mater', die Göttinmutter, zu Deutsch einfach ‚Die Mutter': de meter, das Sinnbild der Fruchtbarkeit.“*

Es ist letztlich die Sehnsucht der Menschen nach dem gottgeborenen Kinde, dem leuchtenden Himmelssohne, der das Licht und die Liebe der Welt ist, und er ist auch keine Erfindung der jüngeren Vergangenheit, sondern tief verwurzelt in den alten Religionen, lange bevor das Christentum rund um Konstantin die Geschichte neu geschrieben und das Drehbuch verändert hat: *„Der ‚Son' ist es, in unserer Sprache heute die ‚Sonne', die im Dezember am 25. Tage, im Zeichen des Steinbockes, aus der Winternacht erwacht und zu neuem Leben aufsteigt am Himmel der Menschheit. ‚Son' verstanden ist in der Tat ‚Christus' das Licht der Welt, das zur Erden-Mitternacht, wenn das Zeichen der Jungfrau, das ihn ‚gebärt', am Himmelsosten aufsteigt, der in der Weihenacht geborene Gottessohn, von dem das Evangelium Matthäi spricht, ‚dass sein Angesicht leuchte wie die Sonne'.“*

So hatte beispielsweise der Kirchenvater Augustinus von diesen Zusammenhängen noch Kenntnis, bis die Kirche das Drehbuch für immer verändert hat. Augustinus sagte dazu sinnbildlich: *„Heute (am 24. Juni), wo die Tageslänge abzunehmen beginnt, ist Johannes ‚geboren', damit der Mensch erniedrigt werde; an jenem Tage (25. Dezember), an dem die Tageslänge zunimmt, ist Christus ‚geboren', damit Gott erhöht werde.“*

Der Sonnenkult – Vorläufer der „heidnischen“ mosaischen Religionen von heute...

Es ist kein großes Geheimnis, das die mosaischen Religionen inhaltlich in vielerlei Hinsicht ein Plagiat sind, egal ob es um die Schöpfungsberichte, die biblischen Stammväter oder um Abraham, David, Salomon oder Jesus geht.

Es ist schon aufgrund der noch vorhandenen Quellen der alten Ägypter und anderer alter Historiker offensichtlich, dass die mosaischen Religionen aus den älteren ägyptischen Traditionen – dem „Heidentum“ – geboren bzw. ausgefiltert wurden. Das hat schon der bekannte Ägyptenforscher John Anthony West auf den Punkt gebracht, als er feststellte, dass der Ursprung aller mosaischen Religionen in Ägypten zu finden ist. Das ist eine Feststellung, die auch Sigmund Freud machte, der zu dem Ergebnis kam, dass die Bibel ein vollkommenes Plagiat der Sumerer und Ägypter sei.

Diese Methode wurde von den Kirchenoberen seit Beginn ihrer erfundenen Heilandslehre systematisch angewendet. Es war aber keine Erfindung im eigentlichen Sinne, sondern schlichtweg eine Fälschung! Sie wurden inspiriert durch uralte Schriften, die ihnen durch ihre Raubzüge in die Hände fielen, und so haben sie ihre eigene Geschichte um Jesus herum lediglich neu verfasst. Nur die Quellenangaben haben sie zufällig vergessen. Man könnte das auch *Jesus 2.0* nennen. Das betrifft insbesondere den Sonnenkult – die Verehrung der Sonne, ohne die es auf unserer Erde kein Leben geben würde.

Ganz wenige Insider wissen das, oder glauben Sie allen Ernstes, das es Zufall ist, dass neben allen großen Machtzentralen diese Erde Obelisken stehen, die in Wirklichkeit den alten Sonnenkult der Ägypter symbolisieren. Denken Sie mal an Washington oder den Petersplatz in Rom.

Vor 5.000 Jahren in Heliopolis – heute stehen die Sonnen-Pfeiler vor großen Machtzentren der Erde, und das nicht ohne Grund

Das einstmalige Zentrum der Priesterschaft in Heliopolis dehnte sich auf einer Fläche von etwa 900.000 Quadratmetern aus und war von einer mächtigen Umfassungsmauer umgeben. Das Alter der Anlage ist bis heute nicht endgültig geklärt, ihre Wurzeln sind aber mindestens bis in die 3. Dynastie (2700 bis 2575 v.Chr.) zurückzuverfolgen. Heliopolis galt als die bedeutendste Universität der Welt. Etwa zur Zeit des Neuen Reiches (19. Dyn.) sollen dort zirka dreizehntausend Priester gewirkt haben. Etwa zweihundert Jahre zuvor wurde kein Geringerer als der „biblische“ Moses in Heliopolis *„in all die Weisheit der Ägypter“* eingeweiht.

Im späten 4. Jahrhundert n.Chr. hatte der „christliche“ Kaiser Theodosius in dem Bestreben, das Heidentum auszumerzen, die Schließung aller heidnischen Tempel im gesamten Reich befohlen. Aber einen Obelisken des alten Ägypten ließ er abbauen und bei sich in Konstantinopel aufstellen. Die damaligen Machthaber wussten genau, was sie taten, ebenso wie die heutigen Eine Schrift aus der Zeit Ramses III. (12. Jahrhundert v.Chr.) überliefert beispielsweise, dass allein der Tempel des Re/Ra (-> Sonne/Sonnengott) in Heliopolis 12.963 Personen beschäftigte – Frauen und Bauarbeiter aber nicht mitgezählt. Als Strabon die Stadt besuchte, fand er sie aber völlig menschenleer vor. das wissen. Der Dogmatismus der gefälschten Christuslehre der Kirche hat die Mächtigen nie interessiert.

Die Blütezeit der Stadt Heliopolis war längst Geschichte. Als der britische Orientalist, Übersetzer und Lexikograf Edward Lane 1825 Ägypten bereiste, schrieb er, an der Stelle der antiken Stadt befände sich nur noch flache, sandige Wüste. Heute ist von Heliopolis nicht mehr zu sehen als ein einziger übrig gebliebener Obelisk. Ein anderer Obelisk aus Heliopolis steht in England, nicht weit von der „City“, ein weiterer in New York, vor dem *Metropolitan Museum of Art*.

Verfolgen wir die Geschichte um die Obelisken, so stellen wir fest, dass viele Herrscher im Laufe der folgenden Jahrhunderte die Göttersymbole stets vor ihren jeweiligen Machtzentren positionierten. Ihre Bedeutung und Verehrung – vor allem als Herrscher- und Machtsymbol – hat nicht an Bedeutung verloren und scheint in den geheimen Kreisen bekannt zu sein. Das schließt selbstverständlich die *Elite-Familien* mit ein, die seit Jahrhunderten die Freimaurerei und auch den Vatikan kontrollieren.

Auf Rom, die ewige Stadt, die durch viele Beinamen geschmückt wird, trifft einer vor allen anderen zu: „Die Stadt der Obelisken“. Drei-zehn von ihnen stehen in der italienischen Metropole. Sie alle sind aus Ägypten herbeigeschafft worden. Nur acht der Obelisken blieben für den Rest der Welt noch übrig. War das nur eine Laune unter dem Aspekt von origineller Städtearchitektur? Werfen wir einen Blick auf das Zentrum des Vatikanstaates, so stellen wir zu unserer Überraschung fest, dass im Mittelpunkt der Piazza San Pietro ein 42 Meter hoher Obelisk steht. Er ist zweifellos der schönste und zugleich der größte Obelisk, der in Rom steht. Bereits im

Jahre 37 wurde der Obelisk durch Kaiser Caligula im Zirkus des Nero aufgestellt. Durch Papst Sixtus V. erlebte er dann im Jahre 1586 unter dramatischen Umständen seine Aufrichtung vor St. Peter. Allein das Mittelstück – ein Monolith – wiegt etwa 822 Tonnen.

Jetzt erzähle ich Ihnen einmal eine Geschichte, die mehr als 20 Jahre zurückliegt...

Bei meinen Recherchen zu meinem ersten Buch *„Den Göttern auf der Spur – Gentechnik vor 400.000 Jahren"* (Amadeus Verlag 2001) ist mir aufgefallen, dass über die Bedeutung der Obelisken vor den Machtzentren der Erde und jenem auf dem Petersplatz und ihre mögliche Bedeutung bisher nie gesprochen wurde. Bei Bau und Ausführung der Peterskirche, dessen Innenraum sechsmal so groß ist wie der des Kölner Doms, wurde nichts dem Zufall überlassen. Hier waren so berühmte Baumeister wie Michelangelo am Werk. Die Kirche erhebt sich an jener Stelle, an der Petrus wahrscheinlich den Märtyrertod fand und an der vermutlich sein Grab lag. Im ersten Jahrhundert befanden sich hier der Zirkus des Kaisers Nero und der große Obelisk. Es ist recht sonderbar, dass der Obelisk von Sixtus V. im Zentrum der Piazza San Pietro wieder aufgerichtet wurde – ein heidnisches Symbol im Herzen des Vatikans?!

Die Obelisken oder Schems, wie sie im Zweistromland genannt wurden, sind unter anderem als **Sonnenpfeiler** verehrt worden, zu Ehren des Sonnengottes Re, dessen Hauptheiligtum der Tempel in Heliopolis war. Ob sie nun Symbole für die Flugkörper der Elohim-Götter darstellten oder einfach nur Sonnensymbole, allein die Verehrung des Obelisken als Sonnensymbol steht im krassen Widerspruch zum geozentrischen Weltbild der römisch-katholischen Kirche des 16. Jahrhunderts und selbstverständlich auch zu ihrer gefälschten Christus-Lehre. Wer sich einmal intensiver mit der katholischen Kirche und dem Vatikan befasst hat, der wird wissen, wer der wahre Herr in Rom ist und dort angebetet wird. Es ist davon auszugehen, dass die Errichtung des Obelisken durch Sixtus V. in den geheimen Kreisen wohl eine zentrale Rolle spielte und bis heute von zentraler Bedeutung ist. In der Öffentlichkeit wird das natürlich bis zum heutigen Tage nicht erwähnt. Offiziell wurden sie auf dem Wege der diplomatischen Höflichkeit unter anderem Großmächten wie Frankreich, England und Amerika überreicht und stehen bis heute an zentralen Orten in Paris, London und New York. Zwei davon standen einstmals im Priesterzentrum Heliopolis und wurden dann nach Alexandria gebracht, wo sie vor dem Caesarium die Macht der Römer symbolisierten. Im Jahre 1878 verließen sie Ägypten dann in Richtung London und New York, wo sie bis heute symbolisch in den Zentren der beiden Großmächte in den Himmel hinauf ragen. Bekanntlich ragt auch hinter dem Weißen Haus in Washington ein Obelisk als Symbol der Macht in den Himmel – wie sollte es auch anders sein?

Der Obelisk auf dem Petersplatz. Davor der Bernini-Brunnen.

Die Vatikanstadt von oben. Im Piazza San Pietro der 42 Meter hohe Obelisk.

Die Pyramide und das Siegel der Vereinigten Staaten

Es ist heute ein offenes Geheimnis, dass die Vereinigten Staaten von Logenbrüdern gegründet und als Freimaurer-Idealstaat aufgebaut wurden. Thomas Jefferson und George Washington waren Freimaurer, Benjamin Franklin war Freimaurer und Rosenkreuzer, und sie alle waren im Besitz des elitären und geheimen Mysterienwissens der alten Ägypter.

Tatsächlich beinhaltet die amerikanische Konstitution die Grundelemente der Menschenrechtsproklamationen der Aufklärung. Bis heute bezeugt das auf jeder 1-US-Dollar-Note abgebildete Staatssiegel der USA die Symbolik und die Macht der Logenbrüder, wie man auf dem folgenden Bild erkennen kann. Auf der einen Seite zeigt sie eine 13-stufige Pyramide, deren Schlussstein fehlt. An seiner Stelle schwebt über ihr das mystische Auge im Dreieck, das „Allsehende Auge" Gottes, das Symbol des Meisters in der Freimaurerei. Das heißt in der Geheimsprache der Logen, dass der fehlende Eckstein der Gesellschaft das „Göttliche" sein muss. Die mystische Zahl ist 13. Bei den Illuminati gibt es 13 Grade. In der Numerologie ist 13 die Krone der 12 – die perfekte Harmonie. Jesus stand als Dreizehnter dem Kreis seiner zwölf Jünger vor und symbolisierte die Transformation (Auflösung bzw. Umwandlung) und das Göttliche. Über dem Pyramidensymbol stehen die lateinischen Worte „Annuit Coeptis", darunter „Novus Ordo Seclorum". Sie bedeuten: „Die Ankündigung der Geburt" und „Eine Neue Weltordnung". Die andere Seite des Siegels zeigt den weißköpfigen Seeadler – das aber erst seit 1841, davor symbolisierte der Phönix(!) den Wappenvogel auf dem Geldschein.

Auch hier steht die heilige Zahl 13 symbolisch im Mittelpunkt. Der Phönix hatte an jedem seiner Flügel 13 Federn, in der rechten Kralle erkennen wir 13 Pfeilspitzen, in der linken einen Zweig mit 13 Blättern. Über ihm steht „E Pluribus Unum" (aus vielen eines) aus 13 Buchstaben, darüber ist ein Davidstern aus 13 Sternen und auf der Brust das Banner mit 13 Streifen, die die 13 Gründungsstaaten repräsentieren

Übrigens war auch ein anderer Freimaurer maßgeblich an der Gestaltung der 1-US-Dollar-Note mit beteiligt. Die Rede ist von Henry Wallace; auch er war nicht nur ein einflussreicher Freimaurer, sondern auch Landwirtschaftsminister und später sogar Vizepräsident der Vereinigten Staaten. Wallace war vermutlich sehr mit den alten ägyptischen Mysterien verbunden. Er schrieb 1934: *„Es wird wohl eine eindeutigere Anerkennung des großen Architekten des Universums erfordern, bevor der Apexstein (Pyramidion, das „Allsehende Auge") endgültig an seinem Platz befestigt wird und diese Nation in der vollen Stärke ihrer Macht in der Lage ist, durch die Einweihung der ‚Neuen Weltordnung' die Führung unter den Nationen zu übernehmen."*

Die Illuminati sind eine weltweit führende Geheimorganisation und bestimmen Politik und Finanzen. Sie wird heute auch vielfach als Schattenregierung bezeichnet, und das wohl nicht zu unrecht. Sie hat das Ziel, eine einheitliche Weltregierung zu schaffen. Diese Organisation – die Illuminati (die „Lichtträger"), die nichts anderes sind als ein Instrument der Elite-Familien – wird alles tun, um diese Weltregierung herbeizuführen. Forscher, die sich mit diesem Thema intensiver befasst haben, gehen noch einen Schritt weiter und behaupten, dass es sich bei dem Symbol der Illuminati – dem „Allsehenden Auge" – um das Symbol der schon aus dem Zweistromland bekannten Schems handelt, die Flugkapseln, die später die Pyramidia auf den Obelisken darstellten. Und zugegeben, Hinweise darauf finden wir in der Antike zuhauf, ganz abgesehen von den vielen Berichten weltweit über die „Elohim-Götter" und ihre Flugapparate. Diese außerirdische Rasse (die Greys = die Grauen) soll nun mit den Illuminati einen Vertrag geschlossen haben, diese zur einheitlichen Weltregierung zu führen. Dieser Kontakt soll in der Zeit zwischen 1930 und 1935 stattgefunden haben.

Die erste Zusammenarbeit fand also vor 1945 statt, denn für den Unsichtbarkeitstest im Rahmen des Philadelphia-Experiments nutzten die Wissenschaftler bereits „graue Technologie". Der Physiker Nikola Tesla, der zeitweilig Projektleiter des Philadelphia-Experiments war, soll dazu einmal gesagt haben, die forschungsrelevanten Informationen von Außerirdischen erhalten zu haben, was ihm natürlich niemand abkaufte.

Wie dem auch sei und wie verrückt und abgehoben diese These im ersten Moment auch klingen mag, es ist mehr daran als Verschwörung und Science-Fiction, davon ist wohl auszugehen. Aber noch ein Wort zur 1-Dollar-Note der USA – da kann man nur staunen und sagen: Herzlich Willkommen im Priesterzentrum Heliopolis, im alten Ägypten.

Gehen wir dazu noch einmal kurz zurück auf den Petersplatz nach Rom. Ich habe vor über 20 Jahren einen Beleg gefunden, der deutlich macht, dass der Vatikan schon sehr früh durch die Illuminati infiltriert wurde und dass dies symbolisch und numerologisch belegt werden kann.

Die Via della Conciliazione ist die Straße, die direkt zur Peterskirche führt, ins Herz des Vatikanstaates. Links ein 13stufiger Obelisk. Auf dem rechten Bild ist die Pyramiden-Allee gut zu erkennen, die direkt auf die Piazza San Pietro zuläuft.

Die meisten Besucher gelangen über die **Via della Conciliazione** in das Zentrum des Vatikanstaates, also auf den Petersplatz. Diese Pyramiden-Allee wird links und rechts von jeweils 13 Obelisken gesäumt. Jede der 13 Pyramiden besteht aus 13 Steinblöcken (!) – wie das Pyramidion auf der amerikanischen 1-Dollar-Note. Die Macht der Schattenregierung, die im Hintergrund versucht, dafür zu sorgen, dass die Neue Weltregierung in Kraft tritt, wird neben der Zahl 13 (Transformation/Umwandlung) durch eine weitere Zahl symbolisiert. Es ist die Zahl 7. Die 7 steht zum einen für das Universum, also für die heilige Ordnung, und zum anderen für den Weg. Der Weg beziehungsweise die Umsetzung desselben erfolgt durch die Illuminati und ist virtuell überall vorhanden. In der heiligen Geometrie wird die 7 mit einem Dreieck innerhalb eines Quadrates symbolisiert. Eine Interpretation dieses Symbols besagt, dass es die Harmonie zwischen Geist (Dreieck) und Materie (Quadrat) ausdrückt.

Aber sehen Sie selbst: Jeder der Obelisken mit seinem Pyramidion (Dreieck) hat 13 Stufen, und die stehen auf einem Steinsockel mit jeweils vier Blöcken (Quadrat). Multipliziert ergibt das den numerologischen Wert 7. Auch das „ONE" auf der amerikanischen Geldnote ergibt diesen Wert 7 (15+14+5=34->7) – den Weg zur Erreichung der Neuen Weltregierung durch die Illuminati.

Der unsichtbare Obelisk im Herzen der Vatikanstadt

Ich habe noch einen Obelisken für Sie parat: Wenn man jeweils eine Verbindungslinie durch die Obelisken auf der Via della Conciliazione zieht, in Richtung Peterskirche, und vom jeweils letzten eine weitere Linie zu dem Obelisken auf der Piazza San Pietro, dann erkennen wir einen weiteren, *unsichtbaren* Obelisken. Die Obelisken-Allee wurde erst im letzten Jahrhundert errichtet. Wie die Abbildung verdeutlicht, haben die Obelisken als Symbol der Schattenregierung wohl eine zentrale, okkulte Bedeutung, die vermutlich kaum einem Menschen je aufgefallen ist. Wenn Sie die Abbildung nun einmal sinnbildlich aufrichten, dann thront über dem *unsichtbaren Obelisken* der Vatikan: die Stadt – oder der „Staat" – der „irdischen Herrscher".

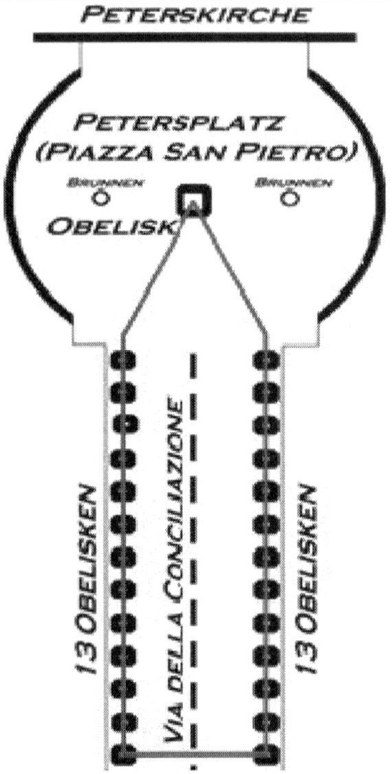

Der unsichtbare Obelisk im Vatikanstaat; Symbol für die im Hintergrund wirkende Macht der unsichtbaren Weltregierung in der „Stadt der Liebe". Hinter all dem steckt sicherlich noch ein ganz anderer Sinn. Die Schwarzmagier und Okkultisten, die hier vermutlich die Baumeister waren, haben mit diesem Konstrukt ein geschlossenes radiästhetisches Feld geschaffen und wenn man das ganze im Geiste einmal aufrichtet, dann schwebt ganz oben der Vatikan als *Fürst der Welt*, der den Menschen das *Wort Gottes* verkündet. Auf den Petersplatz passen ca. 60.000 Menschen, einschließlich der Via Della Conciliazione noch viele Tausende mehr, die sich alle in diesem dunklen, schwarzmagischen Feld bewegen.

So, nun ist es aber genug mit meiner Geschichte rund um das Geheimnis der Obelisken – der Sonnenpfeiler – und des geheimnisvollen, unsichtbaren Obelisken in der Vatikanstadt.

Es war mir wichtig, Ihnen diese Geschichte noch einmal zu erzählen, denn vielleicht gelingt es uns so ein wenig mehr, die verborgenen Weltgeheimnisse zu verstehen, über die Jason Mason uns in diesem spannenden Buch berichtet. Denn wie ich schon angemerkt habe, handelt es sich bei dem Inhalt um sehr viel mehr, als „nur" um den Ursprung des Universums, die Frage nach der Evolution, der wahren Herkunft des Menschengeschlechts und die Bedeutung der Sonne, samt ihres okkulten Hintergrundes, der bis heute Teil unserer Religion ist und eben auch der okkulten religiösen Vorstellung der Geheimgesellschafen.

Wir sollten uns vor Augen führen, wie die Sonne – der Klima-Motor Sonne – heute als politisches Machtinstrument benutzt wird, um Billionen – ja, sie haben richtig gelesen: Billionen – von Euro in den nächsten Jahrzehnten aus dem Fenster zu werfen, weil man durch eine klug inszenierte Lüge, den anthropogenen (durch den Menschen verursachten) Klimawandel, eine weitere neue Religion geschaffen hat, die genauso falsch und verlogen ist wie die der katholischen Kirche, die – man glaubt es kaum – auch ein Teil dieses weltweiten Klima-Monopolys um die gute alte Sonne ist. Warum? Weil die vielen Billionen den Volkswirtschaften dieser Erde entrissen werden und die Mächtigen sie kassieren…

Was der *Sonnen-Gott* wohl dazu sagen würde? Ich glaube, das schert ihn herzlich wenig. Eine Sonne mehr oder weniger spielt im Universum bei den Milliarden von Sonnen wohl kaum eine Rolle – für die Menschheit aber schon.

Es gibt nur wenige Gebiete in der Astronomie, die so gut erforscht sein sollen wie die Entwicklung der Sonne. Schon heute vermuten Wissenschaftler, dass die Kernprozesse zum Erlöschen kommen werden. Zunächst würde das bedeuten, dass die Sonne in den nächsten fünf Milliarden Jahren ziemlich gleichmäßig strahlen wird, wobei allerdings ihre Energieproduktion zunächst unmerklich langsam, dann aber immer schneller ansteigt. Schließlich wird sich die Sonne zu einem „Roten Riesen“ aufblähen, der die Planeten des Sonnensystems verschlingen wird. Nachdem die Kernprozesse erloschen sein werden, wird die Sonne kein eigenes Licht mehr produzieren, sondern nur noch ausglühen. Ihr Radius wird dann mit etwa 16.000 Kilometern nicht viel größer sein als der Radius der heutigen Erde. Zum Ende dieses Prozesses wird die Sonne, das stelle man sich einmal vor, eine Sternleiche sein, ein sogenannter „Weißer Zwerg“. Was bis dahin aus der Erde geworden ist, wissen die Astronomen natürlich nicht. In jedem Fall wird auf der Erde kein Leben, wie wir es kennen, mehr existieren – begrenzte, ungekrönte Schöpfung! Aber seien Sie beruhigt, bis dahin werden wohl noch mehr als acht Milliarden Jahre vergehen.

So, meine verehrten Leserinnen und Leser, nun wünsche ich Ihnen spannende Unterhaltung und viele neue Erkenntnisse der verborgenen

Weltgeheimnisse, die Jason Mason uns wie immer mit vielen spannenden und neuen Fakten präsentieren wird.

Mit allen guten Wünschen,

Ihr *Stefan Erdmann*

Vorwort

Sehr geehrte Leserinnen und Leser,

Ich freue mich, Ihnen mein neues Buch präsentieren zu können. Es dreht sich diesmal um den Konflikt von Wissenschaft und „Pseudowissenschaft“. Aus vielen neuen wissenschaftlichen Erkenntnissen lässt sich ableiten, dass die wichtigsten Theorien der Naturwissenschaft auf sehr wackeligen Beinen stehen und sonderbare Beobachtungen beweisen, dass wir in einem außerordentlich mysteriösen Universum existieren. Wie ist der Kosmos entstanden? Woher stammt der Planet Erde? Was ist der Ursprung der Menschheit? Gab es in der Antike Kontakte zu außerirdischen Wesen, welche die Erde besucht haben? Diese grundlegend wichtigen Fragen sind bis heute schwer zu beantworten. Ich habe mich auf die Spurensuche begeben, um herauszufinden, welche naturwissenschaftlichen Fakten heutzutage vorliegen und wie sie mit den Vorstellungen der alternativen Weltsicht in Einklang zu bringen sind.

Für das vorliegende Buch habe ich Unmengen von topaktuellen Wissenschaftsartikeln studiert und die spannendsten Entdeckungen in den Text aufgenommen. Ob Sie es glauben können oder nicht, wir bewohnen das absolut ungewöhnlichste Sonnensystem, das in unserer Galaxie und vermutlich im ganzen Universum bekannt ist! Es weist derart viele mysteriöse Anomalien auf, dass seine Entstehung immer weniger auf rationale Weise zu erklären ist. Astrophysiker sind ratlos. Nicht nur das Saturn-System ist extrem faszinierend, sondern auch das Erde-Mond-System. Es sind so viele Abweichungen zu anderen Sternsystemen erkennbar, dass Astronomen jetzt annehmen, dass wir im gesamten Universum eine einzigartige Position einnehmen! Es besteht die Möglichkeit, dass sowohl der Planet Erde als auch sein Mond von unbekannten Intelligenzen terraformiert worden sind.

Neue wissenschaftliche Erkenntnisse besagen darüber hinaus, dass unser Universum einen Teil eines viel größeren Multiversums repräsentiert, das wir nicht sehen können. Das sichtbare Universum wird von dem kosmologischen Horizont begrenzt, einer Grenze, hinter der Galaxien für immer aus unserem Sichtfeld verschwinden. Physiker vermuten, dass sich dahinter ein endloser Kosmos erstreckt, in dem andere und möglicherweise bewohnte Universen vorhanden sind. Seit einiger Zeit kursieren zudem beunruhigende Nachrichten in Wissenschaftsmagazinen, wonach die Theorie des Urknalls aus verschiedenen Gründen ihre Gültigkeit verlieren könnte. Die Folgen für das wissenschaftliche Standardmodell des Universums sind noch nicht absehbar. Darüber hinaus konnten nach Jahrzehnten an Bemühungen keinerlei Nachweise für die reale Existenz von Dunkler Materie ermittelt werden. Dadurch verliert das akzeptierte Modell seine Glaubwürdigkeit, weil keine Vorhersagen mehr möglich sind. Wissenschaftler können das Universum nicht erklären!

Analysen von fossilen menschlichen Überresten und DNS-Auswertungen haben ergeben, dass sich unbekannte menschliche Spezies irgendwann mit modernen Menschen gekreuzt haben. Von diesen Vorgängern, die hunderttausende Jahre lang diesen Planeten bewohnt haben sollen, existieren jedoch keinerlei Hinterlassenschaften, und es sieht so aus, als ob sie auf diesem Planeten niemals heimisch gewesen sind. Durch neue Datierungen gerät der gesamte Stammbaum der menschlichen Evolution immer mehr durcheinander. Genetiker sagen, dass natürliche Auslese nicht zur Entstehung des modernen Menschen geführt hat, sondern gezielte genetische Eingriffe in unser Erbmaterial. Es enthält Sequenzen, die darauf hindeuten, dass die Menschheit aus dem Kosmos stammt und dass unser Erbgut von außerirdischen Intelligenzen angepasst worden ist, um bestimmte Charakteristiken aufzuweisen, die man bei keiner anderen Lebensform dieser Erde findet.

Eine der unerklärlichsten Beobachtungen betrifft die Position unserer Milchstraßen-Galaxie und unseres Sonnensystems im sichtbaren Weltall. Forscher haben nunmehr ermittelt, dass wir uns exakt im Zentrum des Alls befinden! Dieser Umstand kann unmöglich ein Zufall sein und verunsichert atheistische Wissenschaftler. Weitere Anomalien betreffen das akzeptierte Alter des Universums, denn laut neusten Beobachtungen des James-Webb-Weltraumteleskops sind die entferntesten Galaxien am Rande des Universums anders beschaffen, als sie entsprechend den kosmologischen Theorien aussehen sollten. Man kann nicht erklären, warum Galaxien plötzlich aufgehört haben, Sterne und Planeten zu formen. Astronomen haben aktuell sogar ausgesagt, dass etwas Unheimliches im Universum vor sich geht, das an Metaphysik erinnert.

Im Zuge weiterführender Nachforschungen bin ich schließlich auf einen merkwürdigen Umstand gestoßen: Das geozentrische Modell des Universums konnte physisch niemals zweifelsfrei durch wissenschaftliche Experimente widerlegt werden. Alternative Wissenschaftler enthüllen, dass Galileo Galilei offenbar doch nicht recht hatte und die kopernikanische Wende hin zum Modell des Heliozentrismus einen Betrug darstellte, um die wissenschaftliche Revolution auszulösen und materialistische Theorien über die Entstehung des Universums und der Menschheit zu fabrizieren!

Diese Ausführungen sind sehr spannend und sind im ersten Moment schwer zu glauben. Die Theorie der flachen Erde enthält einige wichtige Punkte des erdzentrierten Modells, wird jedoch öffentlichkeitswirksam als Verschwörungstheorie eingesetzt, um davon abzulenken, dass das erdzentrierte Modell des Universums niemals wissenschaftlich widerlegt und sogar laut etablierter Relativitätstheorie immer noch als alternatives wissenschaftliches Standardmodell volle Gültigkeit besitzt! Weltraumorganisationen verändern Aufnahmen des Planeten Erde, und es existiert keine einzige authentische Videoaufzeichnung des rotierenden Planeten Erde aus größerer Distanz vom Weltraum aus aufgenommen. Weltraumsonden erhalten aus ungenannten Gründen niemals die Priorität, die Erde näher zu untersuchen. Warum das so ist, wird von Pressesprechern der Weltraumorganisationen nur ausweichend und zögerlich kommentiert. Wussten Sie, dass es mehr als 40 Jahre lang kein einziges wissenschaftliches, verwertbares Einzelfoto des ganzen Planeten Erde gab? Alles, was wir zu sehen bekommen, sind Ausschnitte von Videos, welche von erdnahen Satelliten oder der internationalen Weltraumstation ISS stammen, die sich in einem niedrigen Orbit um die Erde drehen.

Die Weltraumorganisationen, allen voran die NASA, erklären darüber hinaus klipp und klar, sämtliche Aufnahmen vom Weltraum mit Computersoftware zu bearbeiten, bevor sie veröffentlicht werden. Die meisten Aufnahmen der ganzen Erde sind daher Komposit-Aufnahmen oder vollständig am Computer generierte Grafiken und keine Originalaufnahmen! Sucht man nach Originalaufnahmen, verläuft die Suche ergebnislos, weil so gut wie überhaupt keine Originale veröffentlicht werden. Es existieren nur ein paar historische, originale Fotografien aus den 1960er-Jahren. Sie stammen größtenteils von den Apollo-Missionen der NASA. Auch bei diesen ikonischen Aufnahmen, die Weltruhm erlangten, wurden Manipulationen vorgenommen. Der ehemalige Leiter der russischen Weltraumagentur Roscosmos hat hingegen unlängst der Presse erklärt, dass er keine Beweise finden konnte, die belegen, dass Amerikaner wirklich auf dem Mond gewesen sind. Es sind tatsächlich neue Hinweise aufgetaucht, die darauf hindeuten, dass einige Fotografien und Filmaufnahmen der Mondoberfläche wohl in einem Studio entstanden sind. Der interessanteste Umstand ist aber sicherlich jener, dass selbst modernste Teleskope keine Hinterlassenschaften von Apollo-Astronauten auf der Mondoberfläche sichtbar machen können.

Im letzten Kapitel des vorliegenden Buches stelle ich Informationen vor, die zeigen, dass moderne Wissenschaft teilweise auf Vorstellungen des östlichen Mystizismus basiert. Alternativforscher haben ungewöhnliche Eigenschaften von menschlicher DNS (Desoxyribonukleinsäure) entdeckt, die unterschlagen werden. Forscher kamen dahinter, dass Bewusstsein überall im All vorhanden ist und dass das menschliche Gehirn eigentlich einen Empfänger für Bewusstsein darstellt. Bewusstsein existiert unabhängig vom Gehirn oder dem physischen Körper. Klinische Studien haben gezeigt, dass Neurowissenschaftler jetzt herausgefunden haben, dass wir Menschen von etwas kontrolliert werden, das sich außerhalb unserer Körper befindet! Sie haben begriffen, dass die Entstehung des menschlichen Gehirns ohne einen übernatürlichen Schöpfungsvorgang nicht zu erklären ist.

Deutsche Pioniere der Quantenphysik entwickelten ihre Vorstellungen der Physik aus der östlichen Spiritualität und den Lehren der indoarischen Veden, einem jahrtausendealten Wissenssystem der vedischen Zivilisation. Sie wollten die wahre Natur der Realität ergründen. Wenig bekannt ist, dass diese Wegbereiter der modernen Wissenschaft selbst die theosophische Geheimlehre studierten. Das Werk *„Die Geheimlehre“* von Madame Helena Petrovna Blavatsky war offenbar über viele Jahre hinweg Albert

Einsteins persönliche Bettlektüre! Auch Nikola Teslas Erfindungen waren von östlicher Philosophie und der Wissenschaft der indischen Veden inspiriert. Das wahre Alter dieser jahrtausendealten Traditionen der vedischen Zivilisation kann nicht definitiv ermittelt werden. Es besteht jedoch die Wahrscheinlichkeit, dass es mehr als 10.000 Jahre alt ist und von einer verlorenen Erdzivilisation der fernen Vergangenheit stammt, die durch einen Kataklysmus zerstört wurde. Somit begründet sich die Technologie und die Wissenschaft unserer modernen Zivilisation auf Entdeckungen, die schon seit dem Beginn der Menschheitsgeschichte bekannt gewesen sind. In den uralten Lehren finden wir nicht nur Erläuterungen über außerirdische Lebensformen und Besuche von Göttern, die Hochtechnologie und Raumschiffe wie „Vimanas" besaßen, sondern auch Erklärungen über den Ursprung des Kosmos und den ultimativen Zweck der menschlichen Existenz! Skeptiker eines wissenschaftlichen Establishments versuchen, all diese Fakten als Verschwörungstheorien zu widerlegen, doch objektive wissenschaftliche Resultate demonstrieren, dass wir in einem metaphysischen Universum existieren, das von einem höchsten Schöpfer erschaffen wurde. Diese Erkenntnis führt zu einem gewaltigen Paradigmenwechsel und zur Rückkehr der Anerkennung uralter Weisheit!

Ihr *Jason Mason*

Kapitel 1 – Was liegt hinter der Grenze des sichtbaren Universums?

Die Frage, wie alt das sichtbare Universum ist, beschäftigt Astronomen seit geraumer Zeit. Eine Messmethode, welche auf direkter Beobachtung des Lichts entfernter Galaxien beruht, deutet auf ein Alter von rund 13,787 Milliarden Jahren hin. Diese Angabe ist nicht verlässlich, denn mit besseren Teleskopen könnten in Zukunft vielleicht noch weiter entfernte Galaxien sichtbar gemacht werden. Messungen des lokalen modernen Universums deuten aber auf ein etwas jüngeres Alter hin. Die Schwankungen in Berechnungen lassen Spielraum für hunderte Millionen Jahre. Vor dem Jahr 1999 lagen diese Daten noch nicht vor, und Astronomen schätzten das Universum auf ein Alter zwischen 7 und 20 Milliarden Jahren. Momentan hat man sich auf 13,7 Milliarden Jahre festgelegt. Mittlerweile wurde das Alter des Weltalls durch präzisere Messungen mit dem Weltraumteleskop Planck auf 13,81 Milliarden Jahre angehoben.

Wie groß es tatsächlich ist, kann nicht beantwortet werden. Unsere Beobachtungen beschränken sich auf die vorhandene Materie und Energie der Galaxien. Da sich diese in hohem Tempo von uns fortbewegen, kann man anhand der gegenwärtigen Expansionsgeschwindigkeit den Zeitpunkt berechnen, an dem diese Bewegung begonnen hat. An diesem Punkt vor dem hypothetischen Urknall soll eine Kompression in Form einer Singularität stattgefunden haben. Astronomen behaupten, dass der Urknall und die fortlaufende Expansion nur zusammen mit der Existenz von nicht nachweisbarer Dunkler Energie und Dunkler Materie zu erklären ist. Es sieht so aus, als würde sich die Expansion entgegen den Theorien insgesamt beschleunigen und nicht verlangsamen. Das heißt, dass wir aus den momentanen Gegebenheiten verschiedene Annahmen über das Universum ableiten können, die allesamt zu unterschiedlichen Altersangaben führen, vorausgesetzt, dass wirklich ein Urknall stattgefunden hat.

Wenn nicht, dann ist der zeitliche Beginn des Weltalls nicht einzuordnen. Das größte Problem ist das Fehlen von physikalischen Erklärungen für den Zustand der Singularität vor und kurz nach der Explosion. Weil das All laut aktuellem Stand der Wissenschaft 13,8 Milliarden Jahre alt sein soll, können demzufolge nur Galaxien und Sterne wahrgenommen werden, deren Licht aus dieser Entfernung ausgesendet worden ist. Das Weltall hat sich jedoch seitdem weiterhin ausgedehnt, und Galaxien, die vor Milliarden von Jahren aus dieser Entfernung Licht ausgesandt haben, befinden sich gegenwärtig in einer Entfernung von mehr als 45 Milliarden Lichtjahren von der Erde. Der für uns beobachtbare Raum beschränkt sich heute somit auf 13,8 Milliarden Lichtjahre.

Unzählige Theorien über den Beginn und die Größe des Universums haben eine Menge an Fragen offengelassen. Das betrifft seltsame Eigenschaften des Alls, wie zum Beispiel eine unerklärliche Feinabstimmung der Naturkonstanten, und andere Dinge, auf die ich im Anschluss eingehe. Die meisten Kosmologen stimmen dem sogenannten Standardmodell zu, das auf der allgemeinen Relativitätstheorie von Albert Einstein beruht. Dieses Modell ist allerdings nicht mit den Beobachtungen der Quantenphysik bzw. der Quantengravitation in Einklang zu bringen, mit denen man versucht, die Zustände kurz nach dem Urknall zu bestimmen. Physiker versuchten aus diesem Grund, eine Weltformel zu entwerfen, die beide Theorien vereint. Bis heute war das nicht möglich, weil ständig widersprüchliche Beobachtungen gemacht werden. Aus physikalischer Sicht erfüllen der Urknall und das Universum keinen nachvollziehbaren Zweck, und eine Zeit vor dem Urknall oder Lokalitäten außerhalb des sichtbaren Universums sind im Standardmodell nicht erklärbar. Das bedeutet letztlich, dass dieses Modell auf einer materialistischen Weltanschauung beruht und keine spezielle Ursache für die Entstehung des Universums und intelligenten Lebens voraussetzt. Die Vorstellung einer zielgerichteten Schöpfung wird in dieser materialistischen Sichtweise abgelehnt.

Unser Wissen über das weit entfernte Universum ist sehr beschränkt. Das Licht von Galaxien, das 13,8 Milliarden Lichtjahre zu uns gereist ist, bildet somit die Grenze des zu beobachtenden Weltalls. Je mehr Zeit vergeht, desto weniger Galaxien werden zu sehen sein, weil sie sich immer weiter fortbewegen und schließlich unsichtbar werden. Es gibt deshalb eine Grenze, die man als „kosmischen Lichthorizont“ oder „kosmologischen Horizont“ bezeichnet. Dieser Horizont ist ein Radius mit dem Planeten Erde in seinem Zentrum und der Distanz, welche das Licht seit dem theoretischen Urknall zurückgelegt haben soll. Jedoch sprechen Wissenschaftler von einer Begrenzung in der Zeit, nicht jedoch von einer Begrenzung des Raums, denn sie erklären, dass die entferntesten Galaxien sich 45 Milliarden Lichtjahre von der Erde entfernt befinden sollen, wo man sie nicht mehr beobachten kann.

Wenn wir Materie in Form von entfernten Sternen und Galaxien beobachten, sehen wir also nicht ihren momentanen Zustand, sondern wir erblicken die Vergangenheit von Raum und Zeit. Wir können den Bereich jenseits des kosmologischen Horizonts nicht sehen, weil wir nicht in die Zeit zurückblicken können, die vor dem Urknall liegt, denn Zeit soll erst danach entstanden sein. Somit erweitert sich der kosmologische Horizont beständig um ein Lichtjahr pro Erdenjahr. Daher gibt es jenseits dieses Horizonts tiefe Regionen des Universums, die wir nicht beobachten können. Die wissenschaftlichen Modelle besagen, dass Licht jenseits des gegenwärtigen kosmischen Ereignishorizonts uns in einer begrenzten Zeitspanne niemals erreichen kann. Das hängt mit Dunkler Materie zusammen, die für die weitere skalierte Expansion des Alls verantwortlich sein soll. Deshalb werden die meisten heute sichtbaren Galaxien in hunderten Millionen von Jahren schließlich für Beobachter auf der Erde unsichtbar werden.

Der kosmische Horizont könnte effektiv verhindern, dass wir das wahre Ausmaß des Universums erkennen, und Theoretiker befassen sich nunmehr mit der Frage, was jenseits des sichtbaren Weltraums existiert. Erst in den letzten Jahren wurden einige Studien darüber herausgegeben. Wir können heute bestimmen, dass uns Licht erreicht, das 13,8 Milliarden Lichtjahre benötigt hat, damit wir es auf Erden beobachten können. Der Horizont selbst liegt aber gegenwärtig durch die fortschreitende Expansion ungefähr 42 bis 45 Milliarden Lichtjahre entfernt, wo wir ihn nicht beobachten können. Was jenseits davon existiert und wie weit sich der Raum dahinter in alle Richtungen erstreckt, ist unbekannt.

Laut dem Standardmodell des Universums findet die Expansion des Raums schneller statt als mit der Geschwindigkeit von Licht. Daher soll das älteste Licht im Universum rund 13 Milliarden Jahre alt sein, aber aus einer Region stammen, die über 40 Milliarden Lichtjahre von uns bzw. der Milchstraße entfernt ist. Wissenschaftler wissen nicht, was sich jenseits davon befindet und sagen, dass die Ausdehnung des Raums sich bis in die

Unendlichkeit fortsetzen könnte. Wie bereits vermutet, wird diese Theorie durch weitere Anomalien auf die Probe gestellt. Im Jahr 2008 haben Astronomen einen Galaxienhaufen gefunden, der auf einen speziellen Punkt jenseits des sichtbaren Universums zuströmt. Mit Weltraumteleskopen kann man jedoch nichts erkennen, was diese Anziehung verursachen würde. Der Zug in diese Richtung sollte seit mindestens einer Milliarde Lichtjahren stattfinden, was darauf hinweist, dass die Quelle oder Kraft der Ursache gigantisch sein muss. Es ist nicht bekannt, ob es sich um eine Ansammlung von Materie handelt. Es wäre möglich, dass es sich um eine weitere Singularität handelt.

Als Singularität sollen Orte im All bezeichnet werden, an denen die Gravitation so stark ist, dass die Krümmung der Raumzeit unendlich ist und diese Orte eigentlich jenseits der Raumzeit liegen. Dieses Phänomen wird aus der allgemeinen Relativitätstheorie abgeleitet. Physiker denken, dass solche Singularitäten die Grenzen dieser Theorie bedeuten und zur Beschreibung von Singularitäten eigentlich ein anderes physikalisches Modell notwendig ist. Daher wissen Astronomen nicht, was diese Anziehung verursacht, weil das Phänomen jenseits des kosmischen Horizonts liegt. Viele Galaxien, deren Licht wir heute noch sehen können, sind längst hinter dem Horizont verschwunden, und man wird sie in Zukunft nicht mehr weiter beobachten können, wenn ihr Licht endgültig weg ist.

Jenseits des kosmologischen Horizonts könnten sich andere bewohnte Universen befinden

Wohin die hunderte von Galaxienhaufen strömen, ist weiterhin unklar, denn ihre Bewegung steht nicht mit der theoretischen Expansion des Universums in Einklang. Astronomen haben den Begriff „Dunkler Fluss“ geprägt, um das Phänomen zu bezeichnen. Zusammen mit Dunkler Materie und Dunkler Energie ist das ein weiteres Charakteristikum im All, das nicht erklärt werden kann. Es wäre möglich, dass riesige Strukturen von Materie irgendwo weit jenseits des kosmischen Horizonts existieren.

Ein Problem der Kosmologie des Standardmodells des Urknalls ist deshalb das Horizontproblem. Wieso haben weit entfernte Regionen des Universums, die physisch nicht miteinander in Kontakt stehen, gleiche Eigenschaften? Laut den gültigen Modellen sollte das unmöglich sein, weil sich die entfernten Regionen im Laufe von Milliarden von Jahren verschieden entwickelt haben sollten. Darum musste eine neue Theorie entwickelt werden, und das ist die sogenannte „Inflationstheorie“. Das Weltall soll sich kurz nach dem Urknall rapide ausgedehnt haben, und zwar schneller als das Licht. Warum dann aber die kosmische Mikrowellen-Hintergrundstrahlung in allen zu beobachtenden Richtungen immer gleichmäßig gleich hoch ist, bleibt mysteriös und ist nicht aufzuklären. Auf einer Seite ist diese Ausdehnung asymmetrisch und um rund 10 Prozent größer, und diese Streckung reicht über den Horizont hinaus. Berechnungen der hypothetischen Expansionsrate der Inflation des nicht sichtbaren Universums ergeben, dass dieses ca. 10^{100}-mal größer sein sollte als das sichtbare Universum! Diese Zahl bezeichnet man als „Googol“, und das ist eine Menge mit hundert Nullen:

10.000.000.000.000.000.000.000.000.000.000.000.000.000.000.000.000.000.000.0
00.000.000.000.000.000.000.000.000.000.000.000.000.000.000.000.000

Diese berechnete Ausdehnung ist für den menschlichen Verstand beinahe nicht zu fassen, möglicherweise ist sie auch unendlich. Auch die Inflationstheorie hat ihre Lücken, denn die Expansion muss von einem Energiefeld hervorgerufen werden, dessen Ursprung nicht bekannt ist. Die asymmetrische Ausdehnung könnte auf ein zusätzliches Feld hinweisen, das jenseits des sichtbaren Universums besteht. Dann würde sich eine Seite unseres Universums aber stark von der anderen Seite unterscheiden. Obwohl die Inflation und Expansion des Universums nur durch den Urknall zu erklären wäre, ist dennoch unbekannt, was sich in den ersten Momenten bzw. Sekundenbruchteilen nach dem Knall zugetragen hat.

Laut Physikern war es eine *„Periode von extrem schneller Ausdehnung“*. Welche Kraft diese Ausdehnung möglich machte und wie lang sie dauerte, ist nach wie vor eine ungelöste Frage der Physik. Weil Forscher keine Antwort darauf finden können, weisen sie selbst darauf hin, dass das Standardmodell nicht in alle Ewigkeit Gültigkeit behalten kann, sondern neue Modelle notwendig sind, bis Kosmologen *„eine Chance haben werden, die richtige Theorie zu finden“*. Weil viele Beobachtungen belegen, dass das

Standardmodell nicht funktioniert und weiterhin keine Weltformel gefunden werden kann, ist auch der Urknall nichts weiter als eine unbeweisbare Hypothese geblieben.

Wenn sich diese Hypothese als unrichtig entpuppen sollte, dann haben Wissenschaftler keine Antwort darauf, wie alt oder wie groß das All wirklich ist. Es gab Versuche, die Krümmungen des Raums zu messen, aber solche Krümmungen konnten im sichtbaren Universum laut diversen Studien nirgendwo festgestellt werden. Ohne Krümmungen sieht es so aus, als ob wir tatsächlich nur 0,25 Prozent der wahren Größe des Universums sehen können. Wenn die Expansion weitergeht, dann würde alles, was jenseits des kosmischen Horizonts liegt, noch schneller wachsen als der sichtbare Bereich.

Spannend ist die Erkenntnis, dass sich jenseits davon intelligentes Leben entwickelt haben könnte. Ganze fortschrittliche Zivilisationen und andere Universen könnten sich dort draußen befinden. Die Horizonte verhindern allerdings, dass wir sie jemals finden oder sehen können. Milliarden andere Galaxien, die durch die Expansion gar nicht sichtbar geworden sind, könnten sich ebenfalls jenseits des Horizonts befinden. Fortschrittliche Zivilisationen, welche den Kosmos bereisen, könnten sich schon seit langer Zeit über diese Grenzen hinweg ausgebreitet haben. Gegenwärtig ist festzuhalten, dass sich hinter dem kosmologischen Horizont viele Geheimnisse des Universums befinden, die wir vermutlich niemals erforschen können.

Überlegungen laufen in die Richtung, dass das nicht sichtbare Universum nicht nur riesig, sondern potenziell unendlich groß ist, daher wäre es auch der Platz für außerirdisches Leben. Es gibt keinen Grund anzunehmen, dass das Universum jenseits des Horizonts sich von dem innerhalb davon unterscheidet. Ein unendlich großes Universum würde bedeuten, dass sich Leben überall entwickeln würde. Weiter legt es die Vermutung nahe, dass sich in der Unendlichkeit ein Multiversum aus vielen anderen Universen befindet. Also könnte das unsichtbare Universum voll von Leben sein, dass wir niemals sehen können. Der Gedanke an ein größeres Universum hinter dem Horizont, das wir niemals wahrnehmen können, erscheint bedrückend. Aus wissenschaftlicher Sicht existiert für uns keine realistische Möglichkeit, diese Grenze jemals zu erreichen oder zu überwinden. Es besteht allerdings auch die Chance, dass sich hinter dem Horizont eine ganz andere Realität befindet. Das wären zusätzliche Dimensionen, die ganze Universen enthalten, die andere physikalische Gesetzmäßigkeiten haben.

Die Theorie des Urknalls könnte bald ihre Gültigkeit verlieren

Da verschiedene wissenschaftliche Modelle vom Aufbau des Alls vorliegen, ist der Urknall selbst in akademischen Kreisen nicht allgemein anerkannt. Eine andere Variante, die in den frühen 2000er-Jahren entwickelt wurde, besagt, dass wir in einer dreidimensionalen Membran am Rand eines größeren Raums leben, der vier räumliche Dimensionen besitzt. Damit werden höhere Dimensionen postuliert und neue Universen weit draußen jenseits des Horizonts. Darüber hinaus ist das wichtigste Problem des Urknalls die hypothetische anfängliche Singularität. Das soll ein unendlich kleiner Punkt gewesen sein, der so dicht war, dass aller Raum und alle Zeit darin enthalten waren. Die Singularität soll dann aus ungeklärten Ursachen plötzlich explodiert sein und so schließlich den gesamten organisierten Kosmos erschaffen haben. Laut Einsteins Theorie der Gravitation hat der Kosmos so begonnen, er verhält sich aber nicht wie vorhergesehen, denn reale Beobachtungen zeigen starke Abweichungen vom Standardmodell. Die Werte des Lichts am kosmologischen Horizont und jene der kosmischen Hintergrundstrahlung, die noch vom Urknall stammen soll, passen nicht zusammen. Die tatsächlich zu beobachtende homogene Symmetrie der Materie kann sich nicht aus einer chaotischen Explosion überall gleichmäßig ausgebreitet haben. Selbst Kosmologen sind der Auffassung, dass diese Beobachtung wenig Sinn ergibt.

Die kosmische Hintergrundstrahlung im Mikrowellenbereich ist einfach zu perfekt gleichmäßig vorhanden. Egal in welche Richtung man mit Teleskopen blickt, sie ist völlig identisch in ihrer Frequenz, im Farbspektrum und in der Intensität. Die zwei gegenüberliegenden Seiten des sichtbaren Weltalls sollten sich nicht auf diese Weise gleichen. Es wirkt so, als wäre diese Übereinstimmung kein Zufall, sondern wieder eine dieser mysteriösen physikalischen Feinabstimmungen des Universums. Kurz gesagt weisen Forscher darauf hin, dass die Hintergrundstrahlung sich auf einer Seite des Alls drastisch von jener der gegenüberliegenden Seite unterscheiden sollte, wenn wirklich eine chaotische Explosion stattgefunden hätte. Es gibt jedoch keine soliden Beweise, dass sich der Urknall jemals ereignet hat, noch können Kosmologen feststellen, warum der Urknall stattgefunden haben könnte oder was der Auslöser dafür gewesen wäre.

In wissenschaftlichen Fachzeitschriften stößt man schließlich auf nähere Ausführungen dieses nagenden Problems. Im Klartext steht dort zu lesen, dass das Standardmodell des Urknalls bestimmte Vorhersagen über das frühe und gegenwärtige Universum erlaubt, die in der Realität nicht zu beobachten sind. Weil selbst weiterentwickelte Modelle nicht damit in Einklang gebracht werden können, wird mittlerweile sogar von einer „Krise in der Kosmologie“ gesprochen! Fakt ist, dass der Urknall nichts weiter als eine populäre Geschichte ist, die heute immer noch überall verbreitet wird. Jedes Jahr nimmt die Anzahl an abweichenden wissenschaftlichen Beobachtungen stufenweise weiter zu, weil mehr und bessere Daten verfügbar werden. Viele internationale Teams aus Forschern haben daher längst die erdrückenden Beweise erbracht, dass reale Beobachtungen zeigen, dass sich das Universum eigentlich gar nicht ausdehnt und kein Urknall stattfand!

Bis heute kann nicht festgestellt werden, warum der hypothetische Urknall nicht Materie und Antimaterie in gleichem Ausmaß produziert hat, denn dann hätten sich die Partikel aufgehoben, und es wäre keine feste Materie übrig geblieben. Die Materie-Dichte liegt darum mehr als zehn Milliarden Mal über jener der erwarteten Menge aus den Vorhersagen der Modelle. Neue Theorien wurden ersonnen, die besagen, dass eine unbekannte Asymmetrie zwischen Antimaterie und Materie vorhanden sein soll, die zu einer höheren Produktion von Materie führte. Doch in Laborexperimenten wurde ein solcher Vorgang niemals beobachtet. Beobachtungen zeigen, dass tausende Galaxien dieselbe Oberflächen-Helligkeit aufweisen, egal wie weit sie voneinander entfernt sind. Das würde man zusammen mit anderen Beobachtungen von einem Universum erwarten, das sich nicht ausdehnt. Weit entfernte Galaxien sind zu groß, als dass sie sich seit dem Urknall so geformt haben könnten. Wissenschaftler kontern mit der Aussage, dass die geheimnisvolle Inflation die Kraft gewesen sein soll, die das Universum so schnell aufgeblasen hat, dass alle zu erwartenden Asymmetrien im sichtbaren All verschwunden sind.

Das Standardmodell des Urknalls setzt die Existenz von Dunkler Materie voraus. Das sollen rätselhafte Partikel sein, die man in Laborexperimenten ebenfalls niemals beobachtet hat. Es gab große Bemühungen, um sie zu finden, doch letztlich war all der Aufwand sinnlos. Dunkle Materie wird lediglich im Standardmodell der Kosmologie vorausgesetzt, weil die Bewegung von Strukturen der sichtbaren Materie nicht anders erklärt werden kann. So ist die Geschwindigkeit von Sternen, die das Zentrum einer Galaxis umrunden, real zu hoch und entspricht nicht den Vorhersagen. Intensive Beobachtungen der Bewegungen von Galaxien haben ergeben, dass Dunkle Materie nicht existiert! Selbst aufwendige Experimente haben keine Partikel aus Dunkler Materie finden können. Wenn sie existieren würde, hätte das einen auflösenden Effekt auf viele langlebige Gruppen von Galaxien, die intakt beobachtet worden sind. Somit sind hier Kräfte am Werk, die mit den etablierten Modellen nicht erklärt werden können, wenn man von einem Alter des Universums von 13,8 Milliarden Jahren ausgeht.

Trotz all dieser Unstimmigkeiten können Physiker das Modell des Urknalls nicht einfach verwerfen, weil Forscher dann keine glaubwürdige materialistische Erklärung für die Existenz des Universums vorzuweisen hätten! Kosmologen können nicht einfach zugeben, dass ihre Theorien falsch sind, sondern man erfindet stattdessen neue Parameter und Hypothesen und fügt sie den Theorien des Standardmodells hinzu. Das ist zum Beispiel bei Dunkler Energie der Fall. Jede Erweiterung ist problematisch, weil der Urknall dann immer komplexer und spekulativer wird. Jede reale Beobachtung, welche den zu erwarteten Vorhersagen widerspricht, bezeichnet man anschließend als eine Überraschung oder eine neue Anomalie! Unzählige Anomalien haben dennoch kein Umdenken bewirkt, aber trotzdem die Erkenntnis bestätigt, dass das Standardmodell längst widerlegt wurde. Verfasser abweichender Studien werden von einem wissenschaftlichen Establishment stark unter Druck gesetzt. Gläubige des Urknalls entgegnen lapidar, dass *„niemand behauptet, alle Probleme in der Kosmologie seien gelöst"*. Dem ist wahrlich so, denn Physiker sind weit von der Auflösung dieser

Probleme entfernt, weil die objektiven Beweise zeigen, dass sich das Universum gar nicht ausdehnt und sein Beginn nicht auf einem Urknall basiert.

Vielmehr haben wir mittlerweile ein Standardmodell aus Problemen, das vollständig aus Anomalien besteht und die gültigen Theorien widerlegt. Führt man sie alle zusammen, dann stellen sie einen völligen Gegensatz zu allen Vorhersagen des kosmologischen Standardmodells dar und lassen überhaupt keine Unterstützung dieser veralteten Vorstellung mehr zu, egal wie viele neue Parameter noch hinzugefügt werden! Heute gibt es mehr als 20 wichtige Parameter, die ständig neu angepasst werden, aber trotzdem nicht in der Lage sind, neue Resultate vorherzusagen. Damit fehlt der Hypothese des Urknalls jede Charakteristik einer echten wissenschaftlichen Theorie, schreiben Experten! Folgerichtig weisen alle echten Beobachtungen grundsätzlich in Richtung der Realität eines Universums, das einfach dadurch zu erklären ist, dass es keinen zeitlichen Beginn hat und nicht durch einen Urknall entstanden ist. Die Theorie einer Inflation direkt nach dem Knall kann niemals bewiesen werden. Warum und wie ein Urknall hätte stattfinden sollen, bleibt weiterhin ein unlösbares Geheimnis. Auch andere Modelle sind unbeweisbar. Deshalb wissen Wissenschaftler nicht, ob es Zeit vor dem Urknall gab, ob sich das Universum ewig ausdehnen wird, ob es zu einem weiteren Urknall kommen kann oder ob das Universum endlich oder unendlich ist. Eine postulierte Explosion, die alle Materie im Kosmos erschaffen haben soll, hätte eine Verwüstung erzeugt, aber keinen riesigen, ebenmäßigen und homogenen Weltraum, denn man real beobachten kann.

Wo findet man die Quelle der Schöpfung?

Die Frage nach der Quelle dieser Schöpfung ist mehr eine philosophische als eine wissenschaftliche. Woher kam die Energie für diese Ausbreitung und sichtbare Materie? Der berühmte Physiker Dr. Stephen Hawking sagte schon vor Jahrzehnten aus, dass das All keinen Beginn und kein Ende hat, weil man eigentlich keine Grenzen erkennen kann. Die zwei Kosmologen James Hartle und Stephen Hawking arbeiteten seit den 1970er-Jahren in der Cambridge-Universität zusammen an wichtigen Problemen. Sie erörterten theoretische Betrachtungen über Schwarze Löcher und die Singularitäten in ihrem Zentrum. Das stellte sie vor weitere Fragen über den Ursprung des Kosmos. Sie stimmten überein, dass Raumzeit nicht an einem Punkt wie dem unbeweisbaren Urknall begonnen haben kann.

Später in seinem Leben glaubte Dr. Hawking, dass Holografie der Schlüssel zur Lösung des Problems ist. Somit könnte die Raumzeit ein kosmisches Hologramm darstellen, in dem die Geometrie der ganzen Vergangenheit erst aus der Gegenwart ausgestrahlt wird und sie daher niemals existiert hat! Das Vorhandensein anderer Universen wäre somit möglich, und zusammen bilden sie ein größeres Multiversum. In mehr komplexen Universen würde es intelligentes Leben geben, das dazu fähig ist, diese Phänomene zu beobachten und logische Schlüsse daraus zu ziehen.

Die Theorie vom Urknall widerspricht im Grunde dem Lehrsatz, dass weder Energie noch Materie erschaffen oder zerstört werden kann. Beides soll sich allerdings vom Urknall herleiten und ist dabei entweder ursprünglich entstanden oder transformiert worden. Der Ursprung von Energie bleibt ansonsten unbekannt. Energie kann also durch keinen Prozess erschaffen, sondern kann lediglich in andere Formen konvertiert werden. Der Urknall sollte allerdings bereits Energie benötigt haben, bevor sie nach der Explosion plötzlich wie aus dem Nichts erschienen ist.

Wie kann Energie lange genug gespeichert worden sein, bis genug davon für den Urknall vorhanden war? Wenn sie nicht entstehen kann, sollte sie schon immer existiert haben, oder sie wurde von einem höheren Prinzip erschaffen. Wenn alles, was existiert, also auch Materie, auf Energie zurückzuführen ist, kann es Energie niemals nicht gegeben haben. Ein unerklärlicher Bruch in der Symmetrie der Erzeugung von Materie und Antimaterie soll aus unergründlichen Ursachen bewirkt haben, dass diejenige Materie übrig blieb, die es heute im sichtbaren Universum zu bestaunen gibt. Seitdem ist die Menge von Energie und Materie konstant gleich geblieben. Das Universum ist ein geschlossenes System, und deswegen kann Energie und Materie nur von außerhalb erhöht oder reduziert werden. Da der Urknall eine Singularität darstellen soll, kann er eigentlich auch keine Energie oder Materie erschaffen haben. Diese philosophischen zirkulären Begründungen von Physikern wirken konfus, denn in solchen Angelegenheiten erscheint Physik oft wie Metaphysik oder ein materialistisches Glaubenssystem. Warum gibt es überhaupt Materie im Universum, und wie hat sich daraus letztendlich intelligentes Leben entwickelt? Wenn beim Urknall gleich viel Materie wie Antimaterie erschaffen wurde, müsste sich beides gegenseitig aufheben, und es sollte laut gültigen Grundsätzen eigentlich gähnende Leere im All herrschen.

In alten metaphysischen und religiösen Texten wird beschrieben, dass alles aus Energie besteht. In den letzten hundert Jahren wurde behauptet, dass das Universum aus reiner Materie besteht. Wo liegt der Unterschied zwischen Religion und Wissenschaft? Das liegt in der jeweiligen Wahrnehmung des Universums. Religion betrachtet die Schöpfung von innen heraus, während die Wissenschaft Dinge von außen nach innen untersucht. Physikalisch gesehen besteht alles aus Energie, und Bewusstsein erschafft Realität. Unsere Körper bestehen aus Materie, und woher diese Materie und notwendige Energie stammt, ist eines der größten Rätsel der Existenz und kann mit der Theorie vom Urknall grundsätzlich nicht erklärt werden, weil Energie und Materie laut gültigen Lehrsätzen weder erschaffen noch zerstört werden können. Ist das Universum folglich aus dem Nichts entstanden?

Warum haben sich aus Energie und Materie Sterne und Galaxien geformt, obwohl das Gesetz der Entropie besagt, dass veränderbare Systeme mit fortlaufender Zeit weniger geordnet werden? Warum ist das Universum heute immer noch geordnet und beugt sich nicht den Gesetzen der Physik? Die Theorie der Inflation direkt nach dem Urknall verletzt beispielsweise die Regel, dass nichts schneller als mit Lichtgeschwindigkeit reisen kann. Urknalltheoretiker sagen dazu, dass die Relativitätstheorie beim Start des Urknalls nicht anwendbar ist. Darum gibt es keine Probleme, wenn Inflation eine Ausdehnung des Raums schneller als mit Lichtgeschwindigkeit postuliert. Diese Parameter sind dennoch nicht in der Lage, die wichtigsten Anomalien aufzuklären, und auch verwandte materialistische Theorien liefern keine zufriedenstellenden Antworten. Um diese Probleme zu lösen, muss die Theorie des Urknalls relativ bald von einem anderen Modell des Universums ersetzt werden, wissen Physiker.

Bis dahin wird sich die Kosmologie trotz aller Widersprüche nicht vom Urknall verabschieden, weil Astronomen dabei bleiben, dass es die beste

Geschichte ist, die wir haben. Trotzdem können sich viele Menschen nicht vorstellen, dass Energie, Inflation, Materie, Dunkle Materie, Dunkle Energie, Schwarze Löcher und etwa 200 Milliarden Galaxien einem metaphysischen Ereignis entsprungen sein sollen, das sich in einer Millisekunde abgespielt hat! Die Theorie der Inflation besagt, dass der Urknall in der Zeitspanne einer Millisekunde stattgefunden hat und dann aufhörte. Das soll genügt haben, damit sich genug Energie und Materie verteilt hat, um diese 200 Milliarden Galaxien zu bilden, die Lichtjahre voneinander entfernt liegen. Wie kann Materie schneller als mit Licht dort hingereist sein? Was geschah direkt vor dem Ende der Inflation, und warum stoppte sie an diesem Punkt?

Durch welchen Raum reiste die ursprüngliche Energie, bevor etwas explodiert ist? Was hat sich worin zu einem unendlich (infinitesimalen) kleinen und heißen Punkt zusammengezogen und weshalb? In welcher Dimension befand sich dieser unendlich kleine Punkt? Warum ist er explodiert und hat zuerst Raum, dann Energie und schließlich Materie und Antimaterie erzeugt? Mit welcher physikalischen Methode hat eine Singularität zufällig die fein justierten physikalischen Gesetze des Weltalls erzeugt? Kosmologen schreiben, dass die Frage, was vor der bekannten Physik existiert hat *„nicht relevant“* ist! Relevant hingegen ist der Fakt, dass keine einzige wissenschaftliche Idee jemals ohne Zweifel bewiesen worden ist! Viele der Experten des wissenschaftlichen Establishments blenden uns mit großen Worten und komplexer Mathematik und betrachten ihre Modelle als ein unumstößliches Glaubenssystem.

Der Glaube an Dunkle Materie und Dunkle Energie ermöglicht es in weitere Folge an den Urknall zu glauben, obwohl diese Theorie mehr als unvollständig ist. Wissenschaftler können sie nicht ersetzen, weil ein anderes Modell mehrere Voraussetzungen der wissenschaftlichen Methodik erfüllen müsste. Es müsste erfolgreich sein, es müsste die Anomalien und Rätsel der alten Theorien erklären und müsste dann noch Vorhersagen ermöglichen, welche sich von den vorherigen Theorien unterscheiden. Dann muss noch ein allgemeiner Konsens darüber herrschen, dass ein neues Modell den Ursprung von allem neu erklären kann.

Was ist die Theorie des elektrischen Universums?

Da gäbe es beispielsweise die Theorie des elektrischen Universums, das durch Plasma und Elektromagnetismus funktioniert. Diese Kräfte wären dann für die Ordnung im Universum zuständig. Elektrische Ströme fließen Plasma-Ströme entlang, welche dazu in der Lage sind, Galaxien zu formen und mit Energie zu versorgen. Sie fließen in Sterne, und darum agieren sie als Lichtquelle und sorgen so für die Produktion von Planeten. Alles beruht auf einem galaktischen Magnetfeld und einem kosmischen Netz. Ein Befürworter dieser Theorie war unter anderem Immanuel Velikovsky, welcher die Relativitätstheorie von Einstein als unrichtig empfand.

Velikovsky dachte, der Elektromagnetismus wäre die wichtigste Kraft im All und nicht Gravitation. Im elektrischen Universum ist auch kein Urknall oder Postulat von Dunkler Materie notwendig. Mainstream-Wissenschaftler reagierten bestürzt auf diese Thesen und warfen ihrem Kollegen Velikovsky Unwissenschaftlichkeit vor. Obwohl die Theorie des Urknalls bis heute nicht zu beweisen ist, wird die Theorie des elektrischen Universums als unhaltbar abgelehnt. Somit ignorieren Verfechter des Standardmodells gerne zahlreiche Widersprüche in ihren eigenen Hypothesen und zitieren selektiv, was zu ihnen passt, obwohl sie in ihrer Beweiskraft oftmals nicht nachvollziehbar sind und sehr viele Fragen vielleicht niemals gelöst werden. Immanuel Velikovsky vermutete, dass das Weltall stark von Elektromagnetismus beeinflusst ist, und seine Nachforschungen haben diesen Verdacht erhärtet. Außerdem war er ein Anhänger des Katastrophismus, wonach der Planet Erde periodisch von globalen Kataklysmen heimgesucht worden ist. Die darwinistische Evolutionstheorie lehnte er ebenfalls als unrichtig ab, weil unzählige Arten durch diese Katastrophen verschwanden und kurze Zeit später eine unerklärliche Neuschöpfung stattfand, so wie man es anhand des Fossilberichts sehen kann.

Die erste Schrift über das elektrische Universum wurde im Jahr 1883 anonym in Neuseeland veröffentlicht. Ein Autor mit dem Pseudonym „Torpedo“ verfasste das Werk „*The Electric Universe: Flashing thoughts for consideration and facts from many sources*“. Abgesehen von der These, dass Elektrizität für die Bewegung von Planeten zuständig sei, schreibt Torpedo darüber, dass die Sonne und die Rückseite des Erdmonds bewohnt seien. Seinen Ausführungen nach ist das Universum statisch und dehnt sich nicht aus, weshalb kein Urknall nötig ist. Sterne agieren als elektrischer Transformator und erschaffen Gasriesen. Gesteinsplaneten und Monde werden dann durch Ausstöße von Gasriesen geboren. Sie nehmen nach dem Ausstoß Orbits ein, welche einer bestimmten elektrischen Beeinflussung folgen. Skeptiker betrachten diese Ausführungen als Pseudowissenschaft, denn der Mainstream ist nicht gewillt, seine etablierten Theorien zu korrigieren. Sie weigern sich, die theoretische Auffassung zu akzeptieren, Kräfte des Elektromagnetismus auf das ganze Weltall anzuwenden, denn damit wären wirklich bestimmte Wechselwirkungen einfacher zu erklären. Ein elektrisches Universum wäre selbsterhaltend und ewig.

Dann wäre da noch die Theorie, dass unser Universum aus einem Schwarzen Loch eines anderen Universums stammt. Dann würden wir jenseits seines Ereignishorizonts leben, und mittlerweile gibt es einige Forscher, welche der These, dass wir in einem Schwarzen Loch existieren, zustimmen. Der theoretische Physiker Nikodem Poplawski hat in den letzten Jahren seine These formuliert, wonach das sichtbare Universum innerhalb eines Schwarzen Lochs liegt, und dass wir Teil eines größeren Multiversums sind. Alle Schwarzen Löcher bilden dementsprechend Übergänge in neue Universen. Weil wir nicht ermitteln können, was jenseits des Ereignishorizonts liegt, ist diese Theorie momentan weder zu bestätigen noch zu widerlegen.

Diese Betrachtung bringt uns dann abermals zur Simulations-Theorie eines holografischen Universums. Forscher sind sich unsicher, ob ein Computer dieses Universum berechnen könnte, denn er müsste mächtig genug sein, die Bewegung aller Partikel zu berechnen. Wir stellen fest, dass sich das wissenschaftliche Modell unseres Universums ständig verändert und alle bisherigen Theorien nicht miteinander in Einklang zu bringen sind. Das Modell des Urknalls kann nicht bewiesen werden, wird aber mangels Alternativen als die beste Erklärung bezeichnet.

Je hartnäckiger nach Beweisen gesucht wird, die das kosmologische Standardmodell bestätigen sollen, desto mehr Widersprüche erscheinen. In den letzten paar Jahren sind einige hinzugekommen. Da wäre als Erstes das

Problem mit der sogenannten Hubble-Konstante. Diese Konstante misst die Ausdehnung des Universums und bestimmt das Alter des Universums. Da seit einigen Jahren signifikante Diskrepanzen bei zwei verschiedenen Messmethoden bestätigt sind, ist von einer „Krise in der Kosmologie“ die Rede, und das könnte sogar zum Niedergang des kompletten Standardmodells führen!

Seit Jahren ist der Wert der Hubble-Konstante umstritten, derzeit liegt die Unsicherheit inzwischen bei 10 Prozent, und das löst die Krise aus, denn das Alter des Universums ist nicht mehr eindeutig zu bestimmen. Das wiederum lässt den Verdacht entstehen, dass die wissenschaftlichen Vorstellungen von der Entstehung des Weltalls grundlegend falsch sind. Ein anderes Problem, das damit zusammenhängt, ist, dass bis 2023 trotz immenser Bemühungen wie gesagt immer noch keine Dunkle Materie gefunden worden ist. Das kann nur bedeuten, dass sie ein Hirngespinst ist und in der Realität nicht existiert. Wenn dem so ist, dann funktioniert Gravitation anders als gedacht, und das Standardmodell zerfällt. Forscher sagen aus, dass der Gedanke an diese Vorstellung vor nur zehn Jahren so gut wie undenkbar gewesen ist, die Beweislast heutzutage allerdings so gewaltig ist, dass ein Umbruch unmittelbar bevorsteht!

Dunkle Materie existiert nicht: Das wissenschaftliche Modell des Universums wird physikalisch unerklärlich

Das Establishment weigert sich, diesen Umstand anzuerkennen und versucht, diese Fehler im Modell mit neuen Theorien glattzubügeln. Andernfalls müssten gänzlich neue Basistheorien entwickelt werden. Dabei gestehen Kosmologen sogar ein, dass ihr wissenschaftliches Weltmodell aktuell zu 95% physikalisch nicht erklärbar ist! Das bedeutet, dass die gesamte Kosmologie aus nichts weiter als aus ungelösten Rätseln besteht! Der Prozentsatz von 95% ist der Anteil aus hypothetischer Dunkler Materie, aus der unser Universum bestehen soll. Die Modelle besagen, dass fünfmal mehr Materie im All vorhanden sein müsste, als wir feststellen können. Doch Dunkle Materie ist nicht da, sie ist unsichtbar und nicht messbar. Ohne Dunkle Materie können Physiker und Astronomen nicht erklären, warum Galaxienhaufen und Galaxien nicht auseinanderfallen. Ihre Rotationskräfte hätten im Laufe von Milliarden Jahren längst dazu führen sollen. Etwas sollte der Zentrifugalkraft entgegenwirken, aber es gibt nichts Derartiges zu finden. Die Frage lautet: Was hält sie zusammen? Die Suche nach Dunkler Materie wird aktuell mit neuen kostspieligen Detektoren verzweifelt fortgesetzt, aber seit Jahrzehnten konnte diese Suche bis heute *„nichts Konkretes"* produzieren! Forscher sagen, dass sie jetzt nicht mehr sicher sein können, ob Dunkle Materie jemals entdeckt wird. Im Klartext heißt das, dass 95% des Modells des Universums fehlen! Das größte Geheimnis der Physik ist daher, woraus genau unser Weltall eigentlich zusammengesetzt ist und warum man 95% davon nicht beobachten kann.

Hierzu ein Zitat aus dem Magazin *Science Focus*: *„Aber dieses herausfordernde Geheimnis ist einer der Gründe, warum Wissenschaft so faszinierend ist."*

Die Unfähigkeit der Wissenschaft in Bezug auf den Versuch, das Universum mit unhaltbaren Theorien erklären zu wollen, soll faszinierend sein? Die Krise der Kosmologie wurde im Jahr 2019 von vielen internationalen Wissenschaftsmagazinen verkündet, und im Jahr 2023 kristallisierte sich endgültig heraus, dass dieses Problem wahrlich nicht zu lösen ist. Weitere Studien liefern das Resultat, dass die Forschung das Universum nicht versteht, weil die Standardtheorien der Physik die beobachteten Vorgänge darin nicht beschreiben können und daher fundamental falsch sind. Die Krise bedeutet daher, dass grundlegende Konzepte, welche die Basis für das gesamte Verständnis der Physik bilden, haltlos geworden sind. Ausflüchte lauten, dass Kosmologen durch diese Krise zu einem *„besseren Verständnis der Ursprünge, Zusammensetzung und Entwicklung des Universums"* gelangen wollen. Dabei stehen keine plausiblen materialistischen Modelle mehr zur Verfügung, und wir bewegen uns in den Bereich der Metaphysik hinein. Keine Theorie kann eine finale Erklärung für die Entstehung und den Sinn des Universums liefern, und wir sind weiterhin von unlösbaren Mysterien umgeben. Diese Erkenntnis versetzt Kosmologen und Physiker in einen Zustand der Verwirrung. Sie sprechen davon, dass sie noch mehr Zeit benötigen, um diese Diskrepanzen aufzulösen, doch es besteht ernste Besorgnis, dass es dieses Mal nicht mehr möglich ist. Expandiert das Universum wirklich, oder erliegen Wissenschaftler einer Illusion und es ist statisch?

Der amerikanische Astronom Edwin Hubble (1889-1953) hat in den 1920er-Jahren erkannt, dass sich Galaxien schneller voneinander wegbewegen, je mehr Raum zwischen ihnen vorhanden ist. Diese Entdeckung wird als fundamental wichtig erachtet, denn nach Jahrzehnten an Bemühungen, dieses Phänomen zu verstehen, musste die Theorie von Dunkler Materie entwickelt werden. Sie soll aus Partikeln bestehen, die in Wahrheit gar nicht existieren, wie wir heute wissen. Daher kann der Zustand von Galaxien nicht mehr erklärt werden, denn sie sollten sich längst auflösen. Dunkle Energie kann ebenso wenig nachgewiesen werden, soll aber trotzdem dafür sorgen, dass sich die Rate steigert, mit der sich der Kosmos ausdehnt. Die Rate dieser Expansion kann nicht genau ermittelt werden und variiert bekanntermaßen derzeit um ganze 10 Prozent. Das akzeptierte Alter des Universums, seine Entwicklung und sein künftiges Schicksal können daher nicht ermittelt werden.

Je genauer die erhaltenen Daten sind, desto größer sind die Diskrepanzen geworden. Die Chancen stehen aktuell bei 1:100.000, dass es sich um einen Irrtum oder Zufall handeln kann. Wenn diese zwei Werte der Ausdehnung des Universums der Hubble-Konstante nicht übereinstimmen, dann fehlt ein neuer grundlegender Faktor des gesamten kosmologischen Modells, und Wissenschaftler können das Universum nicht erklären. Der Fokus ist nun darauf gerichtet, die Natur dieses unsichtbaren Einflusses zu suchen, weil die Gültigkeit des kosmologischen Standardmodells von verschiedenen Teams aus Astronomen in Wahrheit durch die Abweichungen der Hubble-Konstante fundamental widerlegt worden ist! Ganze physikalische Modelle müssen überarbeitet werden, weil das angenommene Alter des Universums nicht stimmt. Die Suche nach einer neuen unsichtbaren Kraft fügt der Suche nach Dunkler Materie und Dunkler Energie einen neuen Faktor hinzu, und Physiker verspüren nicht den Wunsch, auch noch ein drittes Problem zu erforschen, für das es keine Lösung gibt! In dieser Richtung gibt es nichts zu entdecken, und das Verständnis des Weltalls gerät völlig aus den Fugen.

Der amerikanische Astrophysiker Adam Guy Riess, der im Jahr 2011 den Nobelpreis für Physik verliehen bekam, äußerte sich zu diesem Fall: *„Ich denke, diese Angelegenheit ist eine große Sache geworden. Wir wurden besser und besser darin, das Universum zu verstehen. Und doch, je genauer wir gesucht haben, desto mehr haben wir dort all diese mysteriösen Komponenten gefunden.“* Diese Komponenten, von denen Riess spricht, sind Anomalien, die überall zu beobachten sind. Ihr Vorhandensein ist für Wissenschaftler bestürzend, denn ihre festgelegten Vorstellungen über Raum und Zeit sowie den Urknall sind ungültig geworden. Neue Physik ist notwendig, um dieses kosmische Durcheinander plausibel zu klären. Deshalb wird diese Situation als eine Krise bezeichnet, weil die Mainstream-Wissenschaft mittlerweile ihre Glaubwürdigkeit eingebüßt hat.

Anomalien häufen sich, und die Wissenschaft gerät in eine Krise

Der Wissenschaftshistoriker Thomas Samuel Kuhn (1922-1996) veröffentlichte im Jahr 1962 das viel beachtete Werk *„The Structure of Scientific Revolutions“* (Die Struktur wissenschaftlicher Revolutionen), das als ein Meilenstein der Wissenschaftstheorie betrachtet wird. Kuhn beschreibt darin die Methoden der wissenschaftlichen Revolution und den damit einhergehenden Paradigmenwechsel in der Welt. Er erklärt, dass unsere Sicht auf die Welt von Einflüssen geprägt ist, die uns schon lange nicht mehr bewusst sind. Darum betrachten die meisten Menschen neue wissenschaftliche Erkenntnisse aus einer beschränkten und überholten Sichtweise heraus. Das antike Wissen über die Welt wurde im Zuge der wissenschaftlichen Revolution (Kopernikus, Galilei, Darwin, Einstein) verdrängt und in den Bereich der Mythologie oder der Religion verbannt.

Selbst Forscher in ihren jeweiligen Fachbereichen und Disziplinen formen sich ein Bild von der Wissenschaft durch Lehrbücher, Denkweisen und festgelegte Arbeitsmethoden. Die wissenschaftliche Revolution hat insgesamt ein sogenanntes neues Paradigma erschaffen. In einem neuen Paradigma werden vorangegangene Sichtweisen und Theorien fast völlig verworfen, und radikale Umbrüche finden statt, welche unsere Gesellschaft prägen. Ein vorherrschendes Paradigma gerät erst in Gefahr, wenn gehäuft

Probleme mit Anomalien auftreten. Wenn das geschieht, gerät die Wissenschaft in eine Krise.

Zuvor verbringen die meisten Wissenschaftler beinahe ihr ganzes Leben in der Annahme, die wissenschaftliche Gemeinschaft wüsste, wie unsere Welt oder das Universum beschaffen ist. Im normalen Wissenschaftsbetrieb werden etablierte Theorien wie das kosmologische Standardmodell niemals mehr hinterfragt. Ganz im Gegenteil bildet sich ein Establishment heraus, das fundamentale Neuerungen verhindern will, weil sie die Grundposition der akademischen Gemeinschaft bedrohen. Durch unzählige Lehrsätze ist das gegenwärtige Paradigma, das immer weniger zu hinterfragen war, zu einer Selbstverständlichkeit geworden. Jetzt ist allerdings ein Zeitpunkt erreicht, an dem sich durch bessere Experimente und Beobachtungen Anomalien häufen. Diese Anomalien können mit dem herkömmlichen Paradigma weder vorhergesehen noch erklärt werden. Das führt zu Verwirrung und anschließend zur Verunsicherung des wissenschaftlichen Establishments.

Daraus entsteht eine Krise. Ist die Krise eingetreten, versuchen Forscher das bestehende Paradigma völlig auszureizen, doch sie erreichen dadurch das Auftreten weiterer Anomalien und die Verschärfung der Krise. Wenn die Masse an Wissenschaftlern darauf aufmerksam wird, ruft dies heftigen Widerstand gegen die Resultate hervor. Sie vergessen dabei jedoch, dass sie als Studierende die Theorien, die sie heute verkörpern, aufgrund der Autorität ihrer Lehrer und ihrer Lehrbücher akzeptierten, doch nicht aufgrund von objektiven Beweisen! Weil Anomalien das Paradigma widerlegen, rebellieren Forscher aus einer Einstellung der überholten Sichtweise heraus, indem sie sich entgegen aller Logik und Rationalität gegen eine neue wissenschaftliche Revolution zur Wehr setzen und kein neues Wissen schaffen wollen. Das degradiert sie im eigentlichen Sinne zu Anti-Wissenschaftlern.

Forscher ließen sich aktuell zu der Äußerung hinreißen, dass *„etwas Unheimliches"* im Universum vor sich geht, das von Mystizismus oder Metaphysik durchdrungen ist. Die unterschiedlichen Resultate der zwei Methoden zur Messung der Hubble-Konstante deuten sonderbarerweise darauf hin, dass die Erde das Zentrum des Universums darstellt, von dem sich alles Sichtbare wegbewegt! Durch die Relativitätstheorie von Albert Einstein hat sich lange vor der modernen wissenschaftlichen Revolution des 20. Jahrhunderts das frühere geozentrische Weltbild durch Astronomen wie Kopernikus in ein heliozentrisches transformiert. Wichtige Teile der alten Theorien wurden damit aufgegeben, man muss sich die historische Weltsicht aber von Zeit zu Zeit wieder ins kollektive Gedächtnis zurückrufen.

Historisch betrachtet, glaubten Gelehrte die längste Zeit, dass die Erde das Zentrum des Universums darstellt, bis Kopernikus und Galilei festgestellt haben, dass sich die Erde um die Sonne dreht. Durch die Rotation der Erdachse wirkt es für Menschen so, als ob sich das ganze All um die Erde dreht und wir das Zentrum der universalen Schöpfung darstellen. Später musste dieses geozentrische Weltbild zugunsten neuer astronomischer Entdeckungen aufgegeben werden. Sowohl Kopernikus als auch Galilei wurden für ihre Erkenntnisse verfolgt, andere Astronomen sogar auf dem Scheiterhaufen verbrannt. Heute nimmt das wissenschaftliche Establishment die Rolle der Inquisition ein. Vor der Formulierung der Lehrsätze der wissenschaftlichen Revolution, wie sie von Kopernikus, Galilei, Darwin oder Einstein ausgelöst worden sind, glaubten alle Menschen der Welt die längste Zeit der aufgezeichneten Geschichte hinweg, dass die Erde das Zentrum des Universums darstellt. Diesen Glaubenssatz nennt man die *Geozentrische Theorie des Universums* oder das *geozentrische Weltbild*.

Im geozentrischen Weltbild nimmt der Planet Erde und auch die Menschheit eine zentrale Bedeutung ein. Der Grund, warum das so ist, bleibt, dass die Erdoberfläche von den meisten Menschen so empfunden wird, als ob sich die Erde nicht drehen würde. Von der Erdoberfläche aus betrachtet, wirkt alles so, als würde der Planet von anderen Himmelskörpern umkreist. Besonders vom Christentum und der Kirche wurde dieses Weltbild lange vertreten. Zweifel daran kamen erst ab dem 16. Jahrhundert auf, als europäische Astronomen mit ihren Entdeckungen für Aufruhr sorgten. Sie wurden von der Inquisition angeklagt, und der Astronom Giordano Bruno landete sogar auf dem Scheiterhaufen. Vorstellungen von einem endlosen materiellen Weltall ohne Jenseits waren für Gläubige schwer einzuordnen. Ein All ohne Anfang und Ende ließ keinen Platz für die Schöpfung, wie sie in der Genesis beschrieben ist, und auch nicht für ein Ende, wie im Jüngsten Gericht verkündet. Zudem orientierte sich das geozentrische Weltbild an der Bibel. Das Zentrum des Universums ist die Erde, weil man überall auf der Welt die Sonne einmal am Tag um die Erde kreisen sieht. Die Sterne erscheinen so, als wären sie auf einer himmlischen Sphäre fixiert, die ebenfalls einmal am Tag eine Drehung vollzieht, und zwar entlang einer Achse, die durch die Pole der Erde verläuft. Von der Perspektive eines menschlichen Astronomen aus, schien die Erde sich selbst nicht zu bewegen. Die Oberfläche fühlt sich auch heute noch für die meisten Menschen unbeweglich und stationär an.

Warum fühlen wir die Drehbewegung der Erde nicht und werden nicht von ihr beeinflusst? Man kann sie zwar nicht direkt wahrnehmen, aber messen. Am Äquator beträgt die Rotationsgeschwindigkeit angeblich 1.675 km/h. Wir Oberflächenbewohner bewegen uns zudem mit der Erde mit einer Geschwindigkeit von 30 km pro Sekunde um die Sonne. Die Sonne mitsamt dem ganzen Sonnensystem erscheint der Wissenschaft so, dass es sich zusätzlich mit 200 km pro Sekunde fortbewegt, also mit einer Geschwindigkeit von rund 720.000 km/h. Der Wissenschaft erscheint es so, als ob sich die Erde vom Nordpol unseres Planeten oder der Sonne aus gesehen gegen den Uhrzeigersinn um die Sonne bewegt.

Alles auf der Oberfläche bewegt sich daher offenbar mit derselben Geschwindigkeit mit, und die Atmosphäre der Erde dreht sich ebenfalls mit derselben Rate wie die Oberfläche. Das soll die einfache Erläuterung sein, warum wir keine Drehbewegung oder Beschleunigung wahrnehmen können. Alle Dinge werden von der Oberfläche angezogen und an Ort und Stelle durch Erdanziehungskraft fixiert. Wenn sich die Erde nicht mit gleichbleibender Geschwindigkeit drehen würde, könnten wir nicht auf ihr leben. Sollte die Drehbewegung abrupt langsamer werden, wäre das so, als würde ein Hochgeschwindigkeitszug abbremsen. Alles auf dem Boden würde umgeworfen werden, und das Resultat wäre verheerend. Es gäbe Tsunamis, Erdbeben und Vulkanausbrüche. Alles wäre innerhalb eines Augenblicks vorbei, schreiben Forscher. Aufgrund eines wundervoll geplanten, aber rätselhaften Universums ist somit unser alltägliches Leben auf der drehenden Erde möglich geworden, die sich mit irrsinniger Geschwindigkeit durchs All bewegen soll. Dennoch können viele Menschen das Gefühl nicht loswerden, dass sich die Erde nicht bewegt.

Albert Einstein erklärte, dass Gravitation keine Kraft darstellt, die wie alle anderen physikalischen Kräfte eine Gegenkraft besitzt. Sie stellt somit einen Teil des Universums dar, und ist eigentlich nicht auf individuelle Objekte anzuwenden. Einstein konnte allerdings nicht beantworten, warum auch Gravitation ein unerklärlich fein abgestimmtes Phänomen im Weltall ist. Wäre sie nur einen Bruchteil stärker eingestellt, wäre niemand von uns hier und niemals Leben entstanden. Die Balance zwischen Anziehung und Abstoßung von Partikeln von Materie wäre gestört, und die Expansion des Raums hätte die Anziehung der Gravitation überwältigt. In diesem Fall hätten sich keine Sterne, Planeten, Galaxien oder Menschen formen können. Wäre Gravitation viel stärker, dann wären solide Objekte schnell kollabiert und das ganze Universum samt Raumzeit würde nicht mehr existieren. Nur die seltsam ausbalancierte Rate der Gravitation, die eine Sekunde nach dem Urknall entstanden sein soll, erlaubte entsprechend der wissenschaftlichen Vorstellung die Entstehung von Leben auf der Erde!

Einsteins Theorie revolutionierte das Gesetz der universalen Anziehung von Isaac Newton. Gravitation bewegt die Erde durchs All und hält die Atmosphäre davon ab, in den Weltraum zu entweichen. Newton versuchte, eine zuvor rätselhafte, unerklärliche oder gar magische Kraft zu beschreiben, welche die Bewegungen der Himmelskörper steuert und am Laufen hält, aber sowohl sein Gesetz als auch Einsteins Theorie haben einen großen Teil der Menschheit nicht überzeugt.

Unser Sonnensystem stellt aus unbekannten Gründen das Zentrum des sichtbaren Universums dar!

Laut verschiedenen Umfragen in den USA, Russland und in Europa, die in den letzten Jahrzehnten durchgeführt worden sind, glauben immer noch 20 bis 30 Prozent aller Befragten, dass sich die Sonne um die Erde dreht und nicht umgekehrt. Für diese Menschen stellt die Erde auf die eine oder andere Weise immer noch das Zentrum des Universums und Lebens dar. Ihnen ist nicht bewusst, dass die Relativitätstheorie zwar von einem Urknall ausgeht, aber weder Einstein noch andere Wissenschaftler beantworten können, wo im All der Ort der Explosion war, von dem aus die Expansion stattfindet.

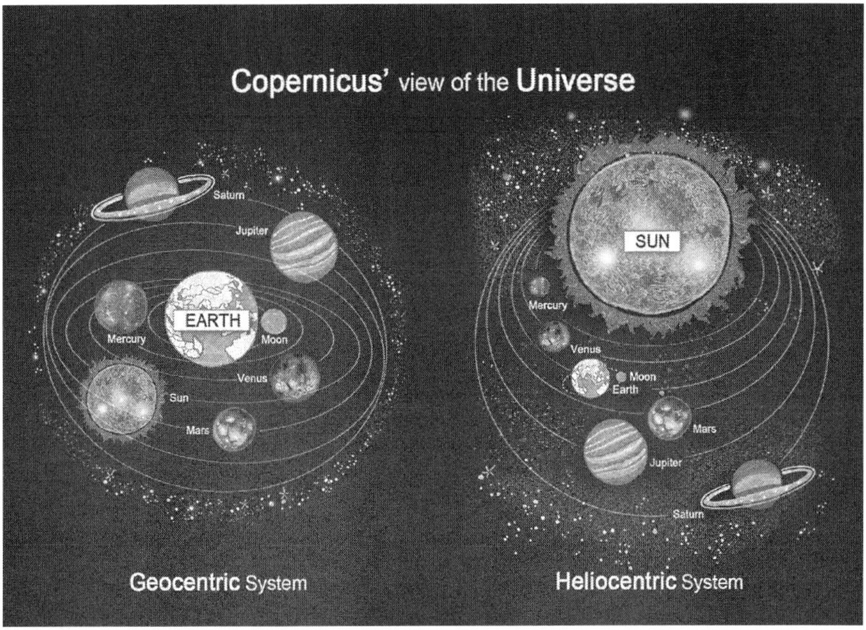

Abb. 1: Das geozentrische und das heliozentrische System

Wenn sich das Universum bis heute homogen ausdehnt, dann sollte man berechnen können, wo der Beginn dieser Ausdehnung zu lokalisieren ist. Der Urknall soll eine unvorstellbare Explosion gewesen sein, und Explosionen beginnen jeweils an einem spezifischen Ort im Raum und benötigen dazu ein endliches Volumen. Dann breiten sie sich rasch in alle Richtungen aus und sind nur durch äußere Einflüsse und Grenzen eingeschränkt. Das schnellste sich bewegende Material breitet sich schneller und weiter aus als der Rest des explodierten Materials. Daher ist es auch weniger dicht. Diesen Zustand können wir wie gesagt nicht im geordneten Universum vorfinden. Es sieht selbst am entferntesten sichtbaren Punkt gleich aus, hat dieselbe Dichte, dieselben Energien, dieselbe Anzahl an Galaxien und überall dieselben physikalischen Feinabstimmungen.

Berechnet man die Expansionsraten rückwärts und verfolgt die Bahnen zum Ursprung ihrer Ausdehnung zurück, landet man an einem Punkt des gemeinsamen Ursprungs, und dieser befindet sich laut Kosmologen an einem interessanten Ort: hier bei uns!

Abb. 2: Darstellung des geozentrischen Modells des Universums

Unsere Milchstraße, unser Sonnensystem und der Planet Erde stellen tatsächlich das Zentrum des sichtbaren Universums dar! Verschiedene Studien besagen, dass zwischen 200 Milliarden und 2 Billionen Galaxien im sichtbaren Universum existieren. Wie groß sind die Chancen, dass wir uns exakt im Zentrum des Punktes befinden, an dem das Universum laut wissenschaftlichen Erkenntnissen begonnen hat?

Kosmologen wissen darauf keinen Rat und sagen, dass viele Beobachtungen, inklusive dieser, nach wie vor unerklärlich bleiben. Sie wissen ebenfalls darüber Bescheid, dass das Szenario einer kosmischen Explosion bereits unrealistisch geworden ist, weil der Urknall den bekannten Gesetzen der Physik widerspricht. Entgegen der allgemeinen Auffassung sagt Einsteins Relativitätstheorie aus, dass ein Universum aus Materie und Energie nicht explodiert – deshalb der zögerliche Erklärungsversuch, dass gar kein Zentrum des Universums da ist, obwohl man die Region im Kosmos eingrenzen kann, von dem sich alles ausgebreitet haben sollte. Dieser Teil des Universums, der für uns sichtbar gemacht werden kann, liefert definitiv die Information, dass wir uns im Zentrum befinden, so unwahrscheinlich sich das auch anhört!

Physiker und Astronomen klammern diese Erkenntnis aus ihren Kommentaren aus, weil sie eine weitere Anomalie der Kosmologie repräsentiert! Man versucht sie sogar zu widerlegen. Stellt man die Frage, von wo aus sich das Universum begonnen hat auszudehnen, dann sagen Experten: „*Von überall gleichzeitig!*“, und das deshalb, weil der Urknall keiner Region im All zugeordnet werden kann, denn es soll sich um einen unendlich kleinen und heißen Punkt gehandelt haben, der in einer Situation ohne Raum und Zeit explodiert ist. Das alles hört sich unglaublich widersprüchlich an, aber laut allen Informationsquellen, zu denen Wissenschaftler heute Zugang haben, all ihren modernen Theorien und Beobachtungen, sind sie keinesfalls in der Lage, unzählige offen gebliebene Fragen zu beantworten.

Forscher, die sich mit der Dynamik von Galaxien befasst haben und sich mit dem unsichtbaren Phänomen der Dunklen Materie beschäftigen, sagen in Interviews aus, dass sich das Universum von uns aus betrachtet seit dem Urknall rund 15 Milliarden Lichtjahre in jeder Richtung ausdehnt. Dabei sprechen Wissenschaftler ständig von „verschiedenen Seiten“ des Universums. Selbstverständlich stellt die Erde für unsere Forschungen das Zentrum des Universums dar, aber abgesehen davon ist es auch das lokale Zentrum der Ausdehnung von Energie, Materie und Galaxien. Somit liegt unser Sonnensystem im Inneren einer Sphäre mit diesem Radius an Lichtjahren.

Was außerhalb davon liegt, ist unerforscht. Deshalb kann man faktisch feststellen, dass wir uns wirklich im Zentrum des sichtbaren Universums befinden. Ob es unendlich groß ist und sich jenseits des kosmologischen Horizonts erstreckt, ist nicht zu beantworten, denn es wäre möglich, dass die Geometrie nicht flach ist, sondern gekrümmt wie eine Sphäre. Das sichtbare Universum würde sich um die Ränder wickeln. Würde ein Raumschiff weit genug reisen, würde es – wie auf der Erdoberfläche – wieder an dem Punkt ankommen, von dem es gestartet ist. Das flache, unendliche Universum ist somit nicht die einzige wissenschaftlich akzeptierte Möglichkeit.

Forscher wissen nicht, warum wir uns im Zentrum des sichtbaren Universums befinden, weil die statistische Wahrscheinlichkeit dafür einfach unmöglich erscheint. Dunkle Energie fügt diesem Rätsel noch eine Komponente hinzu, denn seit den 1990er-Jahren ist ermittelt worden, dass weit entfernte Galaxien viel weiter weg sind als erwartet und die Expansion dort offenbar schneller voranschreitet, als in allen Modellen vorhergesagt. Das James-Webb-Weltraumteleskop machte Galaxien am Rande des sichtbaren Universums sichtbar, die viel heller und größer sind, als sie laut dem kosmologischen Standardmodell sein sollten.

Laut der Hypothese des Urknalls müssten sie sich sehr früh geformt haben und nach Milliarden von Jahren immer noch gleich aussehen. Das ist keine Kleinigkeit, sondern eine überaus bedeutsame Anomalie. Weil das neue Weltraumteleskop erst seit kurzer Zeit im Einsatz ist, haben neue Beobachtungen weiter zur Steigerung der Krise in der Kosmologie beigetragen. Am Rande des Weltalls wurden bis dato hundert-, wenn nicht tausendmal mehr helle Galaxien ausfindig gemacht, als Astronomen vorhergesagt haben. Sie alle müssten sich im sehr frühen Universum entwickelt haben, weil sie so weit vom Zentrum entfernt sind. Experten waren überrascht und meinten, dass niemand so etwas wie diese Entdeckung erwartet hat. Das gesamte Modell der Formung von Galaxien muss einer Revision unterzogen werden, denn Gaswolken des Urknalls können sich laut den Modellen nicht so schnell, also innerhalb von wenigen hundert Millionen Jahren, in solche Galaxien verwandeln. Eine dieser Galaxien müsste bereits hell geleuchtet haben, als das Universum erst 230 Millionen Jahre alt war! Unter vorhergesagten gewöhnlichen Umständen sollten sie mindestens eine Milliarde Jahre dazu benötigt haben. Die meisten Sterne im Universum sollen aktuellen Modellen entsprechend erst in den ersten zwei oder drei Milliarden Jahren nach dem Urknall entstanden sein. Dieser Prozess soll dann vor rund 11 Milliarden Jahren in den meisten Galaxien aufgehört haben, weshalb gegenwärtig keine neuen Sterne bei ihrer Entstehung beobachtet werden können.

Die am weitesten entfernte sichtbare Galaxie wurde im Juni 2022 gefunden und befindet sich 35 Milliarden Lichtjahre von uns entfernt. Sie soll sich rund 230 Millionen Jahre nach dem Urknall gebildet haben. Dieser Galaxienhaufen am Rand ist sogar dichter angeordnet als im Rest des frühen Universums. Diese Anomalie legt nahe, dass das akzeptierte Alter des Universums nicht bestätigt werden kann. Theorien über die Entstehung von Galaxien, Sternen und Planeten müssen vermutlich in weiterer Folge völlig neu definiert werden.

Schon 2018 haben Gelehrte die Meldung kundgetan, dass Theorien über die Entstehung von Galaxien revidiert werden, weil neue Studien etwas Unerwartetes ergeben haben. Das betrifft Sterne mit hoher Masse, die sich mit den herkömmlichen Modellen nicht in Einklang bringen lassen. Sie entstehen durch einen unbekannten Prozess, der sich vollständig von dem unterscheidet, den man bei normalen Sternen postuliert. Es ist unerklärlich, wie Sterne mit großer Masse im Universum entstanden sind. Die herkömmliche Theorie lautet, dass sich Sterne durch Gravitation formen, indem sich Wolken aus Staub und Gas zusammenziehen, schließlich kollabieren und auf diese Weise dicke Blasen bilden, die sich im Kern aufheizen und dann zu Sonnen werden. Die Masse der Kerne bestimmt daher die Masse der Sterne, die sich aus ihnen gebildet haben sollen. Dennoch ist der Prozess sehr komplex, und Modelle und Kalkulationen ergeben, dass viele verschiedene physikalische Interaktionen notwendig wären, damit Sterne geboren werden und sich quasi einschalten und zu leuchten beginnen. Doch auch diese hypothetischen Prozesse sind im Grunde genommen nicht verstanden, weshalb Astronomen durch das Studium von Sternen anderer Galaxien versuchen dahinterzukommen, wie es passiert ist.

Das akzeptierte Alter des Universums kann nicht länger bestätigt werden

Astronomen unterscheiden zwischen alten Sternen und jungen bzw. neuen Sternen, von denen man annimmt, dass sie sich erst innerhalb der letzten paar Millionen Jahre geformt haben. Ihre Entstehung wird durch den Urknall erklärt, bei dem Wolken von Gas und Staub sich im Raum ausgebreitet haben sollen. Fakt ist, dass niemand beobachtet hat, wie sich Sterne formen. Der Staub, den man heute in Sonnensystemen finden kann, könnte ebenso von Sternen ausgestoßen worden sein. Weil sich bei sogenannten jungen Sternen manchmal Wolken aus Gas und Staub befinden, glauben Astronomen, dass es sich um einen neuen Stern handelt, und eine Scheibe aus Staub um den Stern herum signalisiert, dass sie etwas mit der Formung dieses Sterns zu tun hat. Leider waren keine Astronomen zugegen, als sich diese Sterne gebildet haben, und deshalb ist der Prozess selbst nicht zu beobachten. Neuere Resultate von Staubscheiben von Sternen haben gezeigt, dass viele von ihnen alt und nicht jung sind. Junge Sterne ohne Scheiben wurden entdeckt und einige alte Sterne mit riesigen Scheiben. Von Galaxien nimmt man an, dass sie sich wie Sterne und Planeten durch Gravitation bilden. Sie ziehen Wasserstoff-Gas in die galaktische Scheibe, und dieses Gas kann sich in Wolken verwandeln, die wiederum mehr Sterne und Planeten gebildet haben sollen.

Diese Wasserstoff-Gase im intergalaktischen Raum nennt man *Intergalaktisches Medium*, und das soll die Quelle des Materials darstellen, aus dem sich Sterne geformt haben, indem es von Galaxien hereingezogen wird. Die meisten Sterne sollen sich demnach innerhalb von Galaxien gebildet haben. Astronomen haben auch Sterne gefunden, die sich im interstellaren Raum oder außerhalb von Galaxien befinden. Neue Studien belegen sogar, dass sich möglicherweise die Hälfte des Lichts, das wir von Sternen wahrnehmen, außerhalb von Galaxien befinden könnte. Kosmologen denken, dass das intergalaktische Medium als Wasserstoff-Gas vom Urknall stammt, aber andere Daten weisen darauf hin, dass die schweren Elemente auch von Sternenstaub stammen können, der von Galaxien ausgestoßen wird. Die Hälfte der großen Galaxien hörte vor rund 3 Milliarden Jahren auf, Sterne zu produzieren. Danach ist der Prozess vollständig zum Stillstand gekommen, und diese Tatsache stellt eine Anomalie und ein weiteres Rätsel für die Astronomie dar.

Forscher können nicht erklären, warum das geschehen ist. Im Zentrum von großen Galaxienhaufen finden sich Regionen, in denen sich hauptsächlich alte Sterne befinden. Sie sind von gelber, oranger oder roter Farbe, aber man findet keine jüngeren mit blauer oder weißer Farbe. Manche dieser Galaxien haben seit mehr als 12 Milliarden Jahren keine neuen Sterne geformt. Warum sollten ausgerechnet die Galaxien mit den meisten Sternen plötzlich aufhören, neue zu formen? Was ist der Grund, warum zahlreiche Galaxien etwa 2 bis 3 Milliarden Jahre nach dem Urknall aufhörten, Sterne zu formen? Auch das Vorhandensein von großen hellen Galaxien am Rande des sichtbaren Universums weist übereinstimmend darauf hin, dass sich Sterne sehr früh und rasch in Galaxien gebildet haben. Dann haben Galaxien – ohne erkennbaren Grund – früh aufgehört, neue Sterne zu formen, obwohl genug Wasserstoff und Staub vorhanden war. Schließlich hat sich der Prozess der Formung von Sternen nie wieder fortgesetzt. Auch diese Beobachtungen lassen sich nicht mit den theoretischen Modellen erklären, und deshalb bleibt rätselhaft, wie das Universum entstanden ist und warum es urplötzlich aufgehört hat zu wachsen. Astronomen erklären anhand dieser Unstimmigkeiten, dass etwas Grundlegendes in ihrem gegenwärtigen Verständnis des Universums falsch ist.

Wenn auch hier grundlegende Fehler im Modell auftreten, bedeutet das nichts anderes, als dass die Idee des Urknalls nicht korrekt sein kann. Denken Sie logisch nach: Wenn man mit den modernsten Weltraumteleskopen das Licht von Galaxien sehen kann, die vor mehr als 13 Milliarden Jahren entstanden sind, dann sollten sie eigentlich nicht so aussehen wie Galaxien heute in unserer Nähe. Sie sollten unfertig und nicht entwickelt sein und nicht groß, komplett und hell strahlend in Erscheinung treten. Das James-Webb-Teleskop liefert somit Bilder, die alte Vorstellungen vom Urknall widerlegen und zur Krise in der Kosmologie beitragen. Wenn man das Licht ferner Sterne sieht, sollte man erwarten, in die ferne Vergangenheit zu blicken, doch was man gegenwärtig vorfindet, sind Aufnahmen von vollständig entwickelten Galaxien in den entferntesten Regionen des sichtbaren Weltalls, die jung aussehen.

Es wirkt so, als hätte über lange Zeiträume hinweg gar keine Entwicklung stattgefunden. Wie gesagt haben Astronomen in den letzten Jahren Sterne entdeckt, die nur relativ kurze Zeit nach dem hypothetischen Urknall entstanden sein sollen. Das fordert jene Theorien heraus, die angeblich erklären, wie schnell sich Galaxien geformt haben. Die wichtigste Frage lautet in diesem Zusammenhang jedoch, ob die Theorien der Evolution von Sternen korrekt sind oder nicht. Diese neuen Entdeckungen fordern deshalb keine Theorien heraus, wie es Kosmologen gern behaupten, sondern sie widersprechen ihren Modellen und machen diese Entdeckungen unerklärlich.

Sie reden nicht darüber, dass die Entdeckungen nicht mit der Theorie eines Urknalls in Einklang zu bringen sind. 200 Millionen Jahre oder weniger sind nicht genug Zeit, damit zufällig verstreute Gase sich in massereiche Sterne und Galaxien formen konnten. Diese Widersprüche belegen, dass eine spezielle Schöpfung des Alls vorliegt und keine zufällige Evolution, die sich über Milliarden von Jahren hinweg erstreckt hat. Die Arme in Spiralgalaxien sollten sich schon im Laufe von hunderten Millionen von Jahren langsam aufgelöst haben. Die Existenz von Spiralgalaxien wie der Milchstraße ist daher ein Argument, dass sie viel jünger sind, als Wissenschaftler denken. Der Fakt, dass Forscher mit Weltraumteleskopen vollständig geformte, rotierende Scheibengalaxien am Rand des Universums finden, die weniger als zehn Prozent des angenommenen Alters des Universums besitzen sollen, deutet darauf hin, dass andere Prozesse zu ihrer Entstehung geführt haben als postuliert. Die ganze astrophysikalische Vorstellung von der Formung von Galaxien ist vermutlich falsch. Es wäre auch möglich, dass das Licht vom Rande des sichtbaren Universums keine Milliarden Jahre benötigt, um uns zu erreichen. Urknalltheoretiker sind jedes Mal „überrascht", wenn neue unpassende Entdeckungen gemacht werden, was nur bedeuten kann, dass das Standardmodell der Kosmologie mittlerweile vollständig widerlegt wurde und deshalb gar keine anständige wissenschaftliche Theorie repräsentiert.

Etwas Unheimliches geht im Universum vor sich, das von Metaphysik durchdrungen ist

Das James-Webb-Weltraumteleskop läutet dadurch das Ende der Ära des Urknall-Modells ein, und das ist ein akutes Problem für das ganze wissenschaftliche Establishment. Hunderte riesige und rotierende Galaxien am Beginn der Zeit verwerfen die Modelle zum Verständnis des Ursprungs unseres Universums. Forscher sind nunmehr gezwungen zu behaupten, dass sich die ersten Sterne schon 100 bis 200 Millionen Jahre nach dem Urknall formten. Vor nur zehn Jahren sagten sie noch, dass erste Sterne sich laut gültigen Modellen erst nach 400 Millionen Jahren hätten formen können. Jetzt sollen sogar ganze Galaxien in weniger als 250 Millionen Jahren entstanden sein, was eine klare Verletzung des Urknall-Modells voraussetzt. Astronomen sind betrübt darüber, dass sie diese Riesengalaxien in den Aufnahmen finden! Sie sinnen darüber nach, dass alles, an das sie im Laufe ihrer Karriere geglaubt haben, falsch ist. Es kommt noch schlimmer: Wissenschaftlern, die über den Umstand diskutieren wollen, dass sich kosmologische Probleme häufen, wird inzwischen „Wissenschafts-Leugnung" vorgeworfen! In Pressemeldungen über Astronomie konnte man in den vergangenen Monaten sogar lesen, dass „pseudowissenschaftliche Versuche" unternommen werden, um die Entdeckungen des James-Webb-Weltraumteleskops zu verdrehen. Die Fachwelt ist in Panik wegen der Krise, und die Schlagzeilen lauten übereinstimmend: James Webb hat die Urknall-Theorie nicht widerlegt! Schleunigst hat man nach Ausflüchten gesucht, die Aussagen von Astronomen zu entkräften, wonach der Urknall seine Gültigkeit verliert.

Zitat aus *Space.com*: *„Das James-Webb-Weltraumteleskop hat den Urknall nicht widerlegt, trotz eines Artikels über eine pseudowissenschaftliche Theorie, der im August viral ging und Zitate eines Astrophysikers falsch charakterisierte, um ein falsches Narrativ zu schaffen, dass der Urknall nicht stattgefunden hat."*

Der Versuch, diese Entdeckung zu widerlegen, besteht darin zu schreiben, dass die Instrumente des Teleskops nicht richtig kalibriert sind und einige dieser Galaxien nicht so weit entfernt sind wie zuletzt angenommen. Weiter wird Forschern vorgeworfen *„Leugner des Urknalls"* zu sein und *„persönliche pseudowissenschaftliche Alternativen"* anzubieten. Dann kann der erstaunte Leser in einem führenden Wissenschaftsmagazin die Überschrift *„Geheimnisse der Wissenschafts-Leugnung"* vorfinden. Um der Krise in der Kosmologie entgegenzuwirken, werden Skeptiker-Organisationen eingesetzt, um von allen abweichenden Beobachtungen abzulenken und stattdessen über die Methoden von Wissenschafts-Leugnern aufzuklären – egal, um welches Thema es sich auch handeln mag!

Anhand einer Liste, die von Skeptikern entworfen wurde, soll man Forscher entlarven, welche die Wissenschaft leugnen. Denkt man über jene angeführten Punkte intensiv nach, kann man diese Beschuldigungen der Wissenschafts-Leugnung im Grunde genauso gut den Vertretern des in

Rage geratenen wissenschaftlichen Establishments vorwerfen. Sie sind es, die Personen und Gruppen angreifen, ohne deren Argumente zu widerlegen. Sie verwenden in ihren Publikationen und Pressemeldungen nicht eindeutig auszulegende Begriffe, die zu Missverständnissen und falschen Schlussfolgerungen führen. Sie verleugnen überwältigende Beweise. Sie zitieren eine große Anzahl an vorgeblichen Experten, damit der Anschein entsteht, es würde in Bezug auf ein Thema ein allgemeiner wissenschaftlicher Konsens herrschen. Sorgfältig ausgesuchte Daten sollen der Öffentlichkeit weismachen, dass die Position des Urknalls bestätigt ist, obwohl viele abweichende Daten, welche dieser Position gegenüberstehen, einfach ignoriert werden. Mainstream-Wissenschaftler und Skeptiker glauben an eine Summe von Theorien, die sich zusammengefasst widersprechen. Das Vorgehen, neue Entdeckungen als Wissenschafts-Leugnung abzulehnen, impliziert das Vorhandensein einer politischen Agenda, um ein Schema zu erschaffen, das unveränderlich ist und sich zum Ziel setzt, die Wahrheit über das Universum zu verbergen.

Anti-Wissenschaftler werfen abweichenden Kollegen vor, Pseudowissenschaft zu betreiben. Sie sagen, dass dadurch der Eindruck einer fortlaufenden wissenschaftlichen Debatte entsteht, die gar keine ist. Jede unpassende Aussage wird als unwissenschaftlich betrachtet. Der Urknall wird zum einzigen möglichen Modell zur Entstehung des Universums erhoben, obwohl andere wissenschaftliche Möglichkeiten existieren. Die Re-Interpretation der neuen Beobachtungen von Astronomen gleicht einer internationalen Verschwörung innerhalb der wissenschaftlichen Gemeinschaft in der Krise. Sie bekämpfen die Signifikanz von Wissenschaftlern, die Zweifel am wissenschaftlichen Konsens schüren, obwohl allen klar ist, dass es eines Tages zu einem Paradigmenwechsel kommen muss, um alle Anomalien im kosmologischen Modell zu erklären!

Der zerstörerische Grad von Skeptizismus gegenüber offiziellen neuen Entdeckungen verhindert, dass diese Fakten und Beobachtungen in das überholte kosmologische Standardmodell integriert werden können. Stattdessen soll das Augenmerk der Allgemeinheit auf irrelevante Themen gelenkt werden, die uns von der Wichtigkeit der neuen Entdeckungen ablenken, die relevante Beweise gegen den Urknall liefern. Zu diesem wichtigen Schluss gelangen auch Wissenschaftsinstitute, die sich gezwungen sehen, ihr gesamtes Modell zu verwerfen und alle Lehrbücher umzuschreiben, wenn sie nicht restlos ihre Glaubwürdigkeit einbüßen wollen.

Sie versuchen weiterhin, den Eindruck zu wahren, alles sei in Ordnung, obwohl der offizielle Standpunkt bereits überholt ist und somit auf Täuschung beruht, auch wenn einige ausgewählte spezifische Teile der Theorien noch nicht durch Beobachtungen widerlegt sind. Die Fehlinterpretation oder die Re-Interpretation durch aggressiven Skeptizismus macht es Gelehrten leichter, opponierende Positionen und Forscher anzugreifen. Dieses Vorgehen verhindert im Endeffekt, dass Wissenschaft noch länger vertrauenswürdig erscheint. Skeptiker missbrauchen Wissenschaft vorsätzlich dazu zu behaupten, es würde eine Verschwörung gegen die Standardmodelle existieren. Sie betrachten sämtliche Vorstellungen, welche den Urknall infrage stellen, als ketzerisch.

Auf dieser Basis stellt die Leugnung von neuen offiziellen Daten ein wachsendes Problem dar, welches die Krise verschärft. Anstatt sich dem Paradigmenwechsel so offen wie möglich anzupassen, verliert die Wissenschaft das Vertrauen der Gesellschaft. Skeptiker schreiben, dass die vielen unpassenden Entdeckungen von Astronomen der letzten zehn Jahre ein Wachstum der Wissenschafts-Leugnung bedeuten würde, welche durch das Internet befeuert und durch Soziale Medien beschleunigt worden sei. Mittlerweile werden Schlagzeilen veröffentlicht wie: *„Misstrauen in Wissenschaft ist ein wachsendes Problem, das direkt zum Tod von Menschen führt.“* Wissenschafts-Leugnung bzw. Hinweise darauf, dass die Theorie des Urknalls falsch ist, soll somit Menschenleben kosten, weil Skeptiker versuchen, die Krise mit der sogenannten Klima-Leugnung zu kombinieren, um der vorgeblichen globalen Klimaerwärmung den Kampf anzusagen. Klima-Leugnung wird als Verschwörungstheorie tituliert, welche mit Unstimmigkeiten in der Astronomie gleichgesetzt werden soll. Abweichende wissenschaftliche Erkenntnisse sollen aufgrund dessen direkt dafür verantwortlich gemacht werden, dass Menschen an Verschwörungstheorien glauben und deshalb *„Opfer einer Lüge“* werden!

Dieser Unsinn ist so spannend, dass ich im nächsten Kapitel näher darauf eingehen werde.

Kapitel 2 – Die Konfrontation der etablierten Wissenschaft mit Verschwörungstheorien

Seit einigen Jahren befasst sich ein Teil der medialen Berichterstattung mit Fehlern in der Wissenschaft und warnenden Stimmen von Forschern, die auf Missstände in der wissenschaftlichen Gemeinschaft hinweisen. Wissenschaftler müssen in Bildungseinrichtungen erst viele Jahre vorbereitet werden, um einen sogenannten „wissenschaftlichen Denkprozess" zu entwickeln, da sie instinktives oder angeborenes Denken ablegen sollen. Daher betrachten Akademiker die generelle Bevölkerung als nicht gebildet und unterstellen ihr, Wissenschaft gar nicht richtig zu verstehen. Deshalb entsteht der Eindruck, dass Wissenschaftler bereits die Antworten auf alle Fragen besitzen. Dennoch sind unfassbar viele Dinge durch Rationalität nicht aufzuklären. Das Establishment befürchtet den Ausbruch einer Hysterie, wenn bekannt wird, dass die grundlegenden naturwissenschaftlichen Theorien unbeweisbar geblieben sind. Seit längerer Zeit wird immer mehr über neue wissenschaftliche Entdeckungen berichtet, aber laut Experten sind immer weniger Menschen darauf vorbereitet, neues Wissen zu akzeptieren. Gleichzeitig wünschen sich Forscher, offener über ihre Arbeit sprechen zu können, vor allem über diejenigen Dinge, die der Wissenschaft nicht bekannt sind.

Das Universum soll durch Experimente und faktische Beobachtungen erklärbar werden. Das Problem dabei ist, dass es das durch normales Denken nicht ist und deshalb mysteriös oder gar magisch erscheint. Anerzogenes, materialistisches und intellektuelles Denken ist unnatürlich und nicht intuitiv, deshalb muss es erst erlernt werden. Aus diesem Grund stehen wissenschaftliche Erklärungen in Opposition zur allgemeinen Wahrnehmung, der persönlichen Erfahrung, der Weisheit oder einer übernatürlichen Erklärung für die Existenz des Universums und des vernunftbegabten Lebens. Der Alltagsverstand oder gesunde Hausverstand sagt uns zum Beispiel, dass die Sonne um die Erde kreist. Wissenschaftliche Rationalität hingegen lehrt, dass solche intuitiven Wahrnehmungen nur Hypothesen sind, die getestet werden müssen.

Durch diese Tests und Experimente wollen Gelehrte dahinterkommen, wie unsere Welt funktioniert. Deshalb dauerte es Jahrhunderte, bis die heutige wissenschaftliche Denkweise entstehen konnte. Passend zum Thema hat beispielsweise der berühmte Physiker Edwin Hubble einmal gesagt, dass allen wissenschaftlichen Ideen gesunder Skeptizismus, disziplinierte Imagination und Vorurteilslosigkeit vorausgesetzt werden soll. Erst dadurch soll es dem wissenschaftlichen Denker möglich werden, die Welt mit einem offenen Geist zu erforschen, Fakten zu sammeln und Vorhersagen zu testen. Erst auf diese Weise kann ermittelt werden, ob eine Idee korrekt ist oder nicht. Wissenschaftler hoffen aber gleichzeitig, dass ihre Ideen weder bestätigt noch zurückgewiesen werden können, damit keine Theorie jemals völlig durch Objektivität bewiesen werden kann.

Das heißt, dass jegliches Wissen, das durch diese Prozesse entsteht, nicht aus endgültigen Fakten besteht, sondern aus vorübergehenden Wahrscheinlichkeiten, und zwar deshalb, weil ständig die Möglichkeit besteht, dass Gegenbeweise auftauchen. Zusammengefasst lautet diese Erkenntnis: Der Wissenschaftler erklärt die Welt durch fortlaufende Annäherung. Er kann jedoch niemals behaupten, die finale Wahrheit gefunden zu haben. Das passt exakt zur momentanen Debatte, dass es bei der Hubble-Konstante unterschiedliche Messwerte gibt und das Alter des Universums nicht bestimmt werden kann.

Deshalb ist es logisch, dass wissenschaftlichem Wissen nicht notwendigerweise vertraut werden muss. Es ist zu großen Teilen unvollständig. Kein Wunder, dass weniger gebildete Menschen kein Vertrauen aufbauen können und sich weigern, bestimmte Dinge zu glauben und stattdessen eigene Vorstellungen pflegen. In diesem Fall stoßen intuitive Ideen mit wissenschaftlichen Behauptungen zusammen. Warum sollte man wissenschaftlichen Autoritäten unbeschränktes Vertrauen schenken, wenn sie viele Abläufe der Welt nicht erklären können? Laut Experten ist der stetige Verlust der wissenschaftlichen Glaubwürdigkeit, der seit einigen Jahrzehnten zu beobachten ist, besorgniserregend.

Soziologen warnen sogar vor alarmierenden Trends. Obwohl die allgemeine Bildung besser wird, sinkt im gleichen Rahmen das Vertrauen in die wissenschaftliche Gemeinschaft und ihre Arbeit. Nicht nur der Urknall, sondern auch die menschliche Evolution wird immer mehr bezweifelt. Dieser Trend hat sich durch die Impfpolitik der letzten Jahre sowie die Klima-Hysterie fortgesetzt. Die Autorität der Wissenschaft ist im Schwinden, und Menschen nutzen die Informationsvielfalt, die heute verfügbar ist, um sich selbst zu bilden. Sie haben gelernt, logisch zu argumentieren und Intuition in ihre Schlussfolgerungen einzubinden. Das Resultat davon ist ein Disput, was Wissenschaft und Pseudowissenschaft definiert. Viele alternative Resultate oder Herangehensweisen von sogenannten Pseudowissenschaftlern liefern valide Argumente oder eben Gegenbeweise für bestehende Modelle über die Entstehung der Welt.

Vorurteilslosigkeit und Skeptizismus den eigenen Vorstellungen gegenüber ist in der wissenschaftlichen Gemeinschaft offenbar kein Thema mehr, denn Gegenbeweise werden der Pseudowissenschaft zugewiesen und außerdem strategische Taktiken entwickelt, einem neuerlichen Paradigmenwechsel zu entgehen, indem alternative Ansichten und abweichenden Beweisen einfach die Wissenschaftlichkeit entzogen wird. Dadurch hat sich eine Form der Wissenschaft etabliert, die zunehmend substanzlos geworden ist, sich nicht weiterentwickeln kann und daher die Voraussetzungen einer echten Pseudowissenschaft erfüllt. Wer sind also hier die wahren Wissenschafts-Leugner?

Der stetige Verlust der wissenschaftlichen Glaubwürdigkeit

Die Krise besteht nicht nur in der Kosmologie, sondern auf allen Ebenen der Naturwissenschaft. Neue Ideen werden verworfen, um das bestehende Weltbild vehement zu verteidigen, damit kein neues Modell zur Erklärung der Welt entstehen kann. Das wurde hinlänglich von Vertretern der wissenschaftlichen Gemeinschaft enthüllt. Es ist möglich geworden, weil die sogenannte wissenschaftliche Gemeinschaft laut eigenen Aussagen zur *„mächtigsten kollektiven Unternehmung in der menschlichen Geschichte“* geworden ist! Nehmen sich einzelne Forscher das Recht heraus, neue Ideen zu formulieren, welche dem Establishment sicheres Territorium entziehen, gleicht das einer Kriegserklärung. Die Krise besteht darin, dass dieses Territorium immer kleiner wird, obwohl die Allgemeinheit unentwegt mit Büchern, Dokumentationen, Lehrstoffen und Theorien beeinflusst wird, in welchen die allgemeinen Theorien niemals als widerlegt dargestellt werden. Weil das schon begriffen wurde, geht die Allgemeinheit dazu über, eigene Ideen und neue Ideologien zu entwickeln, da ihnen jetzt die Werkzeuge dafür zur Verfügung stehen. Sie betreiben somit definitionsgemäß echte unvoreingenommene Wissenschaft.

Individuelle Forscher gestehen, dass viele Dinge im Universum nicht erklärbar sind und dass viele Fehler in ihren Modellen auftreten. Dennoch rückt die wissenschaftliche Gemeinschaft nicht von ihren alten Standpunkten ab, um sich neuen Ideen zu widmen. Der Konsens wird hartnäckig beibehalten, aber die Krise sorgt unwiderruflich für den bereits vor Jahrzehnten vorausgesehenen Paradigmenwechsel. Dieses neue Paradigma wird allerdings nicht vom Establishment kontrolliert, sondern gerät zunehmend in den Besitz bzw. in das Territorium der informierten Allgemeinheit, und große Scharen von Gelehrten passen sich diesem Trend an und sprechen daher völlig offen über Anomalien und Widerlegungen der Standardmodelle. Es ist klar, dass Wissenschaftler viel Geld verdienen und nicht nur mit Preisen, sondern auch mit ihrer Reputation geehrt werden und Unmengen an Forschungsgelder zur Verfügung gestellt bekommen, um die Natur der Realität zu erforschen, die selbst heute noch zu großen Teilen unverstanden ist, eben wegen jener „fortlaufenden Annäherung".

Die Krise beinhaltet ebenso einen zunehmenden Trend zur Beendigung des wissenschaftlichen Konsenses, weil Modelle keine akkurate Wiedergabe der objektiven Realität ermöglichen. Durch das Internet und Soziale Medien, in denen solche Berichte geteilt werden, wird heftig über wissenschaftliche Grundlagen diskutiert, und deshalb kristallisiert sich heraus, dass das Vertrauen in das wissenschaftliche Establishment in wenigen Jahren verschwunden sein wird, weil der Meinung selbsternannter Experten immer weniger Gewicht verliehen wird. Das Monopol um Wissen, das vor der Ära des Internets bestand, war beinahe unangreifbar, weil erst das Internet dafür gesorgt hat, dass die generelle Öffentlichkeit eine überwältigende Menge an Informationen über alle wissenschaftlichen Themen zur Verfügung gestellt bekam. Dieses Wissen war vorher nur Experten vorbehalten. Also hat das Internet dafür gesorgt, dass jeder zu einem Experten werden kann, wenn er das möchte. Das Internet hat darüber hinaus dafür gesorgt, dass der Prozess der Erziehung zu materialistischem wissenschaftlichem Denken wie in Universitäten wegfällt. Alternative Ideen haben sich durchgesetzt und können ohne Verzögerung global diskutiert werden. Das wissenschaftliche Establishment ist daher bedroht, von dieser Revolution ersetzt zu werden.

Gelehrte, die Zugang zu allen Informationsquellen der Welt haben, wissen oft mehr als jene, die in Bildungseinrichtungen nur in einer Fachrichtung spezialisiert sind. Interdisziplinäre Schlussfolgerungen können sich schneller festigen. Diese Situation wird vom Establishment als schrecklich wahrgenommen. Soziologen sind eingeschritten und beschreiben, dass die Allgemeinheit von einer Reihe von „Denkfehlern" befallen ist! Sie entwickelte eine Tendenz, nach Informationen zu suchen und sie ohne Erlaubnis der Bildungseinrichtungen einfach selbstständig zu interpretieren, und zwar auf eine Weise, die ihren persönlichen Glaubensvorstellungen entspricht. Diese Vorstellungen entsprechen hingegen nicht der Denkweise von Akademikern und werden daher als gefährlich bewertet. Selbstständig denkende Menschen sind nicht konform und für das vorherrschende System offenbar nicht erwünscht. Vor dem Internet kam das Wissen der Allgemeinheit aus den Mainstream-Medien und von Experten der Wissenschaft, welche Probleme in ihren Theorien nicht angesprochen haben, um Widersprüchlichkeiten zu minimieren.

Denkfehler, die solchen ausgebildeten Experten demnach nicht unterlaufen können, sorgen in der Allgemeinheit für Neudefinitionen, die unserer Intuition bzw. dem gesunden Menschenverstand entsprechen. Das bildet eine Opposition zu den Erkenntnissen und Postulaten der Mainstream-Wissenschaft. Der Hausverstand sorgt für Einsichten und Erkenntnisse, die dem wissenschaftlichen, materialistischen und atheistischen Denkprozess entgegenstehen. Weil dieses neue System zusätzlich durch wissenschaftliche Fakten Bestätigung findet, macht sich Panik breit. Gräben haben sich aufgetan, und die öffentliche Meinung hat sich verändert, wodurch ein Misstrauen in wissenschaftliche Institutionen an Boden gewinnt. Verzweifelt versuchen Verhaltensforscher besorgte und kritische Bürger als verhaltensgestört hinzustellen, weil sie nicht mehr von Autoritäten gesteuert werden können, da sie selbstständig nach Wissen über die Wahrheit des Universums suchen.

Soziologen meinen, dass das alte „Informations-Ökosystem" und der „Glaubwürdigkeits-Mechanismus" des vorherrschenden Systems zerbrochen ist! Laut aktuellen Umfragen vertraut nur noch ein Drittel aller Amerikaner und Europäer der Mainstream-Wissenschaft, und sie können im Internet nicht mehr zwischen Wahrheit und Unwahrheit unterscheiden. Diese Entwicklung wird als eine der größten Bedrohungen der Gesellschaft bewertet, weil „überzeugende Fehlinformationen" das Vertrauen in die Wissenschaft zerstört haben. Die Zukunft der Wissenschaft wird von Akademikern bereits als ein Alptraum tituliert. Seit 2022 hat sich diese Tendenz weiter hochgeschaukelt, und der Allgemeinheit ist die Krise ins öffentliche Bewusstsein gestiegen.

Sie hat begriffen, dass wichtige Faktoren vorhanden sind, den Mutmaßungen von Forschern zu misstrauen, die seit Jahrzehnten ohne Erfolg nach unsichtbaren Kräften und Partikeln suchen, um ihre Vorstellung über die Entstehung der Welt zu bestätigen. Die Berichterstattung über diese überwältigende Niederlage hat für Polarisierung gesorgt, auch innerhalb der wissenschaftlichen Gemeinschaft. Informations- und Desinformationskampagnen wurden in Gang gesetzt, um das Vertrauen wieder herzustellen, sind jedoch gescheitert. Internationale Unternehmen und Regierungen, welche dieses wissenschaftliche Establishment finanzieren, sorgen zusammen mit Mainstream-Journalismus und bezahltem Skeptizismus für ein Klima des Unbehagens und der Obskurität in Anbetracht der Methoden der wissenschaftlichen Erforschung der Natur. Die Motive hinter der Denkweise und Methodik der Institutionen beinhalten Falschmeldungen und fehlerhafte Berichterstattung, welche die Absicht verfolgt zu täuschen. Insgesamt erscheint aus dieser Obskurität eine hintergründige Agenda, welche Politik, Lobbyismus sowie die Erwirtschaftung von gewaltigen Profiten enthält.

Informations-Strategen des Establishments nutzen das wissenschaftliche Weltbild als ein Mittel, über ihr Unwissen über grundlegende Vorgänge in der Natur hinwegzutäuschen. Forschungsresultate liefern Beweise, die völlig dem widersprechen, was laut etablierten Modellen zu erwarten wäre, und durch die öffentliche Debatte entsteht ein Informations-Chaos. Das alte Paradigma, das man auch als eine abgesonderte Scheinwelt auffassen könnte, fällt durch die wahren Kräfte der Natur und ihre Beobachtung in sich zusammen. Wissenschaftsjournalisten schreiben, dass eine „*signifikante Minderheit*", die bald 50% der Bevölkerung der westlichen Welt umfassen wird, Feindschaft gegen die wissenschaftliche Unternehmung (das wissenschaftliche Establishment) empfindet.

Die allgemeine Ablehnung des wissenschaftlichen Weltbilds

Von zentraler Wichtigkeit ist laut diesen Analysen, das Verhalten der Allgemeinheit zu steuern, denn durch die Ablehnung des materialistischen wissenschaftlichen Weltbilds des 20. Jahrhunderts entstehen unerwünschte Praktiken und Verhaltensweisen, welche laut Soziologen vermieden werden sollen! Spaltung und Misstrauen sorgen für Autoritätsverlust und die Akzeptanz von Alternativ-Interpretationen der Welt, welche den Glauben von Gelehrten diskreditiert, der ihnen in Wissenschaftsinstitutionen indoktriniert worden ist.

Verhaltensforscher wittern eine ernste Gefahr in der Politisierung von wissenschaftlichen Fakten, weil „falsche Experten" den wissenschaftlichen Konsens umgehen. Sie vertreten die Auffassung, dass eine Taktik falscher Experten (diesmal keine Pseudowissenschaftler) Fehlinformationen verbreitet, welche in der Öffentlichkeit den Anschein erwecken, dass Wissenschaftler zu einem Thema keinen Konsens finden. Dabei ist der wissenschaftliche Konsens eine Übereinstimmung über den aktuellen Stand der Wissenschaft über die akzeptierte Gültigkeit einer Theorie. Heute gleicht diese Übereinstimmung mehr einem unumstößlichen Dogma, das sich wenig verändert, selbst wenn neue Erkenntnisse und Beweise es erfordern.

Was wir heute sehen, ist im Gegensatz dazu eine Konsens-Wissenschaft. Konsens-Wissenschaft soll vortäuschen, dass bereits Einigkeit über eine Theorie erzielt wurde und keine Unsicherheiten mehr vorhanden sind. Sobald man irgendwo liest, dass ein Konsens unter Forschern hergestellt wurde, die etwas Bestimmtem zustimmen, sollte man aufhorchen. Wissenschafts-Philosophen haben über dieses Phänomen Arbeiten verfasst und gelangen zu dem Schluss, dass Konsens nichts mit wissenschaftlicher Arbeit zu tun hat! Es ist ein Geschäft der Politik und daher auch eine politische Agenda. Wissenschaftliche Wahrheit benötigt keinen Konsens, sondern einen Ermittler, der mit etwas recht hat, indem er Resultate aus der realen Welt ermittelt hat. Theorien reflektieren nicht die reale Welt, deshalb ist wissenschaftlicher Konsens für reale Beobachtungen tatsächlich irrelevant! Von Bedeutung ist einzig und allein ein reproduzierbares Ergebnis.

Ein prominenter Kritiker dieser Konsens-Wissenschaft war Dr. Michael Crichton (1942-2008), der vor allem als Autor und Regisseur Berühmtheit erlangte. Er verkündete im Zuge einer Vorlesung, dass die größten Wissenschaftler der Geschichte Abweichler waren, die mit dem Konsens gebrochen haben. Denken wir an Kopernikus oder Galilei. Wenn von Konsens die Rede ist, dann ist nicht Wissenschaft damit gemeint. Dr. Crichton sagte, dass Konsens nur dann zur Sprache kommt, wenn die Wissenschaft in Situationen gerät, in der ihre Theorien auf wackligen Beinen stehen oder schon durch neue Beobachtungen widerlegt sind. Durch Konsens kann man keine Wahrheit finden, sondern nur durch Transparenz, Offenheit und ehrliche Debatten. Der Weg zur Wahrheit ist ein Pfad von Sichtweisen, die miteinander in Konflikt stehen, in denen schließlich bessere Ideen andere alte und schlechte Ideen ausschließen. Auf der fortlaufenden Suche nach Wahrheit gibt es keinen Platz für Konsens-Wissenschaft.

Umfragen haben ergeben, dass im Jahr 2014 51% der Befragten in der Bevölkerung, trotz Schulbesuch, Studium und wissenschaftlicher Berichterstattung, nicht an den Urknall glaubten. Fast 40% glaubten nicht daran, dass die Erde 4,5 Milliarden Jahre alt ist, und mehr als 40% glaubten nicht daran, dass Menschen sich durch natürliche Evolution entwickelt haben. Immerhin 25% glaubten, dass das Universum so komplex ist, dass ein höheres Wesen oder ein Schöpfer seine Erschaffung ermöglicht hat. Innerhalb der wissenschaftlichen Gemeinschaft glauben anscheinend mehr als 99% an den Urknall, sind aber im Gegensatz dazu meist Atheisten oder glauben nicht an eine höhere Intelligenz als Schöpfer des Alls, der physikalischen Gesetze oder der kosmologischen Feinabstimmungen. Der Schöpfungsbericht ist eigentlich nicht anti-wissenschaftlich und weist auch wissenschaftliche Arbeit nicht zurück. Die Idee der Schöpfung stellt lediglich ein anderes Paradigma dar, das zu alternativen Schlussfolgerungen gelangt. Eine dieser Schlussfolgerungen lautet, dass die Welt und ihre Natur nicht aus einer Explosion entstanden sind.

Warum glauben Physiker an ein Prinzip wie den Urknall und eine Singularität, die besagt, dass alles aus Nichts entstand? Dann wäre die Welt aus Nichts entstanden. Wenn der Urknall alles erschaffen hat, was war dann die Ursache für den Urknall? Diese Fragen sind wissenschaftlich nicht zu beantworten, und deshalb werfen Gläubige den Atheisten vor, irrational zu sein und umgekehrt. Sowohl die Schöpfung als auch der Urknall wären übernatürliche Phänomene. Selbst Astrophysiker wissen nur, was sich nach dem Urknall ereignet haben könnte. Sie besitzen keine Möglichkeit festzustellen, was vorher passiert ist. Es wird auch nicht viel Zeit in diese Frage investiert, weil wir realistisch betrachtet wohl niemals die Antwort auf alle Fragen finden werden, egal aus welchem Blickwinkel man sie auch betrachtet. Wichtig ist auch, zwischen Glauben und Entschluss zu differenzieren. Wissenschaftler glauben nicht an den Urknall, sondern sie stützen ihren Entschluss, ihn für wahr zu halten auf eine Reihe von Beobachtungen. Diesen Beobachtungen zufolge wäre es theoretisch möglich, dass vor dem Urknall ein anderes Universum existiert hat.

Nachdem wir nun wissen, dass Konsens-Wissenschaft sinnlos ist und Wissenschaft ein System aus unbewiesenen Theorien darstellt, äußern sich Vertreter der Gemeinschaft dazu, dass die Kunst der Wissenschaft gegen ihre Verfechter eingesetzt wird. Dabei hat die Kraft der Wissenschaft schon immer darin gelegen, vorhandenes Wissen herauszufordern. Wenn eine Hypothese sich durch Beobachtungen als unrichtig entpuppt, ist es an der Zeit, sie auszuwechseln. Aus Mangel an Alternativen ist das kosmologische Standardmodell bis heute beibehalten worden. Früher hat man über Anomalien nur auf Konferenzen und in Wissenschaftsjournalen debattiert. Jetzt ist die Öffentlichkeit jedoch Zeuge dieser Diskussionen, und neue Entdeckungen und Erkenntnisse verbreiten sich viel schneller. In den Sozialen Medien finden unabhängige und offene Diskussionen statt, was eigentlich eine begrüßenswerte Neuerung darstellt. Dennoch sind Forscher über diese Beiträge besorgt, weil sich die Öffentlichkeit immer mehr in diese Wahrheitsfindung einbringt. Unerwünschte Personen mischen sich in den wissenschaftlichen Dialog ein, um bestimmte Aufgaben zu erledigen. Ähnlich wie die wissenschaftliche Gemeinschaft, versuchen auch private Unternehmen, daraus Profit zu erzielen, und sie entwerfen eigenständige „soziale Agenden“.

Obwohl heute unfassbar viel Wissen der Welt im Internet verfügbar und deshalb auch nachprüfbar ist, sind Wissenschaftler darüber besorgt, dass Menschen, die sich viel Wissen aneignen, beginnen, untereinander zu kommunizieren und ihre eigene Logik zu entwickeln, die sie dann gegen die wissenschaftliche Gemeinschaft anwenden. Dennoch mangelt es solchen Personen angeblich an wissenschaftlichem Denkvermögen, denn Soziologen sprechen von einem „Informations-Defizit-Modell". In diesem Modell geraten Personen, welche man zur Gruppe von Nicht-Wissenschaftlern zählt, durch ihre „falschen" Denkmuster scheinbar in Konflikt mit wissenschaftlichen Informationen! Studenten oder Autodidakten seien daher nicht zu einer *„robusten wissenschaftlichen Debatte"* befähigt, weil diese Menschen nicht mit dem wissenschaftlichen Prozess vertraut wären.

Diese Bemerkung muss verinnerlicht werden. Sie legt nahe, dass nur durch Indoktrination und die Ausschaltung des Alltagsverstands bzw. gesunden Hausverstands die Möglichkeit besteht, den wissenschaftlichen Prozess zu verstehen. Informations-Defizit heißt, dass keine Informationen zur Debatte gereichen, die nicht zu einem wissenschaftlichen Modell gehören. Weil viele alternative Beweise und Beobachtungen vom Mainstream ignoriert werden, könnte man sagen, dass dort ein Defizit-Modell vorherrscht, das sich anderem Wissen verschließt. Um nicht in unangenehme Diskussionen verwickelt zu werden, in denen darüber hinaus Anomalien oder Lücken in den Theorien diskutiert werden, sollen Außenstehende aus der wissenschaftlichen Debatte ausgeschlossen werden.

Dieses Vorgehen und diese Argumentation von Soziologen erzeugt allerdings noch mehr Vertrauensverlust in der Öffentlichkeit. Gelehrte schreiben, dass Menschen trotz ihrer Logik im Grunde Tiere mit verwirrtem Geist sind, die von ihren sozialen Bindungen, Emotionen und Instinkten angetrieben werden. Diese Eigenschaften sollen durch die wissenschaftliche Denkweise gezähmt werden. Darum sollten wir lernen, Theorien wie den Urknall einfach als gegeben zu akzeptieren, auch wenn unser Hausverstand und unsere Emotionen uns etwas anderes vermitteln.

Intellektuelle Akademiker schreiben immer wieder davon, dass eine fehlgeleitete Weltsicht jahrhundertelang die Geschichte der Menschheit dominierte. Es war die Ansicht der katholischen Kirche, dass sich die Sonne um die Erde dreht. Erst Kopernikus und andere Astronomen haben den Umsturz dieser Weltsicht ermöglicht. Darum wird religiöser Glaube, insbesondere der christliche Glaube, als ein Grund für die anhaltende Zurückweisung wissenschaftlicher Theorien wie jene des Urknalls angesehen.

Ein weiterer Vorwurf der wissenschaftlichen Gemeinschaft lautet, dass Unwissende unter kognitiver Dissonanz leiden würden. Darunter versteht man in diesem Sinne als negativ interpretierte Gefühlszustände, die durch nicht miteinander vereinbare Wahrnehmungen verursacht werden. Das sind zum Beispiel zwei widersprüchliche Vorstellungen oder Meinungen zum Ursprung des Universums. Solche Individuen halten an falschen Vorstellungen fest, selbst wenn sie mit Beweisen für die Falschheit ihrer Ansichten konfrontiert werden. In der Tat wissen ungebildete Personen nicht viel über die Inhalte von wissenschaftlichen Facharbeiten oder den Disputen innerhalb der wissenschaftlichen Gemeinschaft. In diesem Fall besitzen sie aber die Möglichkeit, sich jederzeit darüber zu informieren, um auf diese Weise dahinterzukommen, dass Gelehrte ebenfalls von kognitiver Dissonanz befallen sein müssen, was ihre Haltung gegenüber neuen Beweisen betrifft, die gegen die wichtigsten wissenschaftlichen Theorien gerichtet sind.

Wegen unzureichender öffentlicher Bekanntgabe dieser Widersprüche kommt es dazu, dass Fehlinformationen über den Stand der wissenschaftlichen Forschung verbreitet werden, in der nicht die ganze Wahrheit offengelegt wird. Man findet sie meist nur dann, wenn man die eigentlichen Studien liest, die der wissenschaftlichen Berichterstattung zugrunde liegen. Wenn sich innerhalb der Bevölkerung einmal eine anti-wissenschaftliche Grundeinstellung ausgeprägt hat, dann ist es bereits zu spät für die wissenschaftliche Ausbildung, weil das Misstrauen bereits vorhanden ist. Darum planen Soziologen, erfolgreiche Strategien zu entwickeln, wie man die wichtigsten anti-wissenschaftlichen Einstellungen kontern kann. Das soll dann den Effekt zeitigen, kognitive Dissonanz in der Bevölkerung zu reduzieren, damit die Postulate nicht länger von aufgeweckten Wissensdurstigen hinterfragt werden. Dann sollen Bürger endlich wissenschaftliche Denkmuster verinnerlicht haben, den Hausverstand abzuschalten und widersprüchliche Informationen in ihr Denken zu integrieren. Nur so kann man lernen zu akzeptieren, wie das Nichts explodiert ist und dabei alles im Universum entstanden ist.

Ein Name, der in Abhandlungen über diese Themen immer wieder fällt, ist jener von Karl Raimund Popper (1902-1994). Der österreichische Wissenschafts-Philosoph gilt als einer der einflussreichsten Denker des 20. Jahrhunderts und hat sich seine Gedanken über den Sinn der Wissenschaft gemacht und ist zu folgenden Resultaten gelangt, die man perfekt auf die Theorie des Urknalls anwenden kann:

„*Wann immer Ihnen eine Theorie als die einzig mögliche erscheint, nehmen Sie dies als ein Zeichen dafür, dass Sie weder die Theorie noch das Problem verstanden haben, das sie lösen sollte.*“

„*Unser Wissen kann nur endlich sein, während unsere Unwissenheit notwendigerweise unendlich sein muss.*“

„*Eine Theorie, die alles erklärt, erklärt nichts.*“

Ein wissenschaftliches Establishment plant Strategien gegen Andersdenkende

Die Motivation des wissenschaftlich-politischen Establishments, Strategien gegen „Pseudowissenschaftler“ und Andersdenkende zu entwickeln, um ihnen mit kognitiv dissonanten Denkmustern den Kopf zu verdrehen, basiert selbstverständlich in erster Linie auf finanziellen Interessen. Studien ergeben, dass viele Nationen zwischen 2 und 4 Prozent ihres Gesamtbudgets in alle Arten von Forschungsarbeit stecken – Tendenz steigend. Die Regierung der Vereinigten Staaten hat das größte Forschungsbudget der Welt und investiert pro Jahr umgerechnet 150 Milliarden US-Dollar. Dann müssen noch abertausende Wissenschaftler bezahlt werden und teure Maschinen für ihre Experimente konstruiert werden. Je kleiner die Stückzahl, desto höher die Kosten. Zu den am besten bezahlten Forschern zählen in erster Linie Physiker, Astronomen und Biochemiker, dann Geowissenschaftler, Weltraumwissenschaftler und allgemein Naturwissenschaftler. Sie verdienen in den USA im Schnitt zwischen 85.000 bis über 150.000 US-

Dollar pro Jahr. Stellen Sie sich vor, ihnen allen würden die Forschungsgelder gestrichen, weil ihre Arbeit auf Irrtümern beruht. Dann wäre sowohl der Ruf der Wissenschaft ruiniert als auch die Reputation prominenter Gelehrter. Alle naturwissenschaftlichen Bücher müssten neu geschrieben werden, und man müsste den Leuten erklären, dass man jahrhundertelang Unwahrheiten verbreitet und sie sogar zu verpflichtendem Lehrstoff gemacht hat. Eine Widerlegung dieser Basistheorien muss daher um jeden Preis verhindert werden, weil sich das wissenschaftliche Establishment insgesamt zu einem Multi-Billionen-Dollar-Geschäft entwickelt hat!

Die Widerlegung ihrer Theorien bedeutet somit nicht nur eine Krise und einen Paradigmenwechsel, sondern den Niedergang einer unvorstellbar mächtig gewordenen Großindustrie. Bislang bestand die Strategie der wissenschaftlichen Gemeinschaft darin, auf lästige Fragen von Abweichlern nicht zu reagieren. Die Lage ist jetzt so akut geworden, dass effektive Gegenstrategien in Angriff genommen werden. Alternative Ansichten finden in breiten Schichten der Bevölkerung immer mehr Anklang, und die Situation ist laut Gelehrten bereits außer Kontrolle geraten! Man kann „Wissenschafts-Leugner" nicht mehr zurückgewinnen, weil sie das Vertrauen in die Institutionen völlig verloren haben.

Da helfen auch ständige Anpassungen der widerlegten Theorie des Urknalls nicht, wonach die Theorie nicht falsch sei, sondern nur ein wenig Richtigstellung benötigt, wie einige andere Thesen der Kosmologie. Wissenschaftsjournalisten versichern uns, dass es nicht stimmt, dass eine *„schattenhafte Verschwörung versucht, unabhängiges Denken zu verhindern"*. Menschen soll weiterhin erlaubt sein, Dinge infrage zu stellen, aber intelligente Infragestellung kann demnach nur in einem Rahmen aus Offenheit und ohne voreingenommene Ideologien stattfinden. Hüten Sie sich deshalb zu sagen, dass der Urknall nicht stattgefunden hat oder dass der Klimawandel eine Lüge ist. Fragen Sie Wissenschafts-Leugner nach ihren Beweisen, denn das ist es, wonach ein echter Wissenschaftler suchen würde.

Gibt es Gründe, den menschengemachten Klimawandel zu bezweifeln?

Mitte der 1970er-Jahre sind in einigen Magazinen spannende Artikel erschienen, die keine Erwärmung, sondern eine Abkühlung und schließlich den Beginn einer neuen Eiszeit vorhersagen. Wissenschaftsartikel mit dementsprechenden Meldungen erschienen zum Beispiel in der *Times*, der *Los Angeles Times*, der *The Chicago Tribune*, der *The New York Times*, in *Popular Science* und *National Geographic*. Vielleicht behalten sie nicht recht. In den letzten Jahrzehnten wurden verschiedene Initiativen gestartet, in denen tausende renommierte Wissenschaftler unterzeichnet haben, dass die Theorie vom menschengemachten Klimawandel nicht korrekt ist. Da wäre einmal das Projekt *Petitionproject.org*, das bis heute fast 31.500 Unterschriften von kritischen Forschern gesammelt hat. Eine zweite Initiative, die an den Generalsekretär der UNO adressiert ist, wurde von einer Gruppe von 500 prominenten Wissenschaftlern und Experten unterzeichnet. Es folgen einige spezifische Punkte über die Erkenntnisse dieser Wissenschaftler:

- Natürliche und menschengemachte Faktoren bewirken eine Erwärmung.
- Die Erwärmung findet viel langsamer statt als vorhergesagt.
- Klimapolitik basiert auf unzuverlässigen Modellen.
- CO_2 ist als Pflanzenfutter für die Fotosynthese essenziell für alles Leben auf Erden.
- Mehr CO_2 sorgt für ein Anwachsen der globalen Biomasse, auch in der Landwirtschaft.
- Klimaerwärmung führte nicht zu einer Zunahme an Naturkatastrophen.
- Klimapolitik muss die wissenschaftlichen und wirtschaftlichen Realitäten berücksichtigen.
- Es gibt keinen Klimanotstand und deshalb auch keinen Grund zur Panik.

Klima-Aktivisten berufen sich auf die Aussage, dass 97% aller Wissenschaftler der Welt übereinstimmend der Meinung sind, dass Menschen die

Ursache für die globale Erwärmung sind. Dieser Punkt wird immer wieder von Politikern und in der Klima-Literatur hervorgehoben. Fakt ist, dass die Zustimmung der Klimatologen sich je nach Region zwischen 80 und 90 Prozent beläuft. Kritiker haben überdies herausgefunden, dass in jenen 97% Konsens nur ein Drittel aller relevanten Studien berücksichtigt werden. Die meisten von ihnen wurden außer Acht gelassen, weil sie keine eindeutigen Standpunkte für eine menschengemachte Erwärmung enthalten! Das Magazin *Forbes* ist der Sache auf den Grund gegangen, und aufgeschlossene Journalisten haben herausgefunden, dass diese 97% eine vorsätzliche Fehlinterpretation darstellen, um die öffentliche Meinung zu beeinflussen. Viele Forscher, deren Studien in diesen angeblichen Konsens einbezogen wurden, wussten gar nichts davon und haben sogar gegen die falsche Auslegung ihrer Resultate protestiert! Es wurden einige Auszüge daraus so interpretiert, dass sie für den menschengemachten Klimawandel sprechen, während die Autoren festhielten, dass es sich um *„keine akkurate Repräsentation"* ihrer Resultate handelt. Wenn Klima-Aktivisten oder Politiker von solchen Zahlen sprechen, dann sollte man immer daran denken, wie sie fabriziert werden. Es handelt sich um eine grobe Manipulation und Propaganda von Personen, die einer milliardenschweren Klima-Ideologie anhängen.

Selbst in einem aktuellen Artikel auf *Psychologytoday.com* reitet man auf dem Argument mit dem Konsens von 97% herum, wobei Klima-Wissenschaftler uns erzählen wollen, dass Erderwärmung alleine auf menschliche Aktivität zurückzuführen ist, weshalb ein Notfall eingetreten ist, der den gesamten Planeten bedroht. Trotz dieser seit Jahrzehnten im Mainstream verbreiteten Agitation, glauben in den westlichen Nationen im Schnitt noch immer die Hälfte aller Bürger nicht an einen menschengemachten Klimawandel. Das wird „naivem Realismus" zugeschrieben, der uns vormacht, unsere persönliche Erfahrung wäre Realität. So wären zum Beispiel die kalten Winter der letzten Jahre oder eine Zunahme der Eisdecke in der Antarktis keine Argumente gegen eine eintretende Klimaerwärmung, sondern diese Erfahrungen basieren eben auf naivem Realismus, der wissenschaftlichen Erkenntnissen widerspricht. In diesem Zusammenhang wird zumindest erwähnt, dass „einige" Wissenschaftler der Meinung sind, dass der menschengemachte Klimawandel nicht existiert. Die große Mehrheit von ihnen, das erfahren wir jetzt, sind allerdings keine Klimawandel-Experten.

Psychologen klären uns zudem darüber auf, dass das Verhalten der sogenannten Klima-Leugnung dem menschlichen Unterbewusstsein entspringt und durch kognitive Dissonanz zu erklären ist. Das Wissen, dass wir Menschen der Grund für die Klima-Katastrophe wären, führe zu einer Motivation der inneren Leugnung des menschengemachten Klimawandels, um dem damit einhergehenden Unwohlsein zu entgehen. Dennoch gelangten Psychologen abschließend zu dem überraschenden Resultat, dass es aus Mangel an Argumenten keinen Sinn ergibt, Klima-Leugner vom Gegenteil zu überzeugen. Stattdessen soll auf globaler Ebene in politischen Kreisen eine Akzeptanz für diese Theorie geschaffen werden, um neue Gesetze durchzuboxen.

Zurück zur Kosmologie und dem Problem des Urknalls: Wenn Astronomen vorliegende Beweise einer genaueren Betrachtung unterziehen, gelangen sie zu der Erkenntnis, dass sich Galaxien in einem Muster von uns fortbewegen, das so zu interpretieren ist, dass unsere Galaxie sich im Zentrum des Universums befindet! Auf diesen Umstand hat sogar Dr. Stephen Hawking in seinem Buch *„A Brief History in Time“* verwiesen. Für religiöse oder spirituelle Menschen ergibt es Sinn, dass sich unsere Galaxie und der Planet Erde an einem speziellen Platz befinden. Die sichtbaren Verschiebungen am Rande des Universums könnten darauf hindeuten, dass es in der Vergangenheit expandiert ist, dies aber heute nicht mehr tut. Neueste Daten vom James-Webb-Weltraumteleskop sind daher sehr problematisch für die Vertreter eines Urknalls.

Bereits im Laufe der letzten Jahrzehnte sind viele Beweise aufgetaucht, die zeigen, dass unser Planet ein zentraler Ort im Universum ist. Beobachtungen mit Teleskopen haben ergeben, dass sich Galaxien so in Gruppen anordnen, dass sie eine kugelförmige Hülle um unsere Heimatgalaxie bilden, die im Zentrum davon liegt! Die vorhandenen Faktoren ergeben auf einer statistischen Basis, dass die Chancen, dass diese Konfiguration ein reiner Zufall ist, bei weniger als eins zu einer Billion liegt! Wie zuvor beschrieben, haben Naturwissenschaftler versucht, dieser Erkenntnis auszuweichen, indem sie behaupten, dass ein zufällig entstandenes Universum kein Zentrum besitzen kann. Sie haben nach anderen Erklärungen gesucht, aber bis heute keine gefunden. Das ist ein weiterer Hinweis, dass der Urknall nicht stattgefunden hat.

Die Form des Universums kann kein Zufall sein und auch, dass wir uns im Zentrum davon befinden. Man könnte sagen, wir leben in einem galaktozentrischen Weltall, in einem Kosmos mit einem einzigartigen geometrischen Zentrum, das sich je nach Bewegung der Milchstraße sehr nahe bei oder direkt in unserer Heimatgalaxie befindet. Unsere Galaxie befindet sich entsprechend astronomischen Beobachtungen grundsätzlich im Zentrum des Universums. Astronomen haben das zwar erkannt, versuchen diesen Umstand in ihren Diskussionen jedoch nicht zu erwähnen. Stattdessen wollen sie diese Anomalie mit unsichtbaren Kräften bzw. unbekannter Physik erklären. Der Grund dafür ist, dass der Urknall kein Zentrum des Universums tolerieren kann, denn laut der gültigen These kann im dreidimensionalen Raum, den wir wahrnehmen können, kein spezielles Zentrum vorhanden sein.

Alternative Forscher haben alle diese Daten geprüft und entschieden, dass sich im Zentrum der Urknall-Hypothese der Atheismus befindet. Haben Sie sich schon mal die Frage gestellt, warum atheistische Wissenschaftler all die Mühe und Arbeit investieren, um eine Kosmologie zu ersinnen, in der die Erde kein spezieller Ort ist? Warum versuchen sie mit ihrem wissenschaftlichen Denken, unsere innewohnenden Instinkte und unsere Intuition auszuschalten? Denken sie, dass die Wahrheit über das Universum ewig verborgen bleiben kann? Einige Astrophysiker haben dazu Stellungnahmen abgegeben. Einer von ihnen ist der Astrophysiker Richard Gott, der über Kopernikus und die von ihm ausgelöste wissenschaftliche Revolution in einem Artikel im Wissenschaftsjournal *Nature* im Jahr 1993 Folgendes erklärt hat: „*Die kopernikanische Revolution hat uns gelehrt, dass es ein Fehler ist, ohne hinreichenden Grund anzunehmen, dass wir eine privilegierte Position im Universum einnehmen. Darwin hat gezeigt, dass wir in Bezug auf die Herkunft nicht gegenüber anderen Arten privilegiert sind. Unsere Position um einen gewöhnlichen Stern in einer gewöhnlichen Galaxie in einem gewöhnlichen Superhaufen (von Galaxien) sieht immer weniger speziell aus. Die Idee, dass wir uns nicht an einem bestimmten räumlichen Ort befinden, war in der Kosmologie von entscheidender Bedeutung und führte direkt zur Urknalltheorie. In der Astronomie funktioniert das kopernikanische Prinzip, weil es von allen Orten, an denen sich intelligente Beobachter aufhalten müssen, definitionsgemäß nur wenige besondere Orte und viele nichtbesondere Orte gibt, sodass Sie sich wahrscheinlich an einem nicht besonderen Ort befinden.*"

Diese Gedankengänge und Motivationen zeigen, dass wir uns nicht durch einen Zufall an dieser speziellen Position befinden, sondern dass ein intelligenter Entwurf des Universums vorhanden ist und wir uns darum in seiner Mitte befinden. Unsere Anwesenheit hier dient einem speziellen Zweck. Die wissenschaftliche Revolution hatte die Entstehung eines atheistischen Naturalismus zum Ziel. Das geht ebenso aus diesem Zitat hervor. Die treibende Philosophie dahinter ist der naturalistische Evolutionsgedanke. Hierbei stellen die Theorien des Urknalls und der Evolution die physikalische und die biologische Hälfte eines atheistischen Ursprungsmythos dar, um eine gottlose Weltsicht zu entwerfen.

Gläubige oder spirituelle Menschen finden den Gedanken, sich im Zentrum des Alls zu befinden, erhebend und erfüllend. Atheisten hingegen sind durch diese Entdeckung zutiefst verstört. Seit Kopernikus haben sie versucht, ihre materialistische Revolution auszureizen, um von dem Gedanken der Zentralität wegzukommen. Deshalb ist es wichtig zu erkennen, dass wir im Fokus eines größeren kosmischen oder schöpferischen Plans existieren und das Vorhandensein von menschlichem Leben auf der Erde kein Zufall ist, der durch die kosmische Katastrophe des Urknalls begründet wird.

Durch die aktuelle Angelegenheit um die Bilder des James-Webb-Teleskops waren Kosmologen abermals dazu gezwungen, ihre Vorhersagen schnell zu revidieren. Innerhalb von zwei Jahren wurde der Zeitraum der Entstehung der ersten Sterne von 400 auf ungefähr 200 Millionen Jahre nach dem Urknall abgeändert. Dasselbe gilt für die Entstehung der ersten Galaxien, die nun ebenfalls ein paar hundert Millionen Jahre nach dem Urknall da gewesen sein sollen, aktuell auch ungefähr 200 Millionen Jahre früher. Die Entstehungszeiten müssen stetig weiter nach unten korrigiert werden. Falls das neue Weltraumteleskop noch weiter entfernte Galaxien finden sollte, muss dieser Rahmen noch enger gezogen werden. Das Problem ist, dass Galaxien oder Sterne nicht älter als 13,8 Milliarden Jahre sein sollten, denn dann bestünde immer weniger Zeit für eine natürliche Formation über Millionen von Jahren hinweg, ganz abgesehen von den allgemeinen Problemen und Widersprüchen in den Hypothesen über die natürliche Formung von Sternen und Galaxien. Wenn in Zukunft noch leistungsfähigere Teleskope noch tiefer in den Raum blicken und auch dort Galaxien und Sterne finden, gelangen sie vielleicht über das Alter von 13,8 Milliarden Jahren hinaus in Zeiten, die angeblich vor dem Urknall liegen. Wird dann entschieden, dass die Theorie falsch ist?

Schon seit dem Jahr 1962 haben Wissenschaftler darauf hingewiesen, dass Facharbeiten so wirken, als hätten Forscher bei ihren Experimenten vorgefasste Erwartungen über das Resultat ihrer Versuche. Der Mythos der Vorurteilsfreiheit ist längst passé, weil Forscher für ihre Beobachtungen und Analysen bestimmte Dinge voraussetzen und deshalb eine Erwartungshaltung pflegen. Der wissenschaftliche Prozess sollte eigentlich auf eine Weise arbeiten, dass man versucht, Hypothesen durch Beobachtungen zu widerlegen. Im Fall der Erwartungshaltung wird aber versucht, durch bestimmte Herangehensweisen Hypothesen zu bestätigen, um Ideen und Resultate abzugleichen. So entsteht ein Prozess, der eine Entdeckung nicht beschreiben kann, weil eine logische Schlussfolgerung gezogen wird, der eine Geisteshaltung vorausgeht, die das Resultat beeinflusst. Diese Geisteshaltung des wissenschaftlichen Denkens entsteht durch das Studium von Lehrbüchern und wissenschaftlichen Facharbeiten, aus denen eine allgemeine wissenschaftliche Haltung hergeleitet wird. Die Literatur von Studenten über die Wahrnehmung der Natur besteht oft aus naiven Konzepten und Theorien, die alle infrage zu stellen sind, weil im Laufe des 20. Jahrhunderts keine bedeutenden Fortschritte erzielt worden sind. Das Verständnis der Natur der Wissenschaft hat sich in der Literatur nicht verändert, weil die wissenschaftliche Methode aus einer Reihe von Schritten besteht, die gegen Veränderungen resistent sind.

Das sollte sich gegenteilig darstellen, weil im Laufe von Jahrzehnten oder eines Jahrhunderts neue Informationen hinzukommen und sich demnach die Interpretation von vorherigen Experimenten und Beobachtungen verändern sollte. Auf dieser Basis müsste auch die Literatur von Schülern und Studenten ständig angepasst werden. Weil das nicht passiert und weil viele Fehlschläge und später ermittelte Irrtümer nicht berücksichtigt werden, denken Auszubildende, sie würden Fakten lernen. Doch Wissenschaft ist nicht das Lernen von Fakten. Darum ist die allgemeine Vorstellung über Wissenschaft, die in der Allgemeinheit besteht, nicht korrekt. Wissenschaft besteht aus Vorstellungen, welche die objektive Realität nicht widerspiegelt. Studenten und ebenso bereits ausgebildete Forscher müssten ständig über Fehlschläge, Anomalien und nachträglich angepasste Thesen neu unterrichtet werden. Weil das nicht geschieht, hat sich die wissenschaftliche Ausbildung nicht entsprechend angepasst. Das führte schließlich zu heftigen Verfehlungen in der wissenschaftlichen Arbeit.

Meta-Analysen zeigen, dass ein hoher Prozentsatz von wissenschaftlichen Facharbeiten Fälschungen sind!

Meta-Analysen, die im Laufe der letzten zwanzig Jahre durchgeführt worden sind, gelangen zu besorgniserregenden Resultaten. Rund 2 Prozent aller Wissenschaftler gaben in diversen Umfragen zu, dass sie Facharbeiten mindestens einmal entweder fabriziert, gefälscht oder verfälscht haben. Sie haben zum Beispiel ermittelte Daten auch fallengelassen, wenn sie gefühlsmäßig nicht in ihren Erwartungsrahmen passten! Noch bedenklicher sind Aussagen von Forschern, wonach sie *„das Design, die Methodologie oder das Resultat einer Studie aufgrund von Druck einer Finanzierungs-Quelle“* manipuliert haben! Dann wurde in Umfragen die Frage gestellt, wie Wissenschaftler das Verhalten ihrer Kollegen einschätzen und ob sie Kollegen kennen, die zu Fabrikation, Fälschung und Modifikation neigen und dabei beobachtet worden sind. Das Resultat: 14 Prozent der Forscher gaben an, dass Kollegen so etwas praktizieren und 72 Prozent gaben an, dass es zu weiteren *„fragwürdigen Praktiken“* kommt. Der wirkliche Grad an Fehlverhalten liegt vermutlich noch weit höher als diese statistischen Werte.

Das größte Problem besteht darin, dass die wichtigsten Basistheorien des modernen Weltbilds bis heute nicht bestätigt werden können. Tagtäglich werden ständig neue Beobachtungen gemacht, die allem widersprechen, was in Lehrbüchern steht. Es herrscht Ratlosigkeit, weil sich Beobachtungen der Realität völlig von Computermodellen und den Vorhersagen der Theorien unterscheiden. In Bezug auf die Aussagekraft von wissenschaftlichen Studien lässt sich seit geraumer Zeit feststellen, dass die meisten der publizierten populären Forschungsresultate nicht zu replizieren oder gar ganz falsch sind! Kritiker führen diesen Umstand auf Manipulationen der Resultate durch Voreingenommenheit oder finanzielle Interessen zurück. Viele Behauptungen über Forschungsresultate, über die in Wissenschaftsmagazinen berichtet wird, sind nachweislich falsch. In vielen Forschungsbereichen können Resultate nicht wiederholt werden und verlieren dadurch ihre Gültigkeit. In den Kreisen der Wissenschaft wird dieses Problem als „Replikationskrise" bezeichnet. Mittlerweile hat sich diese Krise auf fast jeden wissenschaftlichen Bereich ausgeweitet, und immer mehr Forscher geraten unter Verdacht, vorsätzlich Arbeiten zu fälschen. 2016 hat eine Befragung von 1.500 Wissenschaftlern stattgefunden, und 70% von ihnen haben berichtet, dass sie die wissenschaftlichen Experimente anderer Forscher nicht reproduzieren konnten – mehr als 50% waren nicht dazu in der Lage, die Resultate der eigenen Experimente zu wiederholen!

Bis zum Jahr 2012 steigerten sich diese Meldungen über Fehlverhalten in der wissenschaftlichen Forschung beträchtlich, und Schlagzeilen in Magazinen lauteten: *„Wissenschaft ist kaputt."* Besonders im Fachbereich Psychologie hagelte es Berichte darüber, dass Akademien Daten erfinden oder fälschen, und diese Methode hat manchmal ganze Karrieren überschattet! Diese Skandale bestätigen große Probleme in der akademischen Welt. Der ganze Prozess, wie Finanzierung, Forschung und Publizierung ausgeführt werden, ist korrumpiert. Schaden ist bereits angerichtet und kann nicht mehr korrigiert werden. Der ganze Peer-Review-Prozess ist in Verruf geraten. Er findet unter Ausschluss der Öffentlichkeit hinter verschlossenen Türen statt und ist daher nicht zu kontrollieren. Deshalb können Kollegen nicht beurteilen, wie effektiv Facharbeiten sind oder die eingesetzten Gutachter arbeiten. Diese könnten ebenfalls voreingenommen entscheiden oder unter Druck stehen. Es wurden zudem Fälle von wissenschaftlichen Fake-Gutachtern, Fake-Journal-Artikeln und sogar Fake-Journalen bekannt!

Der ganze Prozess muss transparenter werden, um ihm wieder Vertrauen schenken zu können. Diese Form von gefälschten Inhalten bedrohen die gesamte wissenschaftliche Forschung. Das wiegt speziell in diesem Fall schwer, weil Wissenschaftler vorgeben, auf höchst moralischer Grundlage die Wahrheit über die Natur zu erforschen. Die wissenschaftliche Methodik soll im eigentlichen Sinn menschliche Fehler ausmerzen, aber Wissenschaftler produzieren Fälschungen, um einen Platz in Geschichtsbüchern zu erlangen. Zu den wichtigsten Verlegern von Peer-Review-Facharbeiten zählen vor allem britische Unternehmen, die auch international aktiv sind. Da wäre einmal die britische *Royal Society*, dann die *Springer Nature Group*, *Taylor & Francis*, *Wiley-Blackwell* oder *RELX* (Reed-Elsevier), welche pro Jahr Milliardenumsätze erwirtschaften. Diese Organisationen bilden ohne Zweifel einen Zweig des mächtigen wissenschaftlichen Establishments.

Weil der Bereich der Forschungsfinanzierung inzwischen zu einer Milliardendollarunternehmung gewachsen ist, findet ein regelrechter Wettstreit um Forschungsgelder und Finanzierung statt. Die Zunahme an Konkurrenz und sinkende Zuwendungen sowie hohe Entgelte für das Publizieren in den besten Wissenschaftsjournalen haben dazu beigetragen, dass Resultate abgeändert werden, um unerwünschte Resultate loszuwerden. Publizierte Falsch-Resultate sind ein Grund, warum andere Forscher in weiterer Folge von falschen Annahmen ausgehen und deren Arbeit ebenfalls nicht korrekt sein kann. Dadurch kommt es zur Verschwendung von Zeit und Geld bei dem Versuch, Resultate durch Wiederholung oder Reproduktion zu bestätigen. Viele von diesen Praktiken sind schwer zu entdecken, und Forschungsresultate sind schwer zu überprüfen, weil Studien oft über einen Zeitraum von mehr als zehn Jahren laufen. Gräbt man tiefer, ist laut Fachleuten sogar ernsthaft in Zweifel zu ziehen, ob viele der veröffentlichten Studien überhaupt stattgefunden haben! Institutionen müssten dazu viel genauer überprüft werden. Darum ist auch in diesem Fall Fehlverhalten nicht auszuschließen.

Der Druck, ein solches Fehlverhalten zu begehen, wird immer größer. Leiter von Wissenschaftsjournalen weisen selbst darauf hin, dass die Ökonomie der Wissenschaft die Schuld daran trägt. Was wir in den letzten Jahren sehen können ist, dass die Dotierungen immer höher werden, in bestimmten Journalen zu publizieren. Es verhält sich wie im Sport, sodass Forscher beginnen, Risiken einzugehen, weil die Belohnungen so hoch sind. Das heißt somit, dass dieses Fehlverhalten der Fälschung von Wissenschaft durch Korruption und Druck seitens Finanzierungsquellen entsteht, wobei die daraus resultierende Fake-Wissenschaft zusätzlich dafür sorgt, dass die wissenschaftliche Literatur korrumpiert wird. Was wir heute sehen ist, dass Forscher der Arbeit ihrer Kollegen nicht mehr vertrauen können. Deshalb stellen Kritiker die berechtigte Frage, ob alles, was zeitgenössische akademische Gelehrte zu wissen glauben, falsch sein könnte.

Schon vor zwanzig Jahren haben Statistiker der Stanford Universität alarmiert erklärt, dass die gesamte Wissenschaft sich in einer Krise befindet, weil *„die meisten publizierten Forschungsresultate falsch sind"*! Das gilt für die meisten Felder der Forschung, insbesondere Psychologie, Biomedizin oder Genetik. Ungefähr ein Drittel der Resultate, die aus originalen klinischen Studien stammen, sind falsch und konnten nicht durch Wiederholungen oder weiterführende Forschung bestätigt werden. Auf vielen wissenschaftlichen Feldern sorgen falsche Resultate durch vorheriges Fehlverhalten für große Probleme, vor allem bei dem Versuch, sie zu reproduzieren. Sobald andere Wissenschaftler das begriffen hatten und Arbeiten ihres Fachbereichs überprüften, bemerkten sie diesen gefährlichen Trend überall! Im Bereich der Biomedizin könnte das bedeuten, dass 85% der Forschungsgelder reine Geldverschwendung sind. Global betrachtet waren das schon vor zehn Jahren rund 200 Milliarden US-Dollar pro Jahr nur in diesem einen Bereich. Es müssten sofort Gegenmaßnahmen eingeleitet werden. Resultate müssten erst wiederholt werden, bevor eine Studie veröffentlicht werden darf. Weil das nicht geschehen ist, produzieren profilierte Wissenschaftler nach wie vor Unmengen von Falschinformationen, und falsche Entdeckungen werden uns als Fachwissen verkauft! Das Wissenschaftsmagazin *The Lancet* veröffentlichte im Jahr 2015 einen Beitrag, der besagt, dass *„eine Menge der wissenschaftlichen Literatur, vielleicht die Hälfte, einfach unwahr sein könnte"*, in einigen Gebieten der Biomedizin (Schulmedizin) sogar bis zu 69 Prozent. Über diesen Sachverhalt wird in öffentlichen Debatten zum Thema Wissenschaft gegen Pseudowissenschaft allerdings so gut wie überhaupt nicht aufgeklärt.

Beobachtete Abweichungen enthüllen, dass der Planet Erde nicht aus Bestandteilen dieses Sonnensystems besteht!

Im Jahr 2022 hat sich die Krise der Kosmologie verschärft, weil auch die Hypothese der Inflation, die direkt nach dem Urknall stattgefunden haben soll, still und leise für ungültig erklärt worden ist. Damit hat sich das frühe Universum offenbar doch nicht schneller als mit Lichtgeschwindigkeit ausgebreitet. Alle Experimente, welche Beweise für die kosmische Inflation erbringen sollten, sind fehlgeschlagen. Einer der Begründer dieser Theorie, Paul Steinhardt, hat schließlich erklärt, dass die Theorie falsch und auch wissenschaftlich bedeutungslos ist! Wie viele Experten müssen sich noch dazu äußern, dass es keinen Sinn ergibt zu versuchen, den Urknall noch irgendwie nachzubessern? Warum trifft man nicht die Entscheidung, die Theorie insgesamt aufzugeben? Eine leere Theorie weiterhin als den nicht infrage zu stellenden Standard zu präsentieren, benötigt nicht nur den Aufwand der wissenschaftlichen Gemeinschaft, sondern auch Unterstützung und eine Rückversicherung von Kreisen außerhalb der Wissenschaft. Die Tatsache, dass die führenden Hypothesen nicht funktionieren, ist eine historische Gelegenheit für einen radikalen Durchbruch neuer Ideen. Somit ist die Kosmologie weit offen für Einflüsse aus allen Richtungen und Alternativen.

Paul Steinhardt erklärte in einem Interview mit dem Magazin *Scientific American*, dass neueste Messungen der kosmischen Mikrowellen-Hintergrundstrahlung, welches das älteste Licht des sichtbaren Universums darstellt, die kosmologische Theorie einer Inflation nicht bestätigen können. Somit ist unerklärlich, wie sich der Raum schneller als mit Lichtgeschwindigkeit ausgebreitet haben soll. Die Daten zeigen, dass Kosmologen dieses favorisierte Paradigma aufgeben können und neue Ideen in Betracht ziehen müssen, wie das Universum begonnen hat!

Zitat Paul Steinhardt: „*Für mich ist die Idee des zufälligen Universums wissenschaftlich bedeutungslos, weil sie nichts erklärt und nichts vorhersagt. Außerdem fehlt die wichtigste Tatsache, die wir über die großräumige Struktur des Universums gelernt haben: ihre außergewöhnliche Einfachheit, wenn sie über große Skalen gemittelt wird. Um das eine einfache Universum zu erklären, das wir sehen können, postulieren die Hypothesen des inflationären Multiversums und des zufälligen Universums eine unendliche Vielfalt von Universen mit willkürlicher Komplexität, die wir nicht sehen können.*"

Die Theorie des Urknalls hängt direkt von der Inflation ab, doch alle Experimente haben keinerlei Beweise dafür finden können, und Steinhardt selbst bezeichnet die gesamte Vorstellung eines zufällig entstandenen Universums als wissenschaftlich bedeutungslos. Wenn die wichtigste Theorie versagt, dann steht fest, dass der Glaube an mathematische Formeln nicht der direkten Beobachtung der Realität überlegen ist. Das Universum ist offenbar nicht endlich oder vergeht langsam, was die Galaxien am Rande des sichtbaren Universums beweisen. Es wurde mithilfe von Einflüssen von außerhalb erschaffen, die wir nicht sehen oder messen können. Und diese Einflüsse sind am ehesten durch ein Multiversum zu begründen.

Der amerikanische Wissenschaftsjournalist und Forscher Eric Lerner hat bereits im Jahr 1991 ein Buch mit dem Titel „*The Big Bang Never Happened*" (Der Urknall hat niemals stattgefunden) veröffentlicht. Er argumentierte schon damals, dass diese Theorie versagt hat und darum eine Neuausrichtung der Kosmologie in Richtung des Studiums realer Phänomene notwendig ist, die mit dem Fortschritt der Technologie auf Erden eintreten kann. Genau das ist auch geschehen. Lerner vertritt die Meinung, dass das Universum statisch und ewig ist und daher Merkmale besitzt, die auf einen Schöpfer hinweisen. In den Jahren nach der Veröffentlichung seines Buches haben ihm Astronomen und Astrophysiker vorgeworfen, wenig Beweise für diese Vermutung vorzuweisen und schlechte Argumente zu verwenden. Dabei wies er schon 1991 darauf hin, dass der Urknall seit den 1960er-Jahren (die erste wissenschaftliche Erwähnung des Urknalls fand im Jahr 1931 statt) in Zweifel gezogen wird, obwohl in dieser Zeit eine Reihe von experimentellen Beweisen für die Theorie vorgebracht worden sind.

Karl Popper sagte aus, dass Wissenschaft immer versuchen sollte, ihre Theorien zu widerlegen, anstatt fortgesetzt theoretische Hypothesen zu unterstützen. Wissenschaftler haben das ganze Feld ihrer Studien in Bedrängnis gebracht, indem sie behauptet haben, das öffentliche Vertrauen zu gewinnen, indem der Öffentlichkeit weisgemacht wird, dass Wissenschaftstheorien die objektive Wahrheit darstellen, egal ob es sich um Theorien über den Urknall, um diejenigen zur Entstehung der Erde, über die menschliche Evolution, über Impfungen oder den Klimawandel handelt. Zweifel müssen in der Wissenschaft immer existieren, um Konsens-Ansichten von Experten herauszufordern. Stattdessen sind Experten dazu übergegangen, ihre eigenen Forschungen zu finanzieren und ihre eigenen Resultate zu präsentieren, welche den wissenschaftlichen Konsens bestätigen, bis man sie dabei ertappt, dass dieser Konsens gefälscht ist.

Dieser wissenschaftliche Konsens wird aber von der Politik, von den Massenmedien und von Gesundheitsbehörden verwendet, um uns glauben zu machen, dass Autoritäten wissenschaftliche Fakten auf ihrer Seite hätten. Das ist aber eindeutig nicht der Fall. So hat zum Beispiel der Astrophysiker Neil deGrasse Tyson vor einiger Zeit ausgesagt, dass er *„nur am Konsens interessiert“* ist. Prominente Kosmologen sind daher mehr an Zuwendungen und dem Konsens interessiert als an der objektiven Wahrheit, wobei dieser Konsens gar keiner ist. Forschung sollte sich der Suche nach der Wahrheit verpflichten, und Wahrheit hat wenig mit Zustimmung zu tun. Jede wichtige Entdeckung hat den Konsens herausgefordert. Jene, die den wissenschaftlichen Konsens mehr verteidigen als ehrliche Resultate, stehen nicht auf der Seite der Wissenschaft, sondern auf der Seite einer korrupten Anti-Wissenschaft.

Im Jahr 2017 wurde zum Beispiel bekannt, dass der Konsens, wie der Planet Erde entstanden ist, völlig falsch ist. Dennoch wollen uns Wissenschaftler einreden, dass sie mit allen anderen Hypothesen recht haben. Eine neue wissenschaftliche Entdeckung widerlegt die Konsens-Wissenschaft ein weiteres Mal, weil niemand sagen kann, wie und wo sich der Planet Erde geformt hat. Französische Forscher vom *Institut de Physique du Globe de Paris* simulierten immer wieder die Formung des Erdmantels nach vorhandenen Modellen und entdeckten Abweichungen in der Zusammensetzung, die mit dem Verhältnis von Zink und Schwefel zu tun haben. Kurz gesagt bedeuten die beobachteten Abweichungen, dass der Planet Erde nicht aus Bestandteilen dieses Sonnensystems besteht!

Das stellt den Konsens in Bezug auf die Zusammensetzung des Erdmantels infrage und wie sich unser Planet eigentlich geformt hat. Dieser eine

Punkt genügt, um alles, was Forscher bislang über die Erschaffung der Erde angenommen haben, als fehlerhaft zu entlarven. Somit müsste die Erde aus Material bestehen, das nicht aus unserem Sonnensystem stammt. Der Erdmantel setzt sich daher laut neuesten Erkenntnissen aus Material zusammen, das von außerhalb unseres Sonnensystems stammt. Damit ist eine weitere Theorie, über die sich die wissenschaftliche Gemeinschaft absolut sicher war, gescheitert. Was bedeutet das für den Ursprung von Leben auf der Erde? Warum lesen wir in den Medien nichts darüber? Werden Menschen durch Wissenschaft konditioniert, zu gehorchen und keine Fragen zu stellen, in dem Glauben, akademische Kreise wüssten bereits alles? Können wir Autoritäten noch trauen, oder geht das Vertrauen in diese Institutionen wirklich vollständig verloren?

Um an dieser Stelle wieder zu dem Buch von Eric Lerner („*The Big Bang Never Happened*") zurückzukommen, so kann heute endgültig bestätigt werden, was er schon 1991 vermutet hat. Seit den 1960er-Jahren sind mehr und mehr naturwissenschaftliche Modelle zerfallen und aus der wissenschaftlichen Debatte verschwunden. Die Theorie des Urknalls als Quelle sämtlicher Theorien ist seitdem ein mathematisches Artefakt geblieben, das nicht auf Realität basiert. Damit ist sie auf die Ebene reiner Spekulation reduziert. Wenn sie sich als falsch herausstellt, wissen wir nicht, ob sich das Universum im Laufe von 13,8 Milliarden Jahren entwickelt hat. Wir müssen darüber nachdenken, dass Wissenschaftsjournalisten erklären, dass Wissenschaft selbst keine Wahrheit darstellt. Wissenschaft ist Theorie. Theorie ist allzeit infrage zu stellen. Wissenschaft verlangt das von anderen. Wenn nichts infrage gestellt wird, handelt es sich um ein atheistisches Glaubenssystem. Neue Daten machen alte Daten unmittelbar ungültig, und Dinge, von denen man glaubte, sie zu wissen, werden plötzlich wieder unbekannt. Das daraus entstandene Dilemma kann man keinesfalls als wissenschaftlich betrachten.

Eric Lerner schreibt, dass die größten Durchbrüche gewöhnlich jene sind, die enthüllen, dass der Konsens völlig falsch ist. Solche Paradigmenwechsel sind keine Selbstverständlichkeit, sondern müssen in Kämpfen errungen werden. Was bedeutet es für die Gesellschaft, wenn jahrzehnte- oder gar jahrhundertealte akzeptierte Theorien über den Haufen geworfen werden, weil wissenschaftliche Behauptungen nicht zu beweisen sind? Im Falle des Urknalls betrifft das die Frage, warum nach einer kosmischen Explosion, bei der alles mit unglaublicher Geschwindigkeit nach außen reist, heutzutage sämtliche Materie im Universum gleichmäßig verteilt ist. Alle Materie sollte immer noch weiter expandieren, aber es sieht so aus, als ob Galaxien statisch bleiben. Vielleicht dehnt sich das Universum gar nicht aus. Wenn es sich nicht ausdehnt, dann ist es nicht explodiert. Wenn es nicht explodiert ist, woher stammt dann alles?

Warum werden wir nicht über diesen seit Jahren zu beobachtenden Kollaps der Urknalltheorie unterrichtet? Warum weisen Astronomen und Astrophysiker in ihren Arbeiten nicht auf diesen Kollaps hin? Die Theorie ist mittlerweile so leer und hat sich in sich zusammengezogen. Wird sie bald explodieren? Werden Leute, die den Urknall infrage stellen, noch länger als dumm oder ungebildet hingestellt? Wollen Astronomen und Physiker nicht, dass wir erfahren, dass ihre Finanzierungen von Regierungen und internationalen Unternehmen kommen, die von einer Handvoll mächtiger Individuen gesteuert werden, welche die Vorstellung vom Urknall im Massenbewusstsein verankern wollen? Generationen von Theoretikern haben ihr ganzes Leben verschwendet, um die Theorie des Urknalls zu formulieren und wurden dafür reichlich mit finanziellen Zuwendungen des Establishments ausgestattet, Alternativforscher, welche diese Theorie offen anzweifeln, hingegen nicht. Dafür werden sie aber von Anti-Wissenschaftlern als Pseudowissenschaftler verunglimpft. Forscher, die meinen, dass der Urknall seine Gültigkeit verloren hat, nennt man Spinner oder Verrückte. Das trat ganz deutlich zutage, als die Entdeckungen vom James-Webb-Teleskop analysiert worden sind. Die Rechtfertigung dafür lautet, dass es seit den 1960er-Jahren keine konkurrierende Idee zum Urknall gibt, die den Erfolg dieser Theorie reproduzieren kann.

Dennoch lassen sich die Standpunkte nicht in Einklang bringen. Die Relativitätstheorie von Einstein postuliert, dass ein Universum mit gleichmäßiger Verteilung von Energie und Materie nicht stabil oder statisch sein kann. Die Struktur des Raumes sollte sich entweder zusammenziehen oder expandieren. Die Übereinstimmung zwischen Theorie und Observation ist nicht gegeben, weil viel zu viele Fragen offen sind und sich die Realität als rätselhaft darstellt. Eine ernsthafte Herausforderung für den Urknall stellt nach wie vor der Schöpfungsbericht dar. Im Standardmodell sind so viele Lücken vorhanden, und doch kann es trotzdem nicht aufgegeben werden – egal wie viele Beweise noch entdeckt werden können –, weil die wissenschaftliche Gemeinde kein anderes erfinden kann, dass so erfolgreich über die Realität im All hinwegtäuscht.

Weist man darauf hin, erntet man harsche Kritik, und die alte Hypothese wird rasch überarbeitet, unabhängig davon, dass die neu entdeckten Diskrepanzen in der Summe die Beweiskraft haben, die Theorie obsolet zu machen. Theorien, die seit langer Zeit, also schon vor den 1960er-Jahren, vom Establishment in Abrede gestellt wurden, tauchen wieder auf. Bringt man sie zur Sprache, kontern Theoretiker, dass es sich um unwissenschaftliche Häresie handelt. Da wäre zum Beispiel das Modell des elektrischen Universums. Abgesehen davon existiert der Bereich, den der Mainstream als Pseudowissenschaft bezeichnet. Da wäre beispielsweise die Wissenschaft des *Intelligenten Designs*, mit dem sich viele aufgeschlossene Forscher befassen.

Intelligentes Design bedeutet, dass überall in der Struktur des Universums physikalische Feinabstimmungen und intelligent geformte Muster und Objekte vorhanden sind, deren Existenz nur durch einen Entwurf erklärbar ist. Die natürliche Welt ist somit kein Produkt des Zufalls, wie es der Urknall postuliert, sondern eine intelligente Entität hat die Komplexität im All und in der Welt um uns herum erschaffen. Der Erschaffer kann alles oder jeder sein, man kann ihn allerdings nicht identifizieren. Ein geordnetes Universum setzt somit einen höheren Schöpfer voraus. Diesen Schöpfer nennen gläubige Menschen Gott. Die Bewegung des *Intelligenten Designs* wird als ein Feindbild des Standardmodells samt Urknall und Darwinismus gesehen, und es herrscht ein Kulturkampf darüber, welchen Platz die Menschheit im Universum einnimmt und wo ihr Ursprung zu suchen ist. Prominente Vertreter der Bewegung sind glaubwürdige Gelehrte, die einen religiösen Hintergrund haben und den darwinistischen Naturalismus zurückweisen. Sie denken, dass Aspekte von lebenden Zellen zu kompliziert aufgebaut sind, als dass sie ein Produkt des Zufalls darstellen können. Das gilt auch für den Aufbau des menschlichen Auges oder Gehirns, das zu bewussten Beobachtungen der Natur fähig ist und diese erforschen will.

Gnosis und Mystizismus in der Wissenschaft

Der Mangel an holistischen Konzepten in der materialistischen Forschung hat seit den 1960er-Jahren zur heutigen akuten Krise der Wissenschaft geführt. Trotz wissenschaftlichen Denkens, Logik und Intellekt hat die konventionelle Weltsicht keine Antworten auf die wichtigsten Fragen der Welt abliefern können. Wie funktionieren die regulatorischen Aktivitäten im Universum und in all seinen Strukturen? Das Konzept eines Schöpfers mag eher eine metaphysische als eine wissenschaftliche Erklärung sein, doch auch das Postulat einer Singularität oder die spontane Entstehung von Leben aus toter Materie könnte als metaphysischer Vorgang angesehen werden. Leben und Bewusstsein in der Natur lassen sich zu einem koordinierenden, operativen Faktor zurückführen. Darum ist ein holistischer oder schöpferischer Aspekt notwendig, selbst im Falle einer chemischen Evolution im All. Wenn Wissenschaft vorankommen will, müssen neue Prinzipien zur Verfügung gestellt werden, die auf Betrachtungen basieren, die man bis zur Mitte des 20. Jahrhunderts wissenschaftlich diskutiert hat. Damals reichte der Bereich der Forschung noch über seine heutigen orthodoxen Grenzen hinaus. Jetzt ist allerdings das Limit des alten Schemas erreicht, und es wird zunehmend schwierig, neue Domänen zu erschließen. Deshalb muss eine Rückbesinnung auf die Philosophie wirksam werden, welche die Ursachen des Kosmos anhand des menschlichen Bewusstseins erforscht. Das führt uns schließlich in den Bereich der Spiritualität.

Nur damit kann eine modernisierte Weltsicht entstehen, die sich im Rahmen einer erneuerten Wissenschaft entfalten kann. Die Idee einer natürlichen Evolution benötigt eine Revision, denn das Universum zeigt keinen Zustand einer stufenweisen Transformation an. Wenn es statisch und intelligent entworfen ist, dann signalisiert uns unsere Beobachtung, dass es einem kreativen Prozess entspringt. Wenn ein Schöpfer zuständig ist, dann ist das Universum spirituell, denn sein Ursprung hängt von einer höheren Wesenheit ab. Viele Beobachtungen zeigen, dass eine höhere Ordnung vorhanden ist, zum Beispiel ein Multiversum. Der menschliche Geist hat sich aus dieser kreativen Ordnung gebildet und nimmt die Natur als ein größeres Ganzes wahr.

Um den Zustand des gegenwärtigen Weltbildes zu verstehen, ist es notwendig, in die Vergangenheit zu reisen. Die Wissenschaft ist völlig vom Westen definiert und entstand in ihren modernen Ausprägungen erst im Zuge der wissenschaftlichen Revolution. In dieser Zeit und bis zur Mitte des 20. Jahrhunderts war sie noch eng mit Religion und Spiritualität verbunden. Wissenschaft und Religion bildeten keinen so starken Kontrast wie in der Gegenwart. Der Streit um den Urknall, um konkurrierende Modelle, *Intelligentes Design*, Kreationismus, Holismus, Spiritualität oder Mystizismus zeigt auf, dass ein Konflikt zwischen Religion und Wissenschaft entbrannt ist. Beide Positionen versuchen, die Autorität auszuüben. Diese Konfrontation wurde in der westlichen Welt erst im Lauf des 19. Jahrhunderts intensiviert, als sich die Wissenschaft zum Sieger erklärte. Sie ist seit damals als eine Waffe gegen Spiritualität und organisierte Religion eingesetzt worden und wird für machtpolitische Absichten benutzt. Die Kontrolleure und Akteure an der Spitze der Pyramide des wissenschaftlichen Establishments haben kein wirkliches Interesse an Wissenschaft im eigentlichen Sinn.

Bis zur Mitte des 19. Jahrhunderts war es kein Problem für Gelehrte, sowohl an Wissenschaft als auch an Religion zu glauben. Selbst der britische Naturforscher Sir Isaac Newton (1642-1726) war sehr religiös, und sein Glaube beeinflusste sein Werk, welches einen Grundstein für die Naturwissenschaft legte. Zu seiner Zeit kam es zur Gründung der *Royal Society* in London, und dieses Ereignis wird manchmal als der Beginn der formellen Trennung von Wissenschaft und Religion betrachtet. Mitgliedern dieser Institution war es nicht erlaubt, religiöse Ideen in ihre Diskussionen einzubinden, und so entstand der „wissenschaftliche Denkprozess". Im 19. Jahrhundert wurde die Wissenschaft dominant und zu einer politischen Kraft, die wirtschaftlichen Wohlstand und militärische Stärke generierte. Das war die Zeit, als Charles Darwin seine Theorien über den Ursprung der Spezies veröffentlichte. Diese Thesen wirkten verstörend. Das alte Weltbild, das vor dem Paradigmenwechsel durch Kopernikus und andere noch als geozentrisch zu betrachten blieb, änderte sich zum heliozentrischen. Damit wurde dem Menschen sein spezieller Platz im Universum genommen. Durch diese sogenannte „kopernikanische Wende" wurde die Entwicklung der modernen Naturwissenschaften eingeläutet.

Der Darwinismus distanzierte sich völlig von den Beschreibungen des Schöpfungsberichts, und die Entstehung der modernen Psychologie tat ihr Übriges, um das etablierte neue Weltbild zu formen. Der Gedanke an einen Schöpfer wurde dem Bereich der Wissenschaft zunehmend entzogen. Neue wissenschaftliche Daten sollten die Entstehung der Menschheit und des Universums einem zufälligen Ereignis im Kosmos zurechnen. Spiritualität ist ein Teil einer Wahrheit, während die Wissenschaft nach einer völlig differenzierten Wahrheit sucht, die von ihr selbst definiert wird. Gegenwärtig haben wir einen Punkt der Entwicklung erreicht, an dem diese Formeln keinen Sinn ergeben und ein neuer Paradigmenwechsel ansteht, der zu einer veränderten Weltsicht führt. Es ist von Wert, die alte Weltsicht zu überdenken und nach neuen Paradigmen zu suchen, die durch uralte Weisheiten ergänzt werden. Eine absolute Wahrheit ist durch Logik nicht zu erreichen, sondern befindet sich jenseits aller wissenschaftlichen Konzepte und Weltsichten.

Das altgriechische Wort für Wissen oder Erkenntnis lautet „Gnosis“, und daraus entstand der Gnostizismus. Das sind antike Lehren, laut denen eine übergeordnete Gottheit sich in verschiedenen Abstufungen im All manifestiert. Die sichtbare Welt und der sichtbare Kosmos sind laut diesen Lehren das Werk einer niederen Gottheit, dem Demiurg. Dieser schuf den niederen Menschen, indem er Göttliches mit der Materie vermischte. Seitdem erliegt der Mensch der Illusion eines materiellen Kosmos und befindet sich unter dem bösartigen Einfluss des Gegenspielers der obersten Gottheit. Eine Erlösung aus diesem Zustand kann nur erfolgen, wenn ein Mensch durch Gnosis (Erkenntnis) begreift, dass die ihn umgebende Welt nur ein Raum in einem abgestuften Kosmos ist und er durch sein eigenes Geschick daran arbeiten kann, Weisheit zu erlangen, um die Göttlichkeit des eigenen Selbst zu erfassen. Das ist möglich, indem man nach spirituellen Wahrheiten und mystischem Wissen sucht und entsprechende Gedanken aussendet, die zur Selbstentfaltung führen. Unsere geistigen und sinnlichen Wahrnehmungen werden aus den Phänomenen der Welt gewonnen, tief in unserem Bewusstsein gibt es noch eine andere Welt.

Dieser Welt entspringen spirituelle Lehren, Weisheiten und Beschreibungen des Kosmos, die schon vor tausenden von Jahren verbreitet gewesen sind. Zeitgleich mit der Machtübernahme der modernen wissenschaftlichen Theorien gab es eine Renaissance der Spiritualität im Laufe des 19. und 20. Jahrhunderts. Der materialistischen Doktrin stand allseits eine schöpferische Idee im Weg, und dieser Funke setzt sich immer wieder durch. Die Geheimlehre der Begründerin der Theosophie, Madame Helena Petrovna Blavatsky (geboren als Helena Petrovna von Hahn-Rottenstein, 1831-1891), enthält zusammengefasst viele antike Weisheitslehren des Ostens, welche im späten 19. Jahrhundert auch Amerika und den Rest der westlichen Welt beeinflusst haben. Abgelehnt von Wissenschaft und Religion, bildete sich eine okkulte Strömung der westlichen Esoterik, die einerseits moderne Philosophie und andererseits ebenso asiatische Traditionen aus dem Buddhismus und Hinduismus entlehnte.

Auch in dieser Lehre ist das Universum eine nach außen gerichtete Reflexion des Absoluten. Die Welt, die wir wahrnehmen, beruht auf einer Illusion, die im Osten auch als „Maya“ bekannt ist. Ein Mensch, der nur in der Wahrnehmung dieses illusorischen Kosmos lebt, wird zunehmend ignorant und fehlgeleitet. Ein wahrer Mensch darf dieser Täuschung nicht unterliegen, weil es wichtigere essenzielle Wahrheiten zu entdecken gilt, die in der Wissenschaft, Religion und Philosophie verborgen sind. Dieses Erkenntnismodell hat sich auch unter Physikern etabliert, und speziell in Deutschland ist daraus bis zur Mitte des 20. Jahrhunderts eine Gruppe von Forschern entstanden, welche den Mystizismus wissenschaftlich akzeptiert haben, indem sie östliche Philosophie in den Bereich der Quantenmechanik einfließen ließen. Darin ist der Beobachter der physischen Welt direkt mit dem Objekt der Beobachtung respektive der Welt verbunden, und seine Beobachtungshaltung und Erwartung hat Einfluss auf das Resultat der Beobachtung. Anders ausgedrückt, besitzt das menschliche Bewusstsein die Kraft, Realität zu beeinflussen, im Mikrokosmos wie im Makrokosmos. Diese Pioniere trennten Wissenschaft nicht von Religion, denn die Begründer der Quantenmechanik hätten das moderne Weltbild der wissenschaftlichen Gemeinschaft keinesfalls akzeptiert.

Die Einbeziehung des Bewusstseins in die Quantentheorie begann in den 1920er-Jahren. Damals erörterten Albert Einstein und Niels Bohr die Einbeziehung des östlichen Mystizismus in die Wissenschaft. Bohr vertrat die Einstellung, dass Menschen Akteure und Beobachter der Natur sind. Er war sich nicht sicher, ob ein Quantenprozess ohne einen Beobachter vorkommt, dachte aber an eine Erweiterung der Quantentheorie, um das menschliche Bewusstsein zu verstehen. Albert Einstein verbrachte viel Zeit seines späten Lebens damit, nach Informationen zu suchen, um die Quantenmechanik zu verstehen. Der österreichische Nobelpreisträger Erwin Schrödinger, ein Mitbegründer der Quantenmechanik, argumentierte im Jahr 1958, kurz nach Einsteins Tod, dass ein Unterschied zwischen Messinstrumenten und menschlicher Observation vorhanden ist. Er sagte, dass Messergebnisse in Experimenten ohne Beobachtung keine Bedeutung haben. Deswegen ist Bewusstsein eine Voraussetzung, um physikalischer Realität Bedeutung zu verleihen. Er wollte ausdrücken, dass physische Theorie allzeit relativ ist, weil sie auf grundlegenden Annahmen des Bewusstseins basiert. Die Quantentheorie schlägt darum vor, dass Bewusstsein durch Zeit nicht zerstört werden kann und ewig ist.

Erwin Schrödinger: *„Bewusstsein gibt es seiner Natur nach nur in der Einzahl. Ich möchte sagen: Die Gesamtzahl aller ‚Bewusstheiten' ist immer bloß ‚eins'.“*

Deshalb kann man Schrödinger und Einstein nicht in eine Box stecken. Erwin Schrödinger hat erklärt, dass seine Erkenntnisse lauten, dass die totale Anzahl an bewussten Geistern im Universum eins ist. Bewusstsein ist die eigentliche Singularität, welche in allen lebendigen Wesen wirkt. Selbst die gesamte externe Welt, die wir mit unseren Sinnen beobachten, und Bewusstsein sind ein und dasselbe. Weiter sagte Schrödinger, dass wir materielle Objekte und Kräfte beobachten, die nichts anderes als Variationen in der Struktur des Raums sind. Beobachtendes Subjekt und beobachtetes Objekt sind eins, und daher behandelt die Natur Leben als die wertvollste Sache der Welt.

In jener Zeit, Ende der 1950er-Jahre, zählte Schrödinger zu den letzten Vertretern des wissenschaftlichen Mystizismus. In der Gegenwart finden diese Betrachtungen wieder mehr Anklang, weil die allgemeine Relativitätstheorie und das Standardmodell der Kosmologie alleine nicht ausreichen, um Beobachtungen im Universum zu verstehen. Man muss den Beobachter miteinbeziehen. Das Problem dabei ist, dass Quantenmechanik in

Deutschland zur Zeit des Zweiten Weltkriegs formuliert wurde und diese Konzepte unzureichend in andere Sprachen übertragen werden können. Die deutsche Kultur in der ersten Hälfe des 20. Jahrhunderts, welche eng mit dem aufkeimenden westlichen Okkultismus verwoben war, prägte den Zeitgeist der neuen wissenschaftlichen Theorien.

Weil Religion und Mystizismus mit dieser Generation von Pionieren der Bewusstseinsforschung in der wissenschaftlichen Gemeinschaft verschwunden sind, veränderte die Wissenschaft ihre Ausrichtung von der deutschen zugunsten der anglo-amerikanischen Ausrichtung, von der sie nach wie vor geprägt wird. Damit erlangte der von Einstein verkörperte Realismus Einzug, doch Realisten glauben nicht daran, dass Bewusstsein in der Quantentheorie eine Rolle spielt. Der Mystizismus hatte vor dieser Zeit nicht nur einige wenige deutsche Physiker begeistert, sondern zu seiner Zeit fast die gesamte Gemeinschaft von Physikern. Vielleicht sehen Physiker der Gegenwart ein, dass die Krise in der Wissenschaft sich seit den 1960er-Jahren entfaltet hat, weil dieser Mystizismus, der sich auf tausende Jahre alte Lehren stützt, wieder in ihre Theorien integriert werden muss, um Fortschritte zu ermöglichen. Physik, Beobachtung und Bewusstsein können vereinheitlicht werden – vereinheitlicht im Sinne der *Einheitlichen Feldtheorie*.

Die Idee, dass der Geist eine Rolle spielt bei der Erschaffung der Realität, ist nicht bloß eine philosophische Frage. Wissenschaftshistoriker mahnen, dass Physiker heutzutage die frühe Geschichte der mystischen Vorstellungen der Quantenmechanik erforschen sollten. Das trägt bestimmt dazu bei, Wissenschaft und Spiritualität erneut zusammenzuführen, denn aus dem Studium von östlichen Lehren kann neue Inspiration entstehen. Die Idee des Absoluten, das als Ursache des Kosmos beschrieben wird, könnte auch als Grundlage der Bewegung des *Intelligent Designs* herangezogen werden. Forscher widmen sich bereits dem Gedanken an eine theistische Evolution des Alls, und einige glauben sogar, dass außerirdische Einflüsse bei der Entstehung der ersten Menschen eine Rolle spielten. Davon wussten auch Studenten der östlichen Lehren, weil darin menschenähnliche Götter Erwähnung finden.

Weil der wissenschaftliche Denkprozess, den Studenten heute erlernen, Intuition, Emotion, Alltagsverstand und religiöse Ansichten ausklammert, hat die Debatte um den Ursprung der Welt und der Menschheit sich in den letzten Jahrzehnten zu einer neuen Kontroverse entwickelt. Moral und Spiritualität, welche durch die Ablehnung von Religion nicht unterdrückt werden können, lassen selbst den wissenschaftlichen Intellekt erahnen, warum wir Menschen hier sind und was nach dem physischen Tod geschieht. Wenn wir einen Funken Göttlichkeit besitzen, der sich nach dem Tod von der Illusion befreien kann, dann wird ersichtlich, warum Atheisten sich laut einigen Aussagen davor ängstigen, für ihre schlechten Taten bestraft zu werden, falls ein Jenseits und ein Leben nach dem Tod existiert. Sie betrachten den Menschen lediglich als eine biologische Maschine und nichts weiter. Der stark verbreitete Atheismus könnte womöglich von Advokaten des bösen Demiurgen ausgehen, welche das wissenschaftliche Establishment steuern. Die Situation, in welche die wissenschaftliche Revolution und der materialistische Fortschritt die Welt heute versetzt haben, ist offensichtlich nicht die beste.

Viele wissenschaftliche Vorhersagen beinhalten ein Untergangs-Szenario der menschlichen Zivilisation in den kommenden Jahrzehnten. Diese Vorhersagen stimmen merkwürdigerweise mit antiken Prophezeiungen vom Ende der Welt überein. Im Christentum wird von einem Weltgericht gesprochen, der Rückkehr eines Erlösers und der Bestrafung der Anhänger des Gegenspielers Gottes. Atheistische Forscher haben in ihren Journalen manchmal darauf verwiesen, dass sie die christliche Lehre besonders ablehnen, weil sie nicht glauben wollen, dass sie nach ihrem Tod für ihre schlechten Taten in der physischen Welt Konsequenzen erwarten. Aber selbst aus physikalischer Sicht ist das Prinzip von Ursache und Wirkung bekannt. Warum sollte es nicht auch für die moralischen oder unmoralischen Taten von Menschen gültig sein? Atheismus muss eine alternative Erklärung für die Entstehung der Welt und der Menschheit anbieten. Weil materialistische Theorien über die Entstehung der Welt nicht beweisbar sind, sind es philosophische Annahmen, welche eine Welt ohne Gott erklären sollen. Diese Ideen stehen dem religiösen oder spirituellen Glauben entgegen, wonach das Universum, die Erde, die Natur, das Leben und letztlich der Mensch durch übernatürliche Taten einer göttlichen Schöpfung entstanden sind und eine zentrale Rolle in diesem Schöpfungsplan spielen.

Weil Wissenschaft nicht umhinkommt, den Urknall und die Entstehung des Universums nicht mit herkömmlicher Physik erklären zu können, akzeptieren immer mehr Forscher die Theorie der theistischen Evolution, die man auch evolutionäre Schöpfung nennt. Das ist die Methode des Schöpfers, ein Universum zu planen und zu entwerfen, in dem sich nach dem Entwurf oder Design alles auf natürliche Weise entwickelt. Auf diese Weise kann astronomische Evolution, geologische Evolution, chemische Evolution dem Einwirken eines Schöpfers zugeordnet werden und die biologische Evolution letztlich der Natur. Gott erschafft daher durch die Gesetze der Natur, und dieses Modell ist mit den Theorien der Naturwissenschaft kompatibel, samt dem Darwinismus.

Interessanterweise ist der Glaube an theistische Evolution keine Theorie, sondern ein Gedankenmodell, das erklären soll, wie religiöse Glaubensvorstellungen mit Naturwissenschaft vereinbar sind und zu welchem Grad ein Schöpfer für die Entstehung des Universums laut vorherrschenden Theorien vorausgesetzt wird. Die theistische Evolution weist den Gedanken an eine spezielle Schöpfung der Natur und des Menschen zurück, kann aber den Glauben an die Erschaffung der menschlichen Seele enthalten. Sie ermöglicht auch, den Konsens über das kosmologische Alter der Erde oder jenes des Sonnensystems beizubehalten. Der wichtigste Punkt ist aber, dass die Theorie des Urknalls und die Evolutionstheorie in diese Glaubensvorstellung integrierbar sind. Dies soll helfen, den Konflikt zwischen Wissenschaft und Religion beizulegen. Sogar religiöse Oberhäupter wie Papst Franziskus haben sich deshalb der Evolutionstheorie zugewandt. Papst Benedikt wagte als sein Vorgänger eine Annäherung an das *Intelligente Design*, aber sein Nachfolger neigt heutzutage dazu, die theistische Evolution zu akzeptieren und damit sowohl die Evolution als auch den Urknall für Christen salonfähig zu machen. Im Oktober 2014 gab Franziskus folgende Stellungnahme ab: „*Gott erschuf die Wesen und erlaubte ihnen, sich gemäß den inneren Gesetzen, die er jedem gab, zu entwickeln, damit sie sich entwickeln und zu ihrer Fülle des Seins gelangen konnten. Er gab den Wesen des Universums Autonomie und versicherte ihnen gleichzeitig seine ständige Ge-*

genwart, indem er jeder Realität Sein gab. Und so ging die Schöpfung über Jahrhunderte und Jahrhunderte, Jahrtausende und Jahrtausende weiter, bis sie zu dem wurde, was wir heute kennen, gerade weil Gott kein Demiurg oder Magier ist, sondern der Schöpfer, der allen Dingen Sein gibt. (...) Der Urknall, der heute als Ursprung der Welt postuliert wird, widerspricht dem göttlichen Schöpfungsakt nicht, sondern verlangt ihn. Die Evolution der Natur steht nicht im Gegensatz zur Vorstellung der Schöpfung, da die Evolution die Erschaffung von Wesen voraussetzt, die sich entwickeln."

Interessanterweise weist Franziskus darauf hin, dass Gott kein Demiurg ist. Im Gnostizismus steht über allem ein höchstes Wesen, und der Demiurg ist der Erschaffer alles Materiellen. Er wird gewöhnlich mit dem Gott des Alten Testaments gleichgesetzt, und Gnostiker denken, dass dieser Demiurg dem Willen des höchsten Schöpfers entgegensteht, weil das Materielle ein unvollkommenes Scheinbild des göttlichen Modells widerspiegelt und darum fehlerhaft ist. Es wurde sogar in der bösartigen Absicht erschaffen, Aspekte des Absoluten oder Göttlichen in die Materie einzusperren. Das ist laut verschiedenen Interpretationen die Ursache für das Problem des Bösen in der Welt.

Daneben gibt es die Strömung des christlichen Kreationismus, welche diese Einstellung einer theistischen Evolution ablehnt und biblischen Vorgaben folgt, die beschreiben, dass die Welt und das Universum relativ jung und nicht alt sind. Vor 6.000 bis 10.000 Jahren wäre die heutige Welt durch eine globale Flutkatastrophe entstanden, und deshalb wird das wissenschaftliche Modell des Katastrophismus anerkannt. Alle Lebewesen sind nach solchen Katastrophen von höheren Kräften in ihrer fertigen Form erschaffen worden und stellen daher kein Resultat einer Evolution dar. Für diese Betrachtung gibt es viele wissenschaftliche Bestätigungen. Selbst wenn die Erde, das Sonnensystem, Sterne und Galaxien seit Millionen von Jahren existiert haben, können komplexe Organismen wie Menschen nur durch einen übernatürlichen Eingriff entstanden sein, weil biologische Systeme intelligentes Design aufweisen. Insgesamt kontert der materialistische wissenschaftliche Prozess die Idee einer speziellen Schöpfung und eines äußerlichen Eingriffs bei der Entstehung des modernen Menschen und der Welt. Abseits dieser Streitigkeiten um theistische Evolution und Kreationismus werden die Theorien des Neodarwinismus inzwischen von weiteren neuen Entdeckungen herausgefordert, und Wissenschaftler sind gezwungen umzudenken. In dem Buch „*Explore Evolution: The Arguments for and against Neo-Darwinism*" von Stephen C. Meyer wird klargestellt, dass historisch gesehen weder die Wissenschaft noch die Religion irgendwelche Ansichten über Abläufe der fernen Vergangenheit direkt verifizieren kann, weil niemand sie beobachtet hat.

Wie kam es zur physikalischen Feinabstimmung des Universums?

Es werden immer mehr Beweise erbracht, dass irdische Lebensformen keine gemeinsame Abstammung aufweisen, wie inzwischen in verschiedenen wissenschaftlichen Artikeln diskutiert wird. Laut der theistischen Evolution erschuf Gott am Beginn des Universums die Naturgesetze, um die Entwicklung von Leben möglich oder unvermeidbar zu machen. Diese Ansicht von Wissenschaftlern ist mit Problemen verbunden. DNS-Forschung zeigt, dass die notwendigen Informationen zur Entstehung einer einzelnen funktionsfähigen biologischen Zelle nicht in den elementaren Partikeln und der Energie enthalten sind, die am Beginn des Universums vorhanden gewesen sein sollen. Die Information in DNS und die Entstehung von Leben aus anorganischer Materie widersprechen sich, denn die unglaublich hohe Menge an abgestimmten Daten, die Gene für ihre Funktion benötigen, kann sich nicht durch Zufall entwickelt haben. Jemand hat sie erschaffen. Weil ein Schöpfer am Beginn des Universums die Naturgesetze und somit auch die physikalischen Gesetze erschaffen hat und sie bis heute unverändert fortbestehen lässt, trägt sein Wirken selbst aus theistisch-naturalistischer Sicht zur Kreation von biologischen Systemen bei. Eine solche Kreation ist allerdings nur durch eine Feinabstimmung des Universums möglich. Die Theorie der Panspermie (All-Saat) schlägt vor, dass Leben aus dem All auf die Erde gekommen ist und dass es deshalb von außerirdischen Zivilisationen im All gesät wird. So wollen Vertreter dieser Hypothese die Entstehung von komplexen Lebensformen innerhalb einer kurzen Zeitspanne auf Erden beschreiben.

Feinabstimmung ist schließlich auch in DNS zu finden und weist auf intelligentes Design hin und nicht auf zufällige Evolution durch natürliche Selektion. DNS wird von Forschern als der effizienteste Datenspeicher im Universum betrachtet, und die Menge an sequenzierten Informationen, welche in der DNS gespeichert sind, ist unglaublich. Alles weist eindeutig auf einen intelligenten Entwurf hin, und daher ist komplexe DNS-Kodierung notwendig gewesen, um selbst die hypothetische „erste einfache Zelle“ zu ermöglichen. Francis Crick (1916-2004), ein Nobelpreisträger für Medizin, der sich intensiv mit der Erforschung von DNS befasst und auch an der Entwicklung der Hypothese der Panspermie gearbeitet hat, sagte schließlich, dass trotz all unseres wissenschaftlichen Wissens, der Ursprung von Leben immer noch rätselhaft bleibt, so auch die Umstände, welche notwendig wären, um es zufällig entstehen zu lassen.

Crick wusste, dass Leben sich unter keinen Umständen aus toten Chemikalien bilden kann, und zwar unter keinen vorstellbaren Bedingungen auf Erden. Deshalb sind auch sämtliche Bemühungen, im Labor einfaches Leben entstehen zu lassen, fehlgeschlagen. Stattdessen schreibt Crick in seinem Werk „*Life Itself*“, dass Leben vor Milliarden von Jahren in Raumschiffen zur Erde transportiert worden ist, und zwar von höher entwickelten außerirdischen Wesen! Auf diese Weise versuchte er, die Entstehung von Leben auf der Erde, ohne das Wirken eines Schöpfers zu ergründen. Er verlegte die Entstehung von Leben in den Weltraum, und das löste einige Probleme.

Der Forscher und Bestsellerautor Stephen C. Meyer schreibt in seinem neuen Werk „*Return of the God Hypothesis*“, dass die materialistische Wissenschaft durch einige wichtige Entdeckungen herausgefordert wird, welche direkte theistische Implikationen besitzen. In diesem Buch präsentiert Meyer neue wissenschaftliche Beweise für einen Schöpfer, die auf Durchbrüchen in Kosmologie, Physik und Biologie basieren. Auch Meyer erkennt im Aufbau von Zellen einen intelligenten Entwurf. Zusätzlich demonstrieren neue wissenschaftliche Erkenntnisse seine Gott-Hypothese, wonach ein Schöpfer für den Entwurf von Leben im Universum direkt verantwortlich ist.

In seiner Interpretation des Theismus ist ein transzendenter, intelligenter und nach wie vor aktiver Schöpfer notwendig, um die Welt zu erklären.

Auch er weist auf die Feinabstimmung des Universums hin, weil die Entstehung von Leben nur möglich wird, wenn bestimmte fundamentale physikalische Konstanten genau abgestimmt sind, so wie man es im Universum beobachten kann. Die Gesetze der Physik sind exakt für Leben und die Existenz von Lebensformen auf der Erde eingestellt. Gravitation oder Elektromagnetismus spielen Schlüsselrollen in der Formung von komplexen Dingen. Ein Kosmos, in dem nur eine dieser physikalischen Konstanten fehlt, würde die Entstehung von Leben verhindern. Die fein abgestimmten physikalischen Gesetze und Konstanten im All sind also ein Beispiel für einen speziellen Entwurf in der Natur. Diese Werte und Einstellungen sind nicht durch einen Zufall entstanden.

Theisten betrachten sie als einen Beweis für die Existenz Gottes, und Atheisten machen das Multiversum dafür verantwortlich. Wahrscheinlicher erscheint allemal, dass ein nicht erkennbares, absolutes oberstes Wesen diese Konstanten hervorruft. Nur auf diese Weise ist die Existenz komplexer lebendiger Kreaturen und die Vielfalt des Lebens auf dem Planeten Erde möglich. Außerdem erlaubt die Feinabstimmung Rückschlüsse auf unbekannte Physik jenseits der Standardmodelle der Wissenschaft. Gelehrte haben realisiert, dass diese fein abgestimmten physikalischen Konstanten die Basis ihrer Forschungen ermöglichen und tief mit ihren Experimenten verwoben sind.

Unbemerkt hat sich die Krise der Wissenschaft auch im Bereich der versagenden Evolutionstheorie ausgebreitet. Im Jahr 2022 haben Forscher zugegeben, dass sie nicht in der Lage sind, die wichtigsten offenen Fragen nach der Herkunft von Leben auf der Erde zu beantworten. Biologen wissen nicht, wie Augen entstanden sind. Die Theorie über natürliche Selektion reicht nicht aus, um komplexe Systeme wie Augen oder das menschliche Gehirn entstehen zu lassen. Die alte Vorstellung wird inzwischen von tausenden Wissenschaftlern zurückgewiesen. Sie beklagen, dass die Geschichte der Evolution immer noch in zahllosen Lehrbüchern und Wissenschafts-Bestsellern verbreitet wird, obwohl diese Vorstellungen inzwischen primitiv anmuten und irreführend sind. Fakt ist, und das betonen prominente Evolutionsbiologen, dass immer noch keine Beweise für die veraltete Idee einer graduellen Veränderung im Sinne der naturalistischen Evolution vorhanden sind.

Die Evolutionstheorie fällt um: Die Entstehung von Leben war kein Zufall

Die zufällige Entstehung von Leben und eine dem Zufall überlassene Selektion als Ursprung komplexer biologischer Systeme „fallen flach“. Sprich: Die alten Modelle sind bereits wissenschaftlich umgefallen. Selbst wenn natürliche Selektion, Mutation und Zufall eine Rolle spielen sollten, kann nicht erklärt werden, wie diese Prozesse interagieren. Ob hier noch andere Kräfte am Werk sind, ist Gegenstand heftiger Auseinandersetzungen. Mit den heutigen Werkzeugen kann man die Dinge nicht erklären. Darum sagen Biologen, dass sie neue Wege für Erklärungen suchen und die Evolutionstheorie völlig neu überdenken müssen. Im Jahr 2014 erschien ein Artikel im führenden naturwissenschaftlichen Journal *Nature* mit dem Titel *„Does evolutionary theory need a rethink?“*. Die Antwort von Forschern lautet: *„Ja, sie benötigt dringend ein Umdenken.“*

Im Jahr 2015 hat die *Royal Society* in London, die Institution, welche maßgeblich an der Entwicklung der Evolutionstheorie gearbeitet hat, eine Konferenz über neue Trends in der Evolution abgehalten. Um neue Interpretationen und sogar eine *„neue kausale Struktur für Biologie“* zu diskutieren. Viele „Fellows“ (Mitglieder) der ältesten und prestigeträchtigsten wissenschaftlichen Organisation von Großbritannien protestierten gegen die Konferenz und die Vortragenden. Ihr Einwand lautet, dass die Öffentlichkeit Zweifel an der Gültigkeit der Evolutionstheorie hegen könnte, wenn die Institution Neuinterpretationen zu viel Glaubwürdigkeit zuweist.

Es ist aber auch in diesem Fall zu spät, denn die großartige Geschichte der Biologie stellt sich als ein nettes Märchen heraus, das Wissenschaftler jetzt aufzugeben gezwungen sind. Sie prangern eine Tendenz zur Post-Wahrheit (Unwahrheit/Lüge) in der Forschung an, wobei viele von ihnen, welche die Evolutionstheorie inzwischen skeptisch betrachten, von Kollegen angegriffen werden und schockiert darauf reagieren. Diese Aggression wird durch die Krise der Wissenschaft und den Kampf um das Schicksal der einst so erfolgreichen und prestigeträchtigen Theorien der Naturwissenschaft erklärbar, welche unser modernes Zeitalter geprägt haben. Wenn diese Geschichte auseinanderfällt, dann verlieren auch Geschichtsbücher und historische Persönlichkeiten ihren speziellen Status in der Historie.

Der Traum und die Vision Darwins zerbrechen, und ohne seine zusammenführende Theorie zerfällt die Biologie zu einer Ansammlung von Unterbereichen.

Diese Auseinandersetzungen über die Evolution tragen das Merkmal eines theologischen Dilemmas um den Streit, welche Kräfte die Schöpfung regieren. Für Evolutionisten geht es um alles. Charles Darwin wusste, dass neben der natürlichen Selektion auch andere Ursachen die Unterschiede zwischen Lebewesen erklären können. Dieser Verdacht, so schreibt er, würde, wenn bestätigt, seine ganze Theorie des Lebens völlig zusammenbrechen lassen. Weil Biologie voll von Theorien ist, setzte er voraus, dass dies eines Tages geschehen wird. Heute besteht das Feld der Biologie, ähnlich wie verwandte Zweige, aus hunderten von Unterkategorien, wobei Forscher dieser verschiedenen Sparten kaum über die Resultate anderer Bereiche im Bilde sind. Sie erkennen jedoch den stattfindenden Kulturkampf um den wissenschaftlichen Konsens und die zunehmend ablehnende Einstellung vieler Kollegen. Diese Gruppe von Kritikern plant den Tod der großen naturwissenschaftlichen Theorien, um ein neues, moderneres Modell zu entwickeln. Sie erkennen, dass das alte eine Täuschung darstellt und in der modernen Ära der Wissenschaft keinen Platz mehr hat. Die Vorstellung der Evolutionstheorie ist ein Artefakt des 20. Jahrhunderts, das seine Nützlichkeit verloren hat. Vereinheitlichung ist ein Trugbild, und die Entstehung der Arten kann nicht ohne ein höheres Prinzip wie eine Schöpfung funktionieren.

Es gab keine Beobachter der Entstehung des Universums, der Entstehung der Erde oder der Entstehung eines Lebewesens. Das alles sind einzigartige Dinge der Vergangenheit, die in der Gegenwart nicht in der Natur beobachtet oder in einem Labor wiederholt werden können. Schöpfung wie auch Evolution sind menschliche Glaubensvorstellungen. Der Wissenschaftsphilosoph Karl Popper sagte einmal, dass Evolution keine testbare Wissenschaftstheorie, sondern offensichtlich ein *„metaphysisches Forschungsprogramm"* darstellt. Bei eingehender Betrachtung verhält es sich in der ganzen Naturwissenschaft auf diese Weise. Viele Theorien sind unwissenschaftlich, weil man sie weder beobachten noch testen kann. Der Rahmen, in dem Forscher ihre Theorien testen können, ist sehr beschränkt.

Keine der großen Hypothesen kann im Labor wiederholt werden, was ihre Gültigkeit ad absurdum führt und die Autorität der Wissenschaft in ein anderes Licht rückt.

Das Universum ist so erschaffen und justiert, dass es Leben ermöglicht, und wir Menschen befinden uns im Zentrum dieser Bemühungen. Ein Schöpfer hat uns mit Bewusstsein ausgestattet, um über die Welt nachzudenken und Erkenntnisse zu sammeln, die zur Selbstrealisation des Sachverhalts führen sollen, dass wir tatsächlich mit einem persönlichen Schöpfer verbunden sind. Dieser hat nicht nur den sichtbaren materiellen Kosmos erschaffen, sondern auch jenseitige oder höhere Ebenen eines Multiversums.

Erst wenn der Mensch begreift, dass er einer materiellen Illusion erliegt, sind Geistesreife und Seelenwachstum möglich. Erlösung bedeutet, die Illusion hinter sich zu lassen und zu begreifen, dass ewiges Leben existiert. Um das zu erreichen, muss materialistisches Denken abgelegt und mehr Wert auf Gefühle, Emotionen, Intuition und angeborenen Alltagsverstand gelegt werden, um spirituelle Weisheit zu finden. Atheisten in der Forschung wollen uns von diesem Pfad abbringen, indem sie bestreiten, dass das Universum, unsere Galaxie, die Erde oder die Menschheit einen speziellen Status besitzen. Erst jetzt wird die Realität erkennbar, dass alles, was wir über das Universum zu wissen glaubten, falsch ist. Das ist keine unfundierte Behauptung, sondern die Krise in der Biologie und Kosmologie bestätigt es. Unerklärbar für Forscher ist, warum gerade jetzt in unserer unmittelbaren Gegenwart Dinge geschehen und Entdeckungen gemacht werden, die diese Krise auslösen. Liegt solchen Abläufen ein höherer Plan zugrunde?

Kapitel 3 – Evolutionslüge vs. „Ancient Aliens"-Hypothese

Ahnenforscher sprechen über die Vorstellung antiker außerirdischer Raumfahrer als Schöpfer der Menschheit

Populäre wissenschaftliche Fachmagazine kommen entsprechend dem Zeitgeist nicht mehr umhin, über Spekulationen zu schreiben, wonach außerirdische Wesen bereits die Erde besucht haben. Unsere Milchstraßen-Galaxie alleine ist bereits unvorstellbar groß und hat zahllose bewohnbare Exoplaneten, wie wir heute wissen. In ferner Vergangenheit könnten sich fremde Zivilisationen bereits so weit entwickelt haben, dass sie zu interplanetaren und interstellaren Reisen fähig geworden sind. Wenn solche Besucher den Planeten Erde vor Millionen oder auch nur vor Tausenden von Jahren besucht haben sollten, gäbe es nicht mehr viele Hinweise ihrer Anwesenheit zu finden. Wenn es zu Interaktionen mit Menschen gekommen wäre, würden keine schriftlichen Aufzeichnungen existieren, denn die ältesten bekannten Schriftzeichen sind rund 5.400 Jahre und die ältesten Texte sind lediglich rund 4.600 Jahre alt und stammen aus Sumer und Ägypten. In solchen Schriften wird allerdings von der Ankunft von Göttern berichtet, welche vor langer Zeit gemeinsam mit den ersten Menschen auf unserem Planeten lebten und die ersten historischen Hochzivilisationen gegründet haben.

Die antiken Ägypter glaubten, dass ihre Zivilisation und all ihr Wissen von ihren Göttern stammten, den ersten Herrschern dieses Reiches. Das ist zum Beispiel in den Überlieferungen des Hohepriesters Manetho festgehalten. Die legendäre Zeit der ägyptischen Götter beginnt nach einem universalen Kataklysmus und einer globalen Flutkatastrophe. Menschenähnliche Götter waren dafür zuständig, überlebende Menschen zu retten und sie aus ihrem Zustand der Barbarei zu befreien. Solche leibhaftigen Götter von Ägypten verfügten über unerklärliche Kräfte einer entwickelten technologischen Zivilisation und sahen gewöhnlichen Menschen erstaunlich ähnlich. Diese Götter konnten auch erkranken, wurden älter und starben, so zum Beispiel der erste Herrscher von Ägypten, der blauäugige Gott RA. Auch in anderen Erdteilen sind göttliche Wesen mit hochtechnologischen Fähigkeiten erschienen, aber jeweils nur am Beginn der aufgezeichneten Geschichte.

Schon in den 1960er-Jahren und früher haben Historiker über die Möglichkeit diskutiert, dass alle diese Legenden auf Wahrheit beruhen, und einige Schlussfolgerungen daraus gezogen. Der bekannte amerikanische Astrophysiker Dr. Carl Sagan verfasste im Jahr 1966 zusammen mit seinem russischen Kollegen Iosif Shklovsky das Buch *„Intelligent Life in the Universe“*. Er erwähnt darin, dass derartige Spekulationen völlig berechtigt sind und man deshalb sorgfältige Analysen durchführen soll, um Rückschlüsse auf die Besuche von außerirdischen Intelligenzen zu ziehen, die als mächtige menschenähnliche Wesen charakterisiert werden, die übernatürliche Fähigkeiten hatten und aus dem Himmel stammten.

Dr. Carl Sagan (1934-1996) publizierte im Vorfeld im Jahr 1962 eine Arbeit, die von der NASA finanziert worden ist, in der die Möglichkeit von Besuchen von Außerirdischen, die durch interstellare Reisen in der Antike zur Erde gelangt sind, auf einer akademischen Grundlage diskutiert werden sollte. Sie trägt den Titel *„Direct Contact Among Galactic Civilizations By Relativistic Interstellar Spaceflight“*. Angeblich hatten das Pentagon und die NASA später ihre Hände im Spiel, als es darum ging, die daraus gewonnenen Erkenntnisse zu unterdrücken. Dr. Sagan schreibt in dieser Arbeit, dass gegenwärtig bis zu einer Million fortschrittliche Zivilisationen in der Milchstraße existieren sollten. Er wurde damit zu einem der ersten Vertreter der Theorie von antiken Astronauten. Forschung beginnt immer mit Theorien, und die Drake-Gleichung und das Fermi-Paradoxon waren die ersten Stufen der Theorie über antike Raumfahrer. Wenn interstellare Raumfahrt vor langer Zeit von fremden Zivilisationen entwickelt werden konnte und sie unseren Planeten besucht haben, dann sollten sich irgendwo die historischen Beweise dafür finden lassen. Antike Aufzeichnungen, in denen Außerirdische als Götter bezeichnet werden, ergeben mit diesem Ansatz viel mehr Sinn. Denn ähnlich wie die ägyptische Zivilisation ist auch jene der Sumerer urplötzlich aus dem Nichts erschienen. Es handelte sich um vollständig entwickelte Kulturen mit eigener Sprache und Schrift, die notwendig war, um bedeutende antike Geschehnisse aufzuzeichnen.

Im Jahr 2016 erschien das Buch *„The Sagan Conspiracy: NASA's Untold Plot to Suppress The People's Scientist's Theory of Ancient Aliens"* des Autors Donald Zygutis. Der renommierte Astrophysiker der Stanford Universität Dr. Sagan hat demnach eine kontroverse Facharbeit veröffentlicht, wonach eine Einwirkung antiker außerirdischer Raumfahrer den Beginn der menschlichen Zivilisation bewirkt hat. Donald Zygutis schreibt, dass diese Arbeit nach ihrem Erscheinen unterdrückt wurde und es viele Jahre dauerte, bis sie endlich im Internet zur Verfügung gestellt worden ist. Diese Facharbeit lieferte einige der Grundlagen für die Suche nach außerirdischen Artefakten und Hinterlassenschaften auf der Erde und dem Mond. Carl Sagan war der Meinung, dass die frühe sumerische Kultur durch Wesen von anderen Welten beeinflusst worden ist, und Beweise dafür liefern antike Manuskripte und antike Artefakte.

Wenig Beachtung fand eine neuere Studie und ein gleichnamiges Buch der NASA mit dem Titel *„Archaeology, Anthropology, and Interstellar"* des Autors Douglas Vakoch, dem ehemaligen Leiter des SETI-Instituts. Auch darin wird die Möglichkeit eines außerirdischen Einflusses auf die menschliche Geschichte dargelegt. Im Buch werden unter anderem Berichte über antike Felsschnitzereien vorgestellt, die möglicherweise eine Verbindung zu außerirdischen Lebensformen besitzen und eventuell sogar von Aliens verursacht worden sein könnten, weil keine gehärteten antiken Metallwerkzeuge aus Stahl bekannt sind, mit denen man die sehr harten Gesteinsarten exakt bearbeiten konnte. Andere Manifestationen von außerirdischer Intelligenz könnten Ähnlichkeiten mit natürlich auftretenden Phänomenen aufweisen und daher nicht als solche erkannt werden.

Unsere kontemporäre Forschung könnte nicht ausreichend vorbereitet sein, solche Zeichen zu verstehen oder überhaupt als solche zu erkennen, selbst wenn wir über alle Erkenntnisse moderner Archäologie und Anthropologie verfügen. Verschiedene fremde Zivilisationen könnten Botschaften erschaffen und zur Erde übertragen haben, ohne dass eine direkte physische Kontaktaufnahme notwendig war. Manche SETI-Forscher denken hierbei an die rätselhaften Symbole, die jedes Jahr in Form von Kornkreisen erscheinen. Ähnliches sehen wir in Felsritzungen und Höhlenmalereien, also tausende Jahre alte Muster und Formen, die in allen Erdteilen zu finden sind. Es ist unbekannt, warum man diese Zeichen in Fels geritzt hat oder wer sie erschuf. Der Autor hält es für denkbar, dass sie tatsächlich von Außerirdischen angebracht worden sein könnten. Leider können Forscher mit keiner bekannten Methode herausfinden, was die Muster und Zeichen bedeuten. Auf jeden Fall ist anzunehmen, dass Weltraumorganisationen ihren Fokus niemals ganz von antiken Kontakten mit außerirdischen Zivilisationen abgewandt haben. Das Geheimnis lag immer darin, etwas mehr über unsere eigene archäologische und anthropologische Vergangenheit herauszufinden, indem diese uralten Steinritzungen und Felszeichnungen entziffert werden.

Dr. Sagan weist in seiner Arbeit darauf hin, dass insbesondere die sumerischen und babylonischen Mythen einer genaueren Analyse bedürfen – und hier speziell die Legende der Gottheit Oannes. Sein halber Körper soll wie der eines Fischs gewirkt haben, aber er hatte unter dem Fischkopf einen zweiten menschlichen Kopf und auch Füße, die denjenigen von gewöhnlichen Menschen ähnlich sahen. Auf anderen Abbildungen sieht man einen menschlichen Oberkörper und eine große schuppige Flosse statt Beinen. Oannes war auch als Adapa oder Uanna bekannt. Er soll nach einer weltumspannenden Flutkatastrophe jeden Tag aus dem Meer gestiegen sein, um seine Weisheit mit den Menschen zu teilen, die entlang des Persischen Golfs lebten.

Hier eine Übersetzung von einer fragmentarisch erhalten gebliebenen antiken Schrift über Oannes: „*Anfangs führten sie ein etwas elendes Dasein und lebten ohne Herrschaft nach Art der Tiere. Aber im ersten Jahr nach der Sintflut erschien ein mit menschlicher Vernunft begabtes Tier namens Oannes, das sich aus dem Erythischen Meer erhob, an der Stelle, wo es an Babylonien grenzt. Er hatte den ganzen Körper eines Fisches, aber über dem Kopf seines Fisches hatte er einen anderen Kopf, der der eines Menschen war, und menschliche Füße kamen unter dem Schwanz seines Fisches hervor. Er hatte eine menschliche Stimme, und ein Bild von ihm ist bis heute erhalten geblieben. Er verbrachte den Tag inmitten von Menschen, ohne Nahrung zu sich zu nehmen; er lehrte sie den Gebrauch von Buchstaben, Wissenschaften und Künsten aller Art. Er lehrte sie, Städte zu bauen, Tempel zu gründen, Gesetze aufzustellen, und erklärte ihnen die Prinzipien des geometrischen Wissens. Oannes ließ sie die Samen der Erde unterscheiden und zeigte ihnen, wie sie die Früch-*

te sammeln sollten; kurz, er unterwies sie in allem, was dazu beitragen konnte, die menschlichen Sitten zu mildern und ihre Gesetze zu vermenschlichen. Seit dieser Zeit ist nichts Wesentliches zur Verbesserung seiner Anweisungen hinzugefügt worden. Und als die Sonne unterging, zog sich Oannes wieder ins Meer zurück, denn er war amphibisch."

Tatsächlich sind die Namen von Oannes und anderer „*sechs Weisen der Zivilisation*" (den Apkallu) in eine babylonische Tafel eingraviert, die in Uruk, der antiken Stadt Sumer im heutigen Irak gefunden wurde. Insgesamt wurde von Sumerern in ihren erhalten gebliebenen Texten überliefert, dass ihre Zivilisation aus einer nicht-menschlichen Quelle stammt, stellt Dr. Sagan abschließend fest. Eine Reihe von merkwürdigen Gestalten erschien über mehrere Generationen hinweg, und ihre wichtigste Tätigkeit war die Belehrung der Menschheit. Auch wenn es gewagt erscheint, antike Keilschrifttexte als einen Beweis für den Besuch von Außerirdischen zu betrachten, wäre es für Gelehrte immerhin eine alternative Interpretation der Geschehnisse am Beginn unserer Geschichte.

Immer wieder wird in diesen Legenden auch erwähnt, dass Götter erste Menschen nach ihrem Vorbild erschaffen haben, und zwar auf der Grundlage eines primitiven Frühmenschen, der bereits seit langer Zeit auf Erden gelebt hat. Das war entsprechend der Vorstellung von Anthropologen vermutlich eine Spezies wie der Homo heidelbergensis. Anunnaki-Götter erschufen eine neue Spezies, die den Planeten bewohnen und Arbeit verrichten sollte. Das führende Wissenschaftsjournal *Nature* hat unlängst einen Artikel veröffentlicht, aus dem hervorgeht, dass man menschliche Relikte mit einem Alter von ungefähr 500.000 Jahren in Polen gefunden hat, die einer ausgestorbenen menschlichen Spezies zugeschrieben werden.

Die akademische Anerkennung dieses Fundes schreibt einmal mehr die etablierte Geschichte der menschlichen Entwicklung und Besiedlung unseres Planeten um. Der Fund dieser prähistorischen Steinwerkzeuge hat schon vor 50 Jahren stattgefunden, aber erst mit neuen Analysemethoden ist man dahintergekommen, dass sie nicht 40.000 Jahre, sondern eine halbe Million Jahre alt sind! Zur Erinnerung: Neandertaler sollen erst vor ungefähr 250.000 Jahren in Europa erschienen sein. Laut den beteiligten Forschern handelt es sich um Werkzeuge der Spezies Homo heidelbergensis, die bereits das Feuer beherrschte und Höhlen bewohnt hat. Dennoch bleibt es für Forscher rätselhaft, warum Frühmenschen kalte, dunkle und feuchte Höhlensysteme bewohnt haben sollten. Die ältesten Fundstätten von Überresten des Homo heidelbergensis befinden sich somit nicht in Afrika, sondern in Europa – in England, Frankreich, Spanien und Polen. Es ist äußerst zweifelhaft, ob ihre unbekannten Vorfahren jemals in Afrika gelebt haben, denn neue Resultate haben ergeben, dass sie eine engere Verwandtschaft mit den Denisova-Menschen besitzen, die seit mindestens 700.000 Jahren in Europa gelebt haben und einer noch älteren und unbekannten Population von Frühmenschen entstammen.

Diese Spezies war wesentlich besser an das Überleben in freier Wildbahn angepasst als der Homo sapiens, der unter solchen Umständen sicherlich nicht in kalten Höhlensystemen hätte leben können. Dazu passt ein weiterer neuer Artikel des Wissenschaftsjournals *Nature*, denn vor kurzer Zeit ist es endlich gelungen, ein komplettes menschliches Genom zu entschlüsseln. Das sorgte für einige Überraschungen, denn viele Menschen wissen nicht, dass es erst jetzt gelungen ist, alle im menschlichen Genom enthaltenen DNS-Sequenzen zu analysieren. Bis zuletzt haben Evolutionsbiologen angenommen, dass rund 98 Prozent des menschlichen Erbguts aus „Junk-DNS“ bzw. „Müll-DNS“ besteht, die sich im Laufe der langen Evolutionsgeschichte aus Rückständen gebildet haben soll.

Jetzt steht fest, dass diese nicht-kodierende DNS tatsächlich vollständig aus wichtigen Genen besteht, die andere DNS-Sequenzen benötigen, um zu leben.

Das menschliche Genom besteht aus Milliarden von Basenpaaren, doch nur 2 Prozent davon enthalten wichtige Informationen für den Aufbau von Proteinen und sind demnach kodierend. Der Rest ist nicht kodierend und scheint keinen grundlegend wichtigen Zweck zu erfüllen, weshalb man den Großteil des menschlichen Genoms früher als „Junk-DNS“ betrachtet hat. Bis heute besteht ein Geheimnis der menschlichen Existenz in der Frage, ob nicht-kodierende DNS tatsächlich nutzlos ist oder einen tieferen Zweck erfüllt? Neuere Studienresultate ergeben jedenfalls, dass „Junk-DNS“ eben doch lebenswichtige biologische Funktionen besitzt. Welche Funktionen das im Einzelnen sind, ist allerdings noch unklar. In Experimenten mit

Mäusen hat man versucht, „Junk-DNS“ aus dem Genom zu entfernen, und dabei sind extrem missgebildete Exemplare entstanden, die schwere Schäden und Fehlfunktionen aufwiesen. Evolutionsbiologen behaupten, dass „Junk-DNS“ Überreste von evolutionären Vorgängen sein sollen, die bis heute in unserem Genom vorhanden sind, aber offenbar keinen Zweck mehr erfüllen.

Im Jahr 2012 hat ein Forschungsprojekt der Gruppe *Encode* (Encyclopedia of DNA Elements) ermittelt, dass in Wahrheit rund 80 Prozent des menschlichen Genoms biochemisch aktiv und daher funktional sind, und nicht bloß 2 Prozent! Das ist bereits ein gewaltiger Unterschied. Seit Jahrzehnten wissen Wissenschaftler nicht, was das zu bedeuten hat. Erst jetzt erkennen sie, dass diese Bestandteile des Genoms nicht nutzlos sind, sondern einen wichtigen Zweck erfüllen. Es bleibt allerdings weiterhin unklar, woher die schier unglaubliche Fülle von genetischer Information eigentlich stammt! Evolution ist nicht weise oder intelligent, und die Entstehung von komplexen DNS-Informationen zur Entwicklung sich selbst replizierender Organismen ist nicht verstanden. Weshalb sollte die Natur im Falle der hypothetischen Idee einer fortlaufenden Evolution ihre Geheimnisse vor uns verbergen?

Bis heute behaupten Evolutionstheoretiker, dass Menschen und Schimpansen einen unbekannten gemeinsamen Vorfahren aufweisen. In Wissenschaftsmagazinen liest man oft, dass Schimpansen mit dem Menschen genetisch zu 98 Prozent identisch sind. Diese Zahl trifft jedoch nur auf die kodierenden Sequenzen zu und nicht auf die nicht-kodierenden. Im Bereich der „Junk-DNS“ unterscheiden sich Schimpansen sehr von Menschen, und das spricht dafür, dass sie eben nicht evolutionär mit uns verwandt sind. Genetiker hegen schon lange den Verdacht, dass DNS per Bioengineering erschaffen wurde und nicht durch einen hypothetischen nicht zielgerichteten natürlichen Prozess entstanden ist. Unsere Technologie ist momentan nur mehr Jahre davon entfernt, selbst neue Spezies zu programmieren, vielleicht mit der Hilfe von künstlicher Intelligenz.

Selbst aus evolutionärer Sicht, sollten die in menschlicher DNS enthaltenen Informationen lange vor dem Auftauchen der ersten Lebensformen im All präsent gewesen sein. Daher ist es eigentlich unvorstellbar, dass Leben zufällig auf diesem Planeten entstehen konnte. Viele Beobachtungen sprechen für intelligentes Design in der Natur. Alles Leben erfüllt einen spezifischen Zweck, und wir sehen momentan auch keine Anzeichen dafür, dass sich irgendeine Spezies im Stadium einer Transformation in eine andere Spezies befindet. Auch die menschliche Evolution hat laut Angaben von Experten schon vor tausenden von Jahren gestoppt. Das wäre ein weiterer Hinweis darauf, dass in unserem Genom, wie in allen lebenden Organismen, ein Design steckt. Wie sollen diese unglaubliche Komplexität und Perfektion aus Urknall und Chaos entstanden sein?

Allein schon die Frage, wie und wann der erste Organismus aufgetaucht ist, der zur Vervielfältigung fähig war, ist nicht zu beantworten. Wie es daraufhin zur Entwicklung des DNS-Moleküls mit seiner Speicherfähigkeit kommen konnte, ist ein noch größeres Geheimnis, und es gibt bis heute heftige Debatten unter Wissenschaftlern. Einige hartnäckige Evolutionisten erklären, dass sich diese Organismen spontan in einer hypothetischen Ursuppe geformt haben, und zwar auf magische und übernatürliche Weise. Durch unerklärliche Prozesse sollen sich die Bestandteile des Lebens aus toter chemischer Materie selbst zusammengesetzt haben. Viele Jahre hat man probiert, in Laborversuchen diese Ursuppe zu simulieren, um die Entstehung von Leben zu beobachten. Doch all diese Experimente waren vergebens, darum ist es höchst unwahrscheinlich, dass Leben zufällig entstanden ist. Noch unwahrscheinlicher ist es, dass einfache erste Organismen, wie in der Vorstellung von Forschern, sich dann in weiterer Folge in hochkomplexe Moleküle transformiert haben.

Wie DNS entstanden ist, bleibt daher eines der wichtigsten Rätsel der Menschheit, denn es gibt keinerlei Beweise, dass die Theorien der Evolutionisten in Bezug auf eine spontane Entstehung korrekt sind. Sie besitzen jedoch keine andere rationale Erklärung für die Herkunft von DNS und sind in ihren Denkmustern gefangen. Aber auch die Herkunft des genetischen Codes in DNS-Molekülen ist völlig ungeklärt. Genetische Information muss zwangsläufig existiert haben, bevor es zur Entstehung von ersten und später komplexeren Lebensformen gekommen ist. Die Frage lautet, woher diese Informationen stammen und wann sie entstanden sind. Forscher haben keine Antwort darauf, wie dieser Code zustande kam oder wie der Prozess funktionierte, der ihn hervorbringt. Alle Dinge, die wir heute darüber zu wissen glauben, beruhen auf reiner Spekulation! Daher umgibt die Entstehung von Leben und auch der Menschheit nach wie vor ein großes ungelöstes Mysterium. Die Suche nach definitiven Antworten ist erfolglos geblieben, auch wenn in den vergangenen Jahrzehnten große Fortschritte in diesem Feld der Wissenschaft erzielt worden sind. Jede neue Entdeckung wirft unterdessen mehr neue Fragen auf, als sie beantworten kann. Deshalb erweitert sich nicht unser Wissen, sondern die lange Liste an Dingen, die wir nicht wissen!

Ein kosmischer Ursprung der Menschheit ist wahrscheinlich, denn neue Resultate bestätigen nun, dass die Bestandteile für die Entstehung von Leben in Meteoriten entdeckt wurden. Sie wurden untersucht und enthalten die Basis zur Formung von DNS und von Leben auf Erden. Diese Feststellung wurde kürzlich von Experten der NASA bestätigt. Der Molekularbiologe Francis Crick und einige seiner Kollegen haben in den 1950er-Jahren die Struktur des DNS-Moleküls entschlüsselt, um die Signifikanz des Informationstransfers in Lebewesen zu unterstreichen.

Crick und andere Biologen waren damals der Meinung, dass die Produktion von Lebewesen aus Molekülen ein sehr seltenes Ereignis im Universum ist, dass jedoch intelligente außerirdische Lebensformen dazu in der Lage waren, durch die Technologie und Reisen durch das All, Leben auf anderen Planeten zu säen. Anders ist das Auftreten von selbst replizierenden Protein-Systemen auf unserer Welt aus der Sicht dieser Pioniere nicht möglich. Auch die Astrophysiker Sagan und Shklovskii schreiben in ihrem Werk „*Intelligent Life in the Universe*" aus dem Jahr 1966, dass Leben auf Erden durch fremde Zivilisationen ausgesät wurde. Und dieser Meinung war später auch Francis Crick. Selbst Richard Dawkins erwähnte, dass diese Theorie der Panspermie ein mögliches Szenario darstellt und dass Wissenschaftler die Beweise für einen außerirdischen Ursprung irgendwann in der menschlichen Molekularbiologie finden werden. Das ist dann auch passiert.

Forscher wissen nicht, wie alt die Erde genau ist, und auch der Fossilbericht ist unvollständig, weshalb keine Rückschlüsse auf eine tatsächliche menschliche Evolution auf diesem Planeten geschlossen werden können. Jeder Intellektuelle und Denker muss irgendwann diese Vorstellung aufgeben, denn die Wahrheit kann mit den herkömmlichen Theorien nicht ermittelt werden. Biologen kommen zu dem Schluss, dass das, was sie in unserem Genom sehen, sich nicht über lange Zeiträume entwickelt hat, sondern designt wurde. Die Natur hat keinen Grund, sich gegen uns zu verschwören. Die Wahrheit ist längst bekannt, doch das wissenschaftliche Establishment weigert sich, sie allgemein bekannt zu geben. Das ist eines der fundamentalen Probleme der modernen Gesellschaft. Doch ich bin zuversichtlich, dass dieses Mysterium bald ein für alle Mal aufgelöst werden kann, wenn bekannt gegeben wird, dass wir die Schöpfung einer höheren Intelligenz darstellen.

Die unglaubliche Menge an Informationen, die wie in einem Computerprogramm strukturiert im menschlichen Erbgut enthalten sind, ist erstaunlich und lässt sich nicht mit der Theorie der natürlichen Selektion in Einklang bringen. Genetiker sehen darin einen Beweis, dass DNS-Informationen aus dem Kosmos stammen und sich nicht hier auf der Erde entwickelt haben. Es gibt sogar Spekulationen darüber, dass sich in unseren Genen eine Botschaft von außerirdischen Intelligenzen befindet, da DNS den robustesten bekannten Datenspeicher im Universum darstellt. In der sogenannten „Junk-DNS“ befinden sich grundlegend wichtige Funktionen für die Entwicklung des Gehirns und anderer wichtiger Abläufe, die andere Gene regulieren und somit das ganze menschliche Genom zum Leben bringen.

Antike Raumfahrer, die eine mögliche genetische Manipulation an Hominiden und Frühmenschen vorgenommen haben, wären mit ihren fortschrittlichen Möglichkeiten sicherlich ohne weiteres in der Lage gewesen, bestimmte Botschaften ins menschliche Genom zu programmieren. Diese Informationen werden dann von Generation zu Generation über sehr lange Zeiträume hinweg weitergegeben. Andere Hinterlassenschaften wie außerirdische Artefakte würden im Laufe der Zeit zerstört werden oder erodieren und nicht Millionen von Jahre erhalten bleiben.

Abb. 3: Antike Felsmalereien von potenziellen außerirdischen Besuchern

Eine kodierte Botschaft in biologischer DNS kann aber für sehr lange Zeit erhalten bleiben. Sie würde allerdings erst von uns entdeckt werden, wenn die Menschheit selbst den notwendigen Entwicklungsstand erreicht hat, sie zu entschlüsseln und zu verstehen. Das wäre eine Erklärung für den Ursprung unseres genetischen Codes. Einige Forscher, die am Humangenomprojekt mitgearbeitet haben, sind davon überzeugt, dass die Spezies Homo sapiens von einer höheren Intelligenz einer außerirdischen Zivilisation entworfen worden ist und diese Schöpfer eine Botschaft in Form einer Symbolsprache in unseren Genen hinterlassen haben.

Ihre Interpretation der verfügbaren Daten führte zu der Schlussfolgerung, dass der genetische Code so aussieht, als wäre er *„außerhalb unseres Sonnensystems schon vor mehreren Milliarden Jahren"* erfunden worden! In dem Wissenschaftsartikel über die Funktionen der nicht-kodierenden DNS wird nicht erwähnt, dass diese neuen Entdeckungen eigentlich bedeuten, dass die vollständige Entschlüsselung des menschlichen Genoms beweist, dass niemals eine zufällige, nicht zielgerichtete Entwicklung im Sinne der Evolution stattgefunden hat, weil alles wie in einem fertigen Entwurf bis ins kleinste Detail gestaltet ist. Das gesamte menschliche Erbgut ist ein Datenspeicher von lebenswichtigen Informationen, und „Müll-DNS" existiert nicht. Die Komplexität all dieser genetischen Funktionen übersteigt beinahe unser Vorstellungsvermögen, und die intelligenten Designer dieses Codes könnten in der Tat aus dem Weltall stammen.

Weil diese Tatsachen nicht länger bestritten werden können, sehen sich selbst hartnäckige Anhänger der Evolutionstheorie dazu genötigt, die Frage zu stellen, ob Wissenschaftler nun eine neue Theorie der Evolution formulieren müssen, weil die alte längst nicht mehr haltbar erscheint. Ganze Gruppen von Wissenschaftlern argumentieren, dass die Mainstream-Evolutionstheorie dringend überprüft und neu überdacht werden sollte. Nähern wir uns damit endlich der Anerkennung eines außerirdischen Eingriffs? Mitglieder eines mächtigen wissenschaftlichen Establishments nennen Abweichler in ihren Kreisen einfach fehlgeleitet und unterstellen ihnen, lediglich Karriere machen zu wollen. Sie wagen es allerdings nicht länger, sie als Pseudowissenschaftler zu verunglimpfen, weil dieser alte Konflikt durch immer neue Daten und Informationen inzwischen bewirkt hat, dass sich der Trend in Richtung Anerkennung alternativer Theorien bewegt.

Auch die Öffentlichkeit tendiert zunehmend dazu, den veralteten Hypothesen von Naturwissenschaftlern immer weniger Glauben zu schenken und stattdessen an außerirdische Besucher in der Antike zu denken, die ihre Hände im Spiel hatten, als es zur Entstehung des Homo sapiens gekommen ist. Fakt ist, dass viele der wichtigsten Fragen über die Entstehung des Lebens auf Erden noch immer nicht beantwortet werden können. Wie ist die Komplexität des Auges oder des menschlichen Gehirns entstanden? Warum gibt es immer noch „Missing Links" im Stammbaum der menschlichen Evolution, und wer waren die rätselhaften, aber unbekannten Vorfahren der modernen Menschheit wirklich? Seit Jahrzehnten wird in Bildungseinrichtungen in zahllosen Lehrbüchern, aber auch in Bestsellern der populären Wissenschaft beständig wiederholt, dass die Entstehung des Menschen durch evolutionäre Entwicklung und natürliche Selektion erklärbar ist. Trotzdem sprechen viele Experten davon, dass all diese Hypothesen absurd und abwegig sind.

Es ist völlig unbekannt, wie die wichtigsten biologischen Systeme zur Entstehung und Reproduktion von Leben ursprünglich entstanden sind. Die klassische Vorstellung von langsamer Veränderung durch glückliche Zufälle ist nicht korrekt, weil selbst durch modernste Wissenschaft keine Beweise dafür erbracht werden können. Das ist der Grund, warum man völlig andere Wege finden muss, um die Existenz des modernen Menschen erklären zu können. Wie bereits erwähnt, hat die *Royal Society* in London schon im Jahr 2015 eine Konferenz abgehalten, auf der Gelehrte eine *„völlig neue Kausalstruktur der Biologie"* gefordert haben. Viele Mitglieder der einflussreichen Institution haben sich damals schlichtweg geweigert, an dieser Konferenz teilzunehmen und schrieben Protestbriefe dagegen, weil sie nicht wollten, dass die Öffentlichkeit zu der Überzeugung gelangt, dass die Mainstream-Theorien irreführend sind. Traditionelle Evolutionstheoretiker wurden geladen, aber nur wenige sind erschienen. Sie wollten sich mit neuen Forschungsresultaten nicht auseinandersetzen, weil sie Angst vor einer Revolution innerhalb der wissenschaftlichen Gemeinschaft haben und deshalb mit Skepsis reagieren. Die beängstigende Frage lautet, ob die gesamten Ideen der Geschichte der Biologie auf Märchen beruhen, und ob sie heutzutage endgültig aufgegeben werden müssen?

Selbst Charles Darwin konnte sich nicht erklären, wie mikro-evolutionäre Anpassungen innerhalb einer Spezies von einer Generation an die nächste weitergegeben werden sollen. Wie kann natürliche Selektion Gültigkeit besitzen, wenn nicht einmal erklärbar ist, ob kleinste Variationen von der Elterngeneration an die Nachkommen übertragen werden und welche biologischen Mechanismen dafür zuständig sind? Durch spontane Mutationen sind beständige evolutionäre Veränderungen ebenfalls nicht erklärbar, und damit fehlt eine kausale Lösung für die lange Geschichte der natürlichen Entwicklung des Lebens. Atheistische Forscher stehen vor dem Problem, dass sie ohne Darwinismus, Evolution und natürliche Selektion keine Grundlage für den Ursprung von Leben haben. Sie bestehen weiterhin darauf, dass diese abstrusen Theorien Sinn ergeben, obwohl sie bis heute unbeweisbar geblieben sind. Hinter den Kulissen spielt sich gegenwärtig aus diesen Gründen eine Kulturrevolution ab, wobei alternative Theorien und neue Forschungsresultate immer weiter an Bedeutung gewinnen, weil wir gerade Zeugen des Niedergangs der größten Theorien der Naturwissenschaft werden, die sich als nutzlos herausgestellt haben.

Neue Spekulationen über „Ancient Aliens"

Viele neue Erkenntnisse der Archäologie und Anthropologie betreffen speziell die Entwicklungsgeschichte des modernen Menschen, und wenn die Evolutionstheorie ihre Gültigkeit verliert, kommt es zu einer echten Kulturrevolution, wie viele Experten selbst erklären. Die Out-of-Africa-Theorie ist dann Geschichte, und es wird ein Weg frei, der Fachleuten erlaubt, die antiken Mythologien der Welt neu zu bewerten, wie es schon Dr. Carl Sagan gefordert hat. Es ist dort von übernatürlichen Wesen, Göttern oder menschenähnlichen Außerirdischen wie den Anunnaki die Rede, die den Menschen nach ihrem Vorbild erschaffen haben. Außerdem besteht Grund zu der Annahme, dass die Theorie des *Intelligenten Designs* in der Natur weiter an Bedeutung gewinnt und vielleicht bald in Lehrbücher aufgenommen wird. Dann wäre es auch möglich, religiösen Schilderungen über die Entstehung des Lebens mehr Glaubwürdigkeit einzuräumen. Diese Traditionen stammen nämlich ebenfalls von sumerischen und babylonischen Überlieferungen ab. Da wäre zum Beispiel die sumerische Schöpfungsgeschichte in der Eridu-Genesis oder dem Gilgamesch-Epos. Die Eridu-Genesis wurde auf einer Tontafel festgehalten, die fragmentarisch erhalten geblieben und im Jahr 1893 gefunden worden ist. Der übersetzte Text besagt, dass Götter wie Anu, Enlil und Enki die Sumerer selbst sowie ihre Tiere und die notwendigen Bedingungen für Leben und Fortpflanzung erschaffen haben. Diese Götter stiegen vom Himmel hernieder und gründeten erste Städte, wie zum Beispiel Eridu.

Antike Artefakte, die man in Sumer geborgen hat, zeigen die Überreste einer technologisch fortschrittlichen Zivilisation. Es gibt keine Anhaltspunkte, woher diese fortschrittlichen Fähigkeiten stammten, außer es gab Hilfe von außerhalb. So existieren beispielsweise Ton-Batterien, die immer noch Elektroden enthalten. Es gibt Modelle von Flugmaschinen, Abbildungen von Raketen und unerklärlich präzise geschnittene Steinblöcke, mit denen große Gebäude und Städte errichtet worden sind. Neben den antiken Tontafeln mit den sumerischen Texten findet man an vielen anderen Orten rund um die Welt ähnliche Überlieferungen von Göttern, welche die Erde besucht haben. Vor allem Legenden über eine große Flut sind überliefert, und Götter wie die Anunnaki werden dafür verantwortlich gemacht, die ersten Menschen durch diese Katastrophe beseitigt zu haben, nachdem sie sie erschaffen hatten. Die Nation der Zulu in Afrika besitzt Traditionen, wonach vor langer Zeit Wesen aus dem Weltraum kamen, um nach Gold und anderen Ressourcen zu graben. In ihren Minen mussten die „ersten Menschen“ als Sklaven der Götter schuften. Mittlerweile wurden tatsächlich antike Minen dort entdeckt, die hunderttausende von Jahren alt sein könnten. Nachfahren von Azteken sagen, dass einst Kreaturen vom Himmel gekommen sind und sie beauftragt haben, nach Gold zu suchen. Menschen haben daraufhin damit begonnen, die Köpfe ihrer Babys einzubinden, damit sie wie die merkwürdig geformten Langschädel der antiken Götter wuchsen.

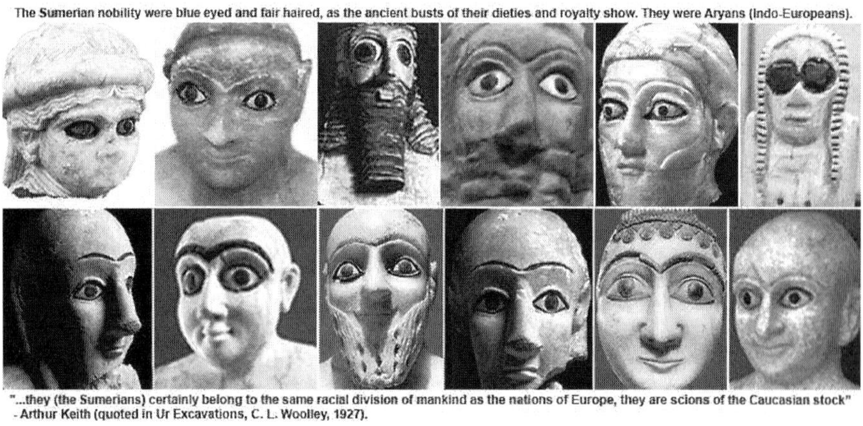

Abb. 4: Antike Statuetten von Angehörigen des sumerischen Adels mit blauen Augen, die ohne Zweifel zur Gruppe der kaukasischen Indogermanen zählten, die heute Europa besiedeln.

In dem Zeitraum, in dem die Akzeptanz dieser Beschreibungen in der Gesellschaft beständig weiter zugenommen hat, erschienen in populärwissenschaftlichen Publikationen auffallend ähnlich formulierte Artikel darüber, dass sich hinter den Theorien, dass *„außerirdische Besucher in Form von ‚Ancient Aliens‘“* (antike Astronautengötter) die Begründer von antiken Zivilisationen gewesen sein könnten, nicht nur pseudoarchäologische, sondern sogar rassistische Motive verbergen sollen – obwohl in sämtlichen antiken Aufzeichnungen von Göttern aus dem Himmel berichtet wird, die nicht nur die ersten menschlichen Städte, sondern auch gewaltige Megalith-Bauwerke wie Zikkurats oder Pyramiden errichtet haben. Bis heute ist es unmöglich, die große Pyramide von Gizeh nachzubauen, und deshalb fragen sich viele Archäologen, wie es möglich war, sie ursprünglich zu errichten. Mainstream-Theorien, wonach primitive nordafrikanische Kulturen dazu in der Lage gewesen sein sollen, sind nicht sehr überzeugend.

Besonders Wissenschaftlern und Autoren, die versuchen, den Bau der Monumente des Gizeh-Komplexes durch das Eingreifen von außerirdischen Mächten zu erklären, versucht man Rassismus zu unterstellen, weil sie darauf hinweisen, dass außer in Nordafrika nirgendwo ähnliche Pyramiden auf dem Kontinent gebaut worden sind. Alternative Forscher, aber auch einige Mainstream-Kollegen fragen sich, ob die konventionelle Archäologie etwas zu verbergen versucht, weil deren Propagandisten verlauten lassen, dass alle alternativen Erklärungen der Pseudoarchäologie zuzurechnen sind, weil sie nützlich sind für weiße Nationalisten – das deshalb, weil sie Zweifel an den vorgeblichen Errungenschaften von BIPOC-Gemeinschaften (Black, Indigenous, and People of Color) hervorrufen.

Diese mutmaßlich pseudowissenschaftlichen Konzepte einer extrem verdrehten Sicht der etablierten Geschichtsschreibung und der genetischen Herkunft der Erbauer und frühen Herrscher der ersten historischen Hochkulturen begründet sich laut den skeptischen Argumenten der wissenschaftlichen Journalisten nicht zuletzt auf archäologischen Erkenntnissen der USA des 19. Jahrhunderts. Damals wurden tausende pyramidenförmige Grabhügel untersucht, die offenbar nicht von den Indianern stammen, sondern laut den Überlieferungen der amerikanischen Ureinwohner von einer heute nicht bekannten Vorgängerkultur von weißen Riesen errichtet worden sind, deren Herkunft nicht geklärt werden kann, obwohl noch Schädel und Skelette dieser Riesen in Museen zur Analyse eingelagert sind. Der Out-of-Africa-Theorie und der Besiedlungsgeschichte von Amerika liegt heute ein ethnisches Vorurteil zugrunde, das grundsätzlich aussagt, dass weiße Völker nicht für die vorgefundenen antiken Errungenschaften zuständig gewesen sind, obwohl die Beweise, dass die Angehörigen dieser Kulturen aus Menschen mit weißer Hautfarbe und blauen Augen bestanden haben, nicht nur durch Gesichtsrekonstruktionen von antiken Schädeln, sondern auch längst durch DNS-Analysen erbracht worden sind. Die Angehörigen der antiken Zivilisationen von Ägypten, Mesopotamien und Amerika haben über tausende Jahre hinweg ihre wichtigsten Überlieferungen weitergegeben, und sie besagen, dass ihre Kulturen von Göttern erschaffen worden sind, die nach einer globalen Flutkatastrophe vom Himmel gekommen waren.

Die DNS-Beweise wurden bereits vor der Publikation der skeptischen Artikel über Rassismus in der Archäologie erbracht, und diese skeptischen Wissenschaftsjournalisten gehen mit keinem Wort darauf ein. Sie haben nicht erwähnt, dass ein Großteil aller weißen westeuropäischen Männer genetisch eng mit antiken Ägyptern wie dem Pharao Tutanchamun verwandt ist. Da ägyptische Mumien oft perfekt konserviert sind, stellen sie ideale Objekte für genetische Analysen dar. Es wurden Mumien aus verschiedenen Jahrtausenden untersucht, und jedes Mal gelangten Genetiker zu dem überraschenden Ergebnis, dass sie zu nicht-afrikanischen Populationen gehört haben und meist einem europäischen Genotyp zugeordnet werden müssen. Dasselbe gilt für antike Populationen von Mesopotamien, Indien und für Langschädel-Skelette aus Südamerika.

Viele antike Kulturen besitzen eine komplexe Hierarchie von Göttern und Göttinnen, und diese mächtigen Entitäten spielten die wichtigste Rolle, weil sie als Schöpfer von allem betrachtet wurden. Viele dieser Götter sind jeweils in menschlicher Erscheinungsform abgebildet. Das Aussehen der Stellvertreter der Götter und Herrscher dieser frühen Zivilisationen wurde auffallend oft in Form von weißen Statuen mit strahlend blauen Augen für die Nachwelt festgehalten. Bei vielen antiken Zivilisationen wurden blaue Augen als ein Zeichen der Götter angesehen. Es gibt große Bemühungen des wissenschaftlichen Establishments, alle unerklärlichen Errungenschaften antiker Kulturen aus rassistischen Gründen den sogenannten BIPOC-Gemeinschaften zuzuschreiben, obwohl seit Jahrzehnten Gegenbeweise vorliegen. Die etablierten Theorien wurden offenbar mit voller Absicht ersonnen und gezielt für ideologische oder politische Zwecke missbraucht. Fachleute, welche gegen die Evolutionstheorie Stellung beziehen, werden nicht nur kritisiert, sondern man unterstellt ihnen Rassismus.

Wissenschaftsmagazine berichteten aktuell über eine neue Facharbeit aus Israel, die uns nahelegen soll, dass ein Unglaube an die hypothetische menschliche Evolution zu Rassismus führen soll, obwohl das Gegenteil der Fall sein dürfte. Menschen, die gegenüber den unbeweisbaren Ideen von Evolutionisten skeptisch eingestellt sind, wird ein diskriminierendes Verhalten gegenüber Schwarzen, Migranten oder Angehörigen der LGBTQ-Gemeinschaft unterstellt. Die Ablehnung der Evolution sei demnach ebenfalls eine Form der sogenannten „White Supremacy", also einer weißen Vorherrschaft. Solche Personengruppen sollen sich laut diesen Angaben aus politisch motivierten Kreationisten zusammensetzen, die allgemein an eine göttliche Schöpfung der Natur glauben. Sie neigen eher dazu, die Beschreibungen der Bibel oder antiker Texte zu akzeptieren und lehnen homosexuelles Verhalten ab. Somit wird religiöse Moralität mit ethnischem Hass gleichgestellt. Soziologen haben allerdings festgestellt, dass der dogmatische Glaube an die darwinistische Evolution enger mit Rassismus verknüpft ist, weil Charles Darwin persönlich dementsprechende Aussagen getätigt hat.

Evolutionisten argumentieren, dass der Glaube an einen hypothetischen gemeinsamen Vorfahren aller Menschen in Afrika die Tendenz einer allgemeinen Identifikation mit der gesamten Menschheit erhöhen soll. Obwohl von Jahr zu Jahr immer neue Beweise produziert werden, welche die Out-of-Africa-Theorie widerlegen könnten, werden andere Theorien wie die multiregionale Evolution wenig in Betracht gezogen, obwohl man Überreste von Frühmenschen auch in Asien entdeckt hat. Die absolute Fokussierung auf die Afrika-Theorie hat ganz bestimmte Gründe. Laut Fachleuten besteht eine starke Verbindung der Evolutionslehre zu politischen Systemen wie dem Kommunismus oder dem Faschismus, also Bewegungen, die im Laufe des letzten Jahrhunderts viele Millionen von Todesopfern gefordert haben. Historiker sind der Auffassung, dass nicht bestritten werden kann, dass die Evolutionslehre einen starken Einfluss auf die Politik des 20. Jahrhunderts ausübte. Wenn Evolution jemals wahr sein sollte, dann sind manche Gruppen von Menschen mehr begünstigt als andere, weil sie höher entwickelt sein sollten. Sie wären anderen Bevölkerungsgruppen somit überlegen. Diese Überlegenheit führt wiederum dazu, dass weniger entwickelte Bevölkerungsgruppen schlechter behandelt werden.

Es gilt zu bedenken, dass Evolution eine atheistische Glaubensvorstellung ist, die ohne ein höheres Wesen, einen Schöpfer und ohne intelligentes Design im Kosmos und in der Natur auskommt. Akzeptiert man sie, dann existiert keine Basis für Moralität, einen freien Willen und Spiritualität. Es gibt kein Richtig, kein Falsch und keine Sünde, weil das Universum durch einen kosmischen Unfall entstanden ist und die Existenz des Menschen keinen Zweck erfüllt und auch keinen tieferen Sinn besitzen soll. Ein Leben nach moralischen und tugendhaften Grundsätzen fördert gute Beziehungen zwischen unterschiedlichen Gruppen und trägt somit zu mehr Frieden und Gemeinwohl bei als umgekehrt. Skeptiker und hartnäckige Verfechter der Idee einer Evolution ignorieren seit Jahrzehnten logische Gegenargumente von abweichenden Kollegen, Anhängern des *Intelligenten Designs*, Kreationisten und allgemein von religiös orientierten Gelehrten. Deren Erkenntnisse und Argumente werden in den meisten Fällen sogar völlig aus der wissenschaftlichen Konversation ausgeschlossen. Das größte Problem der wissenschaftlichen Gemeinschaft besteht weiterhin darin, dass sie keine überzeugenden Beweise für die Geschichte der Evolution hervorbringen kann, weil sie nirgendwo zu finden sind – schon gar nicht im Fossilbericht!

Stattdessen wird heutzutage ein gegen kulturell hochstehende, weiße Völker gerichteter, neuer Rassismus etabliert, obwohl man selbst in der größten Sammlung von Lehrbüchern keine Berichte von dunkelhäutigen Völkern finden kann, die unsere menschliche Zivilisation begründet haben. Ganz im Gegenteil: Die Kulturbringer und Begründer der ersten historischen Hochkulturen werden bei indigenen Kulturen in allen Teilen der Welt als weiße Gottheiten beschrieben. Und diese Überlieferungen stimmen mit der alternativen Interpretation von anerkannten Experten überein, wonach diese rätselhaften Kulturbringer entweder einer verlorenen hochtechnologischen irdischen Vorzivilisation wie Atlantis angehört haben oder von anderen Planeten und Sternsystemen hierhergereist sind. Wir erleben gegenwärtig, dass die Mainstream-Ideologie des Evolutionismus versagt. Warum wird nicht in Erwägung gezogen, andere Standpunkte zur Entstehung der Menschheit zu unterrichten oder sie wenigstens in Lehrbüchern als alternative Erklärungsmodelle in Betracht zu ziehen?

Vielleicht kann eine Synthese aus alternativer Betrachtungsweise im Sinne von „Ancient Aliens“, religiösem Kreationismus und Beweisen für intelligentes Design entstehen, die imstande ist, viele der wichtigsten ungelösten Fragen der Welt endlich überzeugend und logisch zu beantworten. Was wäre, wenn die ersten Menschen nicht aus Afrika abstammen, sondern aus einem Garten Eden, so wie in der Geschichte von Adam und Eva, die von sumerischen Schöpfungsmythen abgeleitet wurde, wonach die ersten Menschen nach Gottes Ebenbild erschaffen worden sind? (Das Buch *„Auf der Suche nach dem Garten Eden“* von Roland M. Horn beschäftigt sich sehr ausführlich mit dieser Thematik.) Haben Anunnaki unterschiedliche Bevölkerungsgruppen für unterschiedliche Aufgaben getrennt voneinander durch genetische Manipulation von irdischen Frühmenschen und außerirdischer DNS erzeugt, so wie es die Verfechter der „Ancient Alien“-Theorien behaupten?

Abb. 5: Waren antike sumerische Götter wirklich Außerirdische?

Die antiken Anunnaki-Götter von Mesopotamien besaßen Flügel und trugen gehörnte Helme. Sie kontrollierten die Menschheit, stammten aus dem Himmel und steuerten das Schicksal ihrer Gesellschaft. Der Autor

Zecharia Sitchin sagte aus, dass die Anunnaki primitive Arbeiter erschufen, indem sie die Spezies Homo erectus manipulierten und ihr Gene hinzufügten, die es den ersten modernen Menschen ermöglichte, logisch zu denken und Werkzeuge zu benutzen.

Viele Regierungen der Welt dulden keine andere Lehre als die der Evolution in ihren Bildungseinrichtungen. Diese Tatsache allein zeigt auf, dass alternative Weltanschauungen nicht respektiert werden, und das obwohl inzwischen die Hälfte der Bevölkerung der Nationen der westlichen Welt von der Existenz von außerirdischen Besuchern in der Antike überzeugt ist und immer weniger von ihnen den etablierten wissenschaftlichen Standpunkten vertrauen. Erst wenn die Verbindung zwischen Atheismus, Kommunismus, Neo-Marxismus und Rassismus mit der Evolutionslehre in den Vordergrund gestellt wird, wird es möglich sein, die wahre Ideologie dieses Rassismus zu überdenken. Wenn alternative Lehrmodelle schließlich Einzug in die Bildungseinrichtungen finden können, wird es möglich, dass sie einen stärkeren Einfluss auf die zeitgenössische Kultur erlangen. Speziell in den USA erscheinen Jahr für Jahr neue Bücher von wichtigen Gelehrten, welche die Evolution anzweifeln und die zu Bestsellern werden.

Ein weiterer Hinweis auf Rassismus in der Evolutionslehre, auf den wissenschaftliche Artikel hinweisen, ist, dass Steinzeitmenschen fast immer als heroische weiße Jäger und Sammler dargestellt werden. Diese Aspekte sind in Bezug auf Neandertaler und Cro-Magnon-Menschen sicherlich korrekt, und es gibt bis heute keine Anhaltspunkte, dass Frühmenschen in Europa jemals schwarz gewesen sind. Auch gibt es keinen Anhaltspunkt, dass sich der moderne Mensch jemals von einem unbekannten Hominiden entwickelt haben soll, der von irgendwelchen Tieren abstammt. Die Gleichstellung des vernunftbegabten Menschen mit einem Tier fördert nicht die soziale und moralische Weiterentwicklung der modernen westlichen Zivilisation, die auf christlichen Grundlagen und Werten basiert. Die Aussage, dass wir unsere Beziehung mit der Vergangenheit überdenken sollen, um rassische Gleichstellung in der Gegenwart zu ermöglichen, wird erst durch die Gleichstellung von evolutionistischer Ideologie mit wissenschaftlichen Fakten wichtig. Aktuell sehen wir, dass in Bildungseinrichtungen verstärkt über systemischen Rassismus debattiert wird, der vor allem eine Benachteiligung von Weißen bedeutet.

Wie gesagt, weisen anerkannte Evolutionsforscher nunmehr darauf hin, dass sie die Grundsätze des Sozialdarwinismus und die Evolutionstheorie bezweifeln. Wie soll eine nicht zielgerichtete Evolution im Universum aus toter Materie lebende und intelligente Kreaturen hervorbringen? Wie und wann sind die ersten komplexen chemischen und biologischen Strukturen durch unbekannte natürliche Prozesse entstanden? Warum können Evolutionsforscher nach über einem Jahrhundert an intensiver Forschungsarbeit keine fundamentalen Beweise für ihre Theorien erbringen? Warum werden die Lehrbücher nicht umgeschrieben, um auf diesen Umstand hinzuweisen? Es ist ein Designer notwendig, um funktionierende und angepasste, komplexe biologische Mechanismen zu erschaffen, so wie ein Uhrmacher ein Uhrwerk baut. Und genau von solchen hoch entwickelten Schöpfern wird in antiken Traditionen und jahrtausendealten religiösen Texten berichtet. Der nächste Schritt in diesem Kulturkampf besteht darin, an neuen Modellen zu arbeiten, um die Gesellschaft zu stärken und positive Effekte hervorzurufen, welche in der Lage sind, den systemischen Rassismus gegen Weiße zu beseitigen. Abschließend kann man feststellen, dass Evolutionisten, Skeptiker und Mitglieder eines wissenschaftlichen Establishments dafür verantwortlich sind, die Theorien über die Besuche von antiken außerirdischen Raumfahrern vehement als Verschwörungstheorien oder als UFO-Religion abzulehnen, sie aber letztlich den echten wissenschaftlichen und archäologischen Beweisen erliegen werden. Das moderne UFO-Phänomen ist ein Anzeichen dafür, dass es bald zu einer Rückkehr der legendären Götter kommen könnte.

Außerirdische DNS führte zur Entstehung des Homo sapiens

Seit geraumer Zeit belegen Forschungsresultate, dass die Spezies Homo sapiens, also der moderne Mensch, von heute immer noch unbekannten Vorfahren abstammt, die zu mysteriösen Spezies gehören, die nicht identifiziert werden können und womöglich gar nicht von diesem Planeten stammen. Im Wissenschaftsjournal *Science Advances* wurde darüber berichtet, dass Forscher im Jahr 2013 Überreste von Frühmenschen, die mindestens 400.000 Jahre alt sein sollen, einer DNS-Analyse unterzogen haben. In diesem Genom finden sich Rückstände von völlig unbekannten Spezies, und das führt einmal mehr zu der Frage, ob alles, was uns über die sogenannte menschliche Evolution gelehrt wird, selbst aus Sicht der Mainstream-Wissenschaft stimmen kann.

Bis heute wird behauptet, dass die menschliche Spezies Homo sapiens einer Linie entstammt, die mit dem Homo erectus beginnt und dann im Allgemeinen die Art Homo heidelbergensis (Heidelbergmensch) betrifft, aus der sich dann laut gültigen Theorien erstens der Neandertaler und zweitens der moderne Mensch entwickelt haben soll. Doch die Frage nach der wahren Herkunft von Heidelbergmensch, Neandertaler und dem modernen Menschen ist im Grunde immer noch nicht zu beantworten, da es nur sehr wenige vollständig erhaltene Skelette und Überreste von Frühmenschen zu finden gibt. Noch mysteriöser wird die Angelegenheit in Bezug auf Gene von völlig unbekannten menschlichen Spezies, die im Erbgut solcher Frühmenschen zu finden sind. Von ihnen existieren im besten Fall genetische Spuren oder ein paar einzelne Knochenfragmente. Forscher wissen jedoch nicht, wie sie anatomisch ausgesehen haben könnten. Das führt zu Spekulationen, dass es sich bei diesen unbekannten Vorläufern der Menschheit eventuell um Außerirdische gehandelt haben könnte. Wenn sich in unserem Erbgut also außerirdische DNS-Bestandteile finden lassen, dann müssen Experten all ihre Theorien über die menschliche Evolution gründlich überdenken.

Eine Fundstätte derartiger Überreste befindet sich in Sima de los Huesos in Atapuerca in Spanien. Dort wurde eine Reihe von Bestandteilen von menschlichen Skeletten freigelegt, bei denen es sich um Fossilien handelt. Erstaunlicherweise ist es gelungen, aus einem Oberschenkelknochen noch DNS zu extrahieren und zu analysieren. Alle diese Überreste wurden seit den 1990er-Jahren der Spezies Heidelbergmensch zugeordnet, doch das ist inzwischen nicht mehr so, denn Forscher haben ermittelt, dass die Gene eher auf die erst vor kurzer Zeit entdeckte Spezies Denisova-Mensch hindeuten. Erste Überreste von Denisova-Menschen hat man vor einigen Jahren in einer Höhle in Sibirien freigelegt. Im Gegensatz zur Höhle in Sibirien, in der man fast keine physischen Überreste finden konnte, gibt es in Sima de los Huesos mehr als 6.000 menschliche Fossilien, die aus bis zu 30 Metern Tiefe ausgegraben worden sind. Sie sind ungewöhnlich gut erhalten geblieben, und deshalb kann von den Fragmenten abgeleitet werden, dass sie nicht vom Heidelbergmenschen stammen, sondern eher vom Neandertaler oder Denisova-Menschen. Man bezeichnete diese Erkenntnis als eine unerwartete Verbindung, da nach wie vor sehr wenig über die theoretische Menschheitsentwicklung im Pleistozän bekannt ist, das vor rund 12.000 Jahren mit dem Verschwinden des Neandertalers endete.

Der Knochenbau der Fossilien in Sima de los Huesos ähnelt zwar bekannten Neandertaler-Skeletten, doch die DNS gleicht mehr den Genen des Denisova-Menschen aus Sibirien. Neandertaler und Denisova-Menschen sollen sich schätzungsweise vor 300.000 bis 650.000 Jahren getrennt voneinander entwickelt haben. Weil sich in Populationen von modernen Menschen aber sowohl Gene von Neandertalern als auch Denisova-Menschen befinden, sollten alle drei Spezies parallel über einen sehr langen Zeitraum nebeneinander existiert haben, obwohl man vom Denisova-Menschen bisher nur ein kleines Knochenfragment und zwei einzelne Zähne entdecken konnte. Interessant ist die Tatsache, dass sich in den Genen von Denisova-Menschen Rückstände einer noch älteren, aber völlig unbekannten menschlichen Spezies befinden, die Wissenschaftler lapidar als den „super-archaischen Menschen“ bezeichnet haben. Einige Gruppen von modernen Menschen tragen somit immer noch die Gene dieser super-archaischen Menschen in sich, und dieses Erbgut findet sich auch in den Genen der Skelette von Sima de los Huesos.

Diese Überreste zeigen, dass Neandertaler und auch Denisova-Menschen wesentlich robuster gebaut waren, weil sie über einen stärkeren Knochenbau verfügten als der Homo sapiens. Ihr Schädelvolumen war größer, und das lässt darauf schließen, dass Angehörige dieser Frühmenschenspezies nicht weniger intelligent gewesen sind als moderne Menschen. Da man keine DNS vom Vormenschen Homo erectus finden kann, ist unbekannt, wer diese super-archaischen Menschen gewesen sein könnten oder woher sie stammten. Einige Theoretiker verbreiten die kontroverse Idee, dass menschliche DNS insgesamt von einer Rasse von sehr hoch entwickelten Außerirdischen entworfen worden ist und der Mix aus Genen bei den Überresten aus Sima de los Huesos einen Beleg für eine künstlich gesteuerte Evolution abliefert. Warum es zum Verschwinden des Neandertalers gekommen ist, bleibt heute nach wie vor unbekannt.

Es hat sicherlich nichts damit zu tun, dass der Homo sapiens intelligenter ist, denn Neandertaler waren nicht so primitiv, wie sie auf den künstlerischen Abbildungen von Archäologen oder in Museen gezeigt werden. Dafür gibt es nicht die geringste wissenschaftliche Basis. Ihre Skelette verschwinden allerdings aus dem Fossilbericht, und seitdem findet man in Europa nur mehr Überreste des Homo sapiens. Alternativ-Archäologen weisen darauf hin, dass man in vielen Teilen der Welt außerdem auf Skelette von menschlichen Riesen mit einer durchschnittlichen Größe von 2,35 m sowie auf Überreste einer anderen Spezies von sogenannten Langschädel-Menschen gestoßen ist. Obendrein behaupten bestimmte Experten aus den USA und Russland, dass sogenannte Neandertaler eigentlich niemals vollständig ausgestorben sind, sondern einige von ihnen bis heute in unzugänglichen Hochgebirgen und für uns unbewohnbaren Höhlensystemen in Form von Wildmenschen wie Bigfoots oder Yetis überlebt haben. Man nennt sie deshalb Relikt-Hominiden. Diese Wildmenschen als überlebende Neandertaler stellen ein gewaltiges Problem für Naturwissenschaftler dar, weshalb ihre Existenz von Regierungen und dem wissenschaftlichen Establishment geheim gehalten wird. Es passt nicht zu den akzeptierten Theorien einer menschlichen Evolution, denn diese Wildmenschen sind offenbar ebenfalls das Produkt einer genetischen Manipulation durch außerirdische Intelligenzen, und ihr Ursprung liegt wohl nicht auf diesem Planeten.

Neben den hier beschriebenen Genen von super-archaischen Menschen haben Forscher im Jahr 2020 bekannt gegeben, dass sie außerdem Erbgut von zwei weiteren „Geister-Spezies“ im Genom von modernen Menschen entdeckt haben. Die erste davon wurde in der DNS von Eurasiern gefunden und eine zweite überraschenderweise in der Population von Flores in Indonesien. Beide Typen unterscheiden sich von Neandertalern und Denisova-DNS. Wie und wann es zur Vermischung mit dieser „Geister-Spezies“ gekommen ist, bleibt unbekannt. Die Out-of-Africa-Theorie steht längst auf wackeligen Beinen, denn diese unbekannten Vorfahren in Indonesien sollen dort hunderttausende Jahre vor dem Erscheinen des modernen Menschen gelebt haben, sich aber mit modernen Menschen vermischt haben, ohne dass man Überreste von ihnen finden kann. Somit ist eine Verbindung mit Außerirdischen durchaus vorstellbar. Die Wahrheit liegt wohl darin, dass unsere echte Entwicklungsgeschichte in unserer DNS abgespeichert ist, und dort liegen die Ursprünge der modernen Menschheit verborgen.

Abb. 6: Aliens steuern die menschliche Evolution.

Genetiker schätzen, dass eine stabile Population dieser drei unbekannten Spezies über gewaltige Zeiträume hinweg mindestens 20.000 bis 50.000 gesunde Individuen umfasst haben muss. Ob sie oder ihre unbekannten Vorläufer überhaupt aus Afrika stammen, ist völlig ungeklärt. Das wird von Anthropologen nur vorgeschlagen, weil man Fossilien vom Heidelbergmenschen und Neandertalern in Nordafrika und Westafrika gefunden hat. Sie sind allerdings nicht älter als jene, die man in Eurasien entdeckt hat. Eurasien war zur Zeit der Entstehung des Homo sapiens keine unbewohnte Landfläche, sondern die Besiedlungsgeschichte reicht mindestens 1,85 Millionen Jahre zurück. Wer allerdings diese super-archaischen Bewohner waren, ist unbekannt, denn auch von ihnen muss es mindestens zwei verschiedene Populationen gegeben haben. Da einige Fossilien von Sima de los Huesos sogar älter als 600.000 Jahre sind, aber weder dem Heidelbergmenschen noch dem Neandertaler entsprechen, ist unmöglich zu beantworten, wann es zur Entwicklung dieser unterschiedlichen Gruppen und zu einer Abspaltung in verschiedene Spezies gekommen war.

Lange vor dem plötzlichen Auftauchen des Homo sapiens lebten somit super-archaische eingeborene Europäer in Eurasien, und das womöglich schon seit 2 Millionen Jahren. Wissenschaftler können keine spezifischen Regionen ermitteln, in denen sich diese Geister-Populationen entwickelt haben sollen. Es gibt nirgendwo Anzeichen dafür, nur genetische Signaturen dieser super-archaischen Frühmenschen, die unsere entfernten Vorfahren darstellen. Außer in Indonesien findet man ihre Gene noch in lebenden Menschen in Melanesien und im hoch gelegenen Tibet. Warum diese genetischen Signaturen in heute noch lebenden menschlichen Populationen existieren, ist eine völlig unklare komplexe Angelegenheit, denn Forscher haben ermittelt, dass das bei Melanesiern erst seit knapp 25.000 Jahren der Fall ist. Somit müssten super-archaische Populationen noch vor 25.000 Jahren gelebt haben, um sich mit Angehörigen der Spezies Homo sapiens zu vermischen!

Zuvor soll eine eigenständige genetische Linie von mehr als 2 Millionen Jahren an Entwicklungsgeschichte liegen. Wie soll man erklären, dass dann immer noch Kreuzungen möglich waren? Genetiker können die Frage nicht beantworten, ob moderne Menschen jemals direkten Kontakt zu super-archaischen Populationen hatten. Wie, wo und wann sich moderne Menschen mit Neandertalern, Neandertaler mit Denisova-Menschen oder jene mit den Heidelbergmenschen oder gar mit der super-archaischen „Geister-Spezies“ gekreuzt haben, ist mit den Standardmodellen der menschlichen Evolution nicht aufzuklären. Obwohl Wissenschaftler in ihren Artikeln ständig schreiben, dass uns jede neue kontroverse Entdeckung *„näher zu einem tieferen Verständnis unserer Vergangenheit bringt“*, ist das Gegenteil der Fall. Wo liegt der Ursprung der unbekannten menschlichen Vorfahren, und wo auf unserem Planeten findet man ihre Überreste? Wie konnten sie sich vor so langer Zeit über die ganze Welt verbreiten, und das vor Millionen von Jahren? Warum sind sie allesamt verschwunden, nachdem es vor ungefähr 50.000 bis 60.000 Jahren zur Vermischung mit verschiedenen Gruppen des Homo sapiens gekommen ist?

DNS von Denisova-Menschen findet man auch in Populationen der Inseln von Südostasien, aber wieder keine physischen Überreste wie Fossilien von ihnen, obwohl sie dort unglaublich lange Zeit gelebt haben sollen, mindestens seit 700.000 Jahren. Im Grunde gibt es so gut wie keine physischen Beweise, dass Denisova-Menschen jemals auf dem Planeten Erde heimisch gewesen sind. Nur in Sibirien und Tibet gibt es ein paar Fragmente zu finden. Wenn es zu einer langen Geschichte der genetischen Vermischung und Kreuzung unserer Spezies gekommen ist, wie man durch DNS beweisen kann, wo sind dann ihre physischen Überreste, die eigentlich bei denen von verschiedenen antiken menschlichen Populationen zu finden sein sollten? Nirgendwo im Fossilbericht findet man Beweise für ihre lange Anwesenheit auf unserem Planeten. Das ermöglicht Spielraum für alternative Theorien über den Ursprung der modernen Menschheit. Archäologen argumentieren, dass Überreste von Denisova-Menschen vielleicht eher im zentralasiatischen Altai-Gebirge zu finden sein könnten, weil moderne Tibeter Gene von ihnen besitzen, die es ihnen ermöglichen, im Hochgebirge zu überleben. Diese genetische Adaption ist schwer mit einem Ursprung in den tiefgelegenen Savannen von Afrika in Einklang zu bringen.

Astrobiologen haben eine Botschaft von Aliens in menschlicher DNS entdeckt

Professor Paul Davies vom *Australian Centre for Astrobiology* in Sydney schrieb in einem Artikel aus dem Jahr 2004 darüber, dass wir die wichtigsten Hinweise auf einen genetischen Eingriff von Außerirdischen in der menschlichen DNS finden können. Es wäre wie eine kosmische Grußkarte und eine kodierte Botschaft unserer Erschaffer, die erst entschlüsselt werden kann, wenn die menschliche Rasse die notwendige Technologie entwickelt hat, um sie zu finden und zu verstehen. In einem anderen Artikel im Magazin *New Scientist* weist Dr. Davies darauf hin, dass ein außerirdischer Ursprung unseres Erbguts einer seriösen Betrachtung bedarf. Er vermutet, dass wir eine außerirdische Botschaft in der sogenannten „Junk-DNS" finden können. Diese Sequenzen enthalten, entsprechend der Meinung von Genetikern, keine wichtigen Gene und scheinen sehr stabil zu sein. Falls Aliens eine Botschaft in irdische Organismen programmiert haben, dann könnte man dort als Erstes danach suchen, sagte Dr. Davies. Der Speicherplatz ist ohne weiteres groß genug, um eine detaillierte Beschreibung des Aufstiegs und Falls von außerirdischen Zivilisationen in einer Symbolsprache zu ermöglichen. Wenn also intelligente und menschenähnliche, außerirdische Spezies vor Millionen von Jahren unseren Planeten besucht und hier genetische Experimente mit Vormenschen durchgeführt haben sollten, dann könnten sie ohne weiteres eine Botschaft über ihre technologischen Errungenschaften in unseren Genen hinterlassen haben, sodass wir sie eines Tages dort finden können!

Weitere Relikte antiker außerirdischer Technologie auf unserem Planeten könnten wir in Form von radioaktiven Rückständen, prähistorischer Bergbautätigkeit sowie der bereits beschriebenen Biotechnologie finden. Nur diese Spuren würden lange genug überdauern, um von einer ehemaligen Alien-Präsenz auf unserem Planeten zu künden. Alternative Forscher haben Hinweise darauf gefunden, dass genau das der Fall gewesen ist. Beweist die Existenz von Genen unbekannter menschlicher Spezies im Erbgut von modernen Menschen also tatsächlich, dass hier außerirdische Programmierer aktiv gewesen sind? Die Hypothese einiger alternativer Forscher lautet, dass höher entwickelte außerirdische Intelligenzen an der Erschaffung neuer Lebensformen arbeiten und ihre Kreationen auf verschiedenen bewohnbaren Planeten unterbringen, wo sie sich dann selbstständig vermehren können.

Das UFO-Phänomen beweist, dass uns derartige Schöpferwesen immer noch studieren und beobachten. („*Das große Buch der UFO-Sichtungen*“ von Roland M. Horn beschäftigt sich sehr ausführlich mit dieser Thematik.) Stellen wir vielleicht ihr größeres wissenschaftliches Experiment dar? Haben Alien-Abduktionen heute immer noch mit einer genetischen Verbesserung von ausgewählten Menschen zu tun? Soll die Menschheit auf das Erscheinen einer neuen, zukünftigen Spezies vorbereitet werden? Säen außerirdische Intelligenzen auf diese Weise Leben im ganzen Universum aus, und sorgen sie für eine künstliche Hochentwicklung? Besitzen sie einen größeren einheitlichen genetischen Code für die Erschaffung von Leben, und lieferte dieser kosmische Code die Grundlage für die Entstehung aller Lebensformen des Planeten Erde? Einige Wissenschaftler wollen nämlich bereits herausgefunden haben, dass alle heute lebenden Arten in etwa zur selben Zeit vor nur 200.000 Jahren entstanden sind.

Eine wissenschaftliche Studie aus dem Jahr 2018 von Forschern der Rockefeller Universität in New York City und dem Biozentrum der Universität von Basel besagt, dass jeder moderne Mensch von einem einzigen Paar abstammt, das vor nur 100.000 bis 200.000 Jahren gelebt hat. Genetische Analysen der DNS von mehr als fünf Millionen Tierarten und zahlreicher Menschen haben ergeben, dass sich zu dieser Zeit eine gewaltige Katastrophe ereignet haben muss, die beinahe alles Leben auf unserem Planeten ausgelöscht hat. Jeder Mensch und jede heute noch lebende Tierart stammen somit von Arten ab, deren Geburtszyklus vor weniger als 250.000 Jahren begonnen hat. Diese Erkenntnis verändert das Konzept der sogenannten Evolution auf drastische Weise. Fakt ist, dass das menschliche Genom mit all seinen Informationen sich selbst aus der Sicht der Mainstream-Evolutionstheorie nicht in einem so kurzen Zeitraum durch natürliche Prozesse auf unserem Planeten entwickelt haben kann. Gene besitzen selbst keine Funktion, die zufällige Evolution und damit eine stetige Zunahme des Informationsgehalts im menschlichen Genom ermöglicht, sondern es müssen hier noch völlig andere Faktoren im Spiel gewesen sein. Forscher haben ermittelt, dass jeder menschliche Organismus eine durchschnittliche Datenmenge von rund 150 Zettabytes besitzt! Ein Zettabyte entspricht 1.000.000.000.000.000.000.000 Bytes!

Eine zweite Studie aus dem Jahr 2018, bei der riesige Datenmengen von menschlichen Genom-Proben untersucht wurden, hat ergeben, dass 95 Prozent des menschlichen Genoms überhaupt nicht zur Evolution fähig sind! Schon 2012 hat eine Gruppe von Genetikern beim sogenannten ENCODE-Projekt ermittelt, dass mindestens 80 Prozent des menschlichen Genoms biochemische Funktionen ausüben. Das ist aus Sicht der Evolutionisten unerklärbar, weil sie der Meinung sind, dass unser Genom zum größten Teil aus evolutionären Rückständen oder „Müll-DNS" bestehen soll. Wenn die Ergebnisse des ENCODE-Projekts stimmen, dann hat natürliche Evolution niemals stattgefunden. Wir haben somit die Beweise, dass wissenschaftliche Studien nach und nach die Modelle einer theoretischen Evolution widerlegen, und anhand der neuen Daten fallen diese überholten Hypothesen nunmehr komplett in sich zusammen – und das in Anbetracht der Tatsache, dass Forscher planten, mit diesen Analysen ihre theoretischen Annahmen einer Evolution zu erhärten!

Früher oder später wird die Wissenschaft dahinterkommen, dass alles Leben auf der Erde einen genetischen Code trägt, der nicht hier entstanden sein kann, und somit ist Evolution nicht das, was wir heute immer noch glauben. Durch das Humangenomprojekt und mithilfe von künstlicher Intelligenz in Computern wurde es möglich, dass wir jetzt Beweise für genetische Eingriffe von menschlich aussehenden Außerirdischen erhalten. Solche außerirdischen Gene stellen die Grundlage für die sogenannte menschliche Evolution dar, und Legenden von der Ankunft von antiken außerirdischen Astronauten und Raumfahrern finden wir in uralten Texten in aller Welt. Stimmt es also, dass verschiedene Gruppen von hoch entwickelten außerirdischen Rassen wie die Anunnaki vor langer Zeit die Erde kolonisiert haben und eine bereits vorhandene primitivere Spezies wie den Homo erectus oder Neandertaler genetisch manipuliert haben, um die Spezies Homo sapiens zu kreieren? Selbst orthodoxen darwinistischen Evolutionisten muss einleuchten, dass das so plötzliche Erscheinen des Homo sapiens in der Geschichte und die Entstehung der modernen Zivilisation untrennbar mit Mythen über menschenähnliche Götter in Verbindung steht, die vom Himmel herabstiegen und hier den Menschen nach ihrem eigenen Bilde erschaffen haben. Der moderne Mensch wäre somit ein Hybridwesen in Form einer Kreuzung aus bereits irdischen und außerirdischen Genen von einer Rasse aus Göttern. Wie ist es sonst zu erklären, dass intelligente Neandertaler oder Denisova-Menschen im Laufe von hunderttausenden Jahren angeblich niemals eigene Hochzivilisationen entwickeln konnten? Warum existieren erst seit wenigen tausend Jahren historische Texte über den Ursprung der Menschheit und erste Kulturen? Selbst auf noch älteren Höhlenmalereien, die bis zu 40.000 Jahre alt sein können, finden wir Abbildungen von außerirdischen, menschenähnlichen Wesen. Andere archäologische Relikte finden sich vielleicht auf dem Grund der Meere vor unseren Küsten, weil die Küstenlinien vor langer Zeit noch weit tiefer gelegen haben. Der Zoologe Ernst Haeckel (1834-1919) verbreitete die darwinistische Vorstellung der Evolution in Deutschland und baute die Ideen Darwins aus. Er war allerdings davon überzeugt, dass der Ursprung der Menschheit nicht in Afrika, sondern im südlichen Asien zu suchen ist, eventuell sogar auf einem im Indischen Ozean versunkenen Kontinent namens Lemuria.

Seit der Abreise oder dem Verschwinden dieser antiken Götter zeugt lediglich das UFO-Phänomen von einer fortgesetzten Observation durch höhere Intelligenzen. Theoretiker denken, dass uns solche Wesen in einem Grad überlegen wären, dass sie uns als primitiv oder als domestizierte Haustiere betrachten könnten. Das wäre eine Erklärung, warum wir keinen Kontakt mit außerirdischen Lebensformen herstellen können. Wenn Aliens die wahren Kontrolleure dieses Planeten Erde darstellen und hier ihre eigenen Ziele verfolgen, ohne uns darüber in Kenntnis zu setzen, dann kümmert es sie auch nicht, wenn Menschen sie von Zeit zu Zeit in ihren UFOs sehen. Wir stellen für diese Intelligenzen offensichtlich keine gleichberechtigten Partner für eine Konversation dar, sondern vielleicht nur Objekte für ihre Experimente. Der Forscher John Ball formulierte deshalb bereits in den 1970er-Jahren seine Zoo-Hypothese, wonach der Planet Erde ein großes Labor für außerirdische Intelligenzen darstellt, die uns manipulieren und studieren. Das wäre darüber hinaus eine mögliche Erklärung für das Fermi-Paradoxon.

Auch Ufologen wie der ehemalige spanische Jesuit Salvador Freixedo (1923-2019), der sich viele Jahre lang mit paranormalen Phänomenen und dem Einfluss von außerirdischen Wesen befasst hat, sprechen von der Möglichkeit von außerirdischen Oberherren der Menschheit. Diese Wesen üben ohne Zweifel einen Einfluss auf die menschliche Geschichte und die Religion aus und wurden in der Antike als Götter betrachtet. Im Jahr 1988 veröffentlichte Salvador Freixedo sein Buch „*The Human Farm – They, the invisible Owners of this Planet*“ (Die Menschen-Farm – Sie, die unsichtbaren Besitzer dieses Planeten). Im Buch schreibt er, dass er aus vertraulicher Quelle Informationen erhalten hat, wonach die Erde von Aliens aus parallelen Realitäten kontrolliert wird, die in der Evolution bzw. ihrer Entwicklungsstufe über dem modernen Menschen stehen. Sie betrachten die Erde als ihr Experimentierfeld, und man könnte diese Wesen als Erdbewohner einer höheren Ordnung mit weit fortschrittlicheren Möglichkeiten betrachten (Ultra-Erdbewohner). Was sie hier seit langer Zeit tun ist, ihr Projekt Menschheit durchzuführen. Sie steuern die Entwicklung des Homo sapiens und sind auch für die Entstehung aller modernen Religionen verantwortlich, schreibt der ehemalige Jesuit.

Salvador Freixedo: *„Außerirdische haben Religionen für Menschen erschaffen, damit sie unser Denken kontrollieren können. Dafür werden seit Tausenden von Jahren besondere Menschen eingesetzt (Propheten-Gründer großer Religionen). Jede der Religionen scheint einen bestimmten Zweck zu erfüllen, obwohl wir nicht wissen, was es im Gesamten darstellt. Höchstwahrscheinlich liegt dies an der mentalen, sozialen und emotionalen Stimmung, die jede dieser Religionen in Menschen erzeugt.“*

Abb. 7: „Ancient Aliens“ besuchen Frühmenschen.

Durch das Prinzip *„Teile und herrsche“* sorgen die höheren unsichtbaren Mächte dafür, dass die Spezies Homo sapiens keine höhere Entwicklungsstufe erreichen kann, um ihre Pläne nicht zu stören. Es kommt periodisch durch Kriege zur Zerstörung jeder irdischen Zivilisation. Salvador Freixedo schreibt weiter, dass die Erde wie eine Farm funktioniert. Es ist für uns Menschen schwer, gegen die Besitzer zu rebellieren, weil sie intelligenter und mächtiger sind als wir. Sie können unser Verhalten voraussehen, weil sie wissen, auf welcher genetischen Basis wir instinktiv agieren. Außerirdische Wissenschaftler studieren unser Verhalten, mischen sich derzeit aber nicht allzu viel in unsere Angelegenheiten ein. Nur in Bezug auf den Missbrauch von Nuklearenergie scheint es immer wieder zu UFO-Vorfällen zu kommen. Es sieht so aus, als hätten die Besitzer dieses Planeten verschiedene Gruppen von Homo sapiens mit unterschiedlicher Hautfarbe erschaffen und sie auf einstmals isolierten Regionen dieses Planeten platziert.

Skeptiker, die solche alternativen Theorien ablehnen oder sie belächeln, sollen folgende Fragen beantworten:

Warum sind Neandertaler, Denisova-Menschen oder Gruppen von Homo sapiens aus Eurasien in hunderttausenden von Jahren augenscheinlich niemals ins südliche Afrika zurückgekehrt, selbst als die Bedingungen in Europa sehr rau waren? Alle diese Spezies stammen offensichtlich gar nicht ursprünglich vom schwarzen Kontinent, denn sie wurden nach Fundorten in Europa und Asien benannt. Archäologen können nicht erklären, warum sie niemals nach Subsahara-Afrika zurückgekehrt sind. Wie sich prähistorische überlebensfähige Populationen von mindestens 20.000 bis 50.000 Individuen durch Wüsten und ohne Boote über große Wasserflächen und Ozeane bewegt haben, ist ebenfalls nicht zu beantworten. Ein Argument von Evolutionisten lautet, dass Neandertaler und Denisova-Menschen sich an das kalte Klima angepasst haben und in der Nähe von Gletschern lebten und Höhlen bewohnten. Afrika wäre demnach zu warm für sie geworden. Warum hätten sie sich im Laufe der Zeit nicht wieder dort akklimatisieren können, wenn sie das vorher bereits vollbracht hatten? Warum war Eurasien vor 50.000 bis 60.000 Jahren nicht zu kalt für Angehörige des Homo sapiens, die angeblich aus Subsahara-Afrika abstammten? Weshalb wurden Gruppen von Homo sapiens nicht von bereits ansässigen Gruppen von Neandertalern und Denisova-Menschen bekämpft, wenn Anthropologen behaupten, dass Neandertaler nicht nach Afrika zurückgekehrt wären, weil sich dort der Homo sapiens breitgemacht hat? Einige Skelette, die man in Marokko gefunden hat, wurden früher als Überreste von Neandertalern betrachtet, bis man sie dann doch der Spezies Homo sapiens zugeordnet hat.

Die wahre Herkunft des Neandertalers ist ebenfalls nicht bekannt. Man nimmt bis heute an, dass er sich aus dem Homo heidelbergensis entwickelt haben soll, der irgendwann zuvor aus Afrika ausgewandert sei. Warum haben sich dann in Afrika keine Neandertaler entwickelt? Was wurde aus Neandertalern und Denisova-Menschen, nachdem sie sich mit dem Homo sapiens gekreuzt haben? Genetische Fakten besagen, dass moderne Menschen sich noch bis vor nur 15.000 Jahren mit Denisova-Menschen gekreuzt haben sollen. Wo sind ihre Überreste? Stammen Heidelbergmenschen, Neandertaler und Denisova-Menschen gar nicht aus Afrika, sondern ist ihr wahrer Ursprung nicht zu ermitteln? Gruppen von Homo sapiens, die Landwirtschaft betrieben, haben vom Mittleren Osten aus erst vor 6.000 bis 8.000 Jahren Nordafrika besiedelt und sind den Nil entlang bis ins heutige Äthiopien vorgedrungen. Nur in Nordafrika und bis Äthiopien findet man Spuren höherer antiker Zivilisationen. Warum nicht in Subsahara-Afrika?

Warum haben sich Neandertaler erst in Europa und Westasien aus dem Heidelbergmenschen und dem Homo erectus entwickelt? Warum haben sich aus diesen Untergruppen nicht, wie in Afrika, irgendwann auch Homo sapiens entwickelt? Wissenschaftler kennen die Antworten auf diese Fragen nicht. Der Heidelbergmensch soll in Ostafrika entstanden und dann nach Asien und Europa gewandert sein. Forscher sagen, dass sich Homo sapiens auch in China oder Europa vom Homo erectus entwickelt haben sollen. Warum, wird uns dann gelehrt, dass die gesamte moderne Menschheit aus Afrika stammt? Relikte des Homo erectus in Europa sind zwischen 500.000 und 1,6 Millionen Jahre alt. Forscher finden mehr und mehr ältere Überreste außerhalb Afrikas, und deshalb ist die Out-of-Africa-Theorie bereits obsolet. Alle aufgezählten Spezies von Frühmenschen lebten außerdem zur selben Zeitspanne und können somit eigentlich gar nicht voneinander abstammen.

Der bekannte Anthropologe Louis Leakey (1903-1972) argumentierte, dass Homo-erectus-Populationen in Afrika sich zeitlich mit moderneren Gruppen von Homo sapiens überlappen und somit nicht miteinander verwandt sein sollen. Mehrere Paläontologen wiesen darauf hin, dass Homo erectus auf morphologischer Grundlage kein geeigneter Vorfahre des Homo sapiens sein kann, weil sich insbesondere die Schädelmerkmale drastisch voneinander unterscheiden. Auch andere sehr spezialisierte Eigenschaften des Homo erectus findet man nicht beim angeblich moderneren Homo sapiens. Dennoch besagt die multiregionale Hypothese der menschlichen Evolution, dass Homo erectus sich in verschiedenen Teilen der Welt mehrmals zur Spezies Homo sapiens entwickelt haben soll. Das ist schwer nachzuvollziehen, weil man nur eine Handvoll Fossilien von Frühmenschen vorweisen kann. Warum haben sich ihre Populationen im Laufe von hunderttausenden oder gar Millionen von Jahren in verschiedenen Teilen der Welt niemals stärker vermehrt? Warum behaupten Wissenschaftler nach wie vor, dass der Übergang vom Homo erectus zum Heidelbergmenschen zum Neandertaler gut belegt ist?

Dass der Homo sapiens vom Homo heidelbergensis abstammt, ist lediglich eine Vermutung. Im Jahr 2019 erschien im Journal *Nature* ein Artikel darüber, dass der Homo heidelbergensis vermutlich doch nicht der Vorgänger von Neandertalern und modernen Menschen gewesen sein kann – was viele Forscher immer noch annehmen –, und zwar aus einem altbekannten Grund: Der Heidelbergmensch selbst ist nicht so alt wie der Beginn der Entwicklungsgeschichte der beiden Linien Neandertaler und Homo sapiens. Laut neuesten Daten ist der Heidelbergmensch erst später aufgetaucht, und alle drei Arten existierten parallel. Dieser Umstand verwunderte Anthropologen, und sie kamen nicht umhin festzustellen, dass sie einen gemeinsamen, noch älteren mysteriösen Vorfahren besitzen, den man wieder einmal nicht identifizieren kann! Wenn Menschen heute noch Anteile von Genen von Neandertalern besitzen, die Linien sich aber bereits seit 800.000 Jahren in ihrer Entwicklung getrennt haben sollen, warum konnten sie sich vor nur 50.000 Jahren, oder wie beim Denisova-Menschen vor nur 15.000 Jahren, noch ohne Probleme miteinander kreuzen?

Wenn eine Million Jahre an Evolution nicht genügt hat, um genetische Grenzen zu erzeugen, wie unterschiedlich und eigenständig waren alle diese archaischen Spezies dann eigentlich wirklich? Wenn sie dem modernen Menschen wirklich so ähnlich waren, warum haben sie keine Zivilisation, Wissenschaft oder eine aufgezeichnete Geschichte entwickelt? Warum haben Neandertaler oder Denisova-Menschen im Laufe der Zeit größere Schädelknochen und robustere Skelette entwickelt? Warum hat die Evolution dann beim Homo sapiens entschieden, es umgekehrt zu machen? Neandertaler-Frauen hatten durch ihr breites Becken keine Probleme bei der Geburt. Fakt ist: Evolutionsforscher stellen nichts als Hypothesen auf und wissen eigentlich gar nicht, welche Linie von Frühmenschen zum Homo sapiens geführt haben soll! Sie versuchen nur für sie logische Schlussfolgerungen und Modelle zu entwickeln, die allerdings nicht zu beweisen sind. Wo sind die Überreste von mehr dem Homo sapiens ähnlichen Heidelbergmenschen oder weniger entwickelten Exemplaren des Homo sapiens? Forscher sagen, dass gar nicht definitiv feststeht, dass der Homo heidelbergensis jemals ein Vorfahre des Homo sapiens gewesen ist. Evolutionswissenschaftler behaupten, dass sich der Heidelbergmensch in Afrika, aber Neandertaler in Europa entwickelt haben, aber können keinerlei Beweise dafür erbringen, denn es existieren keine entsprechenden Skelette im Fossilbericht, die solche Übergänge irgendwie bestätigen können.

Homo erectus, Homo heidelbergensis und Neandertaler sollen laut dem Stammbaum der menschlichen Evolution parallel zueinander für hunderttausende von Jahren nebeneinander existiert haben, bevor sie dann beim Erscheinen des Homo sapiens allesamt urplötzlich verschwunden sind. Es gibt in Eurasien mehr archäologische Fundstätten mit Überresten des Heidelbergmenschen als in gesamt Afrika, und diese Funde sind außerdem durchschnittlich älter als jene in Afrika. Andere Forscher erklären, dass der Homo erectus erst in Eurasien zum Heidelbergmenschen geworden sein soll. Warum der Heidelbergmensch schließlich aufgehört hat zu existieren, ist ebenfalls nicht bekannt.

Die ältesten Überreste des Homo sapiens in Afrika wurden in Marokko in Nordafrika, aber nicht im südlichen Afrika gefunden. Sie befanden sich ebenfalls in einer Höhle und sind ungefähr 300.000 Jahre alt. Auch der Fund dieser Fossilien sorgte für hitzige Debatten unter Evolutionsforschern, wie und wo der Homo sapiens ursprünglich entstanden ist! Noch dazu kann kein Forscher ermitteln, wann und woher diese Menschen nach Marokko gekommen sind. Was vor 300.000 Jahren bis vor 50.000 Jahren geschehen ist, als der Homo sapiens angeblich erstmals weiter nördlich nach Europa ausgewandert sein soll, liegt ebenfalls völlig im Dunkeln. Eine erste Welle der Auswanderung soll vor ungefähr 100.000 Jahren stattgefunden haben, aber diese Menschen haben nicht überlebt und sich auch nicht mit Frühmenschen gekreuzt. Erst vor 50.000 bis 60.000 Jahren soll es zu Kreuzungen mit Neandertalern und Denisova-Menschen gekommen sein, diesmal aber innerhalb von nur wenigen tausend Jahren in ganz Eurasien und global. Daraufhin sollen beide Gruppen vor rund 40.000 Jahren verschwunden sein, obwohl neue genetische Daten etwas völlig anderes belegen. Wo und wann in Eurasien diese Kreuzungen stattgefunden haben sollen, ist ebenfalls nicht zu ermitteln. Fest steht, dass erst nach dieser Vermischung und dem Verschwinden der Frühmenschen die menschliche Population derart angewachsen ist, dass Landwirtschaft und somit größere Gemeinschaften entstehen konnten.

Wir sehen also, dass es gewaltige Lücken in der sogenannten Entwicklungsgeschichte der modernen Menschheit gibt, die Wissenschaftler nicht erklären können. Trotzdem suggerieren Mainstream-Forscher uns, dass sie eine logische Erklärung für unsere Herkunft haben würden. Das stimmt keinesfalls, sondern alternative Theorien bis hin zu einem außerirdischen Ursprung des modernen Menschen haben mindestens denselben Stellenwert wie die anderen Hypothesen, die nach wie vor unbeweisbar sind, aber in Lehrbüchern und Bildungseinrichtungen auf dogmatische Art und Weise weiterhin als Fakten vermittelt werden.

Lücken in der Theorie der Evolution belegen eine spezielle Schöpfung durch intelligentes Design

Wie bereits in den vorhergehenden Absätzen erwähnt wurde, wissen Mainstream-Wissenschaftler keinesfalls, wann, wie oder wo die ersten modernen Menschen auf der Bildfläche erschienen sind. Es ist ihnen lediglich möglich, einige wenige Fossilien zu studieren, die man in vielen Teilen der Welt gefunden hat. Alleinig durch eine breite Akzeptanz bestimmter Annahmen und mithilfe von Computermodellen wurde in den Kreisen der Wissenschaft festgelegt, dass der Ursprung der modernen Menschheit in Afrika zu liegen hat. Doch ob die mysteriösen Vorfahren der modernen Menschheit auf diesem Kontinent entstanden sind, ist eine völlig ungeklärte Frage. Die Fundorte und das Alter bekannter Fossilien weisen darauf hin, dass moderne Menschen in verschiedenen Teilen der Welt zur gleichen Zeit erschienen sind. Eine große ungelöste Frage besteht beispielsweise darin, warum sich menschliche Kultur erst im Laufe der letzten 40.000 Jahre entwickelt hat und nicht schon vor 150.000 Jahren oder 300.000 Jahren? Wie schafften es unsere entfernten Vorfahren, alle Teile der Welt zu besiedeln und so lange zu überleben, wenn alle anderen Spezies unserer direkten evolutionären Vorfahren und Frühmenschen vor relativ kurzer Zeit gemeinsam ausgestorben oder auf unerklärliche Art und Weise verschwunden sind?

Eine Erklärung wäre eine gewaltige Naturkatastrophe und eine damit verbundene Klimaveränderung, so wie sie in vielen Legenden über eine weltweite Flut überliefert ist. Eine Bestätigung hierfür erhalten wir durch statistische Modelle von Mathematikern der Yale Universität, die vor einigen Jahren eine Studie über das geschätzte Bevölkerungswachstum in den letzten Jahrtausenden erstellt haben. Das überraschende Ergebnis lautet, dass der letzte gemeinsame Vorfahr aller heute lebenden modernen Menschen vor nur 2.000 bis 5.000 Jahren gelebt hat! Und diese mysteriösen gemeinsamen Ahnen stammten aus Ostasien und Sibirien. Das bedeutet, dass sie laut den mathematischen Bezugspunkten des Bevölkerungswachstums und der angenommenen Anzahl von Generationen wirklich in der Zeit des Aufstiegs der ersten Hochkulturen von Sumer und Ägypten gelebt haben, was wiederum mit den Legenden und Schöpfungsmythen dieser antiken Kulturen übereinstimmt. Dort steht geschrieben, dass Götter nach der Flut die ersten modernen Menschen erschaffen haben.

Abb. 8: Antike Gottheiten erschaffen den ersten Menschen.

Die Spezies Homo sapiens ist angeblich die einzige menschliche Art, die heute existiert, obwohl Kryptozoologen davon ausgehen, dass wir uns diesen Planeten nach wie vor mit Wildmenschen wie dem Bigfoot, dem Yeti oder dem Almas teilen. Sie leben in unwirtlichen, abgelegenen Zonen der Erde und sind zudem meist nachtaktiv und menschenscheu. Die Mainstream-Theorie der menschlichen Evolution besagt, dass der Homo sapiens irgendwann vor ungefähr 200.000 Jahren in Ostafrika oder in Subsahara-Afrika entstanden sei, und zwar deshalb, weil dort der geheimnisvolle, aber unbekannte letzte gemeinsame Vorfahr von Mensch und Affe gelebt haben soll. Unklar ist, wo dieser mysteriöse Vorfahr sich selbst entwickelt haben könnte. Denn – Sie ahnen es schon – auch der Ursprung und die Evolution von Primaten ist in ein unlösbares Mysterium gehüllt, weil jegliche Beweise ihrer Existenz in Form von Fossilien fehlen, vor allem in Afrika.

Es bestehen viele abenteuerliche Geschichten und bunte Erzählungen darüber, aber grundlegend besagen die Theorien, dass Schimpansen oder affenartige Hominiden von den afrikanischen Dschungeln in die trockene Savanne ausgewandert sind und dort den aufrechten Gang entwickelt haben sollen. Das Problem besteht darin, dass bis zum Jahr 2005 überhaupt keine Fossilien von Vorfahren der Schimpansen gefunden worden sind. Damals haben Forscher in Kenia die ersten Überreste entdeckt. Somit ist unklar, ob es überhaupt zur Abspaltung von einem unbekannten gemeinsamen Vorfahren gekommen war, denn bei den Fundorten der Fossilien von Frühmenschen gab es niemals welche von Vorfahren von Schimpansen zu finden. Der Fundort in Ostafrika ist ebenfalls problematisch, und es sieht so aus, als hätten sich Schimpansen in den letzten fünf oder mehr Millionen Jahren nicht weiterentwickelt, denn Wissenschaftler wissen so gut wie nichts über die Evolution von Schimpansen zu sagen.

Die „treibende Kraft" zur Entwicklung des aufrechten Gangs und letztlich des Homo sapiens soll dabei die physische Distanz zwischen den separierten Spezies gewesen sein. Wie der unbekannte evolutionäre Vorfahre beider Linien ausgesehen haben soll, ist unbekannt, denn es existieren selbst von den angeblichen Vorfahren nur einige wenige Zähne und Fragmente von Kiefern, die interpretiert werden. Forscher sind sich noch nicht einmal einig, ob diese Vorfahren in Afrika oder eher in Eurasien gelebt haben. Drei einzelne fossile Zähne von Schimpansen, die rund 500.000 Jahre alt sein sollen, belegen für Experten laut ihrem Fundort, dass diese Tiere gemeinsam mit Frühmenschen am selben für Affen ungeeigneten Ort gelebt haben, und nicht in Distanz voneinander, was diese „treibende Kraft" wohl eliminiert. In der Nähe von anderen Fundorten von Fossilien von Frühmenschen wurden niemals Überreste von Schimpansen gefunden, und es ist eigentlich nicht geklärt, ob jemals eine langsame parallele Entwicklungsgeschichte stattgefunden hat. Die Entdeckung dieser Schimpansen-Zähne bedeutet, dass Evolutionisten erneut umdenken müssen, was der Auslöser für eine evolutionäre Entwicklung hin zum Menschen gewesen sein könnte.

Anthropologen haben ausgesagt, dass die Menschen immer noch daran glauben, dass der geografische Split vor einer halben Million Jahre zur getrennten Entwicklung von Menschen und Schimpansen geführt hat, doch weil das jetzt nicht mehr wahrscheinlich ist, ist es möglicherweise niemals so geschehen. Die Experten müssen demzufolge nach einer anderen Ursache für die vorgebliche evolutionäre Aufspaltung suchen. Leider haben Forscher keine Vorstellung, wie jene Schimpansen vor 500.000 Jahren ausgesehen haben, weil keine anderen Fossilien wie Knochen oder Schädel oder gar ein einigermaßen komplettes Skelett gefunden werden können. Wenn weder solche Überreste noch jene des unbekannten letzten gemeinsamen Vorfahren vor mehr als 8 Millionen Jahren gefunden werden können, ist unmöglich zu beweisen, dass Affen und Menschen überhaupt von anderen Säugetieren abstammen.

Grundsätzlich gilt zu beachten, dass wir nur wissen, dass unzählige verschiedene Arten in der Vergangenheit existiert haben, weil wir ihre Fossilien finden. Die meisten dieser diversen Fossilien bezeugen, dass diese Lebewesen sehr plötzlich während einer Flut unter Sedimenten begraben worden sind. So findet man zum Beispiel Fossilien von Quallen, die keine Knochen oder harten Teile besitzen. Oft sind Fundstellen von Fossilien große Ansammlungen von Überresten verschiedener Meereskreaturen, die alle zusammen begraben worden sind. An Land findet man Lagerstätten von Fossilien, in denen sowohl Landlebewesen als auch Meereslebewesen zusammen vorkommen. In Bezug auf die Flut ist es auch sehr wahrscheinlich, dass die fossilen Überreste von Frühmenschen durch Fluten in tiefe Höhlen geschwemmt wurden, zusammen mit den Überresten heute ausgestorbener Tierarten, die keine Höhlen bewohnt haben. Es könnte sich somit um die Rückstände von Menschen handeln, die vor der Flut gelebt haben und belegen, dass diese Spezies durch gewaltige Katastrophen ausgestorben sind. Es ist unwahrscheinlich, dass ganze Gruppen von Frühmenschen jemals in kalten, stockfinsteren tiefen Höhlensystemen gehaust haben oder ihre Toten dort viele Meter tief begraben haben – wenn, dann nur in relativ geringer Anzahl. Viele so bezeichnete Steinwerkzeuge könnten einfach nur durch natürliche geologische Prozesse entstanden sein und nur so aussehen, als wären sie künstlich von Menschenhand geformt worden. Das bestätigte zum Beispiel Dr. Chris Stringer vom britischen Naturhistorischen Museum.

Evolutionisten sprechen oft von *Missing Links*, die man nicht im Fossilbericht finden kann. Es fehlt nicht nur jeder fossile Beweis für einen unbekannten Vorfahren von Affen und Menschen, sondern auch bei allen anderen Tierarten fehlen zigtausende sogenannter Missing Links. Niemand kann sagen, wie diese Vorläufer aller modernen Arten ausgesehen haben, weil Überreste von ihnen völlig fehlen. Niemand hat jemals einen davon erblickt. Somit stützt sich die Theorie der Evolution auf unzählige Phantom-Spezies im Sinne von Missing Links, die vor langer Zeit ausgestorben sein sollen, ohne dass ein Hinweis ihrer tatsächlichen Existenz vorhanden wäre. Vermutlich hat es sie nie gegeben, sondern jede biologische Spezies bis hin zum modernen Menschen ist durch eine zielgerichtete spezielle Schöpfung separat voneinander entstanden. Seit der Zeit von Charles Darwin, der daran glaubte, dass Menschen die Nachfahren von Bakterien sind, haben Evolutionisten Probleme mit dem Fossilbericht, sie konnten bis heute keinerlei Fossilien der unzähligen hypothetischen Übergangsformen diverser Spezies auf unserem Planeten finden. Der Fossilbericht ist deshalb ein Beleg für eine spezielle Schöpfung durch intelligentes Design.

Geht man nur vom Alter der Fossilien aus, müssen Gelehrte anmerken, dass die Geschichte seit der Entwicklung des modernen Menschen vor 200.000 bis 300.000 Jahren völlig im Dunkeln liegt. Erst vor 40.000 bis 60.000 Jahren soll es zur Besiedlung von Eurasien und daraufhin der ganzen Welt gekommen sein, als die neue Spezies Homo sapiens aus unbekannten Gründen ihre alte Heimat verlassen haben soll. Der moderne Mensch ist seit langer Zeit übrigens gar nicht mehr zu 100 Prozent der Spezies Homo sapiens zuzurechnen, weil nicht-afrikanische Populationen Anteile von Neandertaler-DNS in ihren Genen tragen. Neue genetische Analysen haben ergeben, dass sich hier außerdem Rückstände von weiteren, unbekannten und ausgestorbenen menschlichen Spezies finden lassen. Diese Populationen von mysteriösen Frühmenschen haben bereits weite Teile des Erdballs bewohnt. Seit sich der Homo sapiens schließlich seit 40.000 Jahren über die ganze Welt ausgebreitet hat, waren diese Frühmenschen, mit denen sich moderne Menschen nachweislich gekreuzt haben, nach hunderttausenden von Jahren plötzlich allesamt ausgestorben.

Sowohl in Europa als auch in Asien, Nordafrika, Mesopotamien, Nordamerika, Zentralamerika und Südamerika ist es infolgedessen im Laufe der letzten 10.000 bis 20.000 Jahre zur Entwicklung der Landwirtschaft gekommen. Die ersten Ansiedlungen und Städte sind entstanden. Die ältesten Nachweise für Landwirtschaft finden wir wieder nicht in Afrika, sondern in Ostasien. Irgendwann vor knapp 7.000 bis 10.000 Jahren sind in einem sehr kurzen Zeitraum dann fast alle Nutztiere und Nutzpflanzen aufgetaucht. Das stimmt grob mit dem Entstehen der ersten hoch entwickelten Zivilisationen von Ägypten und Sumer überein. Der Ursprung vieler Nutzpflanzen, die wir heute noch zum Erhalt der modernen Zivilisation benötigen, ist ebenfalls ungeklärt. So wissen Biologen zum Beispiel nicht, woher der Mais stammt. Die ältesten Überreste von Mais sind ungefähr 8.000 Jahre alt und wurden in Mexiko gefunden. Diese Pflanze kann nicht dort domestiziert worden sind, weil sie dort ganz plötzlich aufgetaucht ist, und zwar in bereits domestizierter Form, genauso wie viele andere Kulturpflanzen in anderen Teilen der Welt. Einige Gelehrte glauben, dass der moderne Mensch ein direkter Nachfahre des Neandertalers sein könnte. Diese Idee fand aus bestimmten Gründen keine große Akzeptanz. Wie es aussieht, hat sich der Homo sapiens entweder in verschiedenen Teilen der Welt aus verschiedenen Arten entwickelt oder er wurde dort gezielt platziert, um die Vorgänger-Spezies zu ersetzen.

Bestandteile von Neandertaler-DNS und Denisova-DNS sind heute noch in den Genen von Populationen außerhalb Afrikas vorhanden. Durch DNS-Analysen wissen wir jetzt konkret, dass Menschen, Neandertaler und Denisova-Menschen ebenfalls einen unbekannten Vorfahren besitzen, der vor ca. 550.000 bis 750.000 Jahren gelebt haben soll. Mit jeder neuen Entdeckung, die nicht in das Schema der Evolutionstheorie passt, werden Forscher immer verwirrter und sprechen über ein *„frustrierendes, kompliziertes Puzzle“*, weil sie das Rätsel um den Ursprung des Menschen einfach nicht auflösen können. Warum sind wir seit 30.000 Jahren die einzige menschliche Spezies auf diesem Planeten geblieben? Die Gattung Homo sapiens besitzt übrigens kein eigenes Musterexemplar, so wie andere Gattungen. Es gibt daher kein echtes Vergleichsmodell, stellvertretend für alle Ethnien und Völker dieser Welt, und deshalb ist diese Bezeichnung alleine bereits diffus. Wissenschaftler können wie gesagt auch nicht beantworten, welche Spezies unser direkter Vorfahr gewesen sein könnte, weil nicht bekannt ist, wie viele Kreuzungen es zwischen dem Homo sapiens und dem Neandertaler oder dem Homo heidelbergensis gegeben hat. Jede neue Entdeckung verstärkt den Verdacht, dass der Homo sapiens ursprünglich gar nicht aus Afrika stammt. Diverse Populationen lebten in verschiedenen bewohnbaren Gebieten um Afrika herum, und zwar über lange Zeiträume in relativer Isolation voneinander. Warum sollen Menschen in ihrer hypothetischen Entwicklungsgeschichte plötzlich vor etwa 12.000 Jahren damit begonnen haben, spezielle Werkzeuge zu erfinden, um zu fischen, Nahrung anzubauen, Vieh zu züchten und ihre Umgebung zu verändern?

Weil fast gar keine physischen Überreste des Denisova-Menschen existieren und gar keine von einem noch mehr rätselhaften Vorgänger, können wir die echten Vorfahren der Menschheit auf diesem Planeten vermutlich niemals ausfindig machen. Weil keine DNS-Informationen über die Zeiträume von vor 300.000 bis 800.000 Jahren aus Afrika existieren, können Anthropologen weiterhin nur Vermutungen anstellen. Die ältesten DNS-Spuren wurden in Marokko gefunden, und auch darüber waren Forscher erstaunt, weil die Proben die Entstehung des modernen Menschen von 200.000 auf 300.000 Jahre zurückverlegt haben und weil man angenommen hat, dass solche Überreste eher in Westafrika oder Zentralafrika zu finden sein würden. Zur Übersicht: Die ältesten fossilen Überreste von Frühmenschen mit einem geschätzten Alter zwischen 200.000 und 250.000 Jahren hat man in China, Ungarn, Israel, Italien, England und Nordafrika entdecken können. Oft ist bei diesen Fossilien eine Zuordnung schwierig, und man kann nicht zwischen Homo sapiens, Homo heidelbergensis oder Homo erectus unterscheiden. Es gibt viele Überschneidungen und wenige Unterschiede. Insgesamt sind weltweit nur um die 40 Fundstellen von Fossilien mit einem Alter von 50.000 bis 300.000 Jahren bekannt. Es erscheint gewagt, eine Entwicklungsgeschichte von 300.000 Jahren von diesen wenigen Exemplaren abzuleiten. Seit 300.000 Jahren soll sich die Größe des Gehirns immer weiter gesteigert haben, bis sie plötzlich beim Homo sapiens im Laufe der Zeit beständig zurückgegangen ist.

Alle Fossilien, die zwischen 40.000 und 100.000 Jahre alt sind, sind schwer zuzuordnen, weil sie verschiedene Kombinationen von modernen und archaischen Merkmalen aufweisen. Es erscheint daher völlig unmöglich, einige dieser Exemplare herauszunehmen und festzustellen, welche davon in unsere hypothetische Abstammungslinie passen und welche Fossilien zu Sub-Spezies gehört haben, die ausgestorben sind oder sich evolutionär nicht weiterentwickelt haben. So gibt es fossile Schädel mit modernen Merkmalen, die etwa 195.000 Jahre alt sein sollen, und im Gegensatz dazu welche mit archaischen Merkmalen, die nur 13.000 Jahre alt sind, darunter Gruppen, die laut Experten überhaupt nicht in die menschliche Abstammungslinie gehören.

Im Jahr 2017 wurden zudem in Indien nahe Chennai Steinmesser freigelegt, welche mindestens 250.000 Jahre alt sein sollen. Sie wären somit noch vor dem allgemeinen Erscheinen des Menschen in Afrika hergestellt worden. Man muss bei alldem bedenken, dass viele fossile Exemplare immer wieder neu datiert werden und dadurch ein Chaos entsteht. Forscher erklären uns, dass bereits größere Gruppen von Menschen außerhalb Afrikas gelebt haben, die nicht Teil der hypothetischen Evolution von Homo sapiens gewesen sein sollen. Diese Annahme wurde allerdings durch DNS-Analysen widerlegt. Die längste Zeit in seiner unbekannten Geschichte hat der Homo sapiens mit anderen Menschenarten koexistiert und sich laut DNS-Daten mit ihnen gekreuzt, wobei man aktuell einige von ihnen noch immer nicht identifizieren kann.

Alle diese anderen Arten sind dann in relativ kurzer Zeit vollständig verschwunden. Das geschah vermutlich vor 15.000 bis 40.000 Jahren. Wissenschaftler haben keine Ahnung, wie Denisova-Menschen physisch ausgesehen haben könnten, einige Populationen, wie bei Stämmen in Papua-Neuguinea, sollen sich noch bis vor 15.000 Jahren mit ihnen gekreuzt haben – doch wo sind ihre Überreste? Genetiker sind ebenfalls frustriert und erklären, dass mit jedem neuen DNS-Beweis gleich fünf Fragen in Bezug auf den angenommenen evolutionären Stammbaum auftauchen, die nicht beantwortet werden können. Es ist unklar, wie sich Vormenschen und Frühmenschen über die ganze Welt verbreiten konnten. Ihre Populationen hätten dabei selbst in entlegenen und isolierten Gebieten recht hoch sein müssen, um genug Diversität bereitzustellen, um überlebensfähig zu sein, und das über gigantische Zeiträume hinweg. Auch die Frage, warum wir heute die einzige übrig gebliebene menschliche Spezies darstellen, ist nicht zu beantworten.

Wohin sind hunderttausende Jahre von Menschheitsgeschichte verschwunden, und warum wissen wir nichts darüber? In geistigen und intellektuellen Fähigkeiten dürften uns unsere entfernten Vorfahren gleichberechtigt gewesen sein. Dennoch scheint sich kein Wissen angesammelt zu haben, das über Generationen hinweg weitergegeben worden wäre. Unklar ist auch, ob Neandertaler bereits sprechen konnten, um Informationen weiterzugeben. Wenn moderne Menschen also seit mindestens 300.000 Jahren existieren, so haben Historiker ermittelt, dass es maximal 30.000 Jahre dauern sollte, bis sich eine Spezies so weit entwickelt hat, dass sie sich auf dem gesamten Planeten ausbreitet und eine entwickelte globale Zivilisation etabliert. Das bedeutet, dass sich seit damals mindestens 10 weltumspannende Zivilisationen entwickelt haben sollten, die unserer modernen geähnelt haben. Es gibt sogar eine sehr hohe Wahrscheinlichkeit, dass solche verlorenen Erdzivilisationen tatsächlich vor unserer eigenen existiert haben.

In der bekannten Geschichte unserer Zivilisation hat die Kultur der antiken Sumerer schon vor 5.000 Jahren Wissenschaft, Medizin, Astronomie und Städtebau entwickelt. In antiken Metropolen konnten 150.000 Menschen leben. Wie konnte die Zivilisation später auf den Stand des europäischen Mittelalters absinken? Stimmen die Legenden über das Erscheinen von leibhaftigen Göttern aus dem Himmel, die man Anunnaki genannt hat? Könnte ihr Erscheinen und Verschwinden etwas mit dem Aufstieg und Fall von Zivilisationen zu tun haben? Oder entwickeln irdische Zivilisationen jeweils eine Ebene der Technologie, die unweigerlich in die Selbstzerstörung führt? Eine solche Katastrophe hätte zur Folge, dass die wenigen Überlebenden jeweils in einen primitiveren Zustand oder gar in die buchstäbliche Steinzeit zurückfallen und schließlich alles vergessen.

Was wäre, wenn Charles Darwin völlig falsch liegt und moderne Menschen niemals direkt von Frühmenschen und affenartigen Vormenschen abstammen? Der moderne Mensch ist im Gegensatz zu allen anderen Spezies dieses Planeten nicht an die natürlichen Umweltbedingungen angepasst. Einige Forscher, wie Dr. Ellis Silver, haben sich mit diesem Phänomen befasst und sind dahintergekommen, dass moderne Menschen offenbar gar nicht von diesem Planeten stammen. Unsere Physiologie zeigt, dass wir uns nicht gemeinsam mit den anderen Lebensformen auf diesem Planeten entwickelt haben können. Entweder gab es künstliche genetische Eingriffe oder unsere Vorfahren stammen von anderen Welten im Universum. Unsere entfernten Vorfahren waren demzufolge möglicherweise antike Raumfahrer, stammten von fortschrittlichen verlorenen Erdzivilisationen, die zur genetischen Manipulation fähig waren, oder wurden von außerirdischen Intelligenzen hierher befördert. Laut Dr. Silver besitzen moderne Menschen 223 zusätzliche Gene, die man in keiner anderen Spezies dieses Planeten entdecken konnte. Entscheidend für die Evolution und lange Entwicklungsgeschichte ist die Tatsache, dass ein erwachsener nackter Mensch nicht ohne weiteres in der Natur überleben kann. Er benötigt Bekleidung und Werkzeuge, um überleben zu können. Unsere Verdauung ist außerdem nicht an rohe, unverarbeitete Nahrung angepasst.

Diese Abnormalitäten in der menschlichen Spezies und viele andere verborgene Funktionen, die mit DNS zu tun haben, weisen darauf hin, dass der Homo sapiens eine künstlich erschaffene Spezies darstellt. Dr. Silver glaubt, dass alle ermittelten Daten darauf schließen lassen, dass der Homo sapiens in voll entwickelter Form vor etwa 60.000 bis 200.000 Jahren plötzlich auf dem Planeten Erde erschienen ist. Diese Theorie stimmt im Grunde mit den antiken Schöpfungsmythen der ersten Hochkulturen überein, die versucht haben, dieses Wissen in Form von literarischen Texten in Form von Keilschrift-Tafeln oder Hieroglyphen an ihre Nachkommen weiterzugeben. Wenn außerirdische, menschenähnliche Götter die Schöpfer des Homo sapiens sind, dann ist anzunehmen, dass unsere Spezies als eine primitive Arbeiterkaste der Anunnaki-Herren erschaffen worden ist. Dr. Silver spekuliert, dass die Erde außerdem eine Art von Gefängnisplanet darstellt. Diese Hypothese einer Zoo-Welt oder Gefängnis-Welt wird auch von anderen Forschern und Whistleblowern erwähnt. Es könnte mit der unkontrollierbaren, unvernünftigen und gewalttätigen Natur der Spezies Homo sapiens zu tun haben. Auf jeden Fall geben uns diese Hinweise Stoff für wissenschaftliche Spekulationen und interessante Rückschlüsse über unsere wahre Herkunft. Die Wahrheit ist, dass Leben, Bewusstsein und Intelligenz nicht das Resultat einer zufälligen Evolution in der komplexen Natur darstellen können. Wir leben eindeutig in einem intelligent designten Kosmos, der zweckmäßig von einem Schöpfer erschaffen wurde und sich keinesfalls aus einer kosmischen Explosion entwickelt hat.

Ist die Menschheit eine Alien-Hybridenspezies?

Mary Leakey (1913-1996), die weltbekannte britische Paläoanthropologin, die viele Fossilien von Hominiden und ihre Steinwerkzeuge erforscht hat, vertrat am Ende ihres Lebens ebenfalls kontroverse Ansichten zur Menschheitsgeschichte. Sie blieb zwar bei der Einstellung, dass der Homo sapiens von einer Spezies von Frühmenschen abstammt, sie war aber davon überzeugt, dass Wissenschaftler niemals dazu in der Lage sein werden, das Szenario einer natürlichen menschlichen Evolution zu beweisen. Diese Einstellung hatte vermutlich damit zu tun, dass Leakey zwischen 1976 und 1981 die kontroversen Laetoli-Fußabdrücke untersucht hat, die ca. 3,7 Millionen Jahre alt sein sollen und völlig modern menschlich wirken, so als ob es seit dieser Zeit schon aufrecht auf zwei Beinen laufende Menschen gab und dann keine evolutionäre Weiterentwicklung stattgefunden hätte. Das Alter der Abdrücke weist dann auch darauf hin, dass Menschen bereits vor Millionen von Jahren auf diesem Planeten existiert haben oder alle anerkannten Datierungsmethoden völlig irreführend sind. Das Problem besteht darin, dass keine menschliche Kultur bekannt ist, die fast 4 Millionen Jahre alt ist. Außerdem hat man keine passenden Skelette zu diesen fossilen Fußabdrücken gefunden.

Drei Monate vor ihrem Tod im Alter von 83 Jahren hat Mary Leakey erklärt, dass alle imaginären Stammbäume der Evolution und ihre Zweige von menschlichen Abstammungslinien lediglich *„eine Menge Unsinn"* sind! Ihr Sohn Richard Leakey (1944-2022), der ebenfalls ein angesehener Paläoanthropologe war, teilte diese Überzeugung und wies darauf hin, dass viele bekannte Wissenschaftler inzwischen zu der Einsicht gelangt sind, dass die Linie der menschlichen Evolution nicht klar definiert werden kann, sondern ein großes Fragezeichen besteht, weil bis jetzt noch keinerlei Beweis für eine Übergangsspezies hin zum modernen Menschen gefunden werden kann. Im Gegenteil gibt es sehr viele Belege für ein sehr abruptes Erscheinen des modernen Menschen und nicht für eine langsame stufenweise Entwicklung.

Von Jahr zu Jahr werden auch die gültigen Hypothesen über die Besiedlungsgeschichte von Amerika immer weiter infrage gestellt, weil zum Beispiel 40.000 Jahre alte menschliche Fußabdrücke in Zentralmexiko entdeckt worden sind, wobei Wissenschaftler die Ansicht vertreten, dass dieses Gebiet erst vor rund 11.000 Jahren besiedelt worden sei. Allgemein werden sämtliche Datierungen stark infrage gestellt, weil je nach Fall viele sehr unterschiedliche Altersangaben entstehen, die für Debatten sorgen. Wendet man bei den besagten Fußabdrücken in vulkanischer Asche die paläomagnetische Analyse an, erhält man ein Alter von 1,3 Millionen Jahren! Im Manix-Becken von San Bernardino County in Kalifornien sind Ablagerungen mit einem Alter von mehr als 350.000 Jahren gefunden worden, in denen Artefakte vorkommen, die künstlich bearbeitete Steinwerkzeuge darstellen. Die einflussreichsten nordamerikanischen Archäologen mussten sie aufgrund dieses Alters als menschliche Artefakte zurückweisen. Ihre Begründung lautet, sie wären durch natürliche geologische Prozesse entstanden. Aber europäische und asiatische Experten, die mit den Steinwerkzeugen in Eurasien vertraut sind, vertreten die Ansicht, es handelt sich um authentische menschengemachte Artefakte. Das wäre der nächste Hinweis, dass Menschen seit langer Zeit in Amerika gelebt haben, möglicherweise sogar früher als in Eurasien oder Afrika.

Im Mai 2017 kursierten Meldungen in Wissenschaftsmagazinen, wonach eine Neuuntersuchung von Fossilien von Hominiden ergeben hat, dass sie ein Alter von mehr als sieben Millionen Jahren haben. Da beide Exemplare in Europa gefunden worden sind, denken Anthropologen, dass sich Menschen zuerst in Europa entwickelt haben, und zwar von einem unbekannten gemeinsamen Vorfahren, von dem keine Spuren im Fossilbericht vorhanden sind. Daher sind Überreste des ältesten Hominiden in Europa zu finden. Es handelt sich um die Spezies Graecopithecus freybergi, von der man insgesamt nur zwei Fossilien gefunden hat. Eines davon wurde 1944 von deutschen Soldaten ausgegraben, die in Griechenland in der Nähe von Athen einen Bunker bauten. Es handelt sich um einen Unterkieferknochen ohne Zähne. Der zweite Fund stammt aus Bulgarien. Wenn es die Überreste eines Vorfahren der Menschheit sind, dann lebte diese Spezies außerhalb von Afrika. Die frühesten Menschen könnten sich laut diesen Funden entsprechend den Vorstellungen von Evolutionsbiologen in Europa entwickelt haben. Leider sind außer den Zähnen keine weiteren anatomischen Merkmale zu bestimmen, darum kann man nichts über den Bewegungsapparat sagen. Der Kiefer ist 7,18 Millionen Jahre alt und der einzelne Zahn 7,24 Millionen Jahre.

Forscher und Wissenschaftsjournalisten äußerten sich zu diesen unpassenden Funden derart, dass sie davon schreiben, dass *„Dinge oft viel komplexer sind, als wir uns vorstellen können“*. Aber dennoch sei es zu früh, Lehrbücher umzuschreiben, selbst wenn Graecopithecus mehrere hunderttausend Jahre älter ist als die ältesten Fossilien von Vormenschen, die in Afrika gefunden wurden. Die Lehrbücher wurden trotz vieler unpassender Funde der letzten Jahrzehnte niemals umgeschrieben, denn das würde bedeuten, die ganze etablierte Geschichtsschreibung zu verändern. Stattdessen schlagen Paläoanthropologen vor, dass man einfach eine neue Forschungsrichtung begründen soll, bis die notwendigen Beweise vorhanden sind, welche einen afrikanischen Ursprung der Menschheit *„total widerlegen“*. Schon seit dem Jahr 2002 betrachten Wissenschaftler Europa als Platz der Entwicklung des modernen Menschen, und sogar in Deutschland hat man Fossilien von Affen gefunden, die im evolutionären Stammbaum als ein Vorfahr des modernen Menschen interpretiert werden können. Das Exemplar aus Deutschland besitzt ein Alter von 16,5 Millionen Jahren und ist im Vergleich mit Afrika rund 1,5 Millionen Jahre älter als ähnliche Fossilien von Spezies in Ostafrika. Der Anthropologe David Begun von der Universität von Toronto und einige seiner europäischen Kollegen wie Elmar Heizmann vom Naturhistorischen Museum in Stuttgart denken daher, dass die Linie der Menschenaffen und die Linie des menschlichen Stammbaums zuerst in Eurasien erscheint und nicht in Afrika. Somit haben diese Forscher einmal mehr das Lehrbuch der menschlichen Evolution verändert. Ob Graecopithecus jedoch ein Vorfahre des Menschen war, ist unklar, denn sein Kiefer sieht nicht aus wie bei Menschen, sondern wie bei Affen. Die wichtige Frage ist daher nicht, ob Vormenschen in Europa lebten, sondern ob sie sich tatsächlich evolutionär weiterentwickelten.

Wäre das gleichzeitige Erscheinen von Menschen in vielen Teilen der Welt der Beweis, dass wir nicht von affenartigen Vormenschen abstammen, sondern das Resultat eines antiken außerirdischen Kontakts sind, der dafür gesorgt hat, dass verschiedene Populationen von Menschen in bewohnbaren Gebieten in aller Welt angesiedelt worden sind? Petroglyphen mit einem Alter von mindestens 10.000 Jahren und mehr zeigen, dass unsere Vorfahren von Sternen-Wesen besucht worden sind. Solche Götter gaben uns womöglich sogar die Fähigkeit zur Sprache, denn Wissenschaftler können nicht überzeugend erklären, wie oder wann sich der aufrechte Gang, das menschliche Gehirn oder die menschliche Sprachfähigkeit entwickelt hat. Warum gibt es daneben so eine große Anzahl von verschiedenen menschlichen Ethnien und Völkern? Sie alle sind zwar zur Kreuzung untereinander fähig, aber es gibt starke Abweichungen in den verschiedenen Blutgruppen. Deshalb ist strittig, ob es sich wirklich bei allen modernen Menschen um dieselbe Spezies handelt. Besonders die Herkunft von Rh-negativ-Blut ist umstritten. Einige Forscher haben vorgeschlagen, dass der Ursprung nicht bei Mutationen, sondern bei einer außerirdischen Spezies liegt, die sich mit weißen kaukasischen Menschen gekreuzt hat oder diese Gruppe sogar genetisch entworfen hat, um eine Hybriden-Blutlinie zu erzeugen. Eine Theorie besagt, dass Anunnaki dafür verantwortlich gewesen sind, denn es ist bekannt, dass Menschen mit Rh-negativ-Blut spezielle Eigenschaften wie einen höheren durchschnittlichen IQ und starke psychische Kräfte besitzen. Sie sind außerdem am häufigsten vom Phänomen der Alien-Abduktion betroffen.

Aus evolutionärer Sicht ist auch die Zusammensetzung von DNS-Sequenzen problematisch, denn ein DNS-Molekül ist hoch organisiert und komplex. Bereits die kleinsten Veränderungen verursachen irreparable Schäden, und Mutationen verursachen einen Schaden beim richtigen Funktionieren von Genen. Das führt nicht zu einer evolutionären Verbesserung oder Weiterentwicklung, sondern zum Gegenteil. Durch Mutationen können in der nächsten Generation keine neuen Informationen in das DNS-Molekül aufgenommen werden. Woher stammen also die gigantischen Mengen an DNS-Informationen im Erbgut? Forscher sind sich inzwischen einig, dass die sogenannte menschliche Evolution aufgehört hat, als moderne Menschen erschienen. Sie glauben, dass die menschliche Evolution seitdem vorbei ist, weil seit mindestens 10.000 Jahren, als es zur Entstehung von Landwirtschaft und der modernen Zivilisation gekommen ist, keine Anzeichen für Evolution feststellbar sind. Der Paläontologe Stephen Jay Gould hat schon im Jahr 2000 erklärt, dass seit 50.000 Jahren keine biologische Veränderung bei modernen Menschen stattgefunden hat und führt diesen Umstand darauf zurück, dass keine natürliche Selektion oder Evolution zu beobachten ist. Der Naturforscher Sir David Attenborough sagt, dass die natürliche Selektion aufgehört hat, weil wir die Geburtenkontrolle eingeführt haben. Alan R. Templeton veröffentlichte vor einigen Jahren eine Arbeit, die diese Theorie bestätigt und schreibt dort, dass natürliche Selektion nicht mehr stattfindet, weil es nun zu einer kulturellen, aber zu keiner biologischen Weiterentwicklung kommen soll.

Seit der Zeit von Charles Darwin ist kein einziger Fall bekannt, bei dem sich durch natürliche Selektion eine bereits bestehende Spezies in eine andere verwandelt hat. Intensive Laborexperimente mit Fruchtfliegen, die in schneller Abfolge neue Generationen bilden, haben in 60 Jahren keinen Beweis für die Theorie von Evolution produziert! Keine einzige neue Spezies ist entstanden, noch nicht mal ein Enzym, sondern der genetische DNS-Code ist verankert und verändert sich nicht vom vorgegebenen intelligenten Design. Versuche mit Bakterien und Fruchtfliegen über unzählige Generationen hinweg haben letztendlich ergeben, dass keine biologische Evolution stattfindet, sondern irgendwann degenerative Erscheinungen auftreten, bis zu einem Punkt, an dem die genetischen Veränderungen zu groß werden und nicht mehr toleriert werden können. Wenn dieser Punkt erreicht ist, dann entwickelt sich die Kreatur nicht weiter – sondern sie stirbt.

Berücksichtigt man diese Tatsache und den Fakt, dass verschiedene menschliche Populationen sich genetisch bis zu 99,9 Prozent gleichen, dann gibt es immer noch einen Unterschied von 0,1 Prozent. Diese Menge ist in Zahlen ausgedrückt eine Summe von 3.000.000 individuellen Unterschieden in den Sequenzen der Gene, und das ist eine Menge. Man kann somit nicht von der Hand weisen, dass es doch unterschiedliche menschliche Rassen gibt. Einen anderen Hinweis, dass diese Rassen durch künstliche Eingriffe ins Genom entstanden sind, liefern Vergleiche der Genome von Menschen mit Neandertalern. Es gibt 78 bekannte Abweichungen, und diese wurden selektiv an ganz bestimmten Stellen des Genoms vorgenommen. Das bewirkte eine Veränderung des physischen Erscheinungsbildes, des Sehvermögens und anderen Eigenschaften des modernen Menschen. In fünf dieser Gene wurden diese Abweichungen stufenweise hervorgerufen, und zwar wieder selektiv. Das zeigt die Künstlichkeit solcher Veränderungen an.

Das würde bedeuten, dass die legendären Götter der Vorzeit Spezies wie den Neandertaler genetisch manipuliert haben, und deshalb sind sie dann von der Bildfläche verschwunden und konnten sich auch mit modernen Menschen kreuzen. Die antiken Raumfahrer-Götter, die über die Erde herrschten, erschufen viele verschiedene Völker in aller Welt zur selben Zeit und dominierten sie dort. Sie erschufen außerdem verschiedene Sprachen und Kulturen, um sie voneinander abzutrennen. Erst kürzlich wurde ein Gen gefunden, das für die Fähigkeit zur Sprache zuständig ist, und dieses Gen ist bei keinem Vorläufer des Homo sapiens wie dem Neandertaler bekannt. Das wäre ein neuer Beleg für eine künstliche Erschaffung der Sprachfähigkeit beim Menschen!

Autoren, die über Paläo-Kontakte mit außerirdischen Besuchern schreiben, haben längst vorgeschlagen, dass solche menschenähnlichen Wesen in der fernen Vergangenheit unseren Planeten kolonisiert haben und einen Frühmenschen wie den Homo erectus genetisch verbesserten, um die moderne menschliche Rasse zu erschaffen. Das könnte das abrupte Auftauchen des Homo sapiens erklären und würde antike Legenden über Götter aus dem Himmel bestätigen, welche die Menschheit nach ihrem Ebenbild kreiert haben. Falls das stimmen sollte, ist anzunehmen, dass uns solche Wesen noch immer beobachten und mit uns interagieren. UFO-Kontaktler haben seit den 1950er-Jahren behauptet, dass menschenähnliche Außerirdische auch heutzutage hier präsent sind und sogar heimlich und unerkannt in der menschlichen Population leben. Aus neuen DNS-Analysen lässt sich ableiten, dass außerirdische Wesen aktuell auf der Erde leben, und diese Daten belegen, dass moderne Menschen noch immer stufenweise systematisch verändert und genetisch transformiert werden.

Infolgedessen hat niemals ein Gentransfer von einem unbekannten Frühmenschen stattgefunden, sondern im Gegenteil haben wir diese Gene in der Vergangenheit durch direkten Horizontal-Transfer von Aliens erhalten. Das glauben zumindest immer mehr Forscher. Diese DNS-Updates sollen immer neue Mensch-Alien-Hybriden hervorbringen. Solche Programme werden von außerirdischen Genetikern durchgeführt, die unsere Aktivitäten auf Erden studieren. Das erklärt, warum wir in unserem Genom Gene mit unbekanntem Ursprung entdecken können. Der wichtigste Grund für diesen Eingriff könnte die Tatsache darstellen, dass die Menschheit sich durch ihr Verhalten selbst zerstört. Demzufolge soll eine neue Rasse von menschlichen Wesen entstehen, die sich äußerlich nicht von uns unterscheiden, aber künftig zum Erwachen der Menschheit beitragen werden, um ein höheres Bewusstsein zu schaffen, damit wir unsere Verbundenheit mit dem ganzen Universum verstehen können. Dazu ist es notwendig, unseren wahren genetischen Ursprung zu kennen, um mehr spirituell zu werden und uns schließlich in eine multidimensionale Existenzform weiterzuentwickeln.

Spätestens seit dem Jahr 2018 sind menschliche Genetiker selbst in der Position, derartige Veränderungen im menschlichen Genom durch künstliche Eingriffe vorzunehmen. In China wurden schon offiziell die ersten genetisch modifizierten Kinder geboren, indem man verschiedene DNS-Anteile durch die Technik von molekularen Scheren miteinander kombiniert hat. Die Weltgesundheitsorganisation hat daraufhin im Jahr 2021 Richtlinien für das Editieren des menschlichen Genoms erlassen. Man nennt dieses Vorgehen heute nicht mehr Eugenik, sondern eine „*Maßnahme zur Verbesserung der menschlichen Gesundheit*“, weil sich chronische

Krankheiten immer rascher ausbreiten und es immer weniger vollständig gesunde Menschen gibt. Schon vor zehn Jahren ergaben Studien, dass 95 Prozent der Weltbevölkerung Gesundheitsprobleme aufweisen und nur mehr einer von 20 Menschen (insgesamt 4,3 Prozent) vollständig gesund ist! In wenigen Jahren wird es überhaupt keine völlig gesunden Menschen mehr geben, wenn sich dieser Trend fortsetzt. Es kommt zu Degeneration und Devolution. Zum Beispiel ist die durchschnittliche Größe des menschlichen Gehirns im Laufe der letzten 20.000 Jahre beständig geschrumpft. Auch der durchschnittliche IQ geht mittlerweile selbst in entwickelten Nationen seit 1960 stark zurück und führt unweigerlich zu einer Intelligenz-Krise, die es schwieriger macht, globale Probleme lösen zu können.

Darum sind Biologen gezwungen, Eugenik-Maßnahmen und genetische Manipulation vorzunehmen, um ein weiteres Überleben der menschlichen Spezies zu garantieren. Einige Forscher nehmen an, dass verlorene Hochzivilisationen wie Atlantis bereits die medizinische Möglichkeit der genetischen Manipulation entwickelt hatten, so wie es aus überlieferten Texten und Legenden hervorgeht. Es soll dabei zur Korruption des Fleisches gekommen sein, das von höheren Intelligenzen speziell entworfen wurde. Diese willkürlichen Eingriffe und Vermischungen der vorgegebenen DNS-Codes sollen schließlich zum Verderben und dem Untergang dieser fabelhaften Zivilisation geführt haben. Das große Problem für alternative Wissenschaftler, Archäologen und Autoren liegt darin, dass die Öffentlichkeit so gut wie gar nicht über alle diese Erkenntnisse unterrichtet wird, da eine mediale Blockade besteht. Die Allgemeinheit ist heute so stark von diesen Themen abgelenkt, dass sie nicht einmal die grundsätzlichen Zusammenhänge versteht. Erstaunlicherweise sind US-Amerikaner jene westliche Gruppe, die den Glauben an die Evolution am stärksten ablehnt. Viele aktuelle Forschungsergebnisse und Studien stammen aus den USA, und zu keinem Punkt der Geschichte seit dem Bestehen der Evolutionstheorie ist die Welt der Wissenschaft derart in Unruhe geraten wie aktuell. Junge Forscher weigern sich, die seit Jahrhunderten akzeptierten Grundsätze von Charles Darwin weiterhin zu akzeptieren, denn ihnen werden die ganzen Absurditäten und Probleme klar, und sie rebellieren gegen die überholten wissenschaftlichen Vorstellungen. Selbst hartgesottene Evolutionisten bezweifeln die Existenz von irgendwelchen Mechanismen der Evolution, denn Mutationen produzieren keine Art von Evolution.

Was sind also die Mechanismen der Evolution? Sie existieren gar nicht, weil keine biologischen Prozesse bekannt sind, die evolutionäre Veränderungen auslösen. Der innere Zirkel der wichtigsten Naturforscher ist mittlerweile voll von Zweifeln über die Richtigkeit der Postulate von Darwin. Die ganzen Vorstellungen und Hypothesen von natürlicher Selektion und Mutationen sind nichts weiter als bedeutungslose Ideen, die auf kreisförmiger Argumentation und wissenschaftlichem Konsens beruhen. Eine unbeweisbare Theorie soll auf einer anderen aufbauen usw. Fakt ist: Kein Forscher hat jemals eine neue Spezies durch den Mechanismus der natürlichen Selektion produziert, nicht einmal im Ansatz. Im Gegenteil wurden mehr und mehr Belege gegen die Vorstellung der Evolution festgestellt. Das bedeutet: Wissenschaftler, welche die Theorien des Neodarwinismus zu beweisen versuchten, sind dafür zuständig, dass ihre eigenen Vorstellungen widerlegt werden.

Der klassische Darwinismus ist inzwischen Geschichte. Das ist seit vielen Jahren bekannt, doch diese Resultate werden der breiten Öffentlichkeit nicht mitgeteilt, sondern die betreffenden Facharbeiten und Studien werden in den inneren Zirkeln des wissenschaftlichen Establishments verborgen. Diese Experten können nicht beantworten, wie natürliche Evolution stattgefunden haben soll! Der Fossilbericht kann keine Beweise dafür liefern. Ein Fossil liefert keinen Beweis für eine Entwicklung, sondern zeigt, dass eine Kreatur einmal gelebt hat, gestorben ist und einen Abdruck hinterlassen hat. Die Wahrheit lautet, dass Paläontologen sehr genau wissen, dass der Fossilbericht eines der größten Rätsel in der akzeptierten Theorie der Evolution darstellt. Kein echter Evolutionist kann den Fossilbericht als einen Beweis für die Theorie der Evolution heranziehen, sondern alles deutet auf ein spezielles Design im Sinne einer übernatürlichen Schöpfung hin.

Ronald West, ein Professor der Paläontologie an der *Kansas State University*, hat Folgendes darüber ausgesagt: *„Im Gegensatz zu dem, was die meisten Wissenschaftler schreiben, unterstützt der Fossilien-Bestand nicht die darwinistische Evolutionstheorie, weil es diese Theorie ist, die wir verwenden, um den Fossilien-Bestand zu interpretieren. Damit machen wir uns eines Zirkel-Schlusses schuldig, wenn wir dann sagen, dass der Fossilien-Bestand diese Theorie unterstützt.“* Diese Aussagen kritischer Wissenschaftler, die gegen die darwinistische Propaganda Stellung beziehen, bewirken, dass weitere

Forscher den angeblichen Fakt der menschlichen Evolution bezweifeln, denn es gibt immer mehr Probleme beim alten Affe-zu-Mensch-Dogma. Die Öffentlichkeit muss darüber in Kenntnis gesetzt werden, dass Evolution nicht bewiesen oder jemals beweisbar ist. Warum gibt es keine Übergangs-Spezies im Fossilbericht? Wo liegt der Ursprung des DNS-Codes? Wie konnte er überhaupt entstehen, ohne intelligent erschaffen worden zu sein, um Leben aus toter Materie zu ermöglichen?

Lebewesen sehen ohne Ausnahme so aus, als ob sie einem komplexen Entwurf entstammen. Wie wollen Evolutionisten beweisen, dass sie nicht das Produkt eines intelligenten Designs sind? Wer waren die echten Schöpfer und Götter von Eden? Selbst der führende Darwinist und Atheist Richard Dawkins schreibt in seinem Buch „*The Blind Watchmaker*", dass Biologie das Studium von komplizierten Dingen ist, die so erscheinen, als wären sie zweckmäßig entworfen worden. Trotzdem weisen diese Experten das Design in Lebewesen zurück, weil sie keinen Schöpfer ausfindig machen können. Sie weisen somit die Logik einer speziellen Schöpfung zurück und schreiben alles naturalistischen Mechanismen zu, die gar nicht real existieren. Wo sind die Beweise für Evolution? In Millionen von untersuchten und daraufhin archivierten und weggesperrten Fossilien gibt es keine Spur davon.

Charles Darwin war dieses Problem natürlich bewusst. Sämtliche Stammbäume der Evolution, wie man sie in Lehrbüchern vorfindet, sind reine Imagination, denn es existieren keine Beweise dafür in Form von Fossilien. Das Nichtvorhandensein von Übergangsformen im Fossilbericht stellt somit das größte Rätsel der Paläontologie dar. Wie soll blinde, leblose Chemie lebende Systeme und intelligentes Leben mit kreativem Geist, mit Intelligenz, mit Logik, mit Rationalität oder mit Moralität hervorgebracht haben? Warum wird Evolution, die eine unbeweisbare Theorie darstellt, in Bildungseinrichtungen immer noch so gelehrt, als wäre es eine objektive bzw. operative Wissenschaft? Warum wird diese Idee, die Züge eines fundamentalen religiösen Dogmas trägt und keine Beweise für ihre Richtigkeit abliefern kann, in Wissenschaftsklassen unterrichtet? Wenn Religion nicht in Wissenschaftsklassen unterrichtet werden darf, warum wird dort Evolution gelehrt? Stellt man zielgerichtete Fragen, kommt meist zur Antwort, dass sich Evolutionisten in Bezug auf alle diese Angelegenheit „nicht sicher" sind, weil viele Dinge „noch immer nicht klar verstanden" sind.

Karl Popper (1902-1994), einer der einflussreichsten Wissenschafts-Philosophen im 20. Jahrhundert, sagte über die Evolution: „*Evolution ist kein Fakt. Evolution qualifiziert sich nicht einmal als Theorie oder Hypothese. Es ist ein metaphysisches Forschungsprogramm, und es ist keine wirklich überprüfbare Wissenschaft.*“

Der Wissenschafts-Philosoph Michael Ruse gestand sich ein: „*Evolution wird von ihren Praktikern als mehr als bloße Wissenschaft propagiert. Die Evolution wird als Ideologie, als säkulare Religion propagiert – als vollwertige Alternative zum Christentum, mit Sinn und Moral. Ich bin ein glühender Evolutionist und ein Ex-Christ, aber ich muss zugeben, dass die Gläubigen in dieser einen Beschwerde, die sie vorbringen, absolut recht haben. Evolution ist eine Religion. Das galt für die Evolution am Anfang, und das gilt auch heute noch für die Evolution. (…) Die Evolution entstand als eine Art säkularer Ideologie, als expliziter Ersatz für das Christentum.*“

Der UFO-Experte Malcolm Robinson, der in den vergangenen Jahren eine Reihe von Büchern über UFO-Vorfälle veröffentlicht hat, beschreibt, dass außerirdische Intelligenzen regelmäßig den Planeten Erde besuchen, und das schon seit der Zeit von Höhlenmenschen. Weil sie vermutlich ihre Hände bei der Erschaffung der Spezies Homo sapiens im Spiel hatten, ist schwer zu sagen, welche Ziele die fremden Intelligenzen verfolgen. Sie folgen auf jeden Fall einem Aktionsplan, der heutzutage immer noch die Entführung von tausenden von Menschen weltweit beinhaltet. Eine große Anzahl von UFO-Begegnungen kann nicht durch natürliche Ursachen erklärt werden, und aus diesem Grund versuchen Ufologen, den Geheimnissen des Phänomens auf den Grund zu gehen. Aus den neuesten US-Regierungsberichten über unbekannte Flugobjekte geht hervor, dass ein außerirdischer Ursprung nicht ausgeschlossen werden kann. Das Problem für ernsthafte Journalisten, Ufologen und Autoren besteht darin, das jahrzehntealte Stigmata in Bezug auf das Wort „UFO“ abzuschütteln, das nach wie vor eine große Wirkung besitzt. Wissenschaftler versuchen deshalb zu einem besseren Verständnis der nicht identifizierbaren Objekte zu gelangen, die offenbar eine Bedrohung für die nationale Sicherheit vieler Nationen der Welt bedeuten, nicht nur in Bezug auf die Verletzung gesperrten Luftraums, sondern auch speziell in Verbindung mit diesen rätselhaften Fällen von Entführungen durch UFOs, welche unsere Regierungen nicht verhindern können.

Viele Länder der Welt haben Ermittlungen über diese Alien-Abduktionen durchgeführt, wobei viele Entführte davon berichten, dass sie an Bord von Raumschiffen waren und an ihnen schmerzhafte medizinische Prozeduren durchgeführt worden sind. Speziell unter Hypnose können viele Einzelheiten solcher Entführungen wieder in die Erinnerung gerufen werden. Sollte es also zur offiziellen Bestätigung von Operationen außerirdischer Schiffe auf der Erde kommen, dann wird auch das damit verbundene Phänomen der Entführungen durch Aliens wieder stärker in den Blickpunkt rücken. Im Jahr 2022 entstand die Dokumentation „*The Pentagon UFO-Files*", in der auch der Autor Malcolm Robinson zu Wort kommt. Darin wird beschrieben, dass bestimmte Geheimnisse seit Jahrzehnten vor der Weltöffentlichkeit verborgen blieben und die US-Regierung erst seit 2017 einen Prozess der kontrollierten Offenlegung von Beweisen für außerirdische Lebensformen begonnen hat. Diese Enthüllungen wirken sich auf unsere Wahrnehmung von unserem Platz im Universum aus. Wissenschaftler und Militärexperten enthüllen seitdem ständig neue Details und UFO-Berichte, und somit besitzen wir nunmehr die Bestätigung für die Existenz von unerklärlichen Phänomenen auf unserem Planeten! Die Zukunft hält daher wichtige Diskussionen über außerirdisches Leben bereit, das die Erde besucht und überwacht.

Der Raketenpionier und Physiker Hermann Oberth stellte fest: „*Es ist meine These, dass fliegende Untertassen real sind und dass es sich um Raumschiffe aus einem anderen Sonnensystem handelt. Ich denke, dass sie möglicherweise von intelligenten Beobachtern bemannt sind, die Mitglieder einer Rasse sind, die unsere Erde seit Jahrhunderten erforscht. Ich denke, dass sie möglicherweise ausgesandt wurden, um systematische, weitreichende Untersuchungen durchzuführen, zuerst von Menschen, Tieren und Pflanzen und in jüngerer Zeit von Atomzentren, Rüstungszentren und Zentren der Rüstungsproduktion. Sie sind offensichtlich nicht als Eindringlinge gekommen, aber ich glaube, dass ihre gegenwärtige Mission eine wissenschaftliche Untersuchung sein könnte.*"

Kapitel 4 – Die Theorie der flachen Erde beinhaltet die physikalische Gültigkeit des geozentrischen Weltbilds

Das erdzentrierte Weltbild ist das stabilste Modell vom Universum

Dr. Robert Sungenis ist ein katholischer Gelehrter aus den USA, der sich für die Theorie des Geozentrismus einsetzt. Er schreibt, dass die römisch-katholische Kirche einer Verschwörung zum Opfer fiel, als die Entdeckungen von Kopernikus und Galilei zum heliozentrischen Weltbild geführt haben. In seiner dreiteiligen Buchreihe „*Galileo Was Wrong: The Church Was Right*" liefert er eine überraschende Vielfalt an Informationen, wonach das geozentrische Weltbild doch korrekt sein könnte! Die wissenschaftlichen Erkenntnisse der letzten einhundert Jahre waren den Astronomen von früher nicht bekannt. Dr. Sungenis legt dar, dass das stabilste Modell des Universums jenes ist, das die Erde im Zentrum des Kosmos repräsentiert. Die moderne Wissenschaft hat uns auf Irrwege geführt, indem sie Theorien ersonnen hat, die nicht beweisbar und daher als falsch abzulehnen sind.

Bestimmte Sachverhalte wurden lange Zeit vor der Öffentlichkeit verborgen gehalten. Astronomische Berechnungen bestätigen, dass sich die Erde im Zentrum des Universums befindet. Verschiedene wissenschaftliche Experimente haben zwischen den Jahren 1881 und 1925 tatsächlich ergeben, dass die Erde im Weltall fixiert ist! Das könnte ein Grund dafür sein, warum nur sehr wenige Fotos des ganzen Planeten veröffentlicht werden, die ihn vom Weltraum aus zeigen. Robert Sungenis unterstellte man als Katholik den Antisemitismus-Verdacht, weil er über die Beteiligung von Juden, dem Judaismus und Israel an der täuschenden Agenda des wissenschaftlichen Establishments schrieb, das durch den Einsatz von Technologie plant, die natürliche Welt umzugestalten, was laut Sungenis Teil einer größeren satanischen Verschwörung ist, in der Satan plant, die Welt zu regieren.

Dr. Sungenis erinnerte Christen daran, dass in der Ausgabe der Katholischen Enzyklopädie des Jahres 1911 geschrieben steht, dass der Antichrist dem Judentum entspringt und das Establishment plant, eine Neue Weltordnung zu errichten. Alle Lügen in der Wissenschaft hätten somit mit dieser satanischen Agenda zu tun. Er las im Jahr 1992 das Buch „*Geocentricity: The Biblical Cosmology*“ von Gerardus Bouw und stellte infolgedessen seine eigenen Nachforschungen an, um das Weltbild des Geozentrismus wissenschaftlich nachzuweisen.

Die Vorwürfe gegen Dr. Sungenis hören sich im ersten Moment zwar absonderlich an, doch wenn man die fundierten Informationen in seiner Buchreihe studiert, dann erscheint es so, als ob er in ein Wespennest gestochen hätte. Kann sich ein aufgeklärter Mensch der Gegenwart tatsächlich vorstellen, dass wir auf einem Planeten leben, der sich nicht bewegt und das Zentrum des wahrnehmbaren Alls darstellt? Der ganze Umfang dieser wissenschaftlichen Abhandlungen ist viel zu groß, als dass ich an dieser Stelle angemessen darauf eingehen könnte. Einige Punkte dieser neu-geozentrischen Weltanschauung möchte ich allerdings kurz vorstellen. Konservative Katholiken denken, dass Kopernikus und Galilei mit ihrem heliozentrischen Modell einen Teil einer Revolte gegen die Autorität der römischen Kirche symbolisieren. Haben Kopernikus und Galilei möglicherweise tatsächlich unrecht, und existieren wissenschaftliche Beweise, die darauf hindeuten, dass das geozentrische Modell korrekt ist?

Dr. Sungenis, der selbst Theologie und Physik studiert hat, stellt nach der Prüfung vieler Daten fest, dass der Heliozentrismus eine unbewiesene wissenschaftliche Hypothese ist! Vom späten 19. bis zum frühen 20. Jahrhundert haben zahlreiche Versuche und Beobachtungen das erstaunliche Resultat erbracht, dass sich die Erde statisch im Zentrum des Alls befindet. Dr. Sungenis und ein paar Kollegen aus der allgemeinen Wissenschaft haben Unmengen an Material gesammelt und das Werk früherer wissenschaftlicher Autoren erweitert, die bereits im Bilde waren, dass etwas mit dem modernen kosmologischen Weltbild nicht in Ordnung sein kann. Die drei Bände sind enorm umfangreich und richten sich sowohl an den Laien als auch an den Wissenschaftler und decken die vollständige Bandbreite der Idee ab, dass wir wirklich in einem geozentrischen Sonnensystem leben, welches das Zentrum der Schöpfung ist. Ich bitte interessierte Leser und

Skeptiker, sich eingehend mit dieser erstaunlichen Sammlung von Daten zu befassen, um sich ein abschließendes Urteil darüber zu bilden.

Die Erörterungen von Dr. Sungenis sind ein differenzierter Weg, die Bewegungen der Himmelskörper zu erklären, indem man vom Konzept einer fixierten Erde ausgeht. Es gibt in der wissenschaftlichen Literatur genug Hinweise darauf, dass die ganze Weltraumforschung durch das heliozentrische Weltbild und nachfolgend die Relativitätstheorie kompromittiert wurde, und zwar zu einem Grad, der schier unfassbar erscheint. Der französische Mathematiker, Physiker und Wissenschaftsjournalist Jules Henri Poincaré (1854-1912) hat im September 1904 eine Vorlesung gehalten. Sie trug den Titel *„L'état actuel et l'avenir de la physique mathematique"* (Der gegenwärtige Stand und die Zukunft der mathematischen Physik) und wurde im April 1956 im Magazin *Scientific Monthly* zitiert. Henri Poincaré wird in der Mathematik als der „letzte Universalist" bezeichnet. Er gab zum Besten: *„Über den Einfluss der Erdbewegung ist viel geforscht worden. Die Ergebnisse waren immer negativ."* Diese Schlussfolgerung widerspricht direkt der Erklärung, dass sich die Erde bewegt.

Dr. Robert Sungenis hat sich mit der ganzen Materie befasst und schreibt, dass die wissenschaftliche Gemeinschaft in Aufruhr geriet, als dieses Faktum Form annahm. Um den Konsequenzen zu entkommen, musste die Physik neu erfunden werden, damit man die empirischen Beweise anders interpretieren konnte. Das war notwendig, weil die Wissenschaft keinen Gegenbeweis für das geozentrische Modell vorbringen konnte!

Seit der kopernikanischen Revolution und der wissenschaftlichen Abkehr vom geozentrischen Weltbild, die sich im 16. und 17. Jahrhundert ereignet hat, erscheint es Astronomen absurd, die Erde als fixiert zu beschreiben. Die erwähnte Neuerfindung der Physik war die Entwicklung der speziellen Relativitätstheorie (SRT) von Albert Einstein ab dem Jahr 1905, welche eine neue Basistheorie für die Bewegung von Objekten in Raum und Zeit lieferte. Die Grundlagen für das Prinzip stammten von Galileo Galilei. Aus diesem Relativitätsprinzip wird abgeleitet, und das ist der wichtigste Punkt, dass wir von der Bewegung der Erde um die Sonne, die mit einer Geschwindigkeit von ungefähr 30 Kilometern pro Sekunde oder

107.000 km/h stattfinden soll, auf der Erdoberfläche nichts spüren können! Diese Hypothese erlaubte es, den Auswirkungen der unpassenden Beweise eine Weile zu entkommen, doch SRT funktionierte nicht und führte bis 1916 zur Erfindung der allgemeinen Relativitätstheorie. Sie unterstützt den Geozentrismus als eine relative Alternative, veränderte die Vorhersagen von SRT aber so weit, dass sie Beweise dafür, die bis dahin von diversen Forschen erbracht worden sind, als falsch erscheinen lässt.

Seit damals wissen die meisten Gelehrten nicht mehr, dass kein Forscher jemals bewiesen hat, dass sich die Erde im Weltraum bewegt oder sich dreht. Dieser Umstand wurde noch bis in die späten 1950er- und frühen 1960er-Jahre in wissenschaftlichen Büchern erwähnt, bevor die Erforschung des Weltraums mit Sonden begonnen hat – zum Beispiel im Werk *„The Universe and Dr. Einstein"* von Lincoln Barnett. Darin steht zu lesen, dass *„kein physisches Experiment jemals bewiesen hat, dass sich die Erde wirklich bewegt"*. Im Gegensatz zeigen die vorliegenden Beweise, dass der Heliozentrismus bloß das bevorzugte Modell der Kosmologie für die moderne Wissenschaft ist!

Kein physisches Experiment hat jemals bewiesen, dass sich die Erde wirklich bewegt

Wissenschaftler und Historiker haben in der Öffentlichkeit den Anschein erweckt, als würden allerlei Beweise für die Richtigkeit des Heliozentrismus existieren, um ein naives Publikum zu überzeugen. Die Realität ist, dass die moderne Wissenschaft den Fakt verbirgt, dass sie keine Beweise für ihre Sichtweise der Kosmologie hat! Albert Einstein selbst gab einst zu bedenken, dass sie auf der Lehre von Kopernikus fußt, aber nur *„wenig mehr als Wunschdenken"* darstellt!

Die moderne Wissenschaft war in der Tat überglücklich über Einsteins Konzept, obwohl die Relativitätstheorie ihrerseits die kopernikanische Kosmologie zu einem Modell unter anderen degradiert. Der Geozentrismus wurde nicht mehr diskutiert, und die wissenschaftliche Gemeinschaft beschloss durch den Rat Einsteins, *„diese Frage vorerst so zu belassen und den Standpunkt von Kopernikus zu akzeptieren"*. Der Konsens wirkt bis heute, und nur sehr wenige Forscher waren mutig genug, die Auswirkungen dieses Beschlusses bis zu ihrem logischen Ende zu verfolgen und die richtigen Fragen zu stellen.

Dr. Sungenis stellt fest, dass es nur eine Frage der Zeit ist, bevor aufgeweckte Wissenschaftler die Täuschung durchschauen und Bücher und Artikel darüber schreiben, um diese Information der Öffentlichkeit vorzustellen. Bis zur Veröffentlichung der Bücher über dieses Thema wurden in den seitdem vergangenen Jahren fast alle diese Daten vor den Augen der Welt verborgen gehalten. Sogar auf der akademischen Ebene und in der wissenschaftlichen Literatur wird wenig enthüllt, und in den Massenmedien ist überhaupt nichts darüber zu erfahren. Der Allgemeinheit stehen nur noch Bücher aus der Mitte des letzten Jahrhunderts zur Verfügung. Eines davon heißt „*The Evolution of Physics*“ und stammt von Albert Einstein und dem polnischen Physiker Leopold Infeld.

Im Angesicht der Krise der Wissenschaft, kann man sich vorstellen, in welch schierer Panik sich die moderne Wissenschaft befindet, weil sie alsbald dazu gezwungen wäre einzugestehen, seit hunderten von Jahren die Unwahrheit über das Universum zu lehren. Es wäre der größte Irrtum der historischen Geschichte! Die Wissenschaft würde zum Stillstand kommen, und für prestigeträchtige Forscher und die größten Gelehrten würde die Welt zusammenbrechen, weil sie ihre gesamte Sicht des Universums erneuern müssten. Die beängstigende Realität stellt für sie die Erkenntnis dar, dass ein unerklärlicher Schöpfer diesen Planeten samt der Menschheit ins Zentrum dieses Kosmos platziert hat. Wenn das allgemein bekannt würde, würde jedermann zu dem Entschluss gelangen, dass dieser Planet sicherlich nicht durch Zufall entstanden ist.

Bei heliozentrischen Modellen wird die Sonne in die Mitte des Sonnensystems gestellt, und alle Planeten drehen sich um die Sonne. Im geozentrischen Modell wird der Platz der Sonne und der Erde einfach vertauscht. Dann dreht sich die Sonne zusammen mit den anderen Planeten um die Erde im Mittelpunkt. In beiden Modellen tun sie das auf genau dieselbe Weise, und die Beziehungen untereinander verändern sich nicht. Die Sonne hat dann die Umlaufbahn der Erde angenommen. Dieses Modell könnte erklären, warum die Atmosphäre der Planeten Jupiter oder Saturn so unerklärlich heiß ist. Sie würden dann nämlich näher an der Sonne kreisen.

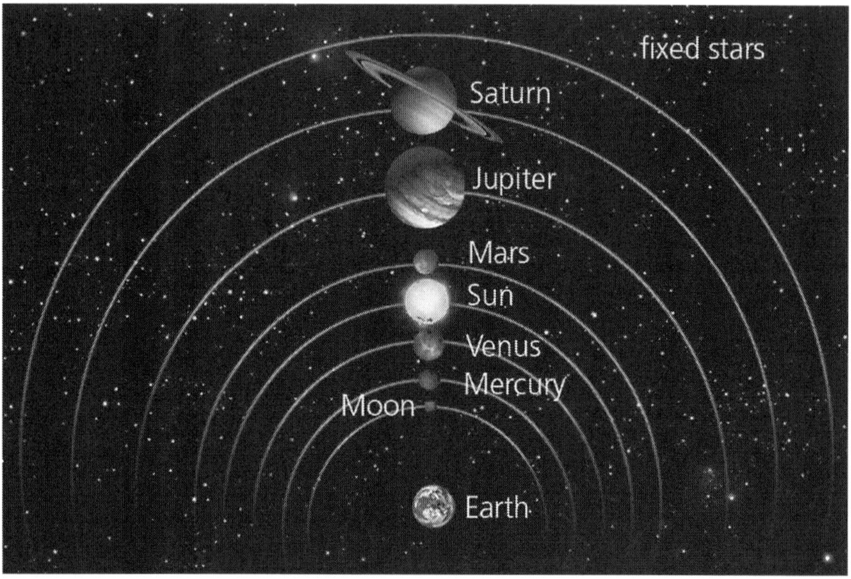

Abb. 9: Ein Diagramm des geozentrischen Modells des Universums

Alle geometrischen und räumlichen Beziehungen und Bewegungen zwischen Sonne und Erde bleiben erhalten, weil nur die Position der beiden geändert wäre. Selbst die Relativbewegung der Planeten sind in beiden Systemen identisch. Ein grundlegendes Verständnis von Einsteins Theorie zeigt tatsächlich eher die Richtigkeit des erdzentrierten Modells an. Friedrich Wilhelm Heinrich Alexander von Humboldt (1769-1859) zählte zu den Begründern der modernen Geografie und ist einer der berühmtesten deutschen Forschungsreisenden. Er erschuf zu seiner Zeit einen neuen Standard des Wissens der ganzen Welt. Charles Darwin sagte, dass Alexander von Humboldt der größte wissenschaftliche Reisende war, der jemals lebte! Kein individueller Gelehrter nach ihm konnte jemals wieder von sich behaupten, ein Meister des Wissens der ganzen Erde zu sein. Der deutsche Universalgelehrte wusste von der Gültigkeit des Geozentrismus, er wagte jedoch nicht offen darüber zu diskutieren. Es sind einige Zitate von Humboldt erhalten, zum Beispiel in dem Buch „*Die Erde stehet fest: Beweise, daß die Erde sich weder um ihre Achse noch um die Sonne dreht*" vom deutschen Journalisten Carl Schöpfer, das im Jahr 1853 in Berlin erschienen ist.

Alexander von Humboldt: *„Ich weiß ebenfalls schon lange, dass wir keine Argumente für das kopernikanische System haben, aber ich würde es nie wagen, der Erste zu sein, um es anzugreifen. Stürzen Sie sich nicht in das Wespennest. Ihr würdet nur auf die Verachtung der gedankenlosen Menge stoßen. Wenn einmal ein berühmter Astronom sich gegen die gegenwärtige Auffassung erhebt, werde ich auch meine Beobachtungen mitteilen. Doch als Erster gegen Meinungen hervorzutreten, welche die Welt liebgewonnen hat – ich fühle nicht den Mut dazu."*

Durch alte und neue Beweise haben Forscher bis zum Ende des 19. Jahrhunderts begriffen, dass nicht nur mechanisch, sondern auch mathematisch belegt werden kann, dass Sonne und Gestirne um die Erde kreisen können. Alexander von Humboldt hat zum Ausdruck gebracht, dass der Hauptgrund für die Ignoranz von Wissenschaftlern darin liegt, den modernen Status der gegenwärtigen Kosmologie niemals zu hinterfragen. Jeder, der es versucht, wird erfolgreich lächerlich gemacht, zu einem Pseudowissenschaftler erklärt oder vom wissenschaftlichen Establishment ganz zum Schweigen gebracht.

Der Einsatz ist hoch, und bei diesem Spiel geht es um Lüge, Betrug, Mord, Verdrehung von Beweisen, politische Intrigen, religiöse Auseinandersetzungen, Philosophien, Ruhm und Macht. Dr. Sungenis vermutet, dass all dieser Aufwand bezüglich der Entwicklung der Relativitätstheorie und der Beibehaltung der Urknalltheorie nur betrieben wurde, um das geozentrische Modell zu verbergen! Probleme taten sich unter anderem wieder auf, als man begonnen hat, mit modernen Geräten die Lichtgeschwindigkeit zu messen. Weil sich die Erde laut dem heliozentrischen Modell mit einer Geschwindigkeit von 30 km pro Sekunde um die Sonne bewegt, sollte dies einen Einfluss auf die Lichtgeschwindigkeit haben, die in Richtung dieser Bewegung gemessen wird. Im 19. Jahrhundert konnte in einer Reihe von Experimenten ermittelt werden, dass die Bewegung der Erde keinen Einfluss auf die Lichtgeschwindigkeit ausübt. Dr. Sungenis hat erfahren, dass in dieser Zeit versucht wurde, mit jeder erdenklichen Methode festzustellen, ob sich der Planet Erde wirklich durch den Weltraum bewegt. Die Tatsache, die dabei herausgekommen ist, war, dass alle Experimente keine Bewegung erkannt haben!

Hendrik Antoon Lorentz (1853-1928), ein niederländischer Physiker, trug zur Grundlage der speziellen Relativitätstheorie Einsteins bei. Er veröffentlichte im Jahr 1886 seine Arbeit *„On the Influence of the Earth's Motion on Luminiferous Phenomena"*. Ein Zitat daraus erschien in dem Buch *„Albert Einstein's special theory of relativity"* von Arthur Miller. Zur Zeit von Lorentz wurde es für viele Gelehrte offensichtlich, was die ganzen Experimente aussagten: *„Kurz gesagt, alles geschieht so, als ob die Erde in Ruhe wäre..."*

Albert Einstein war sich der Implikationen von Interferometer-Experimenten bewusst. Das sind Radioteleskope, die zusammen eine bessere Auflösung erzielen und Beobachtungen lieferten, die eine Gefahr für seine Theorie darstellen. Ein Interferometer aus Radioteleskopen wird benutzt, um mit vielen kleineren Einzelanlagen eine hohe Winkelauflösung zu erreichen. Es schien für die Wissenschaft nur wenige Alternativen zu geben, und die erste davon war, dass die Erde tatsächlich stillstand. Wenn das wahr ist, dann muss die Theorie von Kopernikus ebenfalls falsch sein. Davon abzurücken war wie gesagt völlig undenkbar. Jeder im wissenschaftlichen Establishment erkannte die Auswirkungen, und Physiker waren bestürzt. Einige beschrieben, dass die Daten des Interferometers unglaublich waren. Die einzige mögliche, aber gleichzeitig absurde Schlussfolgerung war, dass sich die Erde nicht bewegt.

Das hängt damit zusammen, dass die Messungen ergeben, dass die Lichtgeschwindigkeit in jeder Richtung präzise dieselbe ist. Wenn in unterschiedlichen Jahreszeiten, bei angeblich veränderten Abständen zur Sonne, keine Unterschiede in der Lichtgeschwindigkeit auftreten, dann muss die Erde in Ruhestellung sein. Seit Galileo Galilei haben Wissenschaftler im Gegensatz dazu verinnerlicht, dass die Erde nicht im Zentrum des Alls und schon gar nicht ruhend ist. Auch Einstein selbst rang mit den kosmologischen Auswirkungen dieser Experimente, aber die beste aller Schlussfolgerungen – das erdzentrierte Universum – wurde ausgeschlossen, und zwar nicht durch Gegenbeweise, sondern durch den Druck des Establishments und weil der Weltbevölkerung hunderte Jahre lang das Gegenteil eingetrichtert wurde. Diese Ablehnung zeitigte Folgen und erschuf eine Situation, die nicht zu kontrollieren ist.

Weil der geozentrische Kosmos ausgeklammert wurde, waren Physiker genötigt, eine Alternative zu den beängstigenden Beobachtungen zu schaffen. Diese lag in der Erfindung einer neuen Physik. Die Folge waren die Vorhersagen der Relativitätstheorie, welche von früheren Wissenschaftlern als völlig absurd angesehen worden sind. Raum und Zeit sind eine Einheit, der Raum ist gekrümmt, das Licht bewegt sich immer mit der gleichen Geschwindigkeit für alle Beobachter usw. – es waren bizarre Vorstellungen, die ausschließlich der Bemühung dienten, die Resultate zu widerlegen, welche besagen, dass die Erde regungslos ist. Die Zeitung *The Times of London* nannte Einsteins Relativität sogar *„eine Beleidigung des gesunden Menschenverstands“*. Infolgedessen stellt der moderne wissenschaftliche Denkvorgang ebenfalls eine Verletzung des gesunden Menschenverstands dar.

Einsteins Theorie der Relativität wurde erfunden, um eine unbewegliche Erde im Zentrum des Universums zu verbergen

Faktisch ist diese Theorie der Relativität angesichts ihrer fantasievollen Postulate immer noch gültig und zu einem Synonym für die wissenschaftliche Kultur emporgestiegen. Einsteins Kollegen erklärten die Theorie zur einzig gültigen Erklärung der Realität! Dabei war es nur eine rationale Alternative zu den tatsächlichen absurden Beobachtungen der früheren Experimente. Der Öffentlichkeit wurde nicht erklärt, dass im Falle des Versagens dieser fantastischen Theorie kein anderes glaubwürdiges wissenschaftliches Modell verfügbar ist. Forscher der Gegenwart wären gezwungen, den geozentrischen Kosmos anzuerkennen. Kurzum: Einsteins Theorie wurde erfunden, um die Welt davor zu bewahren, das Undenkbare akzeptieren zu müssen – eine unbewegliche Erde im Zentrum des Universums! Der britische Physiker Sir Oliver Joseph Lodge (1851-1940) äußerte sich etwas kritischer und meinte, dass die Relativitätstheorie dem gesunden Menschenverstand zuwiderläuft und ihre Anhänger trotz ihrer Fähigkeiten eher als Bolschewiken gehängt werden sollten, weil sie gefährliche Ideen verbreiten.

Karl Popper hat Folgendes beobachtet: Richtig verstanden, erhebt eine mathematische Hypothese nicht den Anspruch, dass irgendetwas in der Natur existiert, was ihr entspricht. Sie errichtet eine fiktive mathematische Welt hinter der Welt der Erscheinungen, ohne jedoch den Anspruch zu erheben, dass diese Welt existiert. Sie darf nur als eine mathematische Hypothese angesehen werden und nicht als etwas, das real in der Natur existiert.

Jenseits der Mathematik haben die meisten Physiker begonnen, die Fehler in Einsteins Theorien zu sehen. Sie begraben sie seit den vergangenen Jahrzehnten still und leise und verhalten sich sehr zurückhaltend bezüglich der Aufgabe, die Öffentlichkeit darüber in Kenntnis zu setzen. Mittlerweile wurde Einsteins These bereits zu Grabe getragen, und kein Geringerer als Dr. Stephen Hawking hat der Welt die Wahrheit darüber enthüllt. Er enthüllte, dass Physiker bereits wissen, dass die allgemeine Relativitätstheorie abgeändert werden muss. Wegen Vorhersagen von Punkten von unendlicher Dichte, von Singularitäten usw. sagt diese Theorie laut Hawking ihr eigenes Ende voraus. Einstein war darüber im Bilde. Er versuchte zeitlebens eine Gleichung ohne Singularität zu finden, doch es war ihm nicht möglich. Es treten nicht nur Probleme mit Singularitäten oder Schwarzen Löchern auf, sondern die ganze Theorie ist fehlerhaft. Sie ist absurd, und das veranschaulicht auch den gegenwärtigen Zustand der Welt der Wissenschaft. Gelehrte wissen, dass die Relativitätstheorie falsch sein könnte und suchen Zuflucht in weiteren Absurditäten, um dem Unausweichlichen noch irgendwie zu entgehen.

Folgende Belegstelle schrieb Einstein 1948 in einem Vorwort für das Buch „*The Universe and Dr. Einstein*" von Lincoln Barnett über Relativität: „*Darüber hinaus ist der gegenwärtige Stand unseres Wissens in der Physik treffend charakterisiert. Der Autor zeigt, wie das Wachstum unseres Faktenwissens, verbunden mit dem Streben nach einer einheitlichen theoretischen Konzeption, die alle empirischen Daten umfasst, zu der gegenwärtigen Situation geführt hat, die – ungeachtet aller Erfolge – durch die Ungewissheit über die Wahl der grundlegenden theoretischen Konzepte charakterisiert ist.*"

Die Ungewissheit in der Wahl der grundlegenden theoretischen Konzepte charakterisiert die ganze Unternehmung der modernen Physik. Es ist ein Eingeständnis, dass diese Theorien in der Tat völlig falsch sein könnten und nicht dazu imstande sind, das Universum zu beschreiben. Albert Einstein enthüllte seine tiefsten Gedanken – die negative Einschätzung seines Lebenswerks – nur engen persönlichen Freunden. Seinem engen Freund Michele Besso, einem schweizerisch-italienischen Ingenieur, gab er 1954 zu bedenken, dass er es als gut möglich betrachte, dass Physik nicht auf dem Feldkonzept basieren könnte. In diesem Fall würde *„nichts von seinem Luftschloss übrig bleiben, inklusive der Gravitationstheorie und der Rest der modernen Physik"*! Mit solchen Aussagen fügte Albert Einstein seiner Reputation selbst großen Schaden zu.

Auch der weltberühmte Astronom Edwin Hubble hat Beweise für den geozentrischen Kosmos entdeckt. Nach ihm wurde das Hubble-Weltraumteleskop benannt. Das eigentümliche Licht der Sterne demonstrierte ihm, dass die Erde eine einzigartige Position im Universum einnimmt. Es ist eine Analogie zur antiken Konzeption der zentralen Erde. In seinem Buch *„The Observational Approach to Cosmology"* schreibt Hubble: *„Diese Hypothese kann nicht widerlegt werden, aber sie ist unerwünscht und würde nur als letzter Ausweg akzeptiert werden, um die Phänomene zu retten. Deshalb lassen wir diese Möglichkeit außer Acht. Die unwillkommene Position einer bevorzugten Lage (der Erde) muss unbedingt vermieden werden. Eine solche, begünstige Position ist nicht tolerierbar. Daher muss die Homogenität wiederhergestellt werden, um dem Schrecken einer einzigartigen Position zu entkommen. Sie muss durch räumliche Krümmung kompensiert werden. Es scheint kein anderer Ausweg möglich."*

Dr. Sungenis erklärt dazu, dass es das Ziel der heutigen Wissenschaft ist, alle Herausforderer ihrer Kosmologie zum Schweigen zu bringen. Ihr Modell besagt, dass sich der Planet Erde in einem entlegenen Winkel des Weltraums befindet. Die Menschheit soll nicht erahnen, dass jemand hinter der Erschaffung der Erde steckt. Wenn es ein Schöpfer ist, dann sind wir ihm gegenüber verantwortlich und müssen vielleicht eines Tages über unser Verhalten Rechenschaft ablegen. Aus einer religiösen Perspektive heraus, handelt es sich um eine Täuschung und Versuchung des Teufels, der Adam und Eva durch eine List aus dem Paradies vertrieben hat.

Flache Erde und die Psychologie von Verschwörungstheorien

Eine List des wissenschaftlichen Establishments könnte darin bestehen, die alternative Theorie der flachen Erde verstärkt in Umlauf zu bringen, um das gültige kosmologische Modell des Geozentrismus in Verruf zu bringen! In Wissenschaftsartikeln über die Theorie der flachen Erde wird aus der Absicht der Diskreditierung ihrer Anhänger kein Geheimnis gemacht. Das abweichende Modell wird als eine „*Verschwörungstheorie aus dem Internet*" benannt. Regierungen finanzieren Aktivisten, welche die Anhänger dieser abweichenden Theorie in der Öffentlichkeit niedermachen. Daraus wird der Vorwurf erhoben, dass eine Schattenregierung die Welt kontrolliert.

Dann wird von Wissenschaftsjournalisten erwähnt, dass Anhänger des Modells der flachen Erde nicht sicher sind, ob Einsteins Theorie der Relativität stimmt. Sie wird in diesem Modell jedoch nicht abgelehnt, weil zu wenig Kenntnisse über die Grundlagen der Wissenschaft und der Beweisführung vorhanden sind. Die abweichende Theorie folgt einer Methode, welche eine Alternative zur wissenschaftlichen Methodik ist. Das impliziert, dass sie nicht wissenschaftlich ist, weil die Theorie der flachen Erde im 19. Jahrhundert entstanden ist, in einer Zeit, in der „*sensorische Observation an erster Stelle stand*". Diese Methode legte großen Wert auf Empirismus und Rationalismus, um auf der Grundlage empirischer Daten logische Schlussfolgerungen zu ziehen. Offenbar ist diese Feststellung ein Hinweis darauf, dass moderne Wissenschaft ohne sensorische Observation der Realität funktioniert. Denn im nächsten Absatz einer dieser Diffamierungs-Artikel kann man lesen, dass diese Details die alternative Theorie der flachen Erde absurd machen und sie wie einen Witz erscheinen lassen. Trotzdem denken ihre Anhänger, sie sei ein plausibleres Modell der Astronomie als jenes, das man in Lehrbüchern findet. Es wird an dieser Stelle für den Leser nicht klargestellt, dass auch das Lehrbuch-Modell in Wahrheit keine vertrauenswürdige Grundlage besitzt.

Immerhin akzeptieren Gefolgsleute der Theorie der flachen Erde die Evolutionstheorie und andere Dogmen der Mainstream-Wissenschaft. Das unterscheidet sie von Kreationisten, welche die Evolution aufgrund der Interpretationen der Bibel ablehnen. Die alternative Sichtweise wird allgemein als „unfassbar“ beschrieben. Der Glaube daran sei ein Verhalten, das Experten nicht überraschen würde. In dem Artikel kommt an dieser Stelle eine Psychologin zu Wort, welche die *„Psychologie von Verschwörungstheorien“* studiert. Sie erkennt vorgeblich, dass Flach-Erdler Ähnlichkeiten mit anderen Verschwörungstheoretikern aufweisen, welche sie studiert hat.

In diesem skeptischen Wissenschafts-Artikel mit der Überschrift *„Are flat-earthers being serious?“* (Meinen Flach-Erdler das ernst?), der im Oktober 2022 im Magazin *Live Science* erschien, finden wir somit die ganze Bandbreite an Methoden, alternative Modelle und Weltbilder zugunsten der in Verruf geratenen Mainstream-Wissenschaft zu verunglimpfen. Anhänger anderer Konzepte kann man als psychisch verwirrte Verschwörungstheoretiker darstellen, egal ob empirische Beweislast und logische, rationale Schlussfolgerungen vorhanden sind oder nicht. Wer die dargelegten Informationen und Aussagen von Wissenschafts-Philosophen in diesem Buch verstanden hat, kennt jetzt die Arbeitsweise des atheistischen wissenschaftlichen Establishments. Seine Vertreter und korrupten Handlanger versuchen, mit dieser Taktik der Verunglimpfung von der Wahrheit abzulenken, dass die durch Konsens akzeptierten Basistheorien in sich zusammenfallen. Aber die Krise in der Wissenschaft wird auch damit nicht beizulegen sein, und jede Wahrheit kommt früher oder später ans Licht.

Im Jahr 2015 hat das Wissenschaftsjournal *Nature* einen Artikel veröffentlicht, wonach fast zwei Drittel aller Psychologie-Studien nicht reproduzierbar sind! Psychologen sind daher als inkompetent anzusehen, speziell wenn es um die Beurteilung von Kritikern geht, die darauf hinweisen, dass das kosmologische Standardmodell nicht zu beweisen ist. Abweichende Konzepte als Verschwörungstheorien abzustempeln, ist mehr als anmaßend. Die moderne Psychologie selbst ist hingegen seit Jahrzehnten als absurd zu bezeichnen.

Universitätsprofessoren klären uns über die Tatsache auf, dass weder Psychologie noch Soziologie eine echte wissenschaftliche Disziplin ist. Seit den 1930er-Jahren weiß man in der Wissenschaft, dass Psychologen von Vertretern der sogenannten harten Wissenschaft als Nicht-Wissenschaftler betrachtet werden, die so tun, als wären sie Wissenschaftler! Das stimmt wirklich, denn Psychologie kann nicht als Wissenschaft definiert werden. Zudem ist das Ansehen dieses Feldes durch Kontroversen und die Reproduktionskrise beschädigt, weil Studien nicht repliziert werden können. Im Zentrum des Problems steht der Mangel an akkurater Terminologie. Psychologie erfüllt meist nicht die Grundvoraussetzungen eines Fachgebiets. Es gibt keine klare Fachsprache, keine Quantifizierbarkeit, keine kontrollierten Versuchsbedingungen, keine Reproduzierbarkeit, keine Vorhersagbarkeit und keine Testbarkeit. Das unterscheidet Psychologie grundsätzlich von den Naturwissenschaften. Dasselbe gilt für Soziologie, die für sich ebenfalls nicht den Anspruch erheben kann, eine Wissenschaft zu sein! Auch hier gibt es keine Methodik im Sinne von Experiment und Vorhersage, denn menschliche Beziehungen kann man weder fassen noch sehen oder im Labor exakt analysieren. Darum ist es nicht möglich, vereinheitlichende Hypothesen zu formulieren. Kritiker schreiben, dass man von Psychologie und Soziologie noch nicht einmal behaupten kann, dass überhaupt wissenschaftliche Studien betrieben werden! Die menschliche Gesellschaft ist komplex und kann nicht auf dieselbe Weise analysiert werden wie bei den Naturwissenschaften. Das ist größtenteils schwierig oder gänzlich unmöglich.

Großangelegte Projekte zur Replikation der Resultate von Psychologie-Studien im Jahr 2011 und 2015 haben empirisch bewiesen, dass nur 3 Prozent der wissenschaftlichen Fördergelder für Replikations-Versuche aufgewendet wird. Das *Reproducibility Project*, das im Jahr 2011 gestartet wurde, hat aufgedeckt, dass es längst zu einer „Identitäts-Krise“ in der Psychologie gekommen ist. Analysten der Stanford Universität in Kalifornien erklären, dass die wahre Rate von Replikations-Fehlschlägen 80 Prozent übersteigen könnte! Somit ist Psychologie die am wenigsten vertrauenswürdige Disziplin von allen. In anderen Feldern der Wissenschaft dürfte die Lage laut den vorhandenen Daten ähnlich aussehen, denn diese Fälschungen geschehen heute auf breiter Basis. Das heißt im Klartext, dass der Großteil der modernen wissenschaftlichen Literatur, auf die prominente Gelehrte und Psychologen so stolz verweisen, auf schönen Geschichten basiert. Psychologen und Soziologen sind darum nicht qualifiziert, wissenschaftliche Aussagen über den Zustand der Gesellschaft oder der Welt zu machen.

Dazu passt ein Zitat aus der Bibel: „*Die Gottlosigkeit der Heiden: Denn Gottes Zorn wird vom Himmel her offenbart über alles gottlose Leben und alle Ungerechtigkeit der Menschen, die die Wahrheit durch Ungerechtigkeit niederhalten. Denn was man von Gott erkennen kann, ist unter ihnen offenbar; denn Gott hat es ihnen offenbart. Denn sein unsichtbares Wesen – das ist seine ewige Kraft und Gottheit – wird seit der Schöpfung der Welt, wenn man es mit Vernunft wahrnimmt, an seinen Werken ersehen. Darum haben sie keine Entschuldigung. Denn obwohl sie von Gott wussten, haben sie ihn nicht als Gott gepriesen noch ihm gedankt, sondern sind dem Nichtigen verfallen in ihren Gedanken, und ihr unverständiges Herz ist verfinstert. Die sich für Weise hielten, sind zu Narren geworden und haben die Herrlichkeit des unvergänglichen Gottes vertauscht mit einem Bild gleich dem eines vergänglichen Menschen und der Vögel und der vierfüßigen und der kriechenden Tiere. Sie haben Gottes Wahrheit in Lüge verkehrt und das Geschöpf verehrt und ihm gedient statt dem Schöpfer, der gelobt ist in Ewigkeit.*“ (Lutherbibel Römer 1: 18-25)

Abb. 10: Flammarions-Holzstich aus dem Jahr 1888

Eine zu dieser Sachlage passende Illustration stammt aus dem Jahr 1888 und wird „Flammarions-Holzstich“ genannt. Man sieht einen Wanderer am Rand der Welt, der die Täuschung durchschaut. Der zuständige Künstler ist unbekannt, und der Holzstich wurde erstmals für das Buch *„Die Form des Himmels“* des französischen Astronomen France Camille Flammarion verwendet. Der Wanderer oder Suchende findet den Rand der Welt und erkennt, dass sie eine Illusion ist, und sich dahinter andere Sphären befinden. Historiker halten das Gezeigte für eine Abbildung oder Versinnbildlichung des geozentrischen Weltbilds. Camille Flammarion beschreibt die Szene auf dem Holzstich so, dass ein Missionar des Mittelalters sich auf die Suche nach einem irdischen Paradies machte und einen Punkt am Horizont erreichte, wo Himmel und Erde sich berühren und nicht verschweißt waren. Der Suchende kommt hindurch und beugt sich unter das Himmelsgewölbe. Dort entdeckt er dann absonderliche himmlische Gefilde.

Der schweizerische Psychoanalytiker Carl Gustav Jung schrieb darüber in seinem Buch *„Flying Saucers: A Modern Myth of Things Seen in the Skies“*, dass sonderbare Gestirne, Geräte und himmlische Mechanismen auf dem Holzstich zu sehen sind. Das sind in sich laufende Räder, die Jung als eine Merkaba deutete, wie sie in der Bibel von Propheten beschrieben wird. Es wäre eine vierdimensionale Welt und ein Urbild der Vision von UFOs. Auf dem Bild ist demnach nicht die Flacherde ein Thema, sondern das geozentrische Modell des Universums. Laut Analysen haben Autoren erst um 1830 den Mythos der flachen Erde entwickelt, um das Weltbild des Mittelalters als irrational hinzustellen. Das sorgte für die rationale wissenschaftliche Prüfung der mittelalterlichen Weltanschauung, die durch neue Modelle widerlegt wurde, um durch eine Revolution die moderne Wissenschaft einzuführen.

Die Mechanik einer derartigen exotischen Physik im Universum, wie sie im Holzstich zu erkennen ist, kann vielleicht durch Beobachtungen von Schwarzen Löchern erforscht werden. Ihre Eigenschaften beweisen, dass wir in einem simulierten holografischen Universum leben. Es ist nicht zu messen, was in Schwarzen Löchern vorgeht, weil sie sowohl in zwei als auch drei Dimensionen zur gleichen Zeit existieren. Die Verbindungen von verschiedenen Dimensionen stellt sich durch die Verbindung des endlichen

Kosmos mit der Unendlichkeit dar. Viele theoretische Physiker sind zu dem Entschluss gelangt, dass nicht nur ein Universum vorhanden ist, sondern dass unser Kosmos ein Teil eines größeren Multiversums darstellt. Somit leben wir an einem zeitlosen Punkt in einem unendlichen Universum oder in einer unendlichen Sequenz von Universen.

Es existieren keine authentischen Filmaufnahmen der rotierenden Erde

Nun möchte ich weiteres Datenmaterial der erstaunlichen Realität des geozentrischen Modells unseres Sonnensystems vorstellen. Laut diesen Informationen befindet sich der Planet Erde im Zentrum des Universums in einem Sonnensystem voller Anomalien, und das vielleicht größte Geheimnis der Naturwissenschaft und der Weltraumagenturen besteht darin, dass man seit Jahrzehnten versucht, Informationen zu verheimlichen, welche diesen Umstand beweisen. Ich habe für Sie intensive Recherchen durchgeführt und unzählige astronomische Berichte, Abhandlungen und Beschreibungen von Weltraummissionen studiert. Schließlich bin ich auf Hinweise gestoßen, welche diesen Verdacht stützen. Warum existieren so wenige authentische Fotografien des gesamten Planeten Erde vom Weltraum aus aufgenommen? Weltraumsonden haben tausende Aufnahmen der anderen Planeten des Sonnensystems gemacht, aber sehr wenige vom Planeten Erde selbst wurden jemals veröffentlicht. Bei den meisten Abbildungen handelt es sich um computergenerierte grafische Darstellungen.

So gut wie alle heute im Internet und in TV-Dokumentationen oder Fachbüchern zu sehenden Abbildungen des Planeten Erde sind ausschließlich Repräsentationen, aber keine originalen Fotografien! Die meisten davon sind sogar durch und durch künstlich erstellte Bilder, die das zeigen, was die meisten Menschen sehen wollen. Eine wolkenlose, exakte Kugel, auf der man die Umrisse der Kontinente und insbesondere kräftige Farben klar wahrnehmen kann. Die Wahrheit ist, dass unsere Planetenoberfläche vorwiegend von einer Wolkendecke eingehüllt ist. Selbst Astronomen fallen auf diesen Trick herein. Es gab Diskussionen darüber, wie viele echte Fotografien der ganzen Hemisphäre des Planeten Erde eigentlich existieren. Immer wieder gelangten Experten zu der Erkenntnis, dass am ehesten die Fotos der frühen sowjetischen und amerikanischen Weltraummissionen höchstwahrscheinlich authentisch sind. Aber wo befinden sich aktuellere authentische Fotografien, und wie viele gibt es wirklich?

Gibt es Fotografien von der vollständigen dunklen Seite der Erde bei Nacht? Kann ein Mensch ohne Hilfsmittel vom Mond aus menschengemachtes Licht auf der dunklen Seite der Erde erkennen? Die Antwort lautet, dass man von der Mondoberfläche aus tatsächlich das Licht von Großstädten und dicht besiedelten Gebieten auf der Erde wahrnehmen kann. Es gibt aber keine dementsprechenden Fotografien, denn alle verfügbaren stammen von erdnahen Satelliten oder der internationalen Weltraumstation ISS. Derzeit befinden sich rund 10.000 Satelliten im Erdorbit. Zudem gibt es fast keine Aufnahmen der gesamten Hemisphäre bei Nacht. Auch in diesem Fall sind es Zusammensetzungen von Satellitenbildern, die dann noch auf Computern mit Software wie Photoshop bearbeitet worden sind, um eine ideale Visualisierung zu produzieren. Zuständig dafür sind heutzutage offenbar einzig und allein die amerikanische Weltraumbehörde NASA und ihre Partner.

Wenn Astronomen sich fragen, ob sie ein echtes Bild vom Weltraum vor sich haben, dann suchen sie nach der Bildquelle, und in den meisten Fällen steht dort „Quelle: NASA“ zu lesen. Somit besitzt diese Weltraumagentur ein Monopol über das Erstellen von Bildern des Weltraums und der Planeten unseres Sonnensystems. Doch selbst Skeptikern fällt seit vielen Jahren auf, dass die meisten Bilder aussehen, als wären sie durch Bildbearbeitung mit Computer-Software entstanden. Sie sind einfach zu schön, um echt zu sein. Solche Bilder werden der Öffentlichkeit bei näherem Hinsehen auch nicht als authentisch verkauft, sondern zu „Illustrationszwecken“. Es sind auf der Erdoberfläche immer viel zu wenig Wolken zu sehen, und die Farben sind viel zu intensiv eingestellt. Diese Manipulation wird bereits seit den ersten berühmt gewordenen Fotografien der Apollo-Mondmissionen in den 1960er-Jahren durchgeführt! Auf keiner der veröffentlichten Fotografien kann man auf der dunklen Seite der Erde künstliche Lichtquellen erkennen. Die Erklärung ist, dass die Tagseite zu hell strahlt, um künstliches Licht wahrnehmen zu können. Viele Experten haben die historischen Aufnahmen immer wieder studiert und festgestellt, dass es Zusammensetzungen oder abgeänderte Originalaufnahmen sind, aber keine Originale.

Weltraumsonden haben niemals die Priorität, den Planeten Erde näher zu untersuchen

Pressesprecher der NASA argumentieren, dass es praktisch unmöglich wäre, die ganze Erdkugel in einer Aufnahme festzuhalten. Bei anderen Planeten scheint das kein Problem darzustellen. Es gibt zwar Aufnahmen der ganzen Tagseite der Erde als vollständige Kugel, aber auch diese sind manipuliert, und man sieht den erleuchteten Planeten, der vollständig von schwarzem Weltraum ohne Sterne eingeschlossen ist. Auch das sind Komposit-Zusammensetzungen, weil die Weltraumstation ISS oder erdnahe Satelliten nicht die richtige Entfernung haben, um die ganze Hemisphäre zu fotografieren. Das geschah jedoch in den Jahren des Apollo-Programms bis ins Jahr 1972 und dann erstaunlicherweise erst wieder ab 2015. Somit hatten Astronomen jahrzehntelang keine neuen Aufnahmen des Planeten Erde zur Verfügung. Wie ist das widerspruchsfrei nachvollziehbar? Immer wieder wurden Weltraumsonden ins All geschossen, aber niemals gab es die Priorität, den Planeten Erde näher zu untersuchen. Warum hat die NASA ganze 43 Jahre lang keine Fotografie der vollständig fotografierten Hemisphäre der Erde veröffentlicht?

Die Stellungnahme lautet, dass sich viele geostationäre Satelliten im Orbit befinden, aber die meisten werden nicht dazu benutzt, um Fotografien der Erde zu machen. Die wenigen, die offiziell Fotos machen, müssen viele Umkreisungen bewältigen, um genug Material zu sammeln, um Komposit-Fotografien zu erhalten. Zusammengesetzte Satellitenaufnahmen sind daher keine echten Fotografien der ganzen Erde. Ansonsten existieren fast keine authentischen Fotografien, auf denen die Sonne, die Erde und der Mond gleichzeitig auf einer Aufnahme zu sehen sind. Warum sehen wir auf den meisten Weltraumfotos keine Sterne? Warum kann man sehr weit von der Sonne entfernte Planeten wie Pluto auf Fotografien von Weltraumsonden so strahlend hell wahrnehmen? Weswegen sieht man auf Fotografien der Mondoberfläche am Himmel keine Sterne?

Die banale Antwort von Astronomen lautet, dass die Sterne da sind, aber zu schwach leuchten, um sie auf Fotografien zu sehen und zwar, weil die meisten Weltraumkameras angeblich so eingestellt sind, dass man Sterne nicht sehen kann. Wissenschaftler justieren die Linsen auf die zu erwartenden Lichtverhältnisse einer Mission, wobei Aufnahmen der Sonne und der Gestirne offenkundig keine Rolle spielen. Sie erklären uns, dass die Kameras nur für die Ziele der Wissenschaft eingestellt werden, und nicht für „lustige Extras“, die man auf dem Weg dorthin fotografieren könnte. Glauben Sie das?

Die Erde strahlt vom Weltraum aus durch ihre lichtreflektierende Wolkendecke und ihre Ozeane so hell, dass man sie gar nicht richtig fotografieren kann, um Details auf der Oberfläche zu sehen. Im Jahr 2017 fertigte die Osiris-Rex-Mission ein neues Bild der ganzen Erde an, aber selbst dieses war wieder eine Komposit-Aufnahme, die aus Infrarot-Bildern zusammengesetzt ist. Längere Belichtungszeiten sammeln mehr Licht und dann wäre es möglich, Sterne aufzunehmen, aber die Erde wäre zu hell. Es gibt bis heute keine Fototechnik, welche die Sinneswahrnehmung des menschlichen Auges ersetzen kann! Wir Menschen können augenblicklich Sterne am Nachthimmel sehen, aber Kameras benötigen lange Belichtungszeiten, um sie auf Fotografien sichtbar zu machen.

Die Apollo-Mondlandungen haben ausschließlich bei hellem Tageslicht stattgefunden, und auf keiner der erstellten Aufnahmen ist der Sternenhimmel zu erkennen. Der Planet Erde selbst ist jedoch so hell, dass er mit Kameras aus weiter Entfernung klar aufgenommen werden kann, zum Beispiel vom Bereich des Saturn aus. Daraus ergibt sich: Die Erde ist mit bloßem Auge mindestens 14 Milliarden Kilometer weit im All zu sehen, also bis zur Distanz des Planeten Pluto. Interessanterweise gibt es wenige originale Fotografien der ganzen Erde vom Mondorbit oder der Mondoberfläche aus, welche dieselbe Perspektive zeigen. Gibt es Geheimnisse, die durch solche Aufnahmen sichtbar gemacht werden würden? Warum ist man dazu übergegangen, Komposit-Aufnahmen einer idealisierten und wolkenlosen Erdoberfläche zu verbreiten?

Zieht man zum Beispiel die wenigen authentischen Aufnahmen des Erdballs vom Weltraum heran, auf denen ein Sonnenaufgang oder Sonnenuntergang von einem Satelliten aus zu sehen ist, fällt auf, dass man auf der dunklen Oberfläche wieder keine künstlichen Lichtquellen erkennen kann, obwohl die Distanz wesentlich geringer ist als vom Mond aus. Die Nuancen der Schatten und Wolken, die durch die Sonneneinstrahlung entstehen, sind aber gut zu erkennen. Unter solchen NASA-Fotos steht zu lesen: *„So sieht ein Sonnenuntergang aus dem Weltraum aus.“* Nirgendwo steht zu lesen, dass es sich um eine originale Aufnahme handelt. Kritische Leser haben in Kommentaren geschrieben, dass solche Bilder durch Photoshop entstehen, und die Skalierung in vielen Fällen völlig falsch ist. Es gibt keine Angaben, von welchem Satelliten diese Bilder stammen sollen. Auf Live-Übertragungen der Weltraumstation ISS kann man niemals andere Satelliten erkennen, obwohl tausende von ihnen die Erde umkreisen sollen. In diesem Fall haben Kritiker recht behalten, denn es handelt sich tatsächlich nicht um reale Fotos, sondern um Schnappschüsse von computergenerierten Videos! Der Weltbevölkerung soll weisgemacht werden, dass solche Bilder die Realität darstellen. Das ist falsch. Magazine und Wissenschaftsjournale verwenden daher für ihre Artikel und Arbeiten keine echten Fotografien, sondern digital erstellte Kunstbilder aus dem Internet.

In solchen Fällen heißt es, dass man nicht in der Lage sei, die Spur definitiv zu einem offiziellen NASA-Foto zu verfolgen. Selbst wenn das möglich sein sollte, dann stammten solche offiziell von der NASA herausgegebenen Aufnahmen ebenfalls aus einem wissenschaftlichen Illustrationen-Studio! In diesem Studio werden ebenfalls Kunstbilder und CGI-Videos produziert, um damit Animationen zu erstellen, welche planetare Bewegungen von ganzen Monaten in wenigen Minuten Film zeigen. So entstehen durch virtuelle Kameras heutzutage Videos, welche die rotierende Erde von der Mondoberfläche aus zeigen sollen. Solche Videos sind allerdings nicht echt. Fakt ist: Kein Video der Apollo-Missionen zeigt die Erde in Rotation!

Opponenten weisen gegenwärtig darauf hin, dass es beinahe unmöglich ist, ein reales Foto der Erde zu finden, das nicht verändert wurde! Das allererste vom Weltraum aus aufgenommene Foto der Erde wurde übrigens im Jahr 1946 an Bord einer deutschen V2-Rakete gemacht, die von New Mexico aus aufgestiegen war. Dann gibt es das erste Foto der Erde vom Mond aus aufgenommen. Es stammt vom Lunar Orbiter 1 und wurde im Jahr

1966 angefertigt. Das nächste, bis heute populäre erste Farbfoto stammt von der Apollo-8-Mission aus dem Jahr 1968. Es ist das sogenannte „Earthrise“-Foto und zeigt den Erdaufgang vom Mondorbit aus. Das *Time Magazin* hat „Earthrise“ als eine der einflussreichsten Fotografien der Geschichte bezeichnet. Es gilt zu beachten, dass keine Videos des Erdaufgangs veröffentlicht worden sind, sondern später lediglich animierte Rekonstruktionen verbreitet wurden! Weshalb?

Das Bild stammt vom *NASA/Goddard Space Flight Center Scientific Visualization Studio*. Es gibt keine Erklärung, warum keine originalen Videoaufnahmen einer rotierenden Erde existieren. Stattdessen verkünden Sprecher der NASA, dass der Einsatz von verfügbaren Technologien (Photoshop) nicht bedeute, dass die produzierten Bilder *„nicht real“* wären! Pressesprecher haben aber auch nicht klipp und klar erklärt, dass sie nicht falsch sind!

Weiter erklären NASA-Sprecher, dass es in der ganzen Geschichte der Raumfahrt nur so wenige Fotografien der Erde vom Weltraum gibt, weil es schwierig sei, weit genug von der Erde weg zu sein, um eine vollständige Fotografie von ihr anzufertigen! Seit den 1960er-Jahren sind insgesamt hunderte von Weltraumsonden zum Mond, zur Sonne, zu den anderen Planeten, ihren Monden, zu Asteroiden oder Kometen gesandt worden, um Fotografien zur Erde zu funken. Warum haben sie keine Fotografien der ganzen Erde und Videos ihrer Rotation im Weltraum gemacht? Das wäre doch im Zuge der Missionen sicherlich das geringste Problem gewesen, sollte man meinen. Auch Satelliten machen keine Aufnahmen der ganzen Erde, weil sie *„sehr teuer sind und einen speziellen Zweck erfüllen“* und nur kleinere Areale auf der Erdoberfläche fotografieren. Es gibt also keine solchen Aufnahmen, oder sie können nicht veröffentlicht werden. Deshalb produziert man fleißig teure computergenerierte Bilder des Planeten Erde.

Es gilt noch nicht einmal als gesichert, dass die historischen Apollo-Aufnahmen der ganzen Erde keine Fälschungen sind. Kritiker schreiben, dass auf den Fotos nicht der Planet Erde, sondern das Bild eines runden Fensters bei einem Flug aus großer Höhe zu sehen ist. Dann gibt es zum Beispiel auch fast keine Apollo-Fotografien der Mondoberfläche, auf denen man die Sonne direkt sehen kann. Nur wenige Fotografien zeigen das Leuchten der Sonne hinter einem Landemodul. Die Sonne wird lediglich in

Berichten von Astronauten beschrieben, die schreiben, dass sie im Weltraum wie ein Juwel aussieht. Der Mond hat keine Atmosphäre, und deshalb gibt es nicht wie auf der Erde einen stufenweisen Übergang von Sonnenaufgang zu Sonnenuntergang, sondern einen abrupten. Die Erde durchläuft, vom Mond aus betrachtet, ähnliche Phasen wie der Mond von der Erde aus betrachtet. Warum sich der Mond so dreht, dass seine Rückseite immer von der Erde abgewandt ist, bleibt rätselhaft. Viele Beobachtungen der Apollo-Missionen wirken so, als ob die Mondlandung gefälscht worden wäre, vor allem weil selbst Experten nicht glauben, dass die „Earthrise"-Fotos von Apollo-8 authentisch sind. Das war übrigens die erste bemannte Mission zum Mond.

Das bis heute bekannteste Bild der vollständig erleuchteten Erde stammt aus dem Jahr 1972. Es stammt angeblich von der Apollo-17-Mission. Dies ist das sogenannte „Blue Marble"-Bild (blaue Murmel). Es soll aus einer Distanz von ca. 30.000 km aufgenommen worden sein. Das Bild erscheint seit damals in vielen Medien oder auf Postern, weil es die einzige populäre Aufnahme des voll erleuchteten Planeten Erde ist. Weshalb Astronauten nicht hunderte oder tausende Aufnahmen gemacht haben, bleibt rätselhaft. Ein Kommentar der NASA beschreibt, dass auch die „Blue Marble"-Aufnahme nicht original ist. Abermals wurden während der Apollo-17-Mission keine Videoaufnahmen der Erde oder ihrer Rotation im All gemacht.

Eine offizielle Erläuterung zu „Blue Marble" lautet: *„Ansicht der Erde, wie sie von der Mannschaft von Apollo 17 auf dem Weg zum Mond gesehen wurde. Dieses Mondflug-Foto erstreckt sich vom Mittelmeer bis zur Eiskappe der Antarktis. Zum ersten Mal ermöglichte es die Apollo-Flugbahn, die antarktische Eiskappe zu fotografieren. Beachten Sie die dichte Wolkendecke über der südlichen Halbkugel."*

In dieser Erklärung wird wieder nicht darauf eingegangen, warum es keine Originalaufnahmen gibt. Beachten Sie, dass von einer *„Ansicht der Erde"* die Rede ist. Das Bild ist in Wahrheit eine Zusammensetzung von vielen Fotos, welche eine ähnliche Perspektive zeigen! Seit 2005 wurden andere „Blue Marble"-Fotos präsentiert, die abermals eine *„bereinigte Gesamtansicht"* der Erde darstellen. Es sind Grafiken und keine Originalfotos.

Ihre Ersteller sagen aus, dass sie zum Beispiel Fotos von Satelliten verwenden, Wolken und *„andere Dinge“* entfernen und das Ergebnis dann zu einer perfekten Kugel formen. Diese Grafiken werden dann zur öffentlichen Verwendung zur Verfügung gestellt.

Der Apollo-17-Astronaut Eugene Cernan (1934-2017), der am 14. Dezember 1972 als bislang letzter Mensch den Mond betreten hat, erklärte nach seiner Rückkehr, dass man auf dem „Blue Marble“-Foto die Erde von Pol zu Pol sehen kann und dass man dabei zusehen konnte, wie sie sich dreht und dass keine Fäden dort sind, an denen sie aufgehängt wäre. Was soll man von dieser Aussage halten? Wollte Cernan darauf hinweisen, dass bei den populären NASA-Aufnahmen Tricktechnik verwendet wurde? Sprecher weisen extra darauf hin, dass 1972 kein Photoshop verfügbar war. Allerdings gab es Airbrush und andere Methoden zur Bildveränderung.

Zitat Eugene Cernan: *„Man kann von Pol zu Pol und über Ozeane und Kontinente hinweg sehen, und man kann beobachten, wie sie sich dreht, und es gibt keine Fäden, die sie halten, und sie bewegt sich in einer Schwärze, die fast unvorstellbar ist.“*

Dadurch wurde „Blue Marble“ eines der am meisten reproduzierten Bilder der Geschichte. Diese Aufnahmen sind jedoch wie beschrieben nicht authentisch, sondern verändert und oft aus vielen Einzelbildern zusammengenäht und idealisiert. Dann gab es bis 2015 kein neues Foto der gesamten Erde. Damals war bemerkenswerterweise nicht die NASA, sondern SpaceX von Elon Musk dafür verantwortlich, dass wir ein aktuelles Foto der Erde erhalten haben, aber kein vollständiges. Warum war es der NASA fast 45 Jahre lang nicht möglich, eine Fotografie anzufertigen, welche von wissenschaftlichem Wert ist?

Zwischen 1972 und 2015 gab es keine einzige Fotografie des gesamten Planeten Erde von wissenschaftlichem Wert

Weltraumforscher verdeutlichen, dass sie keine Missionen haben, welche diese Art von Bildern der Erde zur Verfügung stellen! Finden Sie diese Antwort nicht sonderbar? Man will uns weismachen, dass wir bereits genug Bilder erhalten hätten und keine neuen mehr benötigen! Auch die letzten Aufnahmen der Erde von der Mondoberfläche aus stammen von der Apollo-17-Mission aus dem Jahr 1972. Man sieht die Astronauten mit der amerikanischen Flagge und der Erde im Hintergrund. Dass die Erde allerdings von der Mondoberfläche aus so klein aussieht, ist seltsam, denn sie sollte viel größer und viel heller sein als ein Vollmond von der Erdoberfläche aus betrachtet. Die Erde ist insgesamt 13-mal so voluminös wie der Mond und sollte daher 4- bis 13-mal so viel Platz am Himmel beanspruchen. War es den Tricktechnikern damals nicht möglich, eine größere Erdkugel mit mehr Details darzustellen? Die Ausrede lautet diesmal, dass die Linse der verwendeten Kameras nicht ausgereicht hätte, die Erde größer darzustellen, dass sie aber *„in den Augen der Astronauten fantastisch ausgesehen haben müsste"*.

Warum zeigt die NASA kein echtes Foto, auf dem die Erde, der Mond und die Sonne auf einem Bild zu sehen sind? Soweit ich das ermitteln konnte, wurde eine solche Fotografie noch niemals veröffentlicht. Die Erklärung von Astronomen lautet, dass es schwierig und sinnlos sei, ein solches Foto aufzunehmen! Weil Weltraummissionen so teuer sind, würde es keinen Sinn ergeben, Fotografien des vollen Mondes mit der vollen Erde zu erstellen. Astronomen erwähnen, dass viele Menschen denken, die NASA würde ausschließlich Fake-Aufnahmen veröffentlichen, die mit Photoshop entstehen, vor allem Anhänger der Theorie der flachen Erde. Weil das so ist, soll die NASA auch keine Anstrengungen unternehmen, solche originalen Fotografien in Zukunft anzufertigen.

NASA-Mitarbeiter sollen den Weltraum, aber nicht den Planeten Erde erforschen, und ihre Aufgabe besteht vermeintlich darin, nicht zu versuchen, Erdaufnahmen zu machen und den Wunsch von Kritikern zu erfüllen, die denken, ihre Arbeit bestünde im Fälschen von geometrisch nicht korrekten Weltraum-Fotos. Die NASA mag demnach keine Vertreter von Theorien der flachen Erde, weil ihre Mitarbeiter wissen, dass die Erde eine Kugel ist und dass die Apollo-Missionen zum Mond geflogen sind. Es wird in diesen Begründungen wieder nicht erwähnt, dass sich die Erde tatsächlich dreht oder Astronauten Beweise für die Rotation der Erde gefilmt hätten. Stattdessen verlegt man den Fokus auf die Verschwörungstheorie der flachen Erde, damit logisch denkende Menschen nicht auf die Idee kommen, das geozentrische Modell des Sonnensystems im Hintergrund zu erkennen.

Weil die Beweise für die Manipulation aller veröffentlichten Weltraumfotografien vorliegen, sind Weltraumorganisationen seit einigen Jahren dazu übergegangen einzugestehen, dass ihre Fotos nicht authentisch sind. Die Bilder werden für uns verbessert oder verändert, um den wissenschaftlichen Vorstellungen zu entsprechen. Deshalb ist diese Manipulation *„lediglich eine wissenschaftlich fundierte Handlung"*. Die Begründung dafür soll also nicht allein kosmetischer Natur sein, sondern die Veränderungen sollen aus wissenschaftlichen und ungenannten anderen Gründen stattfinden. Es können keine höher auflösenden Originalaufnahmen mit Wolken und Satelliten gezeigt werden, weil man erkennen würde, dass sich die Erde nicht dreht, sondern nur Satelliten sich im Orbit um die Erde drehen. Warum kann die NASA keine aktuellen vollständigen Aufnahmen der Erdoberfläche und Videos von der Rotation der Erde aus einer Entfernung von 30.000 km oder mehr aufnehmen?

Verantwortliche erklären uns als Nächstes, dass es verschiedene Gründe gibt, warum die NASA keine Fotos vom Planeten Erde macht. Erstens wären auf vielen Satelliten und Sonden keine Kameras installiert. Zweitens: Auch wenn ein Raumschiff mit einer Kamera ausgestattet ist, besteht in NASA-Missionen keine Priorität dazu, Fotografien der Erde zu erstellen. Drittens ist es eine komplexe und teure Unternehmung, Fotografien von der Erde zu erstellen. Das sind sehr dürftige Erklärungen, und sie tragen nichts zur Auflösung dieses wissenschaftlichen Mysteriums der Raumfahrt bei. Das Foto „Blue Marble" von 1972 soll demnach die erste Fotografie der gesamten Erde darstellen. Es war aber zu Beginn nicht farbig, sondern wurde aus Schwarz-Weiß-Fotos zusammengesetzt und eingefärbt.

Dementsprechend lässt sich klarstellen, dass mehr als 200 bemannte Missionen und 1.000 unbemannte NASA-Satelliten seit dem Beginn der Weltraumfahrt nur eine Handvoll Fotografien, ganz zu schweigen von Videoaufnahmen der kompletten Erde gemacht haben. Dabei wäre es doch sinnvoll, ständig aktuelle Bilder zur Verfügung zu stellen, um den angeblichen Klimawandel zu studieren. Aber das Einzige, was der Welt präsentiert wird, sind noch mehr computergenerierte Bilder oder zusammengesetzte Aufnahmen, auf denen bestimmte Details fehlen. Ein weiterer Kommentar zu diesem Vorgehen lautet: Jedes Bild, das die NASA veröffentlicht, *„ist real und eine akkurate Repräsentation“* dessen, was beobachtet worden ist. Dies ist wieder eine Umschreibung dafür, dass keine originalen Fotografien vorgezeigt werden können.

Selbst Bilder von der erleuchteten Nachtseite der Erde müssen durch Grafikkünstler erstellt werden. Die Quellen der einzelnen Bilder sollen zwar von der ISS stammen, aber der Rest wird so interpretiert, wie es Astronauten *„im echten Leben erfahren“* haben sollen. Deshalb werden von Künstlern auf dem Computer erstellte Bilder oft als echte NASA-Fotos betrachtet. Die einzige andere Aufnahme, die einer breiteren Öffentlichkeit bekannt ist, stammt von der Voyager-1-Sonde aus dem Jahr 1990. Dieses Foto heißt „Pale Blue Dot“ (blass-blauer Punkt). Das Bild wurde auf Wunsch von Dr. Carl Sagan gemacht, und Voyager 1 befand sich damals mehr als 6 Milliarden Kilometer von der Sonne entfernt. Auf dem Foto erkennt man einzig und allein einen winzigen hellen Punkt, aber das wird heute immer noch als eine der *„besten Aufnahmen der Weltraumwissenschaften“* bezeichnet. Warum haben die Voyager-Sonden keine besseren Bilder der Erde aus näherer Distanz aufgenommen, warum erst in dieser Entfernung?

Zu einem Jubiläum wurde auch dieser Aufnahme mit moderner Technologie und Software eine Überarbeitung verpasst. Dabei hat die NASA erklärt, dass diese Bearbeitung respektvoll gegenüber dem Original sei. Die Erde ist auch in dieser Version nur ein einzelner, heller und undefinierbarer Pixel. Im Jahr 2017 hat dann die Cassini-Raumsonde ein neues Foto von der Erde vom Saturn-System aus aufgenommen. Man erkennt wieder nur einen Punkt hellen Lichts, mehr nicht. Warum hat Cassini nicht den Planeten Erde umrundet und tausende Fotografien aus allen Winkeln angefertigt? Warum wurden beide Fotos aus dem äußeren Sonnensystem von den Sonden erst gemacht, kurz bevor die Kamerasysteme deaktiviert worden sind? Weshalb nicht früher? Wollen Astrophysiker bestimmte Aspekte verbergen? Das „Pale Blue Dot"-Foto stammt vom Februar 1990, wurde aber erst im Sommer dieses Jahres auf einer Konferenz von Dr. Sagan präsentiert. Eine Absicht dahinter ist bestimmt, den speziellen Status unseres anormalen Sonnensystems und ganz besonders des Planeten Erde in Abrede zu stellen.

Zitat Dr. Carl Sagan: „*Unsere Haltung, unsere eingebildete Selbstherrlichkeit, die Illusion, dass wir eine privilegierte Position im Universum haben, werden durch diesen Punkt des fahlen Lichts herausgefordert. Unser Planet ist ein einsamer Fleck in der großen, sich umhüllenden kosmischen Dunkelheit. In unserer Dunkelheit, in all dieser Weite, gibt es keinen Hinweis darauf, dass Hilfe von anderswo kommen wird, um uns vor uns selbst zu retten. Es wurde gesagt, dass Astronomie eine demütigende und charakterbildende Erfahrung ist. Es gibt vielleicht keinen besseren Beweis für die Torheit des menschlichen Dünkels als dieses ferne Bild unserer winzigen Welt. Für mich unterstreicht es unsere Verantwortung, freundlicher miteinander umzugehen und den blassblauen Punkt, das einzige Zuhause, das wir je gekannt haben, zu bewahren und zu schätzen.*"

Auch von einer Mission zum Mars wurden 2007 von einem Weltraumteleskop aus dem Mars-Orbit nur zwei Fotografien der Erde samt Mond übertragen. Diese Bilder enthalten wieder wenige Details, und es gab abermals keine Bilder aus der Nähe oder Videoaufnahmen von der Rotation der Erde zu sehen. Die veröffentlichten Aufnahmen waren zudem wieder nicht original, sondern neuerlich Komposit-Bilder. Das „*beste Erde-Bild wurde mit dem besten Mond-Bild kombiniert*". Die Fotos dazu lieferte angeblich die Kamera des *High Resolution Imaging Science Experiment* (HiRISE) des *Mars Reconnaissance Orbiter*. Jede Aufnahme wurde einzeln verarbeitet und dann kombiniert, sodass man auch den Mond sehen kann. Weil der Mond im All viel dunkler ist als die Erde, wäre er unter gewöhnlichen Umständen nicht zu sehen. Es gibt keine Möglichkeit festzustellen, ob diese Bilder die korrekten Größen und Positionen der zwei Himmelskörper darstellen oder nicht.

Auch diese Mars-Sonde hat keine Nahaufnahmen der Erde erstellt, sondern lediglich Aufnahmen aus einer Entfernung von 142 Millionen Kilometern, damit keine Details zu erkennen sind. Der Mond wurde heller gemacht, und die Erde leuchtete aus dieser Distanz so hell, dass sie abgedunkelt werden musste. Warum die Aufnahmen erstellt wurden, als Erde und Mond vom Mars aus auf der falschen Seite der Sonne standen, um sie vollständig zu fotografieren, bleibt unkommentiert. Erst Bildbearbeitung machte es möglich, auch in diesem Fall eine *„nett anzusehende Veröffentlichung“* zu präsentieren.

Anhänger der Theorie der flachen Erde finden Unstimmigkeiten im kosmologischen Standardmodell

Nun komme ich zu einigen wichtigen astronomischen Unstimmigkeiten, welche in der Theorie der flachen Erde angesprochen werden. Flach-Erdler sind dahintergekommen, dass sich die Erde nicht um die Sonne dreht. Diesem teilweise korrekten Modell zufolge ist sie im All fixiert und dreht sich nicht, sondern die Gestirne drehen sich um die Erde herum. Die Sonne rotiert um die Erde. Das wissenschaftliche Modell des Heliozentrismus ersetzte den Geozentrismus als eine Form der Sonnenanbetung. Mitglieder der *Flat Earth Society* behaupten, dass die NASA und diverse amerikanische Regierungsbehörden die Aufgabe haben, Unwahrheiten über den Weltraum zu produzieren, speziell die falsche Vorstellung, dass die Erde, wie andere Planeten, rotiert und sich um die Sonne dreht. Anhänger der Theorie der flachen Erde argumentieren weiter, dass NASA-Mitarbeiter Bilder fabrizieren und verändern. Auf unterschiedlichen offiziellen Aufnahmen sieht man eine völlig unterschiedliche Farbgebung oder Größen der Kontinente im Verhältnis zur Größe des Planeten. Selbst in den höchsten Rängen wissen nur wenige Personen über diese Täuschung Bescheid. Selbst NASA-Whistleblower haben von diesen Manipulationen berichtet. So werden einzelne Aufnahmen beispielsweise auch verändert, wenn UFOs darauf zu sehen sind.

Obwohl die NASA heute zugibt, alle Fotos vom Weltall per Photoshop zu bearbeiten, denkt die Öffentlichkeit immer noch, sie bekommt authentische Aufnahmen präsentiert. Verschiedene Astronomen sind dahintergekommen und haben damit begonnen, das geozentrische Modell des Solarsystems zu verteidigen. Man bezeichnet sie trotz aller Beweise als Anhänger des der Lächerlichkeit preisgegebenen Modells der flachen Erde. Abweichenden Forschern wird Misstrauen gegenüber der Wissenschaft vorgeworfen, denn das geozentrische Modell würde darüber hinaus die Idee der Evolution sowie den menschengemachten Klimawandel zunichtemachen. Die Öffentlichkeit wird für dumm verkauft, denn ihr mangelt es laut diesen Beschreibungen an der Fähigkeit, kritisch zu denken, denn aufgrund ihrer schlechten Bildung treffen Leute falsche Entscheidungen und sind einfach zu manipulieren. Dadurch kommen sie auf den Gedanken, Falschmeldungen über den Status des Planeten Erde zu verbreiten. Wegen solcher Vorwürfe ist es so wichtig, die wahre Faktenlage zu kennen.

Astronomen behalten recht, wenn sie davon sprechen, dass das Modell der flachen Erde nicht korrekt ist, weil eine kugelförmige Gestalt der Erde durch Beobachtungen von der Erdoberfläche, der Luft aus oder aus dem Weltraum nachgewiesen werden kann. Damit ist aber nicht die ganze Theorie falsch. Dennoch stellt man Leute, die dem heliozentrischen Modell oder der Relativitätstheorie kritisch gegenüberstehen, als ungebildete Verschwörungstheoretiker hin. Glauben Sie es oder nicht – bis heute sind keine konkreten wissenschaftlichen Beweise vorhanden, dass sich die Erde um die Sonne dreht! Sind wir alle das Opfer einer großen Verschwörung, oder wollen uns Wissenschaftler einfach nicht die Wahrheit sagen? Warum hat es die NASA trotz modernster Technologie noch immer nötig, Bilder am Computer zu manipulieren? Warum gibt es keine authentischen Videoaufnahmen von Weltraummissionen, die eine rotierende Erde samt Mond aus größerer Distanz zeigen? Das würde die Theorie der flachen Erde im Nu widerlegen.

Vielmehr besteht das Internet-Phänomen der Theorie der flachen Erde tatsächlich daraus, von der astronomischen Wahrheit abzulenken, dass sich die Erde im Zentrum des Universums befindet und aus unerklärlichen Gründen nicht bewegt. Um das zu verbergen, müssen alle Fotos der Erde angepasst werden. Somit stellt die amerikanische Weltraumorganisation laut Anhängern der Theorie der flachen Erde ein Werkzeug einer Schattenregierung dar, welche die Wahrheit verbirgt, um eine Neue Weltordnung einzuführen, in der die Erde einen einsamen Punkt in den Weiten des Universums darstellt. Einige sind der Meinung, dass sich die Sonne in einem Winkel von 15 Winkelgrad pro Stunde über den Himmel bewegt, egal von wo auf der Erdoberfläche man sie beobachtet. Das wäre ein Hinweis darauf, dass sie nicht lokal ist und sich nicht im Zentrum unseres Sonnensystems befindet.

Wie kann man auf rationaler Ebene mit skeptischen Wissenschaftlern über diese Dinge debattieren? Sie wissen, dass im Laufe der Jahrhunderte viele experimentelle Belege produziert worden sind, die darauf hinweisen, dass sich die Erde um die Sonne dreht. Der ultimative Beweis dazu konnte bis heute nicht erbracht werden. Auch belegen andere Experimente, dass die Erde stationär ist. Warum denken Wissenschaftler also, dass in jedem Punkt Konsens herrscht? Dem ist faktisch nicht so. Viele Theorien werden nur aufgrund von Konsens akzeptiert, obwohl nicht genug Beweise für die Richtigkeit der grundlegenden Thesen vorhanden sind. Die Vorstellung einer flachen Erde wird dennoch durch unzählige Experimente, Beobachtungen und Demonstrationen widerlegt. Die Erde ist rund, vor allem aus großer Höhe oder vom Weltraum aus ist das gut zu beobachten. Kein Astronaut oder Kosmonaut hat jemals eine flache Erde beobachtet. Verschiedene Sterne sind in verschiedenen Teilen der Welt zu beobachten, so zum Beispiel die Polarsterne am geografischen Nordpol der Erde. Reist man zum Äquator und darunter, versinken diese Sterne hinter dem Horizont. Auch eine Mondfinsternis spricht für eine kugelförmige Erde, weil dann die Erde immer einen kugelförmigen, runden Schatten auf den Mond wirft. Die einzige Option, wie das möglich ist, lautet, dass die Erde ein Globus ist. Alle anderen Planeten im All sind ebenfalls kugelförmig.

Alle Sterne umkreisen einen bestimmten Punkt am Himmel, und deshalb erscheint es so, dass sich alle Objekte um die Erde herumbewegen. Platon entwickelte ein Modell des Universums mit der Erde im Zentrum. Der berühmteste Vertreter des geozentrischen Modells in der Antike war Claudius Ptolemäus, ebenfalls ein Grieche. Er galt als einer der größten Gelehrten seiner Zeit und lebte in Alexandria in Ägypten. Seine Schriften galten lange Zeit als unanfechtbare Standardwerke der Wissenschaft. Fast 1.500 Jahre später formulierte Nikolaus Kopernikus das Modell des Heliozentrismus. In diesem Modell des Sonnensystems befindet sich die Sonne im Zentrum und wird von Erde und Mond umkreist, die engsten Orbits um die Sonne haben in dieser Reihenfolge der Merkur und die Venus gefolgt von der Erde. Daher hat man im Heliozentrismus einfach den Platz der Sonne mit der Erde vertauscht. In der Antike waren die sieben Himmel ein Begriff und den Planeten zugeordnet. Saturn war der siebte und ein Hüter der Schwelle, jenseits davon endet die materielle Welt und mündet in eine unsichtbare und nicht greifbare Welt anderer Sphären. Trotz der wissenschaftlichen Revolution hat sich die Vorstellung des Geozentrismus bis heute bei vielen Menschen bewahrt, die nicht glauben, dass die Erde sich um die Sonne dreht. Astronomen haben noch im frühen 20. Jahrhundert Artikel veröffentlicht, welche das Modell des Geozentrismus verteidigten.

Auch in der Bibel steht zu lesen, dass die täglichen Bewegungen von Sonne und Mond zeigen, dass sie sich beide um die Erde drehen. Die Welt ist bewegungslos beschrieben. Diese Theorie hat seit der Veröffentlichung des Buches „*Galileo was wrong*" von Dr. Robert Sungenis im Jahr 2006 wieder an wissenschaftlichem Zuspruch gewonnen. Im selben Jahr zeigten Umfragen, dass immer noch zwanzig Prozent aller Amerikaner an das geozentrische Modell glauben. Orthodoxe jüdische Gelehrte glauben ebenfalls ans Firmament und das geozentrische Modell des Universums. Rabbiner weisen ausdrücklich darauf hin, dass vom wissenschaftlichen Standpunkt der Theorie der Relativität beides möglich ist, das heliozentrische und das geozentrische Modell. Basierend auf gültigen wissenschaftlichen Hypothesen ist daher aus wissenschaftlicher Sicht nicht auszuschließen, dass sich die Sonne um die Erde dreht!

Bereits Aristoteles dachte, dass sich die Sonne um die Erde dreht, denn er sah keine Anzeichen dafür, dass sich die Erde bewegt. Es gibt keine starken Winde, die ständig über die Erdoberfläche blasen, und selbst kleine Gegenstände mit geringem Gewicht landen immer gerade auf dem Boden, wenn man sie fallen lässt. Er schloss daraus, dass sich die Erde nicht bewegt und die Planeten inklusive der Sonne sich um sie drehen, dahinter eine fixierte Sphäre mit Sternen, die sich ebenfalls um die Erde dreht. Diese Ansicht dominierte mehr als 1.500 Jahre lang die Philosophie der Naturwissenschaft.

Selbst in unserem Zeitalter sind längst noch nicht alle Fragen beantwortet, wenn es sich um das Verständnis des Universums dreht. Es ist anzumerken, dass das geozentrische Modell in den meisten Theorien funktioniert. Es wurde so lange akzeptiert, weil die Menschen der Antike dachten, dass der Mensch von den Göttern erschaffen wurde, die aus den Himmeln herniedergestiegen waren. Deshalb galten einige Punkte der Theorie der flachen Erde jahrtausendelang als faktische Wahrheit: Die Erde befindet sich im Zentrum des Universums und ist stationär. Die Planeten, die Sonne und die Sterne drehen sich um die Erde. Alle Bewegungen des Himmels folgen kreisförmigen Bahnen und Zyklen, so als wären diese Objekte an kugelförmigen Hüllen befestigt. Alle diese Objekte drehen sich mit derselben Geschwindigkeit um die Erde.

Als Kopernikus seine These des heliozentrischen Modells formulierte, musste er sehr vorsichtig vorgehen und publizierte seine Schrift erst im Jahr seines Todes 1543. Die Vorstellung, dass die Erde nicht mehr im Zentrum des Universums existieren soll, verärgerte viele Zeitgenossen, verständlicherweise vor allem Oberhäupter der Kirche und angesehene Kreise von klassischen Gelehrten. Der deutsche Astronom Johannes Kepler korrigierte noch einige wichtige Einzelheiten zu den Planetenbahnen, und es wurde schließlich allgemein akzeptiert. Der echte Wendepunkt kam mit Galileo Galilei, der mit seinem Teleskop feststellte, dass Monde den Jupiter umkreisen. Das zeigte, dass Himmelsobjekte auch andere Himmelskörper als die Erde umkreisen.

Obwohl das Modell des Geozentrismus nicht ganz widerlegt werden konnte, baute sich eine Reihe von wissenschaftlichen Belegen für das Modell des Heliozentrismus auf. Das sorgte schließlich für einen Paradigmenwechsel in der Betrachtung des Universums. Das war dann nur durch ein neues physikalisches Prinzip zu erklären, und das ist das Gravitationsgesetz von Isaac Newton aus dem Jahr 1687. Gravitation soll auf der Erde bewirken, dass alle Gegenstände in Richtung Erdmittelpunkt gezogen werden, während im ganzen Sonnensystem Gravitation wirksam sein soll, um Planeten, Monde und Satelliten in ihren Bahnen zu halten.

Auch diese Theorie hat ihre Makel, weil keine Gegenkraft zur Gravitation bekannt ist. Die Ursache der Anziehungskraft ist unbekannt, und sie kann auch nicht die Fernwirkung durch leeren Raum erklären. Wenn aber Gravitationskräfte sich unendlich schnell ausbreiten, kommt es zu Problemen mit der Relativitätstheorie usw. Daher kann die Theorie der Gravitation nicht mit den tatsächlich zu beobachtenden Orbits der Planeten in Einklang gebracht werden. Dennoch sorgte Newtons Gesetz in weiterer Folge für eine fast vollständige Akzeptanz des Modells des Heliozentrismus und die Zurückweisung des Geozentrismus.

Falls Sie noch nichts darüber gelesen haben, muss erwähnt werden, dass schon im Jahr 2011 von Astronomen ermittelt worden ist, dass unser Erdmond nicht nur im Sonnensystem, sondern im ganzen bekannten Universum einzigartig ist! Das Erde-Mond-System ist offenbar das einzige System mit zwei großen sphärischen soliden Himmelskörpern. Dabei ist der Mond fast so groß wie der Planet Merkur und somit von einem Gesteinsplaneten fast nicht zu unterscheiden. Neue Computersimulationen haben ergeben, dass diese Konstellation im gesamten Universum einmalig ist! Es kann daher kein Zufall sein, dass Leben auf der Erde existiert und dass der Mond für die Stabilität des Planeten Erde sorgt. Das Verhältnis zwischen dem Erdmond und anderen Monden wie denen des Mars zeigt, dass der Erdmond etwa 100-mal größer ist als für unsere Planetengröße normal wäre. Seine Größe sorgt dafür, dass keine dramatischen klimatischen Veränderungen auftreten können.

Wissenschaftliche Experimente bestätigen das geozentrische Weltbild

Ein Versuch, welcher das Modell des Geozentrismus bestätigt, war das sogenannte Michelson-Morley-Experiment, das erstmals 1881 unter der Leitung von Albert A. Michelson in Potsdam stattfand. Es erforschte, ob sich eine Änderung der Lichtgeschwindigkeit aufgrund der angenommenen Bewegung der Erde durch den Raum erfassen lässt. Das Experiment scheiterte und besagt somit, dass keine erkennbare Veränderung der Lichtgeschwindigkeit festzustellen ist. Einsteins spezielle Relativitätstheorie besagt, dass Lichtgeschwindigkeit überall im Universum immer gleich ist, unabhängig von der relativen Bewegung der Lichtquelle und des Beobachters. Daher wird das Scheitern des Michelson-Morley-Experiments, tatsächlich irgendeine Bewegung der Erde durch den Weltraum zu erkennen, von der modernen Wissenschaft eher als Relativitätstheorie denn als Geozentrizität verstanden! Das bedeutet im Klartext dennoch, dass keine Bewegung des Planeten Erde durch den Raum gemessen werden kann! Nach Einsteins Theorie sind die geozentrischen und heliozentrischen Standpunkte gleichberechtigte Darstellungen der Wirklichkeit, und es ergibt wissenschaftlich betrachtet überhaupt keinen Sinn, von dem einen als wahr und dem anderen als falsch zu sprechen.

Der bekannte britische Astronom und Mathematiker Sir Fred Hoyle (1915-2001) brachte diesen Fakt korrekt auf den Punkt: „*Heute können wir nicht sagen, dass die kopernikanische Theorie in einem sinnvollen physikalischen Sinne richtig und die ptolemäische Theorie falsch ist.*“

Es ist leider nicht üblich zu lehren, dass das geozentrische Modell selbst gegenwärtig immer noch absolute Gültigkeit besitzt und daher die Möglichkeit besteht, dass die Erde stationär ist. Alle drei wichtigen Punkte sind weiterhin nie widerlegt worden und durchaus möglich: Einzigartigkeit, Zentralität und Bewegungslosigkeit. Von diesen im ganzen Universum einzigartigen Anomalien wird auch im Buch Genesis der Bibel berichtet, denn daraus geht hervor, dass sich die Beschaffenheit der Erde völlig von anderen Himmelskörpern unterscheidet. Diese biblische Vorstellung wird aktuell stark von den Erkenntnissen der Weltraumforschung unterstützt, obwohl das nicht publik gemacht wird. Deshalb können Forscher bis heute nicht bestätigen, dass Leben auf anderen Planeten im Sonnensystem möglich ist. Astronomische Untersuchungen haben weiter bestätigt, wie einmalig der Planet Erde im All ist. Der Rest des Alls scheint relativ unbewohnbar oder sogar lebensfeindlich zu sein. Daher vermittelt das Aussehen des Planeten Erde, dass er speziell dazu erschaffen wurde, um Leben und insbesondere menschliches Leben zu erhalten.

Kritiker denken, dass es sich bei der Verbreitung der Theorie der *Flat Earth Society* um eine gut organisierte psychologische Operation handelt, eine psychologische Operation, welche durch Geheimdienste und Regierungen ersonnen wurde, um davon abzulenken, dass das geozentrische Modell des Universums korrekt ist. Außerdem wird mit diesem Thema die Alternativszene gespalten, und das entspricht dem uralten Prinzip, Streit zu säen, um damit von wichtigeren Themen abzulenken. Es geht nicht um die Frage, ob die Erde eine Kugel oder eine Scheibe ist, sondern darum, dass sie sich nicht bewegt. Und diese Beobachtung resultiert tatsächlich auf wissenschaftlichen Standpunkten.

Wissenschaftsmagazine bringen auch Artikel darüber, dass NASA-Fotografien manipuliert werden, bevor sie für die Öffentlichkeit freigegeben werden. Das ist keine Verschwörungstheorie. Was soll hier also verborgen bleiben? In Wissenschaftsartikeln ist zu lesen, dass ein offizieller Sprecher der NASA sagte, dass die Organisation routinemäßig Originalfotos verändert, um Dinge sichtbar zu machen, welche das menschliche Auge niemals sehen kann. Dieser NASA-Mitarbeiter sagte daraufhin, dass andere Weltraumagenturen und viele Astronomen dasselbe tun! Also werden bei Originalaufnahmen, die wir nicht zu sehen bekommen, Dinge hinzugefügt oder entfernt, um den Vorstellungen von Astronomen und ihren Theorien zu entsprechen.

Kapitel 5 – Fotomanipulationen bei Bildern aus dem Weltraum

Eine Kontroverse über solche Manipulationen ist entbrannt, als Kritiker bemerkt haben, dass einige Fotos der Cassini-Sonde der zwei Saturnmonde Titan und Dione mit Photoshop verändert worden sind. Die NASA musste die Manipulation eingestehen und sagte, dass Zuständige der *Planetary Society* das finale Bild fabriziert haben. Die *Planetary Society* ist eine eng mit der NASA verbundene Non-Profit-Organisation. In diesem Fall wurde hinter einem Mond eine Stelle abgedunkelt, um ein großes helles Objekt zu verbergen. Die *Planetary Society* hat sich der Suche nach außerirdischem Leben verschrieben. Dazu zählen aber keine UFOs oder mögliche außerirdische Intelligenzen in unserem Sonnensystem, sondern außerirdische Mikroben und technologische Signale aus den Weiten des Alls. Angehörige der *Planetary Society* haben also möglicherweise die Aufgabe, Beweise für die Existenz von UFOs in unserem Sonnensystem zu beseitigen. Warum würde man sonst so viele Originalfotos digital manipulieren müssen, bevor man sie freigibt?

Warum wird überhaupt die Software *Adobe Photoshop* verwendet, um nett anzusehende Fotos vom Weltraum zu erzeugen, die nicht der Realität entsprechen? Das Unternehmen Adobe hat in einem Artikel erwähnt, dass ihre Software der NASA hilft, das *„Unsichtbare sichtbar"* zu machen. Aber manchmal wird wohl auch Sichtbares unsichtbar gemacht. So werden beispielsweise Infrarotfotos von Illustrations-Wissenschaftlern von Caltech per Photoshop bearbeitet, um Bilder zu fabrizieren, die *„für uns Sinn ergeben"*. Das heißt, dass die originalen Aufnahmen in Graustufen nachträglich eingefärbt werden. Weiter erklären diese Fachleute, dass sie Dinge aus Fotos entfernen, um sie zu *„bereinigen"*. Das wird nötig, wenn die Optik einer Kamera *„Artefakte erschafft, welche dem naiven Beobachter als etwas Reales aus dem Universum"* erscheinen könnte.

Alles, was Astronomen nicht passt, wird somit einfach und ohne Erklärung entfernt, speziell, wenn es nicht zur wissenschaftlichen Vorstellung der Realität des Sonnensystems passt. Das ist zum Beispiel ein Hinweis darauf, dass sich ein unbekannter Planet in unserem Sonnensystem befindet! Robert Hurt von Caltech, dem Unternehmen, das seit Jahrzehnten nach dem mysteriösen Planeten X sucht, hat tatsächlich ausgesagt: *„Aber da sind Dinge, die wir aus dem Bild entfernen wollen, weil wir nicht wollen, dass die Leute denken, dass da draußen irgendein seltsames Planetending schwebt, wenn es das nicht gibt.“* Soll das bedeuten, dass die Suche nach Planet X bis heute ergebnislos verlaufen ist, weil Wissenschaftler einfach dazu übergegangen sind, solche seltsamen Dinge aus den Infrarotaufnahmen per Photoshop zu entfernen? Hört sich das für Sie wie eine Verschwörung an?

Ich nutze die Gelegenheit, um kurz auf die neuesten wissenschaftlichen Erkenntnisse hinsichtlich der Suche nach dem mysteriösen neunten Planeten in unserem Sonnensystem einzugehen, die seit dem Jahr 2020 vorliegen. Per Infrarotaufnahmen von Teleskopen kann man die dunkelsten Winkel des Weltraums sichtbar machen. Astronomen der *Yale Universität* versuchen, den unsichtbaren Planeten 9 in einem Orbit jenseits von Pluto zu finden. Man erwartet, dass dieser Planet eine sogenannte Supererde darstellt, die mindestens die zehnfache Masse des Planeten Erde besitzt. Die äußeren Regionen unseres Sonnensystems sind beinahe unerforscht, weil das Licht der Sonne nicht ausreicht, um solche weit entfernten Himmelskörper zu erhellen. Mit einer neuen Methode konnten mehrere potenzielle Objekte weit jenseits des Neptuns ermittelt werden. Daten sollen ausgewertet werden, um zu erfahren, ob Planet 9 eines dieser Objekte sein könnte.

Neue Fakten über die Annäherung von Planet X bzw. Nibiru

Im November 2021 haben britische Astronomen ein mysteriöses Objekt entdeckt, dass sich in der äußeren Region unseres Sonnensystems befindet. Dieser Planet könnte bis zu zehnmal größer sein als die Erde, und seine Entdeckung wurde von Professor Michael Rowan-Robinson vom *Imperial College of London* bekannt gegeben. Die Entdeckung von Planet 9 bzw. Planet X wurde durch eine erneute Analyse von Daten aus dem Jahr 1983 von IRAS (Infrared Astronomical Satellite) möglich. Dieser Planet bewegt sich demzufolge 225-mal weiter von der Sonne entfernt durchs System als die Erde. Der Professor weist darauf hin, dass Debatten um die Existenz dieses Planeten X schon seit Jahrzehnten bestehen. Bislang wurden keine konkreten Beweise veröffentlicht, vielleicht weil Astronomen, wie eingangs erklärt, insgeheim Beweise aus Infrarotaufnahmen entfernen.

Wissenschaftler denken, dass dieser mysteriöse Planet das Sonnensystem in einem Orbit von mehreren tausend Jahren durchquert. Künftig soll künstliche Intelligenz für die Suche eingesetzt werden, um Objekte an der Grenze zum interstellaren Raum zu finden. Im Januar 2015 gaben zwei Forscher von Caltech bekannt, dass sie Beweise für einen riesigen Planeten im äußeren Sonnensystem ermittelt haben. Das sind Konstantin Batygin und Michael E. Brown. Sie veröffentlichten die Arbeit *„Evidence for a Distant Giant Planet in the Solar System"* im *Astronomical Journal.*

Einige Jahre zuvor hatte auch der ehemalige Leiter des *U.S. Naval Observatory*, Dr. Robert S. Harrington, versucht, Beweise für Planet X zu veröffentlichen. Er verstarb plötzlich unter seltsamen Umständen. Danach haben Regierungsorganisationen ihre Politik geändert und verschwiegen alle neuen astronomischen Entdeckungen. Viele alternative Forscher vermuten eine Vertuschung wissenschaftlicher Daten. Dr. Harrington reiste 1991 nach Neuseeland, um mit Teleskopen nach Planet X zu suchen, da die südliche Hemisphäre dafür bestens geeignet ist. Er sagte, dass sich Planet X definitiv von unterhalb der Ekliptik in einem Winkel von 30 oder 40 Grad der Erde annähere.

Dr. Harrington erklärte, dass das bemerkenswerteste Merkmal von Planet X ist, dass seine Umlaufbahn um 30 Grad von der Ekliptik, der Hauptebene des Sonnensystems, auf die sich alle früheren Suchen konzentriert haben, abgeneigt ist. Seine Modelle sagen auch eine größere Entfernung von der Sonne voraus, also zwei- oder dreimal so weit entfernt wie der Planet Pluto. Dr. Harrington bewies, dass Planet X tatsächlich in unser Sonnensystem eingedrungen ist und schickte Berichte über diese ominöse Entdeckung in die USA zurück. Kurz darauf verstarb er jedoch an Speiseröhrenkrebs – bevor er eine Pressekonferenz über seine Entdeckungen abhalten konnte.

Die Gründe für sein unerklärlich schnelles Ableben könnten folgende wichtige Punkte betreffen: Die Enthüllung der Annäherung von Planet X könnte eine Bedrohung für die soziale, politische und wirtschaftliche Stabilität der Welt bedeuten. Obwohl im Jahr 1983 viele Pressemeldungen über die Entdeckung von Planet X berichteten, wurden diese Tatsachen von der NASA kurze Zeit später unter Verschluss gehalten. Der nationale Sicherheitsapparat und seine Geheimdienste sorgen seitdem dafür, dass keine grundlegend neuen Informationen bekannt gegeben werden. Die Presse verfiel seitdem bis auf wenige Ausnahmen in Schweigen. Wenn heutzutage über Planet X berichtet wird, dann meistens in Form einer Verschwörungstheorie. Verschwörungstheoretiker haben gesagt, dass die wirtschaftliche Stabilität so lange beibehalten werden muss, bis im Verborgenen errichtete unterirdische Komplexe fertiggestellt sind. In solchen unterirdischen Städten soll ein ausgewählter Teil der Menschheit in Sicherheit gebracht werden, wenn es zur Annäherung und dem Vorbeiflug von Planet X kommt, weil man annimmt, dass dieser Transit verheerende Folgen haben wird. Hier kommt wieder das Modell des Kreislaufs von zyklischen schweren Erdveränderungen im Sinne von Kataklysmen zum Tragen.

Wissenschaftliche Studien über die Entdeckung dieses Himmelskörpers zeigen, dass die NASA seit Jahrzehnten über die Realität von Planet X im Bilde ist. Im Jahr 2014 erschien dazu eine Studie mit dem Titel *„Extreme trans-Neptunian Objects and the Kozai Mechanism: Signaling the Presence of trans-Plutonian Planets"* im Journal *Monthly Notices of the Royal Astronomical Society Letters*. Sie besagt, dass sich mindestens zwei große unbekannte Planeten im äußeren Sonnensystem befinden, die größer als die Erde sind! Man kann sie durch ihre Schwerkrafteinflüsse bestimmen. Laut Verschwörungstheorien demonstrierten diese Daten, dass Insider der NASA, des amerikanischen Verteidigungsministeriums, von SETI und CIA-Agenten sich über die Konsequenzen der Annäherung von Planet X und einem drohenden Kataklysmus seit langer Zeit bewusst sind. Der Vatikan ist ebenfalls über diese Nibiru-Verschwörung im Bilde. Nur der Öffentlichkeit kann offiziell nicht die Wahrheit darüber enthüllt werden, damit keine Panik ausbricht.

Die NASA erwartet demzufolge, dass in naher Zukunft eine Passage von Planet X durch das innere Sonnensystem bevorsteht. Anzeichen dafür soll die Weltraumsonde Voyager 2 Anfang der 1980er-Jahre im äußeren Sonnensystem entdeckt haben. Kurz darauf wurde die offizielle Suche der NASA nach Planet X eingestellt. Man kam dahinter, dass seine Gravitations-Einflüsse die Umlaufbahnen der äußeren Planeten beeinflussen. Beim zyklischen Eindringen ins innere Sonnensystem kommt es zu schweren Störungen der Planetenbahnen. Die Annäherung von Planet X soll bereits jetzt dafür sorgen, dass energetische Partikel durchs ganze Sonnensystem wandern und das Magnetfeld des Planeten Erde stören, was schließlich zu einer katastrophalen Klimaveränderung führen soll.

Seit 1996 haben seismische und vulkanische Aktivitäten stark zugenommen, auch seltsame Wettermuster und andere Naturkatastrophen. Es gibt deshalb Bemühungen der Regierungen, Informationen über Planet X bzw. Nibiru geheim zu halten. Ein Insider-Report, der an das Weiße Haus in Washington adressiert war, enthüllt, dass Experten erwarten, dass bis zu zwei Drittel der Menschheit ausgelöscht werden könnten, weil Planet X einen magnetischen Polsprung auslöst! Weitere zwei Drittel der Überlebenden werden in den darauffolgenden Monaten aufgrund der katastrophalen Wettermuster verhungern und umkommen, weil sie ungeschützt den Elementen ausgesetzt sind.

Es geschah auch im Jahr 2014, dass ein interstellares Objekt auf der Erdoberfläche im Pazifischen Ozean einschlug. Es trägt die Bezeichnung CNEOS14 und wurde von Harvard-Wissenschaftlern identifiziert, die NASA-Daten auswerteten. Der Einschlag erfolgte mit einer Geschwindigkeit von 60 Kilometern pro Sekunde, und Berechnungen haben Anomalien ergeben. Es besteht demzufolge eine 99,9%ige Wahrscheinlichkeit, dass dieses Objekt von einem riesigen Planeten stammt, der sich in den äußersten Regionen unseres Sonnensystems befindet. Möglicherweise stammt CNEOS14 also von Planet X. Durch Kalkulationen kann man die Flugbahn des Objekts zurückverfolgen und damit Rückschlüsse auf den Punkt am Himmel erhalten, wo sich diese mysteriöse Supererde derzeit befindet. Sind diese Erkenntnisse ein weiterer Grund, warum Fotos vom Weltraum mit Photoshop bearbeitet werden müssen?

Auch Aufnahmen von Weltraumteleskopen oder den Mars-Rovern werden mit Photoshop bearbeitet, bevor sie veröffentlicht werden. Andere Fotos werden durch Airbrush verändert. Dadurch kommt es zur Verfälschung von wissenschaftlichen Daten. Visualisierungs-Wissenschaftler von Caltech sagen aus, dass der Unterschied zwischen einem unerwünschten Makel in den Originalaufnahmen und einem astrophysikalischen Objekt nur von einem ausgebildeten Astronomen erkannt werden kann. Ein solcher hat dann die Aufgabe, die unerwünschten Merkmale zu entfernen, kann sich aber niemals völlig sicher sein, ob er nicht auch wissenschaftlich relevante Details vorsätzlich verändert.

Abb. 11: Computergenerierte Bilder der ganzen beleuchteten Erdkugel, die jedes Mal völlig anders aussehen

Durch Photoshop-Bearbeitung ist auch zu erklären, warum fabrizierte Bilder der ganzen beleuchteten Erde jeweils völlig unterschiedlich aussehen. Mal sind die Farben unterschiedlich, dann die Wolkenmuster oder die Position und Größe der Kontinente. Die computergenerierten Bilder der Erde passen bei direkten Vergleichen einfach nicht zusammen.

So weit haben Angehörige der *Flat Earth Society* recht, wenn sie sagen, dass die NASA Unwahrheiten über den Weltraum verbreitet. Ihre Anhänger haben viel Zeit investiert, um manipulierte Aufnahmen der NASA zu studieren. Sie weisen sogar darauf hin, dass das hebräische Wort „nasha“, das mehrmals im Alten Testament und in der Tora auftaucht, übersetzt so viel wie „Täuschung“ bedeutet. Sie denken, dass die NASA Aufnahmen der Mondlandung verfälscht hat, indem bestimmte Elemente wie der Planet Erde durch Tricktechnik eingefügt wurden. Die Erde müsste auf den Mondfotografien viel heller strahlen, wenn ihre Wolkendecke im All 100-mal heller leuchtet als der Vollmond, wenn er von der Erde aus sichtbar ist.

Um gute gefälschte Bilder zu erhalten, wäre eine Serie von Filmen über die Apollo-Missionen in streng geheimen Studios gedreht worden, in welchen die Mondoberfläche nachgebaut wurde. Die Erde musste deshalb nachträglich in die Aufnahmen eingefügt werden, und dabei wurden Fehler begangen. Dieses Vorgehen erklärt, warum man keine Videoaufnahmen der Erde machen konnte. NASA-Bilder können heutzutage wiederum durch die Verwendung von Photoshop am eigenen Computer untersucht werden, und auf diese Weise sind Kritiker dahintergekommen, dass verschwiegene Manipulationen stattfinden. Andere Bilder sind vollständig digital erstellt. Auf Apollo-11-Aufnahmen der „Earthrise“-Fotografien wollen Kritiker bei Aufhellung einen schwarzen Rahmen um den Planeten Erde herum erkennen, was eine nachträgliche Einfügung in die Fotografie bedeuten würde. Selbst professionelle Skeptiker der Organisation *Metabunk* geben zu, dass die Manipulation von Weltraumfotos gebräuchlich ist. Darum sollte der erste Schritt immer darin bestehen, nach einer NASA-Originalaufnahme und der dazugehörigen Katalognummer zu suchen. Aber wie gesagt, werden auch diese Aufnahmen vor ihrer Veröffentlichung angepasst.

Da auch das berühmte „Blue Marble“-Foto eine Zusammensetzung ist, kannte die NASA bereits exakte Methoden zur Manipulation von Bildern, lange bevor Photoshop zum Einsatz kam. Auf vielen Fotos kann man sehen, dass jeweils dieselben Wolkenmuster immer wieder nebeneinander eingefügt worden sind. Skeptiker mussten eingestehen, dass manche der Vorwürfe der Angehörigen der *Flat Earth Society „teilweise korrekt“* sind. Das „Blue Marble“-Foto wurde von einem Mann namens Robert Simmon erzeugt.

Abb. 12: Die wenigen veröffentlichten Bilder des vollständig beleuchteten Erdballs

Informations-Designer der NASA erschaffen am Computer Visualisierungen des Planeten Erde

Robert Simmon ist ein führender Daten-Visualisierer und Informations-Designer der *NASA Earth Sciences Division*. Er ist vor allem für seine Visualisierung der westlichen Hemisphäre des Planeten Erde bzw. „Blue Marble" bekannt. Seine Arbeit mit der NASA zielte darauf ab, den Menschen zu helfen, *„besser zu verstehen, wie die Erde funktioniert"*. Er kreierte dieses neue ikonische Bild im Jahr 2002 und sagt selbst, dass es sich dabei nicht um ein Foto handelt, sondern um eine *„ausgeklügelte Visualisierung der Erde aus dem Weltraum"*. Simmon erklärt, dass der schwierige Teil darin bestand, eine flache Karte der Erdoberfläche mit Satellitendaten zu erstellen. Warum wird ein solcher Aufwand betrieben, wenn man doch einfach eine der hunderten Weltraumsonden hätte einsetzen können, um die ganze Erdoberfläche zu fotografieren? Warum müssen falsche Wolkenmuster eingefügt werden? Weshalb müssen Satellitenaufnahmen immer so zusammengefügt werden, dass eine perfekt runde Grafik der Erdoberfläche am Computer fertiggestellt wird, damit der Eindruck entsteht, es würde sich um eine Fotografie des Planeten Erde handeln?

Interessanterweise hat Simmons gesagt, dass er die Wolkenmuster kopiert hat, weil *„Lücken zwischen den Orbits von Satelliten nahe am Äquator"* vorhanden sind, und *„keine Möglichkeit besteht, sie mit realen Daten zu füllen"*. Ist das nicht sonderbar? Warum werden diese Daten nicht durch Daten von Weltraumsonden mit Kameras an Bord gefüllt? Ist es zu schwierig, die nicht vorhandene Rotation am Äquator darzustellen?

Die einzigen Daten, die so etwas wirklich belegen würden, sind Aufnahmen der Galileo-Sonde, die im Jahr 1989 vom *Space Shuttle Atlantis* losgeschickt wurde, um den Jupiter und seine Monde zu studieren. Diese Sonde vollführte tatsächlich Vorbeiflüge am Planeten Erde und der Venus und wurde dadurch die allererste Raumsonde, welche einen Orbit um einen äußeren Planeten einnahm. Das an Bord befindliche Kamerasystem war bis zu 1.000-mal besser als das der Voyager-Sonden, wobei die Galileo-Kamera vor allem ein breiteres Band an Farben aufnehmen konnte. Das Erstaunliche ist auch diesmal, dass keine Videoaufnahme von der Rotation des Planeten Erde gemacht werden konnte. Es gab wieder nur eine Reihe von Fotografien, deren Originale nicht einsehbar sind, von denen Künstler eine kurze Animation der Rotation des Planeten Erde anfertigten. Die ganze aufwendige Animation zeigt noch nicht einmal eine komplette Rotation des Planeten und ist aus einer Perspektive aufgenommen, in der der Südpol gut zu sehen ist, der Äquator aber ziemlich weit oben liegt. Astronomen weisen darauf hin, dass diese Computeranimation vielleicht die einzige ihrer Art ist, die eine kurze Drehbewegung der Erde zeigt! Ich bitte alle Leser, sich diese Animation im Internet anzusehen und sich ihre Gedanken dazu zu machen. Sie stammt offenbar von der *Planetary Society*.

Keiner erkennt den Schwindel: Es sind weder Sterne im Hintergrund zu sehen noch der Mond oder die Sonne. Die einzelnen Aufnahmen sollen im Laufe mehrerer Tage entstanden sein, aber der Winkel der Sonneneinstrahlung ändert sich nicht. Ein paar Jahre später wurde eine weitere Animation mit einer kompletten Umdrehung gezeigt, die mehr Details enthält, aber aus einem anderen Winkel gemacht wurde, in dem die Antarktis noch mehr im Fokus liegt. Man erkennt eine sonderbare Reflexion der Sonne über den Kontinenten. Kritiker sagen, man hätte einen Globus aus Plastik als Vorlage vor schwarzem Hintergrund verwendet. Die Aufnahme kann nicht authentisch sein, denn die Wolkenformationen verändern sich während der ganzen Umdrehung nicht! Wie konnte die Galileo-Sonde tagelang in diesen Orbits bleiben, ohne dass sich ihre relative Position verändert hätte? Selbst die kleinen Wolkenformationen verändern sich nie. Jeder Meteorologe kann uns versichern, dass sich Wolkenformationen global innerhalb weniger Stunden drastisch verändern. Das ist auch der Grund, warum die NASA dieses Video nicht auf ihrer Internetseite hat. Es ist absolut gefälscht.

Die Reflexion auf dem Globus sieht aus wie von einem Studiolicht, und dieser Effekt passiert sicherlich nicht bei einem Originalvideo der Rotation der Erde. Zusätzlich zu dieser Veröffentlichung wurde ein kurzer Clip vom Südpol veröffentlicht, an dem sich die Wolken kurz bewegen. Die Fähigkeiten der Grafikkünstler waren 1990 aber nicht genug fortgeschritten, oder sie besaßen nicht die finanziellen Mittel, um die zu erwartenden dynamischen Atmosphären-Verhältnisse der ganzen Erde zu simulieren – noch nicht einmal für eine einzige vollständige Umdrehung! Seit dieser Veröffentlichung, die nun schon 33 Jahre zurückliegt, hat keine andere Weltraumsonde Aufnahmen von der Rotation der Erde gemacht. Kein Astronom kann rational behaupten, dass diese alte Animation der Realität entspricht. Warum hat die Galileo-Sonde mit ihrer 1.000-mal besseren Kamera keine Sterne aufnehmen können? Warum hat sie die Erde nicht zusammen mit dem Mond oder der Sonne fotografiert oder einfach ein Video davon mit einer zusätzlichen Kamera gemacht? Weswegen wurde diese Distanz gewählt und nicht eine aus größerer Nähe, damit Details auf der Erdoberfläche besser zu erkennen sind? Vielleicht wegen der anhaltenden Schwierigkeit, Wolkenbewegungen während der Rotation glaubwürdig zu simulieren?

Die einzige Tatsache, die hier verdreht wurde, ist die objektive Wahrheit. Diese mittlerweile skurril anmutende Animation spielt den Befürwortern des Modells der flachen Erde in die Hände. Aber sie ist auch ein Beleg für das geozentrische Weltbild. Wenn sich der Äquator der Erde tatsächlich beständig mit einer Geschwindigkeit von rund 1.600 Kilometern pro Stunde drehen würde, dann könnte man auf dieser Animation sicherlich Wolkenbewegungen feststellen. Daran erkennt man, welcher Unsinn über Weltraummissionen verbreitet wird. Warum fixiert die NASA keinen Satelliten in einem hohen Orbit um die Erde, in Relation zur Sonne und zum Mond, in dem Videoaufnahmen gemacht werden können, die das Erdsystem in beständiger Rotation zeigen? Albert Einstein selbst wies darauf hin, dass alles eine Frage des Punkts der Referenz ist. Der Rest ist bis heute, trotz aller Fortschritte in der Astronomie, bloße Theorie geblieben!

Das bringt uns zur nächsten ungelösten Frage: Wenn sich alle Planeten des Sonnensystems mehr oder weniger auf einer flachen Ebene der Ekliptik um die Sonne drehen, warum werden dann Raumsonden entlang dieser Ekliptik zu den äußeren Planeten geschickt? Wäre es nicht einfacher, sie über oder unter der Ekliptik hindurch zu den anderen Planeten zu senden? Warum steigen keine Weltraumsonden hoch über oder unter die Ekliptik und machen Aufnahmen vom Sonnensystem und speziell von der Erde? Sonden würden problemloser reisen können und anderen Planeten, Asteroiden und Kometen einfach ausweichen. Um das Sonnensystem zu beobachten, müsste man sie einfach von der Ekliptik aus gesehen gerade nach oben oder unten befördern. Wird das nicht gemacht, weil solche Aufnahmen bestätigen würden, dass sich die Erde nicht um die Sonne dreht? Angeblich ist es für Raumschiffe schwierig, die Ekliptik zu verlassen. Trotzdem hat schon 1990 eine Mission der europäischen Weltraumagentur ESA eine Sonde hochgeschickt, um die Sonne zu beobachten. Somit ist es möglich, die Sonne von oben und unten zu sehen. Auf diese Weise kann man Sonden überall ins Sonnensystem schicken, warum also wieder nicht über oder unter die Erde?

Schließlich haben Astronomen sich die Galileo-Animation näher angesehen und festgestellt, dass auch in diesem Fall Wolkenformationen einfach kopiert worden sind, weil sie sich bei der gesamten Umdrehung von 25 Stunden der gezeigten Einstellung nicht verändern. Sie geben zu bedenken, dass die Animation nochmals per Zeitraffer um das 600-fache beschleunigt wurde. Trotzdem bewegen sich keine Wolken. Wen wundert es noch, dass aus Mangel an authentischen Aufnahmen Verschwörungstheorien entstehen? Sämtliche heute verfügbaren NASA-Aufnahmen können nicht beweisen, dass sich die Erde dreht. Sie bestätigen zwar, dass die Erde rund ist, aber auch, dass in allgemeinen mathematischen Gleichungen ein nicht-rotierendes Modell verwendet wird! Der Standpunkt, dass wir von der Erdoberfläche aus die Bewegung des Mondes und der Sonne sehen können, ist kein Beweis, dass sich die Erde um die Sonne dreht oder um die eigene Achse rotiert. Auch ist die Erde keine perfekte Kugel, sondern die Gravitationskräfte sollten laut den physikalischen Modellen dafür sorgen, dass die Pole abgeflacht sind. Sie sollte auf Fotografien nicht kugelrund sein.

Fakt ist: Die Erde unterscheidet sich völlig von anderen bekannten Planeten. Nur hier gibt es nachweislich Leben. Auch das spricht für das geozentrische Modell des Universums. Mathematiker und Physiker können nicht bestreiten, dass laut gültigen Theorien die technische Möglichkeit besteht, dass das geozentrische Modell korrekt ist, diese Theorie ist nur nicht die gegenwärtig akzeptierte Mainstream-Theorie. Fakt ist: Unser Sonnensystem ist einzigartig im gesamten Universum! Es werden jeden Tag mehr astronomische Beweise gesammelt, dass unser eigenes Sonnensystem im ganzen All absolut einzigartig ist. Es unterscheidet sich fundamental von allen anderen bekannten Systemen. Daher hat es sich völlig anders geformt.

Aktuelle wissenschaftliche Meldungen über die Einzigartigkeit unseres Sonnensystems im Universum

Die *Royal Astronomical Society* hat 2004 eine Studie der Universität von Leicester herausgegeben, die auf viele Anomalien hinweist. Die erste Anomalie ist, dass die Orbits der Planeten unseres Sonnensystems fast kreisförmig sind. Zweitens befinden sich die Gasplaneten eigentlich viel zu weit weg von der Sonne, es sei denn das geozentrische Modell entspricht der Realität. Extrasolare Planeten und Gasriesen befinden sich jeweils viel näher an ihrem Stern, und ihre Umlaufbahnen sind alle hoch elliptisch und stark verlängert. Astronomen erklären dazu, dass in unserem Sonnensystem ein völlig anderer Mechanismus zur Formung von Planeten stattgefunden haben sollte als im restlichen All! Deshalb kann die Theorie nicht stimmen, dass sich alle Planeten im Universum auf die gleiche Weise formen! Besonders bei den Gasriesen ist das problematisch. Die Beobachtungen weisen aber auch darauf hin, dass sich in keinem anderen Planetensystem ein Planet wie die Erde formen kann.

Keine bekannten extrasolaren Planeten sollten daher einen der Erde gleichen Exoplaneten enthalten, der Leben tragen kann, wie wir es kennen! Alle Daten weisen darauf hin, dass unser Sonnensystem sich komplett von anderen Planetensystemen unterscheidet. Diese Information stammt aus dem Jahr 2004. Im Mai 2011 wurde bekannt gegeben, dass fremde Sonnensysteme mit mehreren Planeten sich völlig von unserem unterscheiden. Dazu wurde eine neue Studie herausgegeben. Das Kepler-Weltraumteleskop hat ermittelt, dass unser eigenes System sehr speziell ist, was die Orientierung der Planeten betrifft.

Ungewöhnlich sind zum Beispiel die gekippten Orbits von Merkur und Venus, die man bei Planeten anderer Systeme so nicht vorfindet. Ihre Bahnen sprechen für den Einfluss bzw. Störungen durch große Planeten im Sinne von Planet X. Die Gravitations-Störungen können die Orbits kleinerer Planeten stören und kippen. Warum die Planeten unseres Sonnensystems weit von der Sonne entfernte Umlaufbahnen aufweisen, ist eine ungelöste Frage der Astrophysik. Näher an der Sonne rotierende Exoplaneten werden nämlich nicht als bewohnbar betrachtet.

Im Jahr 2018 erschienen weitere Meldungen über die Einzigartigkeit unseres Sonnensystems und der Erde. Es wurde nunmehr entschieden, dass unser System kein normales Sternensystem ist, weil es Merkmale aufweist, die man nirgendwo sonst beobachten kann. Das belegen Daten des Keck Observatoriums auf Hawaii. Wieder wurden mehrere hundert Multi-Planeten-Systeme analysiert und eine Studie erstellt. Unser Sonnensystem ist irregulärer als alle anderen, was laut Experten auf die komplexen Gravitations-Interaktionen von Jupiter und Saturn zurückzuführen sein soll. Dadurch kann aber nicht die Entstehung des Planeten Erde erklärt werden, der absolut einzigartig bleibt.

In keinem anderen System findet man eine Aufreihung von Gesteinsplaneten und Gasriesen wie in unserem. Selbst Uranus und Neptun sind merkwürdig. Nur etwas mehr als 10 Prozent aller bekannten Systeme besitzen überhaupt Gasriesen. Besonders der Orbit von Jupiter ist anormal, weil beinahe perfekt kreisförmig, obwohl er so weit von der Sonne entfernt sein soll. Nur 10 Prozent der Gasriesen anderer Systeme haben einen Orbit, der weiter vom Gestirn entfernt ist als unser Mars. Also hat nur einer von 100 Sternen einen Gasriesen wie den Jupiter. Außerdem betrifft die nächste Anomalie etwas, das unserem Sonnensystem fehlt. Das ist eine heiße Supererde, also generell Gesteinsplaneten, die größer als die Erde sind, die sich aber in der Regel näher an der Sonne drehen als Merkur.

Vielleicht besteht der Asteroidengürtel zwischen Mars und Jupiter aus den Überresten einer ehemaligen Supererde. Vielleicht ist Planet X diese fehlende Supererde. Nimmt man einige dieser astronomischen Anomalien und vergleicht sie mit statistischen Daten anderer Systeme, ergibt sich, dass nur 0,05% aller bekannten Sonnensysteme ein Sonnen-Jupiter-System sind. Wissenschaftler können nicht beantworten, was bewirkt hat, dass in unserem Sonnensystem ein Planet voller Leben entstehen konnte. Die nächste Anomalie ist, dass 85% aller Systeme Binär-Sterne besitzen. Ein Stern umkreist den anderen in einem engen Abstand. Die meisten anderen Gasriesen umkreisen ihre Sterne in einem Orbit innerhalb jenes von Merkur. Exoplaneten haben oft entgegengesetzt laufende Umlaufbahnen zu ihren Heimatsternen, was zu einer konstanten Bombardierung mit Meteoren und Asteroiden führt. Auch das ist in unserem Sonnensystem nicht der Fall. Das Resultat lautet, dass Forscher nicht beantwortet können, wie und wo die Gasriesen Jupiter und Saturn entstanden sind! Sie sollten ursprünglich viel näher an der Sonne gekreist haben.

Weil ihre Entstehung nicht erklärt werden kann, ergeben sich daraus auch Probleme in den Theorien der Formung der Planeten des inneren Sonnensystems und speziell der Erde. In Computermodellen soll berechnet werden, warum unser System so ungewöhnlich ist. Man kann den Entstehungsprozess nämlich nicht simulieren! Forscher der Universität von Oklahoma haben 6.000 Simulationen der Formung unseres Sonnensystems versucht, dennoch kann die Konfiguration der Gasriesen nicht erklärt werden, so wie wir sie heute vorfinden. Unbekannte Einflüsse sollten dafür gesorgt haben, dass ein riesiger Eisplanet aus dem System gestoßen wurde, und sich die Bahnen der Gasriesen verändert haben.

Im September 2020 erschien eine weitere Studie, die besagt, dass die Gravitation von Jupiter den Planeten Venus aus seinem ursprünglichen Orbit geschleudert hat. Daher sollte die Venus vor langer Zeit bewohnbar gewesen sein. Bei dem Unfall wurde augenscheinlich alles Leben auf ihr vernichtet. Auch der Orbit von Venus ist deshalb heutzutage fast perfekt kreisförmig. Die Bewegung des Jupiters in seine neue Bahn könnte dafür gesorgt haben, dass sich das Klima der Venus verändert hat und das Wasser in der Atmosphäre verloren ging. Wissenschaftler haben Spuren des Gases Phosphin in der Venus-Atmosphäre gefunden, was ein Anzeichen für Leben auf der Venus darstellt! Das heißt, dass unser Nachbarplanet immer noch das Zuhause von überlebenden Spezies sein könnte, welche sich an die neuen klimatischen Verhältnisse angepasst haben. Oder es gehen dort andere unerklärliche Dinge vor sich.

Nur mit der Hilfe von Software ist es möglich, hochauflösende Ansichten der Erde zu produzieren

Der nächste Punkt betrifft Beobachtungen der Nachtseite der Erde. Auf keiner der Fotografien der Weltraummissionen oder Satelliten sind künstliche Lichter zu erkennen, obwohl Astronauten nicht nur aus dem Erdorbit, sondern sogar vom Mond aus Lichter auf der Nachtseite der Erdoberfläche erkennen konnten, aber auch Blitze und Nordlichter. Auch große Feuerwerke sind so hell, dass man sie vom Weltraum aus sehen kann. Lichter von Großstädten sind heller als Sterne und sollten daher auf einigen Aufnahmen zu sehen sein, sogar vom Mond aus. Auf jeden Fall können Astronomen regelmäßig trotz störender Atmosphäre helle Lichter auf der Mondoberfläche beobachten, und dieses unerklärliche Phänomen wird derzeit noch erforscht. Vom Mond aus kann man laut Ausführungen von Fachleuten ohne Probleme künstliches Licht von der Nachtseite der Erde sehen. Die Entfernung beträgt rund 384.000 Kilometer. Helle Lichter, wie die einer Landebahn, wären mit einem Teleskop von der Erde aus auf dem Mond sichtbar. Landeplätze der Apollo-Missionen wurden jeweils nur auf der Tagseite des Mondes zu bestimmten Stunden festgelegt, an denen sich die Sonne und die Erde auf der anderen Seite des Himmels befanden.

Daher war auf den NASA-Fotografien vom Mond aus nur die Tagseite der Erde sichtbar. Die am hellsten beleuchteten Regionen der Nachtseite der Erde sind die östlichen USA, Mitteleuropa, Indien, China und Japan. Dort befinden sich große urbane Zentren. Forscher glauben, solche Lichter könnten interstellaren Zivilisationen enthüllen, dass die Erde bewohnt ist. Andererseits könnten wir eines Tages solche Hinweise auf anderen Planeten vorfinden. Künstliches Licht auf der Nachtseite der Erde sollte also bei bestimmten Phasen vom Mond aus deutlicher zu sehen sein als reflektiertes Licht von der Tagseite. Unsere besten Teleskope sind heute theoretisch in der Lage, Städte von der Größe von Tokyo auf entfernten Himmelskörpern wie dem Pluto oder transneptunischen Objekten zu erkennen.

Weil all dieses Licht auf der Nachtseite der Erde gut zu erkennen sein sollte, stellt sich die Frage, warum keine Fotos der ganzen Nachtseite existieren, sondern wieder nur zusammengesetzte und manipulierte Satellitenaufnahmen? Selbst von diesen gibt es sehr wenige der vollständigen Hemisphäre. Sucht man im Internet nach dementsprechenden Aufnahmen, gelangt man zu Bildern von *Google Earth*. Angeblich wurden Satellitenaufnahmen mit bereits auf dem Computer veränderten Aufnahmen von „Blue Marble" kombiniert, um eine realistische Ansicht des Planeten bei Nacht zu erzeugen. Wieder ist auffällig, dass keine Originalaufnahmen verfügbar sind. Nicht einmal von der Raumstation ISS, die sich in etwa 400 km Höhe immer noch innerhalb der Atmosphäre der Erde befindet, ist es möglich, das Licht von Großstädten zu sehen. Vorgeblich befindet sich die Station nicht in der richtigen Position, damit Astronauten dieses Licht von der Erdoberfläche längere Zeit sehen können. Dazu müssen spezielle Kameras erst richtig ausgerichtet werden. Seltsam ist auf jeden Fall, dass, selbst wenn die ISS direkt über Großstädte wandert, man unten nur Dunkelheit erkennen kann.

Das von der NASA digital zusammengesetzte Bild der vollen Erde bei Nacht nennt sich „Black Marble", und eine solche Grafik wurde im Jahr 2017 veröffentlicht, zuvor gab es eine Aufnahme aus dem Jahr 2012. Wieder war ein Experte der Daten-Visualisierung dafür zuständig. Keine Sonde hat eine vollständige Aufnahme gemacht, sondern aus vielen Satellitenaufnahmen wurde am Computer nach der Vorlage von „Blue Marble" ein zusammengesetztes Bild erstellt. Die Originalaufnahmen sind wieder in Graustufen gehalten. Insgesamt wurden drei Komposit-Bilder präsentiert. Die ganze Grafik wurde durch Software verändert, um Landflächen und Wolkenbedeckung nachträglich hinzuzufügen. Ob dieses Produkt wirklich eine realistische Abbildung darstellt, wissen wohl nur die Künstler persönlich. Es wurden eigens entwickelte Software-Algorithmen eingesetzt, um Nachtlichter klar darzustellen.

Nur mit der Hilfe dieser Software ist es möglich, hochauflösende Ansichten der Erde bei Nacht zu produzieren und sie so schließlich der gesamten wissenschaftlichen Gemeinschaft zugänglich zu machen. Das bedeutet, dass es solche Aufnahmen erst seit dem Jahr 2012 gibt und sie nur mit Computerbearbeitung erstellt werden können. Von *Google Earth* wissen wir, dass bestimmte Details auf der Erdoberfläche unkenntlich gemacht werden, einige Details werden sogar auf Anweisung von Regierungen durch falsche Bilder überlagert.

Google Earth und vermutlich auch die NASA benutzen eine Kombination von realen und computergenerierten Bildern bei der Gestaltung ihrer Karten. Die Daten stammen von unterschiedlichen Quellen wie Satellitenbildern oder Modellen. Obwohl die Urheber erklären, dass ein Großteil der Bilder real ist, ist einiges davon rein computergeneriert, speziell Gebiete, von denen wenige Aufnahmen verfügbar sind. Andere Bilder müssen aus verschiedenen Gründen bearbeitet werden, wenn sie sensitive Informationen enthalten. Aus solchen Komposit-Aufnahmen hat man sogar die Anwendungen „Google Moon“ oder „Google Mars“ erschaffen, leider fehlen auf diesen Karten viele wichtige Details aus Gründen der Geheimhaltung. In einigen Ländern ist *Google Earth* blockiert, deshalb kann heute niemand außerhalb des Unternehmens oder der NASA sagen, ob diese Karten wirklich realistisch sind oder Fälschungen enthalten.

Seit dem Jahr 2021 kann man seinen Augen nicht mehr trauen, denn Algorithmen mit künstlicher Intelligenz können sogenanntes „Location Spoofing“ ausführen, also eine Standort-Manipulation. Diese Satellitenaufnahmen sehen aus wie echte Fotos, sind aber durch Software erstellt worden und können von authentischen Aufnahmen fast nicht mehr unterschieden werden. Forscher warnen, dass dadurch ein System von „Deepfake Geografie“ entstanden ist. Fälschungen mit Photoshop sind leicht zu entlarven, aber mit Deepfakes ist das eine ganz andere Sache. Regierungen, Geheimdienste und Weltraumorganisationen können ab sofort beliebige Fälschungen produzieren, die selbst von Fachleuten und Wissenschaftlern nicht als Simulationen erkannt werden können. Grafiker setzen diese Methode schon seit längerer Zeit ein, um Lücken zu füllen oder Details zu verändern. Das größere Problem besteht darin, dass man selbst Satellitenbilder fälschen kann und sowohl Fotografien als auch Geodaten nicht mehr zuverlässig vertraut werden kann. So sind auf *Google Earth* beispielsweise Phantom-Inseln aufgetaucht, die es gar nicht geben sollte. Andere Gebiete wurden durch Regierungen oder andere Institutionen ausgeblendet oder mit falschen Trugbildern überlagert oder unkenntlich gemacht. Andere unterliegen einfach der Zensur.

Es bleibt das Problem bestehen, warum es keine authentischen Aufnahmen von künstlichem Licht der Nachtseite unseres Planeten gibt. Einige Apollo-Astronauten konnten vom Mondorbit aus Lichter auf der Erde erkennen. Auf dem Mond konnte man angeblich weder Sterne noch Lichter der Nachtseite der Erde fotografieren, weil die Kameras von Sonnenreflexionen der Mondmodule gestört wurden. Daher konnten mit Teleskopen nur die hellsten Sterne sichtbar gemacht werden. Weil künstliches Licht auf der Erde heller ist als die Sterne im Hintergrund leuchten, sollte es eigentlich vom Mond aus zu fotografieren sein. Weder auf den bemannten Hinflügen zum Mond noch auf den Rückflügen wurde die vollständige Tagseite oder Nachtseite der Erde fotografiert. Ein Kommentar dazu lautet, dass alle Astronauten nur an die Landung auf dem Mond dachten und nicht versuchten, zurück zur Erde zu blicken.

Apollo-14-Astronauten haben versucht, die dunkle Seite der Erde zu fotografieren und sind gescheitert. Diesmal machte man Streulicht, sonnenbeschienene Bereiche und mögliche Teile der angedockten Mondlandefähre für den Fehlschlag verantwortlich. Apollo 15 bis 17 haben nicht versucht, Fotos der dunklen Erde zu machen. Diesmal lautete die Ausrede, die Besatzung wäre zu beschäftigt gewesen. Apollo-Astronauten verbrachten auf dem Hin- und Rückflug im Schnitt mehr als 6 Tage im All und sollen keine Zeit gefunden haben, die Erde zu fotografieren? Wie war es auf der hellen Tagseite andererseits möglich, trotz intensiver Sonneneinstrahlung ein Foto des Erdaufgangs wie bei „Earthrise“ zu machen, wenn die Erdoberfläche ebenfalls größtenteils die Tagseite zeigt und am Himmel 50- bis 100-mal heller als der Vollmond erscheint? Alle Aufnahmen vom Mond sollten überbelichtet sein und eine reinweiße Tagseite zeigen, jedoch keine Details wie die blaue Farbe des Ozeans oder Wolkenformationen. Auf den meisten Fotos der dunklen Seite der Erde sind keine künstlichen Lichtquellen zu sehen, die angeblich mit normalen Kameras im Orbit nicht fotografiert werden können. Auch könnte ein Astronaut einfach die Sonne oder Erde mit der Hand abdecken, um mit der Kamera Sterne am Mondhimmel zu fotografieren.

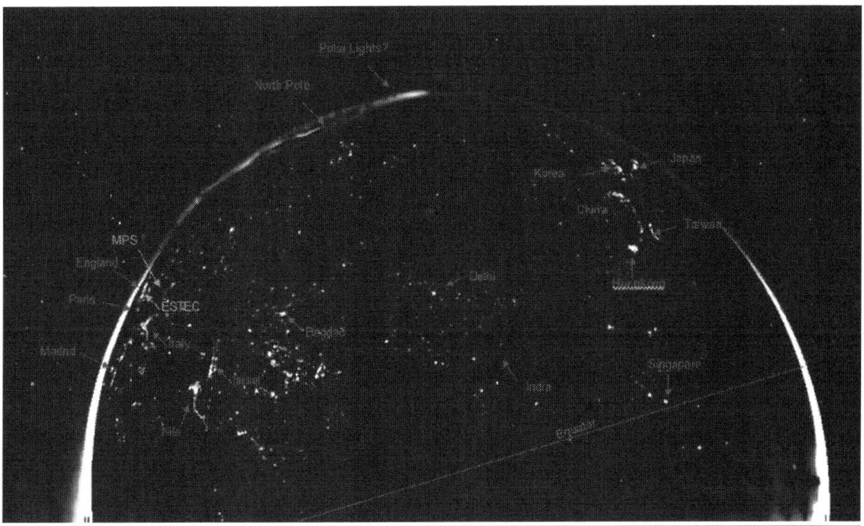

Abb. 13: Vermutlich die einzige authentische, zugängliche Fotografie der ESA von der Nachtseite der Erde, auf der künstliche Beleuchtung zu sehen ist

Erst die von der ESA im Jahr 2004 gestartete Rosetta-Mission lieferte einige authentische Fotografien der Nachtseite, auf der deutlich künstliche Lichtquellen zu sehen sind. NASA-Astronaut Bill Anders, der bei Apollo-8 im Jahr 1968 an Bord war, als das berühmte „Earthrise"-Foto entstand, sagte einmal in einem Interview, dass *„eigentlich Null Interesse der Missionsleitung bestand, Bilder der Erde aus dem Weltraum zu machen"*. Und weiter *„hätte es die Crew nur davon abgehalten, die eigentliche Mission zu erfüllen"*. Kann man solchen Erklärungen tatsächlich Glauben schenken? Wieso hätten die ersten drei Menschen, welche zum Mond reisten, keinerlei Interesse daran, die Erde aus größerer Entfernung als vom Orbit aus zu fotografieren?

Frank Borman, das zweite Crewmitglied, sagte, dass die Erde aussah wie das *„einzige Ding im ganzen Universum"*, weil ringsum nur pechschwarzer Weltraum zu sehen war. Erst im Mondorbit griff William Anders zur Kamera und machte die „Earthrise"-Aufnahmen. Warum konnten die Astronauten Einzelheiten der Erdoberfläche erkennen, während die Sonne über die Erde schien? Erst im Erdschatten wird das Sonnenlicht blockiert. Zusätzlich hat die Erde am Mondhimmel 16-mal mehr Volumen als der Mond von der Erde aus betrachtet und ist deshalb zusätzlich reflexiver. Deshalb glauben Kritiker, dass selbst das „Earthrise"-Foto keine Originalaufnahme ist, sondern eine manipulierte Komposit-Grafik. Vergleicht man die Fotos der Erde, die auf der Mondoberfläche gemacht wurden, mit jenen vom Orbit, ist ersichtlich, dass sie dort viel höher am Himmel steht als bei „Earthrise", und deshalb sind die ikonischen Fotografien künstlich erstellte idealisierte Bilder.

Von der Mondoberfläche aus wurde die Erde ebenfalls nur sehr zögerlich fotografiert, und nur einzelne Fotografien davon sind präsentiert worden. Warum haben Astronauten erwähnt, dass sie auf der Reise zum Mond und vom Mond aus nur die Erde sehen konnten? Wo war die Sonne? Warum wurde die Erde nicht während der Apollo-Missionen mit Videokameras gefilmt? Offenbar war die Erde das Einzige, was Astronauten über der Mondoberfläche sehen konnten, warum haben sie nicht viel mehr Fotos von ihr gemacht? Die letzten authentischen Fotos stammen von der Apollo-17-Mission, und auf ihnen ist die Erde hoch über den Astronauten und der amerikanischen Flagge zu sehen. Das „Blue Marble"-Foto stammt auch von der Apollo-17-Mission, ist aber kein Originalfoto, wie wir heute wissen, sondern ein bearbeitetes Komposit-Bild. Es ist bis heute nicht zu beantworten, welcher der drei Astronauten an Bord des Raumschiffs die weltberühmten Originalaufnahmen gemacht hat, weil keiner der drei jemals darüber gesprochen hat. Das erste schwarz-weiße Foto der Erde wurde wieder vom Mondorbit aus aufgenommen, und zwar im August 1966 von der Orbiter-1-Sonde.

Warum Astronauten von der Mondoberfläche aus nicht die Sterne, die Sonne oder die Erde fotografieren sollten, bleibt mysteriös. Laut Angaben der Einsatzleitung hatten sie die Aufgabe, sich gegenseitig und die Mondoberfläche zu fotografieren, mehr nicht. Sie waren am meisten damit beschäftigt, was sich auf dem Boden des Monds abspielte. Sie waren nicht dorthin gekommen, um den Himmel oder die Erde zu fotografieren. Die Sonne ist niemals sichtbar, weil sie in allen Bildern über der Erde gestanden haben soll. Wieso zeigen die Apollo-Aufnahmen und Komposit-Grafiken eine perfekt runde Erde, obwohl sie gar nicht perfekt rund ist? Die Erde ist keinesfalls eine perfekte Sphäre, so wie man es auf den Fotos sieht. Die Masse ist ungleichmäßig auf dem Planeten verteilt. Durch die Anziehungskraft entstehen Ausbeulungen und Unregelmäßigkeiten. Daher verändert die Erde im Laufe der Zeit durch dynamische Prozesse ihr Aussehen. Spezielle Gravitations-Anomalien spielen dabei eine große, aber rätselhafte Rolle, weil eben diese Anomalien bei der Verteilung von Masse im Inneren unseres Planeten vorherrschen. Ihre wahre Form wird daher nicht auf den Aufnahmen der NASA dargestellt.

Skeptiker merken an, dass Weltraumsonden wie Galileo oder Messenger schon Videos von der Erde gemacht haben. Bei Galileo ist das definitiv nicht der Fall, sondern es handelt sich um eine Animation. Messenger startete im Jahr 2005 und fertigte über einen Zeitraum von 24 Stunden ebenfalls hunderte Fotografien an, die zu einer Animations-Sequenz kombiniert wurden, um darzustellen, wie sich Messenger in einer geraden Flugbahn von der drehenden Erde entfernt. Wieder sind keine Sterne, keine künstlichen Lichtquellen und keine Sonne zu sehen, nur schwarzer Hintergrund. Visualisierungsexperten kommentierten diese Animation und sagten, dass sie mit Software erstellt wurde, die Sequenzen aus einer einzigen Fotografie erzeugt! Diesmal kann man in der Animation sogar bewegliche Wolkenformationen sehen. Dennoch wirkt alles zu künstlich, um echt zu sein. 2015 wurde die nächste Animation der Erde präsentiert. Wieder ist es kein Video, sondern eine Reihe von Einzelbildern der DSCOVR-Mission.

Die entsprechende Schlagzeile in einem Wissenschaftsmagazin lautete: *„Das ist echt: NASA-Kamera – eine Million Meilen weg – zeigt den Mond beim Kreuzen der Erdoberfläche.“* Die parallele Schlagzeile der Washington Post lautete: *„Warum NASAs neue Fotos vom Mond super gefälscht aussehen* *(auch wenn sie es nicht sind).*“ In diesem Artikel wird wieder erwähnt, dass manche Menschen nicht glauben, dass diese Animation von Satellitenfotos stammt oder dass sich die Erde wirklich dreht. Weil diese Animation, die angeblich durch Einzelbilder von NASAs *Deep Space Climate Observatory* (DSCOVR) erzeugt wurde, derart gefälscht aussieht, mussten sich selbst Journalisten zurückhalten und meinten, dass wieder alles nach reinem Photoshop aussieht. Animationen in Videospielen sehen realistischer aus.

NASA-Sprecher gerieten auch dieses Mal in Erklärungsnot und erhielten viele Fragen. Die erste lautete, warum die Wolken sich wieder nicht bewegen und stationär aussehen. Der nächste Einwand lautete, dass die Erde sich nicht schnell genug dreht. Wenn der Mond einen Monat benötigt, um die Erde zu umwandern, warum zieht er in dieser Animation dann derartig schnell an der Erde vorbei, während die Erde selbst sich wieder nur ein wenig dreht. Das ist ein eindeutiger Hinweis auf eine Fälschung. NASA-Sprecher erwiderten, es handle sich um eine optische Illusion. Dann gab es abermals keine Sterne zu sehen. Der Mond sieht im Vergleich zur Erde viel zu dunkel aus.

Er soll in der Animation direkt von der Sonne beschienen werden, also müsste er fast weiß erscheinen und nicht dunkelgrau. Auch die Tagseite der Erde würde viel heller strahlen. Man kann in der Animation deutlich die dunkle Kante vor dem Mond sehen, der wie plump mit Photoshop eingefügt aussieht. Aber Fachleute versichern uns: Ja, das ist eine reale Animation und keine Simulation. Es ist aber wieder keine Videoaufnahme von der Rotation unseres Planeten, sondern schon wieder eine Komposit-Zusammensetzung. Wieso haben weder Voyager noch Cassini oder die Mars-Rover-Missionen jemals solche Aufnahmen der Erde geliefert? Astronomen feiern begeistert Bilder, die aus so großer Distanz zur Erde gemacht wurden, dass man sie nur als einzelnen Pixel dargestellt sieht.

Der ehemalige Leiter der russischen Weltraumbehörde erklärt, dass es keinen Beweis gibt, dass Amerikaner auf dem Mond gewesen sind

Anomalien werden auch von der ISS gemeldet. So haben viele Menschen kritisiert, dass die Liveübertragungen manchmal unterbrochen werden, wenn nicht identifizierbare Objekte und Lichter in der Nähe der Station gefilmt werden. Manchmal kann man auf Videos sogar einige Lichter in Gruppen über der Erde erkennen. Astronauten und einige NASA-Whistleblower haben manchmal davon gesprochen, dass alle Weltraummissionen von unbekannten Flugobjekten überwacht und begleitet worden sind. Eines dieser Vorkommnisse betrifft wieder die Apollo-17-Mission. Im Visier des Helms des Astronauten Eugene Cernan wurde per Vergrößerung eine sonderbare Entdeckung sichtbar. Auf der Mondoberfläche ist eine Reflexion einer anderen menschlichen Gestalt zu erkennen, die keinen Raumanzug trägt! Dieses Foto wurde von Harrison Schmidt gemacht, der damals neben Cernan stand. In der Reflexion des Visiers kann man aber weder Schmidt noch seine Kamera sehen. Die Person neben Cernan im Visier trägt auch keinen der bei Apollo-Astronauten üblichen, extrem großen Rucksäcke.

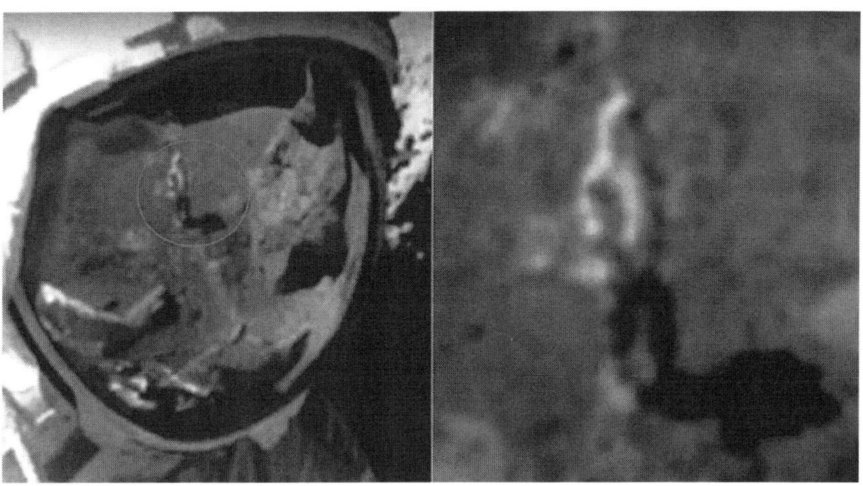

Abb. 14: Die merkwürdige Gestalt im Visier von Eugene Cernan auf der Mondoberfläche

Andere Fotos des Visiers von Helmen von Astronauten zeigen manchmal eine Reihe von Lichtpunkten. Diese wurden als Spiegelungen von Studiolampen interpretiert, und einige glauben darum, dass diverse Mondaufnahmen gefälscht sind. Wie sonst wäre es zu erklären, dass neben einem Astronauten ein Mensch ohne Raumanzug auf der Mondoberfläche steht? Sehen wir hier wirklich ein Filmset? Warum hat der ehemalige Leiter der russischen Weltraumbehörde Roscosmos erklärt, dass es bis heute keinen Beweis gibt, dass die Amerikaner auf dem Mond gewesen sind?

Dmitry Rogozin glaubt daran, dass die Apollo-11-Mission gefälscht wurde und die Amerikaner damals nicht auf dem Mond gelandet sind. Rogozin weist darauf hin, dass keine ausreichenden Beweise vorliegen, dass die Apollo-11-Mission wirklich 1969 auf dem Mond gelandet ist. Seit Jahren hat er daran gezweifelt, dass die bekannten Videoübertragungen der Amerikaner authentisch sind. Selbst als Leiter von Roscosmos konnte er keine echten Beweise für die erste Mondlandung erhalten. Laut eigenen Aussagen wurde er für seine Infragestellung dieser historischen Mission von anonymen Akademikern belästigt, die ihm vorwarfen, die Kooperation mit der NASA zu beschädigen. Er erhielt einen Anruf eines hochrangigen Beamten, der ihn anschuldigte, internationale Verbindungen zu gefährden. Trotzdem fuhr Rogozin fort, unbequeme Fragen zu stellen, so zum Beispiel, warum trotz technologischer Weiterentwicklungen seit den 1960er-Jahren bis heute keine bemannte amerikanische Mission mehr zum Mond gereist ist? Er sagt sogar aus, dass er durch seine frühere Position dahintergekommen ist, dass Washington Schlüsselpersonen im russischen wissenschaftlichen Establishment kontrolliert!

Auch auf Apollo-11-Fotos von der Mondoberfläche und Astronauten ist eine zweite Lichtquelle sichtbar. Analysen haben tatsächlich ergeben, dass Diskrepanzen in den Aufnahmen zu erkennen sind, die beweisen, dass auf dem Mond nicht nur die Sonne, sondern eine zweite helle Lichtquelle zu ermitteln ist. Die Schatten von Astronauten und nahen Felsen stimmen nicht überein und passen auch nicht zu der Position der Erde. Die Schatten der Astronauten wurden von einer zweiten Lichtquelle produziert, die höher angebracht war als das Licht, welches den restlichen Hintergrund beleuchtete. Auch hier ist die Spiegelung des Visiers sonderbar. Es handelt sich um die Analyse des Apollo-Bilds mit der Katalognummer AS11-40-5903. Die Methode Raytracing wurde von Dr. Luis E. Bilbao eingesetzt, um die zweite Lichtquelle zu ermitteln.

Andere Forscher waren damit unzufrieden, dass keine guten Originalaufnahmen vom Planeten Erde veröffentlicht werden, obwohl Weltraumsonden ausgezeichnete Aufnahmen von anderen Planeten machen. Sie machten sich auf die Suche nach dementsprechenden Originalaufnahmen der Erde. Solche sind aber bis heute nicht zugänglich oder nicht existent. Sie fragten sich sofort, wie so etwas überhaupt möglich ist. Was wird uns verschwiegen? Experten kamen dahinter, dass die vorliegenden Fotos der Erde entweder zu nahe, zu weit entfernt, mit den falschen Kameras oder nur durch Computeranimation erzeugt worden sind. Die einzigen Aufnahmen, die nicht verändert sind, stammen deshalb vermutlich von den Orbiter- und von sowjetischen Mond-Missionen der späten 1960er-Jahre.

Das „Earthrise"-Foto ist tatsächlich bearbeitet. Mittlerweile wurde das Originalbild zur Verfügung gestellt. Das andere Foto zeigt daher nicht das, was Astronauten wirklich im Weltraum gesehen haben. Es ist wenig bekannt, dass es sich bei dem „Earthrise"-Foto um eine gedrehte, beschnittene und farblich angepasste Version des Originalbildes handelt. Im Jahr 2018 wurde eine Remastered-Version der NASA veröffentlicht, die zusätzlich noch digital bearbeitet worden ist. Kritiker schreiben, dass es sich bei allen diesen Bildern um Fälschungen handelt. Das Foto S08-14-2384 wurde also bearbeitet, stark eingefärbt, und der Hintergrund wurde schwarz abgedunkelt. Der Ausschnitt wurde vergrößert, um die Erde größer darzustellen.

Die Frage, warum der Weltraum schwarz ist, Sonnenlicht jedoch ausreicht, um selbst transneptunische Objekte zu beleuchten, ist schwierig zu beantworten. Man sieht keine Lichtstrahlen von der Sonne, welche von den Planeten und Monden reflektiert werden. Auf dem Mond sind keine Sonnenstrahlen zu sehen, weil er keine Atmosphäre besitzt. Auch landeten die Astronauten nur bei Tageslicht, weil entschieden wurde, dass die Mondnacht zu gefährlich sei. Daher war die Sonne theoretisch immer am Mondhimmel zu sehen und auch die Erde.

Abb. 15: Die weltberühmte „Earthrise“-Fotografie

Das bringt uns auch schon zum nächsten Punkt: Kann man mit modernen Teleskopen die Hinterlassenschaften der Apollo-Missionen zweifelsfrei auf der Mondoberfläche identifizieren? Die Antwort lautet: Nein. Es ist bis heute nicht möglich, weil offenbar kein Teleskop der Erde leistungsstark genug ist, einige der Objekte auszumachen, die zurückgelassen worden sind. Das Hubble-Teleskop kann zwar tief ins All blicken, konnte aber die Apollo-Relikte nicht sichtbar machen. Die erhellende offizielle Erklärung dafür lautet, dass das Hubble-Teleskop entworfen wurde, um das Licht von Galaxien einzufangen, aber nicht das von Objekten vom Mond. Das Hubble-Weltraumteleskop, das 1990 in einen Erdorbit befördert wurde, hat seit damals kein einziges Foto der Erde gemacht. Die Erklärung lautet in diesem Fall, dass es nicht möglich wäre, das Teleskop auf die Erde auszurichten. Deshalb gibt es auch keine Fotos von der Erde und dem Mond.

Techniker haben ausgesagt, dass Hubble den Planeten Erde sehr wohl zur Kalibrierung seiner Instrumente benutzt hat. Keine dieser Aufnahmen ist irgendwo einsehbar. Das Teleskop ist so leistungsstark, dass es auf der

Erdoberfläche Objekte von der Größe von 30 cm sichtbar machen kann. Es werden keine Aufnahmen der Erde gemacht, weil *„hier keine besonders interessante astronomische Forschung stattfindet"*. Das sei die Aufgabe der Geophysik. Gut, aber mit dieser Auflösung wäre es Hubble sicherlich möglich, die Apollo-Relikte auf dem Mond sichtbar zu machen oder die Erde zu fotografieren, um endgültig Verschwörungstheorien um die Mondlandungen oder um die Theorie der flachen Erde aus der Welt zu schaffen. Aber das ist offensichtlich unmöglich.

Wenn es sich im Erdorbit befindet, wie kann das Hubble-Weltraumteleskop, das mit einer geschätzten Umlaufgeschwindigkeit von 27.358 km/h die Erde umkreist, während die Erde selbst mit einer Geschwindigkeit von 107.200 km/h die Sonne umkreisen soll, scharfe Aufnahmen von entfernten Objekten machen? Techniker sagen, dass diese komplexen Bewegungen kein Problem für die Fähigkeit des Teleskops darstellen, etwas in großer Entfernung zu fotografieren. Deshalb macht das Hubble-Teleskop Bilder von Objekten, die sehr, sehr, sehr weit weg sind. Die Effekte der Bewegungen wären dabei klein. Zusätzlich gilt zu beachten, dass sich unser Sonnensystem darüber hinaus im Schnitt mit einer Geschwindigkeit von 720.000 km/h in der Galaxie bewegt. Auf der Erde ist keinerlei Bewegung spürbar, noch nicht einmal ein Lüftchen, das ein Haar bewegt. Sind Hubble-Aufnahmen nur möglich, weil die Erde stationär ist?

Warum können modernste Teleskope keine Hinterlassenschaften der Apollo-Astronauten auf dem Mond fotografieren?

Im Jahr 2022 wurden wieder Fragen laut, ob neue Teleskope endlich die Spuren der Apollo-Astronauten auf dem Mond fotografieren können. Wieder lautete die Antwort von Astronomen, dass so etwas noch immer unmöglich ist. Die Landestellen sind aber *„reich an Zeichen"*, die mit einfachen Instrumenten studiert werden können. So seien unter anderem die Pfade der Astronauten sichtbar, die Mondspaziergänge unternommen haben. Das bedeutet, dass selbst modernste Teleskope keine eindeutigen Beweise für die Mondlandungen finden können. Das schreiben auch Wissenschaftsmagazine. So ist es beispielsweise nicht möglich, die amerikanische Flagge auf der Mondoberfläche zu sehen. Die Strahlung soll bereits alle Farben im Gewebe zerstört haben. Die Flagge der Apollo-11-Mission kann auch nicht ausfindig gemacht werden, weil sie beim Start auf dem Mond laut Aussagen des Astronauten Buzz Aldrin umgeworfen worden sein soll. Obwohl Spuren von Astronauten und Mond-Rovern sichtbar sind, fehlt doch jede Spur von den zurückgelassenen Fahrzeugen selbst.

Der *Lunar Reconnaissance Orbiter* hat einige Landestellen fotografiert, doch ist auf den Fotografien nichts Eindeutiges zu erkennen. Warum landen dort keine neuen Sonden und fotografieren zum Beweis die zurückgelassenen Landemodule aus der Nähe? Wir bekommen ständig Ausflüchte zu lesen, aber keine rationalen und logischen Erklärungen für dieses seltsame Verhalten in Bezug auf die nähere Erforschung des Mondes und des Planeten Erde.

Kommen wir nun zu der Frage, warum sich die Erde aus wissenschaftlicher Sicht überhaupt drehen sollte. Die Theorie besagt, dass sich unser Planet aus einer Scheibe aus Wasserstoff-Staub im Weltraum durch Gravitation über einen langen Zeitraum hinweg verdichtet haben soll. Dabei sei eine Drehbewegung und Trägheit entstanden. Dann hat sich der Planet fertig geformt und rotiert seitdem auf seiner Achse, was Tag und Nacht hervorruft. Deshalb ist immer eine Seite der Sonne ausgesetzt, und dort ist Tag. Wir sollen die Rotation der Erde nicht spüren können, weil wir uns angeblich gemeinsam mit ihr durch das All bewegen, und zwar immer mit der konstant gleichen Geschwindigkeit. Die Ozeane und die Atmosphäre drehen sich zusammen mit der Erde, und darum ist auf der Erdoberfläche nichts von der Rotationsbewegung bemerkbar, weil wir nur Beschleunigung oder ein Abbremsen bemerken würden. Die Erde dreht sich immer weiter, weil keine Kräfte ihre Drehbewegung behindern. Das soll schon seit 4,6 Milliarden Jahren so laufen, weil unser Planet aufgrund des Urknalls angeblich dieses Alter besitzt.

Eigentümlich ist, dass nicht alle Planeten im Sonnensystem in dieselbe Richtung rotieren. Die Venus dreht sich seitenverkehrt und Uranus um 90 Grad verschoben. Kollisionen mit anderen Himmelskörpern sind eine Erklärung dafür. Es kann jedoch nicht direkt gemessen werden, dass sich die

Erde tatsächlich dreht. Lediglich einige astronomische Beobachtungen sprechen theoretisch dafür. Ein wichtiges Experiment, das die Rotation der Erde beweisen soll, ist das Foucaultsche Pendel. Das ist ein großes und schweres Pendel, mit dem ohne astronomische Beobachtungen angeblich die Erdrotation nachgewiesen werden kann. Da Schwerkraft auf das Pendel einwirkt, kann nur eine andere Kraft eine Drehbewegung des Pendels hervorrufen. Deshalb vermutet man, dass sich der Boden bewegt und eine Drehung verursacht, außer am Äquator. Vom Standpunkt des Beobachters aus bewegt sich die Erde dennoch nicht.

Es sieht stattdessen so aus, als dass sich die Sonne um die Erde dreht. Erst die Idee der Relativität hat Gesetze formuliert, die erklären sollen, warum wir uns trotzdem um die Sonne drehen, obwohl wir keine Rotation wahrnehmen können. Bewiesen werden konnte das nicht definitiv, sondern die Erdrotation ist eine Theorie, die bestimmte astronomische Beobachtungen zu erklären versucht, die andere Theorien nicht erklären können. Alle Experimente und Beobachtungen beweisen allerdings nicht direkt, dass die Erde rotiert. Luft kann nicht gemeinsam mit der Erde rotieren, da sie sich nicht in geraden Bahnen bewegt. Der Effekt von Regen oder Feuerwerk in größerer Höhe wäre unmöglich, wenn die Erde rotieren würde. Flugzeuge, die vom selben Punkt starten und entweder ostwärts oder westwärts die Erde umrunden, kommen oft zum selben Zeitpunkt am Ziel an. Wie soll das möglich sein, wenn der Planet rotiert? Das Flugzeug, dass mit der hypothetischen Drehbewegung mitfliegt, würde längere Zeit benötigen, um das Ziel zu erreichen als ein Flugzeug, dass gegen die Drehbewegung fliegt. Die Distanz müsste sich verändern, Flüge weisen aber immer dieselbe Distanz auf.

Auf Transatlantikflügen ist es bei langen Flugstrecken gewöhnlicherweise, aber nicht immer der Fall, dass Flüge in östlicher Richtung kürzer dauern. Der Hauptgrund dafür sind Jetstreams (Strahlströmungen). Diese Windbänder befinden sich in großer Höhe und blasen von West nach Ost um den Planeten. Flugzeuge können daher mit oder gegen diesen Wind fliegen. Fliegen Flugzeuge gegen den Wind, dauert die Flugzeit etwas länger. Forscher haben herausgefunden, dass sich die Windstärke der Windbänder seit den 1970er-Jahren bis 2023 um sage und schreibe 15% verstärkt hat! Das ist eine dramatische Verschiebung. Berechnungen ergeben, dass die Windstärke in den kommenden Jahrzehnten nochmal drastisch zunehmen wird. Man schreibt es dem Klimawandel zu, aber es gibt ohne Zweifel andere Gründe dafür. Der Hauptgrund für die Entstehung der Windbänder ist nicht die Erdrotation, sondern die Erwärmung der Atmosphäre durch Sonneneinstrahlung.

Ein Lehrer aus Saudi-Arabien namens Sheikh Bandar al-Khaibari bat seine Studenten sich vorzustellen, wie sie in ein Flugzeug nach China steigen. Wenn das Flugzeug dann startet und in der Luft stillstehen sollte, bewegt sich China dann auf das Flugzeug zu oder steht die Erde still? Steigen wir in ein Auto oder ein Flugzeug, spüren wir die Beschleunigung, auch wenn wir mit derselben Geschwindigkeit reisen. Das bedeutet, dass die theoretische Astronomie der rotierenden Erde nicht mit der demonstrierbaren Physik übereinstimmt. Das heliozentrische Modell des Sonnensystems beschreibt, dass die Erde konstant schnell auf ihrer Achse rotiert, während sie sich konstant schnell um die Sonne dreht. Dabei dreht sich das Sonnensystem in der Milchstraßen-Galaxie, und diese Galaxie soll angeblich zusätzlich konstant schnell in gerader Linie seit dem Urknall durchs All rasen. Somit wären wir Menschen auf der Erde simultan vier zirkulären Kräften ausgesetzt. Und wir sollen keine dieser unvorstellbaren Geschwindigkeiten spüren können, weil die Geschwindigkeiten konstant sind? Jede Bewegung ist eine Beschleunigung, und Beschleunigung kann man spüren.

Der Astronom Galileo Galilei soll nach seiner Verurteilung durch die Inquisition der katholischen Kirche den Spruch *„Und sie bewegt sich doch!“* ausgesprochen haben. Über den Verlauf der letzten 500 Jahre hat sich eine neue Inquisition gebildet. Es ist das wissenschaftliche Establishment. In allen Lehrbüchern, Magazinen und TV-Sendungen bis hin zu computeranimierten Bildern wurde uns der Eindruck der rotierenden Erde vermittelt. Die Illusion ist aber nicht perfekt oder völlig überzeugend, denn ein Großteil der Weltbevölkerung glaubt dennoch an einen Mythos. Kritiker machen die NASA und das wissenschaftliche Establishment dafür verantwortlich. Die wichtigsten als gültig erklärten wissenschaftlichen Basistheorien konnten alle bis heute nicht bewiesen werden. Ich habe hier nur einige der unzähligen wissenschaftlichen Meldungen der letzten 20 Jahre präsentiert. Viele neue Erkenntnisse belegen, dass die alten etablierten Hypothesen widerlegt sind und sich im Universum und auf der Erde Dinge abspielen, die nicht physikalisch erklärt werden können.

Auch die Phänomene der Quantenphysik muten für Wissenschaftler esoterisch an. Das große Problem ist, dass viele Abläufe, die in der Natur beobachtet werden, nicht mehr mit materialistischen Theorien erklärt werden können. Vieles, was wir zu wissen glaubten, hat sich jetzt als unrichtig oder falsch herausgestellt, und dabei handelt es sich nicht um Verschwörungstheorien, sondern um wissenschaftliche Erkenntnisse. Wir erleben gerade den nächsten großen Paradigmenwechsel, denn die Wissenschaft kann keine materialistische Ursache für unsere Existenz ermitteln. Alternative Theorien über die Entstehung des Alls und der Menschheit haben also wieder Hochkonjunktur und können keinesfalls als Pseudowissenschaft zurückgewiesen werden, weil die naturwissenschaftliche Gemeinschaft ihre wichtigsten Grundsätze nicht beweisen kann. Wie wird das Weltbild in 500 Jahren aussehen, und wer sind die neuen Revolutionäre, die sich gegen die alten Systeme durchsetzen können?

Kapitel 6 – Die wichtigsten Grundsätze der Naturwissenschaft basieren auf Mystizismus

Weil ich im letzten Kapitel bereits unpassende Daten und Informationen bezüglich der Entstehung des Planeten Erde und von Leben auf der Erde präsentiert habe, will ich nun weitere wissenschaftliche Entdeckungen ansprechen, die Theorien über eine über Millionen von Jahren stattfindende stufenweise evolutionäre Entwicklung widerlegen. Diese Punkte betreffen Informationen in den Genen aller Lebewesen sowie die sonderbaren Eigenschaften von DNS (Desoxyribonukleinsäure) in unseren Chromosomen. Die populären Modelle der biologischen Evolution besagen, dass der moderne Mensch vor ungefähr 100.000 bis 200.000 Jahren in Afrika entstanden sein soll, denn an diesem Punkt der evolutionären Entwicklungsgeschichte soll irgendetwas „Spezielles" geschehen sein, und Rückschlüsse darauf lassen sich durch Anomalien in menschlichen Genen ableiten.

Ein unbekannter Prozess hat in dieser Zeitspanne für die Entstehung der Spezies Homo sapiens gesorgt. Genetiker können nicht exakt feststellen, was diese Entwicklung ausgelöst haben könnte. Sie vermuten, dass klimatische Veränderungen oder ein Engpass in der menschlichen Population, der durch eine unbekannte Katastrophe ausgelöst worden sein könnte und den menschlichen Artbestand völlig dezimiert hat, für die Veränderung verantwortlich gewesen sein könnte. Ein anderes „diskretes Ereignis" völlig unbekannter Art soll sich laut Forschern vor rund 400.000 Jahren ereignet haben, als sich die Linie von anatomisch modernen Frühmenschen in die evolutionäre Linie der Neandertaler und der Vorfahren des Homo sapiens aufgespalten haben soll.

Auffallende genetische Veränderungen kann man in fossilen Überresten und ihren DNS-Sequenzen finden. Dort sind Ereignisse der Vergangenheit abgespeichert. Das betrifft aber in erster Linie die sogenannte mitochondriale DNS bei modernen Menschen, die über eine Art von biologischer Uhr verfügen. Man kann damit zurückberechnen, in welchem Zeitraum bestimmte menschliche DNS-Haplotypen erstmals auftauchten, und diese Zeit liegt laut Biologen rund 200.000 Jahre zurück. An diesem Zeitpunkt sind also fast alle modernen Gruppen von Menschen plötzlich auf der Erde erschienen.

Paläontologen weisen darauf hin, dass die anatomisch modernen Merkmale der ersten Menschen vom Typ Homo sapiens bis heute erhalten geblieben sind, sich allerdings in einigen Merkmalen dramatisch von anderen fossilen Überresten von verschiedenen Vormenschen unterscheiden. Allgemein ausgedrückt bedeutet dies, dass es keine erkennbare Übergangsform von Vormenschen und Frühmenschen zum anatomisch modernen Menschen gibt, welche einen wirklichen Missing Link repräsentieren würde. Der anatomisch moderne Mensch ist somit, basierend auf wissenschaftlichen Erkenntnissen, sehr plötzlich auf der Erde erschienen, als ein genetischer Engpass aufgetreten war. Was die Entstehung verursacht hat, ist ungelöst, und auch die Frage, warum sich der moderne Mensch seit damals nicht evolutionär weiterentwickelt hat, ist nicht einfach zu beantworten.

Terraforming: Erschienen vor ungefähr 200.000 Jahren plötzlich unzählige neue Spezies auf unserem Planeten?

Antworten auf diese Frage lieferten im Jahr 2018 die beiden Forscher David Thaler von der Universität von Basel und Mark Stoeckle von der *Rockefeller Universität* in New York in einer neuen Studie über die erstaunlichen Resultate von intensiven DNS-Analysen. Die Veröffentlichung dieser Studie im Journal *Human Evolution* sorgte bei Evolutionisten für Staunen, denn diese Forschungsresultate sind eine Widerlegung der Vorstellung einer natürlichen Entwicklung der Arten. Viele der im Jahr 2018 in Wissenschaftsmagazinen erschienenen Artikel über diese Studie sind inzwischen im Internet gelöscht worden, und ich musste nach einer intensiven Suche erst wieder herausfinden, wo man die Studie noch online finden und einsehen kann. Ich habe den Link im Anhang angeführt. Wer die ganze Arbeit studieren will: Sie wurde im Jahr 2018 im Journal *Human Evolution* (Vol. 33) veröffentlicht.

Laut den vorherrschenden wissenschaftlichen Vorstellungen kommt es bei Spezies mit großen Populationen wie Menschen über lange Zeiträume hinweg zu einer großen genetischen Vielfalt. Laut den beiden Autoren der neuen Studie ist diese Vorstellung jedoch falsch. Bei den beinahe 8 Milliarden Menschen auf diesem Planeten ist der Faktor der genetischen Diversität laut den Erkenntnissen dieser Forscher *„absolut gleich“*! Das gilt auch für Tierarten und ist sehr ungewöhnlich, denn bestimmte Arten sollten seit viel längerer Zeit als der moderne Mensch auf diesem Planeten existieren und daher auch eine weit größere genetische Variation entwickelt haben.

Stoeckle und Thaler haben in Testverfahren ermittelt, dass 9 von 10 Spezies, die heute auf der Erde leben, erst vor 100.000 bis 200.000 Jahren entstanden sind! Das bedeutet, dass Millionen von verschiedensten Lebewesen sich nicht im Laufe von hunderten Millionen von Jahren kontinuierlich entwickelt haben, sondern in ihrer gegenwärtigen Form erst seit relativ kurzer Zeit auf diesem Planeten existieren – so auch die Spezies Homo sapiens! Wenn all diese Arten dasselbe Alter besitzen, können sie nicht voneinander abstammen oder sich durch natürliche Selektion entwickelt haben. Durch welche unbekannten Prozesse sind somit 90 Prozent des Tierlebens dieser Welt in dieser kurzen Zeitspanne entstanden? Wir haben es hier mit dem gleichen Problem wie bei der kambrischen Artenexplosion zu tun, nur mit einer unvergleichlich größeren Artenvielfalt von komplexen und einzigartigen Spezies. Mutation und natürliche Selektion scheiden aus, denn daraus entsteht keine Vielfalt, sondern Auslese und Reduktion.

Es sollte sich ein katastrophales Ereignis abgespielt haben, das vor 100.000 bis 200.000 Jahren stattfand. Das würde die geringe Populationsgröße am Beginn belegen. Es war eine globale Katastrophe, welche auch die drastische Reduktion der Population von fast jeder Tierart betraf. Stoeckle und Thaler teilen die Auffassung, dass ein globales Artensterben und die Neuentstehung von Arten periodisch im Abstand von hunderttausenden Jahren stattfinden. Es gibt Phasen des Wachstums und dann des Aussterbens auf ähnlichen Zeitskalen. Dann kommt es zu Eiszeiten oder klimatischen Umwälzungen auf der Erde. Die genetischen Daten von Menschen zeigen in diesem Fall, dass unsere ganze Population von nur einem einzigen Menschenpaar abstammen könnte! Geologen sagen, dass man keine Spur einer solchen globalen Katastrophe finden könne, die sich in den letzten 200.000 Jahren ereignet hätte. Vielleicht handelte es sich um eine Serie von katastrophalen Ereignissen, die in wesentlich kürzeren Zeiträumen auftraten. Biologen können die Frage nicht beantworten, wie lange eine durchschnittliche Spezies auf diesem Planeten Bestand hat. Der Fossilbericht ist unvollständig, und im Grunde genommen existiert noch nicht einmal eine genaue Definition, was eine Spezies darstellt. Schätzungen belaufen sich auf einen Existenzzeitraum von 500.000 bis 10 Millionen Jahren. Demzufolge sind die meisten modernen Arten tatsächlich erst im Laufe der letzten hunderttausenden von Jahren aufgetaucht. Stoeckle und Thaler haben Resultate erbracht, dass 90 Prozent davon weniger als 200.000 Jahre alt sind.

Die vorhandene Informationsvielfalt in der DNS all dieser Lebewesen müsste eine zu ermittelnde Quelle besitzen und in einem Zeitraum von etwa 100.000 Jahren entstanden sein. Wissenschaftler haben in vielen Laboren der Welt herumexperimentiert, um dahinterzukommen, wie viele Mutationen und Selektionen notwendig wären, um die bereits vorhandenen Informationen in der DNS noch mehr zu erweitern. So wurde also Generation um Generation analysiert. Es stellte sich nach all diesen zwecklosen Versuchen heraus, dass keine bislang unbekannten Kräfte der Evolution existieren, um neue Informationen im genetischen Erbmaterial zu erzeugen! Somit wird auch völlig unerklärlich, woher die bereits in der DNS vorhandenen komplexen Informationen stammen, wenn sie in nur 100.000 Jahren entstanden sein sollen.

Geht man von dem theoretischen Modell der darwinistischen Evolutionstheorie aus, wird schnell klar, dass die ganze Geschichte des Universums mit ihren mehr als 13 Milliarden Jahren Zeitspanne nicht ausreichen kann, damit die vorgeschlagenen und zufälligen evolutionären Mechanismen die Menge an DNS-Informationen erzeugen könnten, die sich in den unzähligen Lebensformen der Erde befinden. Außerdem wurde durch diese Studie einmal mehr bewiesen, dass DNS ein in sich abgeschlossenes Codesystem ist, das sich nicht verändern soll, sondern über kosmische Zeiträume hinweg unverändert Informationen abspeichern muss – und zwar zu genau dem Zweck, dass sich einmal erschaffene Spezies nicht verändern können! Es gibt also fest definierte genetische Abgrenzungen zwischen den verschiedenen Spezies, die auch dazu dienen, dass sich verschiedene Arten nicht untereinander kreuzen können. Das Nichtvorhandensein von evolutionären Zwischenspezies stellte bereits Charles Darwin vor große Probleme, und es war sein größtes Dilemma, denn auch im Fossilbericht kann man sie nicht finden!

Darwin konnte nicht erklären, wo der Ursprung des Universums liegt, warum das Universum zahlreiche Charakteristiken der Feinabstimmung von Konstanten besitzt, die für die Entstehung und den Erhalt von Leben notwendig sind, wie und wann die ersten Lebewesen auf der Erde entstanden sind, warum bei der kambrischen Explosion bereits alle bekannten Körperformen vorhanden waren oder woher der moderne Mensch wirklich stammt. Die Entstehung von intelligentem und selbstbewusstem Leben ist daher nur durch Überlegungen, philosophische Abwägungen und tatsächliche Beobachtungen in der physischen Welt zu beschreiben. Warum haben die wichtigsten Pioniere der Wissenschaft Theorien ersonnen und akzeptiert, die gegen objektive Beobachtungen der Realität sprechen? Warum versucht die Naturwissenschaft immer noch, hypothetische Abläufe zu beweisen, die laut empirischen Beobachtungen nicht in der Natur stattfinden? Wenn man alle vorhandenen Beweise und Fakten überprüft, kommt man nicht umhin, ein intelligentes Design in der Natur und im Universum zu erkennen.

Die Studie von Stoeckle und Thaler öffnet daher weitere Türen zur Anerkennung neuer wissenschaftlicher Theorien über die Ursprünge unserer Spezies auf diesem Planeten. Laut diesen Resultaten gibt es keine natürliche Selektion oder ein Überleben des Fittesten oder eine Anpassung an die Umwelt durch zufällige genetische Mutationen. Die genetische Vielfalt fast aller untersuchten Spezies, egal ob sie eine lange Geschichte der Migration, der Umsiedlung oder der starken Vermehrung hinter sich haben, ist ziemlich gleichbleibend. David Thaler war selbst von dieser Erkenntnis erschrocken und sagte, dass er zuerst gegen diese Resultate gekämpft hat und die Versuchsreihen viele Male wiederholen musste, um das endgültige kontroverse Resultat schließlich zu bestätigen! Er hat somit persönlich dafür gesorgt, dass die Theorie der menschlichen Evolution auf diesem Planeten ungültig geworden ist. Die Forschung ist nun gefordert, auf diese DNS-Beweise zu reagieren und die Entstehung des modernen Menschen in einem völlig anderen Licht zu betrachten.

David Thaler erklärt dazu, dass die Resultate der Studie durch Analysen der mitochondrialen DNS erbracht worden sind, die alle Tiere und auch Menschen besitzen. Mitochondrien sind winzige Strukturen innerhalb von

Zellen mit 37 Genen, die man zum sogenannten DNS-Barcoding verwenden kann. Mitochondriale DNS unterscheidet sich daher von der nuklearen DNS, die von Spezies zu Spezies große Unterschiede aufweist. Weil alle Tiere das gleiche Set von mitochondrialer DNS aufweisen, kann man diese Faktoren am besten miteinander vergleichen. Seit dem Jahr 2002 wurde das Verfahren des DNS-Barcodes entwickelt, um damit Arten zu bestimmen, indem man ihre Basenpaare wie bei einem Strichcode auswertet. DNS-Sequenzen verändern sich im Laufe der Zeit in einer gleichbleibenden Rate, und damit besitzen diese Gene so etwas wie eine eingebaute molekulare Uhr, mit der man arbeiten kann. Die Forscher haben also Barcodes von 100.000 verschiedenen Spezies analysiert. Daraus hat sich ergeben, dass fast alle diese Tierarten zur ziemlich gleichen Zeit entstanden sind wie der moderne Mensch! Ist das nicht absolut faszinierend?

Egal wie sehr sich eine jeweilige Spezies auch stark vermehrt und verbreitet haben mag, sie alle besitzen einen gemeinsamen Ursprung, der nicht hunderte Millionen von Jahren, sondern erst knapp 100.000 bis 200.000 Jahre zurückliegt. Das kann man wie gesagt auch durch Fossilien belegen, wobei alle diese Arten sich seitdem evolutionär nicht weiterentwickelt haben und zu Beginn nur in einer kleinen Population vorhanden gewesen sind, wie bei einem genetischen Engpass. Die starke Verbreitung und Vermehrung der Arten hat erst nach dem Ende der letzten Eiszeit begonnen und dürfte zuvor relativ gering gewesen sein, als es zum rätselhaften Aussterben vieler Riesentierarten und des Neandertalers gekommen ist, mit denen anatomisch moderne Menschen viele tausend Jahre lang zusammengelebt haben sollen. Diese auf wissenschaftlicher Basis erbrachten Daten erinnern stark an die biblische Geschichte von der Arche Noah und einer starken Dezimierung aller Lebewesen durch einen globalen Kataklysmus und eine große Flut, die nur wenige Menschen und Tiere überlebt haben.

Alternativforscher und Ufologen verweisen hier auf die antiken Schöpfungsmythen der alten Zivilisationen der Welt, die von Himmelsgöttern und außerirdischen Besuchern der Antike berichten, welche mit fortschrittlicher Technologie die ersten Menschen erschaffen haben. Sie haben diesen Gartenplaneten Erde Terra-formiert und all diese verschiedenen Spezies hier ausgesät. Wenn dem nicht so wäre, würde die molekulare Uhr zu einem bestimmten Zeitpunkt nicht bei unzähligen Lebewesen gleichzeitig auf 0 gestanden haben. Eine unbekannte Katastrophe hatte zuvor vermutlich für die vollständige Zerstörung der Erdoberfläche gesorgt, und fast alle Lebewesen mussten hinterher wieder neu erschaffen werden. Das wissenschaftlich unerklärliche Erscheinen vieler Arten, wie bei der rätselhaften kambrischen Explosion oder der Zeit vor 200.000 Jahren, könnte somit das Werk eines Schöpfers oder von fortschrittlichen außerirdischen Zivilisationen sein, die sich im Weltall auf das Terra-formen von Welten spezialisiert haben, so wie es diverse Whistleblower darlegten.

Somit hätte auf unserem Planeten wirklich ein Schöpfungsprozess durch höhere Wesen stattgefunden, und diese Wesen arbeiten direkt mit genetischer Manipulation von Spezies, so wie es in den antiken Texten beschrieben wird, wenn von einem mysteriösen *„Baum des Lebens"* und der Schöpfung des Menschen berichtet wird. Einige Regierungsinsider und Whistleblower berichten seit Jahren davon, dass verschiedene Gruppen von Außerirdischen ein *„großes Experiment"* auf dem Planeten Erde ausführen, und zwar schon seit sehr langer Zeit. Mindestens 22 genetische Langzeitexperimente beziehen sich nur auf die verschiedenen menschlichen Ethnien. Tausende Menschen berichten davon, dass sie von Außerirdischen entführt worden sind, die an ihnen medizinische Experimente durchgeführt haben, um irgendwelche Hybriden zu zeugen. Es existieren sogar physische Beweise in Form von unerklärlichen Implantaten für derartige Behauptungen, die von diversen Wissenschaftlern eingehend untersucht und als authentisch bestätigt worden sind. Aus diesem Grund ist es mehr als wahrscheinlich, dass ein Teil dieses großangelegten Experiments schon vor ungefähr 200.000 Jahren begonnen hat, als alle die unzähligen neuen Arten sehr plötzlich auf unserem Planeten erschienen sind.

Der erstaunliche DNS-Phantom-Effekt

Nun komme ich auf die sonderbaren Forschungsergebnisse hinsichtlich der erstaunlichen Fähigkeiten von menschlicher DNS zu sprechen, die bereits in den Jahren 1993 bis 2000 erbracht wurden. Diese Versuche haben demonstriert, dass DNS nicht das Produkt eines kosmischen Unfalls wie dem Urknall und einer anschließenden ziellosen und zufälligen evolutionären Entwicklung sein kann, sondern dass DNS mit einem überall im Universum vorhandenen Energiefeld interagiert, das offenbar mit dem menschlichen Bewusstsein verbunden ist! Die russischen Quanten-Biologen Vladimir Poponin und Peter Gariaev von der *Russischen Akademie der Wissenschaften* haben im Jahr 1995 eine Facharbeit veröffentlicht, in der sie verschiedene Experimente mit menschlicher DNS beschreiben.

Aus der Auswertung geht hervor, dass menschliche DNS nicht nur auf der Quantenebene operiert, sondern einen direkten Einfluss auf die physische Welt nehmen kann, und zwar über ein unbekanntes Energiefeld! Dr. Poponin konnte seine Versuche in den USA vor skeptischen Wissenschaftlern wiederholen, bevor er seine Facharbeit dazu veröffentlichte. Er bezeichnet dieses seltsame Phänomen seitdem den „DNS-Phantom-Effekt". In der Arbeit heißt es zu Beginn: „*Wir glauben, dass diese Entdeckung eine enorme Bedeutung für die Erklärung und das tiefere Verständnis der Mechanismen hat, die subtilen Energiephänomenen zugrunde liegen, einschließlich vieler der beobachteten alternativen Heilungsphänomene.*" Diese Phänomene werden derzeit noch als Pseudowissenschaft bezeichnet, obwohl einige Forscher bereits erklären können, wie sie funktionieren. Auch die rätselhafte Erinnerungsfunktion von Wasser könnte auf diese Weise erklärt werden.

Ein Team von amerikanischen Wissenschaftlern der *Northwestern University* in Evanston in Illinois hat im Jahr 2016 eine Arbeit veröffentlicht, wonach kürzlich entdeckt worden war, dass DNS selbstständig leuchtet und sogar blinken kann, und deshalb stimmen Gelehrte jetzt zu, dass DNS Licht absorbiert. Diese natürliche Fluoreszenz wurde niemals zuvor dokumentiert. Die Forscher Poponin und Gariaev haben schon in den 1990er-Jahren ihre Experimente mit Lichtpartikeln (Photonen) der DNS (Desoxyribonukleinsäure) durchgeführt, um die zugrundeliegenden Quanteneffekte dieser Nukleinsäure zu studieren. Sie nahmen eine spezielle Röhre und pumpten die ganze Luft daraus ab, sodass ein Vakuum entstehen konnte. Auf diese Weise blieben ausschließlich Photonen erhalten. Mit der Laborausrüstung wurde die Position der vorhandenen Photonen ermittelt. Die Forscher erwarteten, dass diese Lichtpartikel überall zufällig verstreut sein würden oder sich am Grund der Röhre angesammelt haben würden. Die Messungen haben ergeben, dass sie wirklich in zufälliger Anordnung überall in der Röhre verteilt waren. Der nächste Teil des Experiments bestand darin, Proben von menschlicher DNS in der noch immer luftdicht versiegelten Röhre mit den Photonen zu platzieren. In der Gegenwart der DNS-Fragmente machten die Photonen dann etwas, das niemand erwartet hatte: Die Lichtpartikel ordneten sich selbst neu an. Somit konnte bewiesen werden, dass DNS einen Einfluss auf Photonen ausübt und sie durch eine unbekannte Kraft in regulären Mustern anordnet!

Diese Entdeckung ist erstaunlich, weil es sich um einen nicht-physischen Effekt von DNS handelt, der durch keinen bekannten physikalischen Vorgang erklärt werden kann. Somit könnte man behaupten, dass der Stoff, aus dem wir gemacht sind, einen Effekt auf Photonen und dadurch auf die Quantenstruktur hat, aus der diese Welt besteht. Der nächste Schritt des Experiments bestand darin, die Fragmente von menschlicher DNS wieder aus dem Vakuum zu entfernen, um zu beobachten, was die Photonen dann machen würden. Anstatt wieder in Unordnung zu zerfallen, blieben die Lichtpartikel in ihrem geordneten Zustand, so als ob diese DNS immer noch vorhanden gewesen wäre. Dieses Experiment wurde mehrmals wiederholt, nachdem alle Instrumente überprüft worden sind. Poponin und seine Kollegen erbrachten immer wieder dasselbe unerklärliche Resultat.

Die Forscher konnten nicht erklären, warum sich die Lichtpartikel nach der Entfernung der DNS noch immer im geordneten Zustand befunden haben und wussten nicht, welche Kraft dafür verantwortlich ist. Ihre Vermutung war, dass DNS etwas zurücklässt, also einen Effekt, der fortbesteht, selbst wenn das physische Material nicht mehr vorhanden ist. Möglicherweise gab es auch einen Quanteneffekt oder eine Quantenverschränkung, wodurch die Lichtpartikel auf Distanz immer noch mit der DNS verbunden waren, obwohl sie sich nicht mehr in der gleichen Röhre befanden. Poponin schrieb in seinen Bericht, dass er und sein Team *„gezwungen waren zu akzeptieren“*, dass eine neue Art der Feldstruktur entdeckt worden ist und dass der beobachtete Effekt direkt mit der Präsenz von lebendem Material zu tun hat. Aus diesem Grund nannten sie dieses Phänomen DNS-Phantom-Effekt.

Diese neue Feldstruktur erinnert viele Forscher an das Konzept der Matrix, welches der weltberühmte deutsche Physiker Max Planck bereits mehr als 50 Jahre früher entdeckt hatte. Von diesem mysteriösen Effekt wird auch schon in antiken Schriften berichtet. Aus diesem Resultat kann man jetzt also aufgrund von wissenschaftlicher Beobachtung ableiten, dass es eine Verbindung zwischen DNS und der Energie gibt, die unsere Welt zusammenhält, weil lebendige DNS durch diesen Phantom-Effekt einen Einfluss auf scheinbar tote Materie ausübt. Wenn man also von der Gültigkeit dieses Experiments ausgeht, dann steht jetzt ohne Zweifel fest, dass jeder lebende Mensch einen direkten Effekt auf die Welt um sich herum ausübt, der mit herkömmlichen Theorien physikalisch nicht erklärt werden kann.

Im Jahr 1993 hat die US-Army ein zweites, darauf aufbauendes Experiment durchgeführt, dessen Ergebnisse anschließend im Wissenschaftsjournal *Advances* veröffentlicht worden sind. Man wollte damals dahinterkommen, ob und wie menschliche Emotionen DNS beeinflussen und über welche Distanzen hinweg. Es wurden also wieder Proben menschlicher DNS entnommen, und diese Proben wurden in einen anderen Raum des gleichen Testgebäudes gebracht. Dort wurden dann wieder Phänomene beobachtet, von denen die moderne Wissenschaft behauptet, dass sie eigentlich nicht existieren sollten. In einer speziell vorbereiteten Kammer wurde elektronisch gemessen, ob die separierte DNS auf Emotionen einer Person reagiert, von der sie stammt, die aber nunmehr mehrere hundert Meter von dieser Probe entfernt war. Dort wurden der jeweiligen Testperson dann eine Reihe von Videos und Bildern gezeigt. Das waren zum Beispiel Szenen aus dem Krieg, erotische Szenen oder Szenen aus einer Komödie, die bestimmte Emotionen erzeugen sollten. Während der Spender also diese Emotionen durchlebte, reagierten auch seine Zellen und seine DNS mit einer kräftigen elektrischen Reaktion, und zwar zur selben Zeit in der weit entfernten Kammer! Die separierte DNS agierte so, als wäre sie immer noch mit dem Körper der Testperson verbunden. Zuständig für dieses Experiment war Dr. Cleveland Backster (1924-2013), der diesen Versuch für die US-Army durchführte und in seiner Laufbahn vor allem für den Geheimdienst CIA tätig war. Dieser hatte vorher bereits herausgefunden, dass menschliche Emotionen Pflanzen beeinflussen können. Hier ist erneut ein Phantom-Effekt im Spiel.

Die Armee verlangte nun, dass man die DNS-Proben in größerer Entfernung platzieren sollte, um festzustellen, ob immer noch ein Effekt zu messen ist. Daraufhin separierten Dr. Backster und sein Team die Zellen der Testpersonen in einer Entfernung von bis zu 560 Kilometern. Durch eine Atomuhr wurde anschließend festgehalten, wie lange es dauerte, bis die Emotionen der Testperson eine Auswirkung auf ihre weit entfernte DNS hatten. Das Resultat: Der Effekt fand über weite Distanzen simultan und ohne Verzögerung statt! Dr. Jeffrey Thompson, einer der Kollegen von Dr. Backster, schlussfolgerte daraus, dass es eigentlich *„keinen Ort gibt, wo ein* (menschlicher) *Körper endet oder an dem er beginnt*"! Das ist sehr ungewöhnlich, denn somit könnte man behaupten, dass für unseren Geist keine Distanzen zu groß sind, um einen Effekt auf die Welt auszuüben. Derartige Proben könnte man natürlich auch vorsätzlich negativen Effekten aussetzen, um einer Zielperson aus der Ferne zu schaden, um sie damit im Auftrag von Geheimdiensten und Regierungen emotional zu quälen.

Letztlich sind auf diese Weise alle lebenden Wesen miteinander verbunden und tauschen durch diese unerklärlichen Quanten-Phantom-Effekte ständig Informationen untereinander aus. Des Weiteren haben diese Effekte dadurch wohl auch einen Einfluss auf ein laufendes Experiment, denn die Qualität der Verbindung verstärkt sich, wenn sich ein Forscher der Existenz dieses Phantom-Phänomens bewusst ist! Somit spielen unsere Vorstellungen, Erwartungen und Emotionen, die Teile unseres unerklärlichen Bewusstseins sind, eine grundlegende Rolle in der Beschaffenheit von Realität. Speziell Emotionen besitzen eine große Macht. Mit ihnen können wir durch unsere DNS die Welt um uns herum direkt beeinflussen. Die Forscher stellten somit fest, dass eine zuvor unbekannte Form der Energie in lebendem Gewebe existiert, welche die gleiche Quelle besitzen sollte wie unser Bewusstsein. Zellen und DNS kommunizieren durch dieses Energiefeld, wobei menschliche Emotion einen direkten Einfluss auf lebende DNS hat und Entfernung dabei keine Rolle spielt.

In späteren Experimenten von Forschern der Organisation *HeartMath* wurde dann erwiesen, dass menschliche Emotionen einen direkten Effekt auf DNS und in weiterer Folge auf die physische Welt haben, womit im

Grunde die religiösen Traditionen der Welt bestätigt worden sind, die von einem ganzheitlichen Weltbild handeln. Es existiert also nachweislich eine der Physik unbekannte, nicht messbare Form der Energie im Universum, die jedes lebende Ding mit dem ganzen All verbindet und das unmittelbar. Die DNS und das Bewusstsein unseres Körpers verbinden sich durch diese Kraft und dieses Energiefeld des Universums. Unsere kraftvollen Emotionen des Herzens spielen somit die Schlüsselrolle bei der Kontrolle und der Manipulation dieser kosmischen Matrix. Emotionen verändern außerdem chemische Prozesse in unserem Körper, und Hormone spiegeln somit unsere Gefühle wider. Durch positive Erfahrungen der Liebe, des Mitgefühls und der Vergebung bauen wir einen heilsamen und ordnenden Effekt in der Matrix auf, wogegen negative Emotionen wie Hass, Leid und Eifersucht unsere Existenz stark belasten.

Aus diesem Grund wissen Geheimdienste und Regierungen seit langer Zeit, dass sie die Welt durch die Massenmedien und mit Frequenztechnologien kontrollieren können, indem sie die kollektiven Emotionen aller Menschen der Welt für sich ausnutzen, indem sie die Massen mit diesen Methoden emotional manipulieren und steuern. Ein machtvoller und liebevoller Gedanke reicht bereits aus, um dieses Gefüge der Kontrollmatrix ins Wanken zu bringen. Wenn nur wenige Personen zielgerichtet meditieren, hat das bereits einen starken Effekt auf die ganze Welt, denn unsere Körper und unser Bewusstsein kennen keine Grenzen, und ihre Macht konzentriert sich in der Quantenwelt jenseits unserer physischen Begrenzungen. Nur durch tiefe Spiritualität, durch Meditation oder durch das Gebet wird es uns möglich, die Regeln der Kommunikation mit dem Feld der Matrix wieder zu erlernen, denn unsere Gene sind so erschaffen worden, dass diese Fähigkeiten für uns alle verfügbar sind.

Die universale Sprache im Universum ist somit die Macht unserer Gefühle, die wir lernen müssen zu meistern und über die wir am einfachsten zu manipulieren sind. Das führt uns schließlich zu der Schlussfolgerung, dass wir über individuelle Möglichkeiten verfügen, die göttliche Matrix selbst und individuell zu programmieren, und dass wir selbst die Macht haben, Glück, Heilung, Liebe, Frieden und Wohlstand in unserem Leben zu manifestieren. Wir stehen erst wieder am Beginn der Erkenntnis, dass metaphysische und multidimensionale Aspekte in unserer DNS existieren, über die wir mit anderen Realitätsebenen in Kontakt treten können und die sogar mit dem Jenseits verbunden sind.

Vladimir Poponin und sein Kollege, der Biophysiker Peter Gariaev, haben herausgefunden, dass diese Entdeckungen uns zu einem tieferen wissenschaftlichen Verständnis der subtilen Energieformen des Universums führen und dadurch endlich viele paranormalen Phänomene erklärbar werden, die man auch bei alternativen Heilungsprozessen anwendet. Diese nicht-physischen Energieformen kommunizieren durch unsere DNS mit einem unsichtbaren Energiefeld. DNS stellt somit eine Art von natürlichem Datenspeicher dar, der ohne Verzögerung möglicherweise sogar mit der Vergangenheit und der Zukunft oder anderen Dimensionen direkt verbunden ist, also der Quantenphysik des Bewusstseins. Der amerikanische theoretische Quantenphysiker Richard Phillips Feynman (1918-1988) sagte einmal über diese unerklärlichen Phänomene: „*Wir entscheiden uns dazu, ein Phänomen zu untersuchen, das absolut unmöglich auf irgendeine klassische Weise zu erklären ist und das Herz der Quantenmechanik in sich trägt. In Wirklichkeit enthält es das einzige Geheimnis.*“ Und dieses Geheimnis ist ein Bereich des Bewusstseins und der tieferen Ebenen des Universums, das mit unseren physischen wissenschaftlichen Instrumenten nicht direkt zu messen oder zu beobachten ist. Wir müssen uns diesen Phänomenen stattdessen mit einem offenen Geist annähern.

Dr. Cassandra Vieten ist die Leiterin des im Jahr 1973 vom ehemaligen NASA-Astronauten Gordon Cooper gegründeten Unternehmens *The Institute of Noetic Sciences* (IONS), das sich mit der Erforschung von paranormalen Phänomenen durch Intellekt, Verstand und Vernunft widmet, um neue Ansätze zur Erforschung des wahren menschlichen Potenzials zu finden. Ein bekanntes Zitat von Dr. Vieten lautet: „*Es scheint eine tiefe Sorge zu geben, dass das ganze Feld durch das Studium eines Phänomens getrübt wird, das durch seine Verbindung mit Aberglauben, Spiritismus und Magie befleckt ist. Der Schutz vor dieser Möglichkeit erscheint manchmal wichtiger als die Förderung der wissenschaftlichen Erforschung oder der akademischen Freiheit. Aber das könnte sich irgendwann ändern.*“

Weil diese Phänomene für die materialistisch orientierte Wissenschaft schlichtweg nicht zu erklären sind, werden sie mit Aberglauben, Pseudowissenschaft, Spiritismus und Magie in Verbindung gebracht. Nur weil etwas mit unserem derzeitigen Wissensstand nicht zu erklären ist, muss es nicht irreal sein, sondern es handelt sich einfach um physikalische Vorgänge, die vermutlich bereits in wenigen Jahren auf wissenschaftlicher Basis verstanden und rational erklärt werden können. Dennoch findet weiterhin keine unvoreingenommene Erforschung dieser Phänomene statt, sondern skeptische Wissenschaftler weisen diese Erkenntnisse zurück, weil sie zum Beispiel der Vorstellung der menschlichen Evolution widersprechen. Andererseits müssen die gleichen Forscher Resultate der Quantenphysik akzeptieren, die an sich schon mysteriös und unerklärlich sind, und sich nicht mit der Physik des Makrokosmos in Einklang bringen lassen.

Bewusstsein existiert unabhängig vom Gehirn oder dem physischen Körper

Max Karl Ernst Ludwig Planck (1858-1947), ein deutscher Physiker und Nobelpreisträger, betrachtete das menschliche Bewusstsein als fundamental wichtig und behauptete, dass jegliche Materie des Kosmos eine abgeleitete Substanz des reinen Bewusstseins ist, denn alles, was wir in der Welt wahrnehmen, setzt Bewusstsein und intelligentes Design voraus. Diese Tatsache wurde erstmals durch das Quanten-Doppelschlitzphänomen bewiesen. Dabei wurde festgestellt, dass das Bewusstsein und die Erwartungseinstellung eines Experimentators die wichtigste Rolle bei der Formung der Natur der physischen Realität spielen, denn Bewusstsein besitzt die Kraft, das Verhalten von Partikeln zu verändern! Forscher wissen also daher, dass ihre Beobachtung ein Messergebnis produziert, indem sich ein vorher undefinierter Quantenzustand finalisiert und dadurch in eine fixe Realität kollabiert, weil wir durch unsere bewusste Beobachtung Elektronen dazu zwingen, eine fixe Position einzunehmen. Somit liefern Forscher im Grunde selbst die von ihnen gewünschten Messergebnisse in ihren Experimenten. Man kann aus diesen Resultaten nicht wirklich einen Rückschluss auf die wahre Natur der Realität im Universum ziehen, weil diese Ergebnisse je nach Erwartungshaltung durchaus voneinander abweichen können und aus diesem Grund oft nicht in anderen Laboren reproduzierbar sind! Bewusstsein ist daher die einzige universale Realität, die existiert.

Die Studie des Doppelschlitz-Experiments weist darauf hin, dass Faktoren, die mit dem Bewusstsein verbunden sind, wie beispielsweise Meditation, fokussierte Aufmerksamkeit und psychologische Faktoren wie Emotionen und Offenheit signifikant auf die verschiedenen Möglichkeiten eines Messergebnisses einwirken. Die Ergebnisse scheinen daher mit einer bewusstseinsbezogenen Interpretation des Quantenmessproblems erklärbar zu sein. Forscher des amerikanischen *HeartMath Institute*, welche die Verbindung von Herz und Gehirn untersucht haben, haben festgestellt, dass DNS der am wenigsten verstandene Aspekt der Biologie ist, weil diese Substanz metaphysische Eigenschaften besitzt, die uns zum Verstehen der mysteriösen Vorgänge im Universum befähigen! DNS lässt sich bereits durch unsere Gedanken und Gefühlszustände umprogrammieren. Einige Forscher gehen bereits so weit zu behaupten, dass DNS generell interdimensionale Aspekte besitzt, die vor allem mit dem rätselhaften Ursprung unseres Bewusstseins zu tun haben, das ebenfalls noch immer nicht zu erklären und an sich bereits paranormal ist.

Wissenschaftler versuchen seit Jahrtausenden zu definieren, was menschliches Bewusstsein verursacht. Trotz Fortschritten im Bereich der Neurowissenschaft weiß man immer noch nicht, wo Bewusstsein entsteht. Auch im Jahr 2023 konnten Teams von Forschern trotz jahrzehntelangen intensiven Experimenten nicht feststellen, dass Bewusstsein im Gehirn entsteht. Darum bleibt das philosophische Mysterium bestehen. Die Wissenschaft kann das Problem mit ihrer Methodik nicht ergreifen. Daher besitzt die sogenannte Wissenschaft des Bewusstseins bis heute keine eigene Theorie!

Östliche Weisheitslehren klären zwar seit tausenden von Jahren darüber auf, aber westliche Wissenschaft kann keine abschließende Antwort auf diese Frage abliefern. Tatsächlich ist dieses Problem direkt mit der Struktur der wissenschaftlichen Untersuchung verbunden, deren Ursprung sich bis ins 17. Jahrhundert zurückverfolgen lässt, und zwar zu den Versuchen des italienischen Astronomen Galileo Galilei. Ihm wird allgemein die Erfindung der wissenschaftlichen Methode zugerechnet. Diese Methode funktioniert nur deshalb, weil man die Erforschung des Bewusstseins selbst aus der wissenschaftlichen Beobachtung ausgeschlossen hat! Das ist der Grund, warum die Wissenschaft bis heute keine Erklärung für den Ursprung von Bewusstsein finden kann.

Neurowissenschaftler gelangten zu der Schlussfolgerung, dass chemische Abläufe im Gehirn das Wachbewusstsein hervorrufen, das sich im Grunde nicht viel von Erfahrungen im Traumzustand unterscheidet. Beides wäre der Definition zufolge eine Halluzination. Einer der bekanntesten Neurowissenschaftler heißt Dr. Karl John Friston. Dieser Brite ist eine der führenden Autoritäten in der Erforschung des menschlichen Gehirns und der theoretischen Neurowissenschaft. Er glaubt, dass Bewusstsein im menschlichen Gehirn interne Modelle erschafft, die in die Außenwelt projiziert werden und diese vorhersagen. Bewusstsein ist mächtig genug, intern generierte Modelle zu formen, die Zustände der sensorischen Außenwelt erschaffen, die noch nicht stattgefunden haben! Daher schreiben Neurowissenschaftler, dass Bewusstsein eine *„kontrollierte Halluzination“* ist. Deswegen ist es nicht möglich, eine Theorie des Bewusstseins zu formulieren.

Bewusstsein ist unabhängig vom Gehirn oder dem physischen Körper. Mediziner bestätigen, dass in vielen Fällen das Bewusstsein von Menschen, die physisch gestorben sind und klinisch tot waren, durch Reanimation zurückkehrte. Bleibt die Frage zu klären, wo es sich in der Zwischenzeit befunden hat. Einige Mediziner sagen, dass Bewusstsein kein Produkt unseres Gehirns ist. Bewusstsein verwendet unser Gehirn. Psychologen und Physiker, wie Stuart Hameroff und Roger Penrose von der Universität von Oxford, haben herausgefunden, dass sich im Gehirn Regionen befinden, die als Kanäle agieren, um Quanteninformationen zu übertragen, damit Bewusstsein entsteht.

Neurowissenschaftler finden heraus, dass Menschen von etwas kontrolliert werden, das sich außerhalb ihres Körpers befindet!

Menschen, die klinisch tot waren, können nach ihrer Wiederbelebung oft genau erklären, wo sich ihr Bewusstsein befunden hat, obwohl die körperlichen Sinne nicht vorhanden gewesen sind. Sie befanden sich in diesem Zeitraum außerhalb ihres physischen Körpers und konnten alles sehen und wahrnehmen, was sich um sie herum in der physischen Welt abgespielt hat. Sie erblickten verschiedene Szenen aus ihrem ganzen Leben in blitzartigen Abfolgen und verstanden die höhere Bedeutung ihrer eigenen Existenz. Im außerkörperlichen Zustand haben sie ein Gefühl von Frieden und Liebe verspürt, das für sie schwer zu beschreiben ist. Bewusstsein ist eine Form der Energie, die man nicht messen kann. Weil Energie nicht physikalisch zu zerstören ist, ist sie ewig. Sie transformiert ihren Zustand und überdauert auf diese Weise, wenn Menschen physisch sterben. Bewusstsein kehrt in seinen Quantenzustand zurück. Kehrt man ins Leben zurück, können individuelle Informationen wiederhergestellt werden.

Der niederländische Mediziner Pim van Lommel hat in den letzten Jahrzehnten einige wichtige Facharbeiten über die Erforschung von Nahtoderfahrungen veröffentlicht. Diese Studien sind bemerkenswert. Ein Zitat daraus lautet: „*Die gegenwärtige materialistische Auffassung von der Beziehung zwischen Bewusstsein und Gehirn, wie sie von den meisten Ärzten, Philosophen und Psychologen vertreten wird, scheint zu eingeschränkt zu sein, um dieses Phänomen richtig zu verstehen. Es gibt gute Gründe anzunehmen, dass unser Bewusstsein mit der kontinuierlichen Erfahrung des Selbst nicht immer mit der Funktionsweise unseres Gehirns übereinstimmt.*“

Psychologen gehen daher von falschen Grundlagen aus, wenn sie behaupten, Bewusstsein entstehe im Gehirn und menschliches Bewusstsein wäre die eigentliche Person selbst. Das ist eine Fehlannahme und leitet die ganze Gesellschaft fehl. Bewusstsein ist nicht das menschliche Gehirn und ganz wichtig: Bewusstsein ist nicht der Mensch selbst! Der britische Mediziner Professor Sam Parnia ist der Leiter des *Human Consciousness Project* der Universität von Southampton. Diese professionelle Organisation erforscht die Natur des Bewusstseins, das menschliche Gehirn und den klinischen Tod. Parnia führte ein Experiment durch, bei dem im Laufe von fast fünf Jahren rund 2.060 Patienten in 25 medizinischen Einrichtungen untersucht wurden. Ein Team von Forschern hat Beweise gesammelt, dass der menschliche Verstand noch immer arbeitet, selbst wenn der Rest des Körpers als klinisch tot betrachtet werden kann, auch das Gehirn. Es handelt sich um die AWARE-Studie. Im Jahr 2014 wurden die Resultate veröffentlicht.

Die Autoren stellten fest, dass ein signifikanter Anteil der Patienten während Nahtoderlebnissen und Wiederbelebungen außerkörperliche Erfahrungen hatte und diese später beschreiben konnte. Bei einigen Reanimierten blieben Erinnerungen vom Jenseits erhalten, und diese führten allgemein zu einer positiven Veränderung, weil die Patienten einen höheren Sinn im Leben erkannten. Fakt ist, dass unsere Gedanken, welche wir unserem Geist zuschreiben, bis heute nicht direkt auf irgendeinen Teil des Gehirns zurückgeführt werden können. Das Gehirn agiert als Vermittler zwischen Bewusstsein und der Welt. Es empfängt Bewusstsein und verarbeitet Codes einer Matrix. Das sind verschiedene Signale und die Sinneseindrücke, welche von den menschlichen fünf Sinnen stammen. Das Gehirn ist allerdings auch dazu in der Lage, Signale und Energien zu empfangen, die nicht aus der sichtbaren Welt, sondern aus der unsichtbaren und nicht messbaren Welt stammen! Aus diesen Ebenen stammen auch Einsichten und geistige Erkenntnisse, welche uns Menschen spirituell transformieren. Man kann auch Zugang zu Wissen über vergangene oder zukünftige Ereignisse erhalten. Wissen über die echten Anfänge der Existenz können die Rätsel der materiellen Welt auflösen. Menschen, die solche Erfahrungen gemacht haben, wissen um die Realität der Seele, der Wiedergeburt oder des einen Schöpfers Bescheid, der alles Materielle erschaffen hat. Dieser Schöpfer vermittelt uns nicht nur Wissen, sondern sogar ewige Weisheiten.

Der amerikanische Neurochirurg Wilder Penfield (1891-1976) befasste sich mit mentalen Prozessen und versuchte herauszufinden, ob es wissenschaftliche Möglichkeiten gibt, die Existenz einer menschlichen Seele nachzuweisen. Er wurde zum Begründer der modernen Neurochirurgie und führte über 10.000 medizinische Operationen an Gehirnen durch. Ein Jahr vor seinem Tod veröffentlichte er das Buch „*The Mystery of the Mind:*

A Critical Study of Consciousness and the Human Brain“ und schrieb darin, dass es keinen Zweifel gibt, dass „*eine Person von etwas kontrolliert wird, das sich außerhalb ihres Körpers befindet*“!

Natalia Petrovna Bekhtereva (1924-2008) war eine bekannte russische Neurowissenschaftlerin und Psychologin und wissenschaftliche Direktorin des Instituts für Humanwissenschaft an der *Russischen Akademie der Wissenschaften*. Sie erklärte unter anderem: „*In die wahre Natur des Bewusstseins einzudringen, bedeutet, sich von der Vorstellung zu verabschieden, dass es ausschließlich mit den atomar-molekularen Strukturen des Gehirns verbunden ist. (...) Mein ganzes Leben lang habe ich mich dem Studium des vollkommenen Organs gewidmet – dem menschlichen Gehirn. Und ich bin zu dem Schluss gekommen, dass die Entstehung eines solchen Wunders ohne den Schöpfer unmöglich ist.*“

Aus all diesen klinischen und psychologischen Beobachtungen kann laut diesen Experten ultimativ hergeleitet werden, dass Bewusstsein eine Struktur wie ein Energie-Informations-Feld aufweist, das sich außerhalb des Gehirns befindet. Eine Person, die sich im Wachbewusstsein im gewöhnlichen Modus der Wahrnehmung befindet, kann nur Produkte der Aktivität von Bewusstsein wahrnehmen, und zwar in Form von Emotionen, Gedanken und verschiedenen Gefühlszuständen. Die Person kann jedoch nicht das Feld des Bewusstseins selbst wahrnehmen. Bewusstsein ist daher kein Produkt der Funktion des Gehirns. Der Körper und das Gehirn ermöglichen Manifestationen von Bewusstsein. Das Gehirn ist ein Empfänger und Transmitter von Information, die von Bewusstsein, aber auch von der Außenwelt durch die fünf Sinne empfangen wird. Ein Mensch besitzt daher kein Bewusstsein, sondern ist ein menschliches Instrument für Bewusstsein. Der Körper nimmt Eindrücke der dreidimensionalen Welt wahr, in der wir leben. Weisheit lehrt uns, dass der praktische Weg zu Gott, dem Schöpfer, der Weg unserer inneren Gefühle und der daraus resultierenden Aktionen in der materiellen Welt darstellt. Unsere bewussten Entscheidungen und Aktionen bestimmen unser Schicksal.

Weil diese Resultate oder jene von Vladimir Poponin und seinem Kollegen Dr. Peter Gariaev so kontrovers und für materialistisch orientierte

Wissenschaftler generell unerwünscht sind, haben Skeptiker der *Russischen Akademie der Wissenschaften* erst Jahre später darauf reagiert, als ihre Forschungsergebnisse durch populärwissenschaftliche Publikationen größere Bekanntheit erlangt hatten. Angehörige von Skeptiker-Organisationen agieren hierbei wieder als Wächter des alten Systems der Naturwissenschaft, das aus Theorien besteht, die man eher glauben als wirklich beweisen kann. Der DNS-Phantom-Effekt stellt für sie ein großes Problem dar, und die Forschungen an diesem Phänomen wurden um das Jahr 2010 von einer Gruppe von einflussreichen Wissenschaftlern der *Russischen Akademie der Wissenschaften* gestoppt, welche die Wachhunde der akademischen Orthodoxie darstellen, also dem sogenannten wissenschaftlichen Establishment. Mächtige politische Institutionen wollen nicht, dass der bestehende Status quo der Wissenschaft in irgendeiner signifikanten Weise verändert wird! Ein Zuwachs an echtem Wissen ist somit unerwünscht.

Der Journalist Robert Neil Boyd verfasste einen Fachartikel zu dem Thema „*The Mistaken Suppression of the Next Generation of Medical Practices by the Russian Academy of Science*“. Er kontaktierte Dr. Gariaev, und dieser bestätigte ihm, dass eine bestimmte Gruppe, die vorgibt, Pseudowissenschaft in Russland zu bekämpfen, für den Stopp der Forschungen am DNS-Phantom-Effekt zuständig ist, weil durch empirische Beobachtungen und Experimente bewiesen wurde, dass ein solcher Effekt der Genetik faktisch existiert! Skeptische Akademiker bezeichnen diese Forschungsresultate als „*offiziell nicht akzeptabel*“! Wobei die Frage im Raum steht, für wen genau diese Resultate nicht akzeptabel sind? Welche Institution definiert eigentlich, was genau unter Pseudowissenschaft zu verstehen ist und unterdrückt damit offizielle Forschungsresultate, die wissenschaftlicher Methodik und den gültigen Kriterien entsprechen? Von einflussreichen Organisationen finanzierte Skeptiker-Vereinigungen betreiben ihrer Definition zufolge eigentlich selbst Pseudowissenschaft, weil ihre Vorgehensweise nicht auf rationaler wissenschaftlicher Basis erfolgt, denn sie können die erbrachten und unabhängig bestätigten Forschungsresultate nicht widerlegen, sondern nur mit schwachen Scheinargumenten bekämpfen.

Entweder ist etwas objektiv wahr oder nicht. Wenn etwas wahr ist, sollte es dazu eingesetzt werden, unser Verständnis des Universums zu vergrößern, und wir sollten es uns nicht bieten lassen, dass sogenannte Experten von offiziell nicht akzeptablen Resultaten sprechen, wenn es um grundlegende Funktionen des Universums geht. Die Methoden von Skeptikern sind daher höchst fragwürdig und dienen vorrangig politischen Interessen und nicht der Erweiterung von Wissen oder dem besten Interesse der Gesellschaft. Erst durch den DNS-Phantom-Effekt gelangen wir zur Forschungsrichtung der sogenannten Wellen-Genetik, und dadurch erhalten wir Erklärungen für die Funktionen von sogenannten inaktiven Genen in unserem menschlichen Genom, die sehr wohl wichtige Funktionen erfüllen, selbst wenn Genetiker diese rätselhaften Funktionen derzeit noch nicht ganz verstehen. Dr. Peter Gariaev hat im Jahr 2005 bekannt gegeben, dass die Methode der Wellen-Genetik bestimmte Drüsen bei Tieren regenerieren konnte und dass dadurch auch der Alterungsprozess von menschlichen Zellen verlangsamt werden konnte! Erwachsenen Testpersonen sind sogar neue Zähne gewachsen, nachdem sie welche verloren hatten.

Alle diese Entdeckungen haben mit dem Humangenomprojekt zu tun, das im Jahr 1990 gestartet wurde, um das gesamte menschliche Genom zu entschlüsseln. Danach sind Genetiker dahintergekommen, dass mit zunehmenden Fortschritten in der Erforschung unserer DNS-Sequenzen Resultate erbracht worden sind, mit denen man die Grundprinzipien der Funktionsweise von DNS immer weniger verstanden hat! Die inneren Codes der Genetik bleiben in ihrer Funktionsweise also weiterhin mysteriös. Unser Genom besteht zu 2% aus sogenannten kodierenden Genen, die in unseren Chromosomen vorkommen und für die wichtigen Funktionen unseres Körpers zuständig sind. Der Rest des menschlichen Genoms besteht zu 98% aus scheinbar inaktiven Genen, deren Funktionsweise von der Mainstream-Wissenschaft nicht verstanden wird, weshalb Forscher sie sogar als Müll-DNS bezeichnen. Auch von einem evolutionären Standpunkt aus betrachtet ist dieses Erbmaterial problematisch und scheint keinen Zweck in der darwinistischen Evolution zu erfüllen. Deshalb werden 98% unserer Gene einfach als ein Fehler der Natur bezeichnet.

Darum können Mediziner heutzutage nicht behaupten, dass sie die menschliche Genetik auch nur grundlegend verstanden haben. Trotzdem ist die moderne Forschung dazu übergegangen, aufgrund ihres begrenzten Wissens im Labor genetische Hybriden zu erschaffen und diese Kreaturen dann in die Natur zu entlassen, wobei noch nicht abzuschätzen ist, welchen Schaden so etwas in der Biosphäre anrichten kann, von der unser Überleben abhängt. Das Klonen von bestimmten Tierarten hat außerdem keine brauchbaren Ergebnisse produziert, denn es sind durch diese Versuche jedes Mal im Grunde missratene, hässliche, abnormale und nutzlose Kreaturen entstanden. Eine kodierte Sprache in der DNS existiert definitiv und befindet sich in den 98% des noch wenig erforschten Teils unseres Genoms. Die zugrundeliegenden Prinzipien ähneln laut diversen Forschern einer holografischen Matrix aus programmierten Informationen, wie im Modell des holografischen Universums.

Menschen funktionieren demgemäß wie intelligent entworfene Bio-Quantencomputer mit Selbstbewusstsein. Damit wird es möglich, Informationen der DNS aus weiter Entfernung zu programmieren und zu verändern, nämlich durch spezielle Energiefelder. Dadurch können neue Informationen ins menschliche Biosystem eindringen, die eine Auswirkung auf biochemische Systeme und sogar die Physiologie haben. Durch eine neuartige Form der Medizin könnte man damit den Alterungsprozess stoppen und dafür sorgen, dass eine andauernde und vollständige Gesundheit hergestellt werden kann und es sogar möglich wird, nach dem in den Genen vorhandenen Bauplan abgetrennte Körperteile nachwachsen zu lassen! Dr. Peter Gariaev versucht seit damals, seine Forschungsarbeit an diesen Entdeckungen unabhängig fortführen zu können und weist darauf hin, dass diese Erkenntnisse über unsere DNS ein völlig neues Zeitalter der Wissenschaft einleiten können. Man kann das menschliche Genom wie einen holografischen Biocomputer betrachten, der durch elektromagnetische Schall- und Lichtwellen funktioniert und sich im Grunde selbst organisieren kann. Wenn diese neuen Prinzipien endlich vom Mainstream akzeptiert werden, werden sie die Wissenschaft der Genetik grundlegend verändern.

Die in Vergessenheit geratene Kontroverse des deutschen Mystizismus in der Wissenschaft

Obwohl das wissenschaftliche Establishment momentan einen anderen Standpunkt vertritt, hatte sich aus der frühen Geschichte der Entwicklung der Quantenphysik bis zur Mitte des 20. Jahrhunderts eine Art von neuartiger wissenschaftlicher Religion entwickelt, die man allgemein als „Quanten-Mystizismus" bezeichnet hat. Fast alle wichtigen theoretischen Physiker der Welt sowie alle Pioniere der Quantenphysik waren tief religiöse Menschen, die durch ihre Erkenntnisse und Einsichten zu dem Entschluss gekommen waren, dass unsere Welt das Produkt einer höheren Ordnung ist, die aus einer anderen Realitätsebene stammt. Im Laufe der letzten Jahrzehnte sind diese mystischen Konzepte der Wissenschaft immer weiter in den Hintergrund gerückt, bis sich selbst bekannte zeitgenössische Physiker dem reinen Materialismus zugewandt und den Quanten-Mystizismus vergessen haben. Wichtige Informationen darüber hat der Wissenschafts-Historiker Juan Miguel Marin im Jahr 2009 in einer Facharbeit der Harvard Universität mit dem Titel *„Mysticism in Quantum Mechanics: The Forgotten Controversy"* (Mystizismus in der Quantenmechanik: Die vergessene Kontroverse) zusammengefasst.

Es wird dort von einer historischen Auseinandersetzung berichtet, die sich vor einem Jahrhundert in Europa abgespielt hat, als Quantenphysiker der Überzeugung waren, dass der menschliche Geist eine wichtige Rolle auf der materiellen Ebene der Realität spielt. Die Hauptphase dieser Debatten hat sich in den späten 1920er-Jahren ereignet, als es zur Entstehung der Quantentheorie gekommen ist. Diese Erörterungen bildeten die historische und philosophische Grundlage für das, was man heutzutage als moderne Physik betrachtet! Der Mystizismus nahm damals einen festen Platz in der Quantenphysik ein, und erst in den letzten Jahren setzten sich wieder mehr Physiker für die Richtigkeit dieses Modells ein, in dem der Geist eine fundamental wichtige Rolle bei der Erschaffung von Realität spielt. Diese Beobachtung ist keine bloße philosophische Angelegenheit. Weil sich zeitgenössische Physiker dieser Debatten rund um den Quanten-Mystizismus aus der Vergangenheit des letzten Jahrhunderts nicht bewusst sind, hat sich die Harvard Universität entschlossen, die historischen Ereignisse in einem Artikel, dessen Inhalt ich hier darlege, noch einmal genauer zu beleuchten.

Abb. 16: Berühmte Physiker von links nach rechts: Werner Heisenberg, Niels Bohr, Erwin Schrödinger, John von Neumann

Die beschriebenen historischen Ereignisse haben sich nicht zufälligerweise hauptsächlich in Deutschland abgespielt, sondern weil alle Pioniere der Quantenphysik aus dem Volk der großen Dichter, Denker und Philosophen stammen. Damals kam es in Österreich und Deutschland zur Entstehung der Quantentheorie, die selbst für die größten Denker eine Herausforderung darstellte, denn die damaligen philosophischen Betrachtungen der Quantenmechanik unterschieden sich stark von der modernen Betrachtungsweise. Ende des 19. Jahrhunderts waren Physiker noch religiöse Denker, und Wissenschaft und Religion ergänzten sich, wobei sich viele dieser Physiker vor allem der östlichen Spiritualität der indischen Veden zuwandten. Die originale deutsche Interpretation der Quantenmechanik ist für die Welt der Wissenschaft immer noch von größter Bedeutung, damit Forscher der neuen Generation und auch die generelle Öffentlichkeit diese Theorie besser verstehen können. Der Historiker Juan Miguel Marin weist deshalb darauf hin, dass der Kampf der Wissenschaft gegen die Weltsicht der Religion erst vor relativ kurzer Zeit begonnen hat, denn die Gründer der Quantenmechanik waren wie gesagt fast alle tief religiös.

Es dreht sich heute immer noch alles um die Bestimmung des wahren Wesens der Natur der Realität. Gemäß der Quantenmechanik kann die Beobachtung eines Physikers in einem Experiment das Geschehen auf der

Quantenebene beeinflussen. Eine der bedeutendsten Interpretationen der Quantenmechanik besagt, dass man im eigentlichen Sinne gar nicht von einer anderen objektiven Realität sprechen kann als von derjenigen, die durch Messungen und Beobachtungen enthüllt werden kann. Andere Physiker glauben hingegen, dass es außerdem noch unbekannte, nicht messbare und nicht zu beobachtende Ebenen der Realität gibt, die eine Auswirkung auf unsere Ebene ausüben. Die wichtigsten Debatten über dieses Problem begannen laut Historikern im Jahr 1927, als Albert Einstein mit dem Quantenphysiker Niels Bohr über den Mystizismus der Quantenmechanik diskutierte, der nicht mit der materialistischen Weltanschauung der Wissenschaft zu vereinbaren ist.

Niels Bohr vertrat den Standpunkt, dass Quantenprozesse auch ohne einen Beobachter vorkommen und dass diese Idee in weiterer Folge der Wissenschaft dabei helfen kann, das Phänomen des Bewusstseins besser zu verstehen. Da auch Einstein an die Existenz einer höheren Macht im Universum glaubte, war auch er im Grunde ein Befürworter des Quanten-Mystizismus, denn er hatte einigen seiner Kollegen nachweislich nahegelegt, sich mit der östlichen Philosophie der Veden oder auch mit dem theosophischen Werk *„Die Geheimlehre“* von Madame Helena Petrovna Blavatsky zu beschäftigen, weil dieses Buch offenbar über viele Jahre hinweg Einsteins persönliche Bettlektüre war!

Der Quanten-Mystizismus ist somit ein Glaubenssystem von Physikern, das versucht, durch wissenschaftliche Beobachtungen der Quantentheorie, durch Bewusstsein, Intelligenz, Spiritualität und mystische Philosophie die Ideen und Resultate der Quantenmechanik zu vereinen. Diese Form der Synthese von moderner Physik und ganzheitlicher Spiritualität etablierte sich in Deutschland und Österreich im Laufe der 1920er-Jahre, als verschiedene prominente Physiker, unter ihnen auch Erwin Schrödinger, zu solchen Schlussfolgerungen gelangten. Als diese Pioniere der Physik schließlich in den Ruhestand getreten sind, war Erwin Schrödinger der letzte unter ihnen, der noch bis zum Ende der 1950er-Jahre Vorlesungen über den wissenschaftlichen Mystizismus abhielt.

Danach änderte sich die wissenschaftliche Sicht auf diese Dinge, und es kam zur allgemeinen Ablehnung der Beobachtung, dass Bewusstsein eine Rolle in der Quantentheorie spielt. Neueste Forschungsergebnisse weisen aber wieder auf die Richtigkeit des Quanten-Mystizismus hin, der fundamental vom Beobachter abhängig ist. Speziell der Physiker Werner Heisenberg war so sehr an östlicher Spiritualität interessiert, dass er extra nach Indien reiste, um dort die alten vedischen Schriften zu studieren. Er gab nachher bekannt, dass die Theorien zur Quantenmechanik für ihn durch diese antiken Lehren plötzlich viel mehr Sinn ergaben. Seine Kollegen nannten ihn deshalb sogar *„den Buddha"*. Heisenberg hat ebenfalls auf Anraten von Albert Einstein das Buch *„Die Geheimlehre"* studiert.

Erwin Schrödinger, der durch sein Gedankenexperiment um „Schrödingers Katze" bekannt geblieben ist, hatte ebenfalls Hindu-Philosophie studiert und einige wissenschaftliche Rückschlüsse aus der östlichen Metaphysik abgeleitet. Schrödinger soll festgestellt haben, dass Quantenphysik und Hindu-Mystizismus miteinander zusammenhängen, da die Verfasser dieser antiken Texte erkannt hatten, welche Wirkung fokussierte Gedanken und tiefe Meditationen auf die fundamentale Realität haben.

Andere Forscher glauben sogar an eine rationale Synthese der Quantenmechanik mit Religion, wobei die Quantentheorie eine Vereinheitlichung (*im Sinne der Einheitlichen Feldtheorie*) der wissenschaftlich-psychologischen und mystisch-philosophischen Eigenschaften des Bewusstseins erklären kann. Diese Vorstellungen waren stark von der Weltanschauung des deutschen Philosophen Arthur Schopenhauer inspiriert, der bereits im 19. Jahrhundert Metaphysik und östliche Philosophie in sein System integriert hat. Schopenhauer erkannte, dass östliche Traditionen dem Bewusstsein einen viel höheren Stellenwert einräumen als westliche Religionen.

Max Planck favorisierte sogar das Christentum in der Quantentheorie gegenüber dem Mystizismus nach den Vorstellungen von Arthur Schopenhauer, der eher den Prinzipien des Buddhismus und des Hinduismus folgte. Max Planck behauptete stets, dass das Christentum und die Wissenschaft kompatibel sind, da beide auf Objektivität beruhen, aber unterschiedliche Teile der Realität repräsentieren. Albert Einstein und Max Planck vertraten somit eine Seite der Quanten-Philosophie, während ihre Kollegen Werner Heisenberg und Erwin Schrödinger sich völlig auf den östlichen Mystizismus konzentrierten. Andere Physiker wählten Modelle, die beides umfassten. Einer von ihnen war zum Beispiel auch der bekannte ungarisch-amerikanische Mathematiker John von Neumann, der allgemein als der wichtigste Mathematiker seiner Zeit betrachtet wird. Auch er entwickelte eigene Begriffe zur Beschreibung der Philosophie der Quantenphysik, und wählte dafür deutsche Begriffe aus, die viele seiner Interpretationen am besten unterstützen konnten.

Aufgrund seiner Leistungen war John von Neumann (1903-1957) der letzte der großen Pioniere der Mathematik, und er löste eines der wichtigsten Probleme der Quantentheorie. Er war der erste Mathematiker, der im Jahr 1932 einen mathematischen Rahmen für die Quantenmechanik formuliert hat, die durch Experimente bestätigt werden konnte. In seinem Modell ist die Welt ein sogenannter „Hilbert-Raum". Das ist ein Vektorraum, den man mithilfe von komplexen Zahlen beschreiben kann. In der Quantenmechanik ist ein Hilbert-Raum die kleinstmögliche unendliche Dimensionen-Struktur, die man mathematisch begrenzen kann. Um das ganze verständlich zu machen, könnte man daher sagen, dass die reale Interpretation eines Mathematikers oder Physikers während eines Experiments mit wissenschaftlichen Instrumenten dafür sorgt, dass die Wellenfunktion von Photonen kollabiert und sich dadurch eine fixierte physische Realität bildet. Mit dieser Auslegung ist also der Operateur des Experiments für den Kollaps verantwortlich und nicht die physischen Instrumente. Ohne einen Operateur können physische Geräte nicht dafür zuständig sein, Wellenfunktionen kollabieren zu lassen.

Resultierend daraus sind der Operateur, seine Experimente und die quantenmechanischen Zustände ein Hilbert-Raum, weil man alles davon mathematisch beschreiben kann. Allerdings erreicht man damit keine unendlichen Werte eines Hilbert-Raums. Deshalb leitete John von Neumann aus seinen eigenen Beobachtungen und Messungen ab, dass das menschliche Bewusstsein – was immer es auch darstellt – offenbar die einzige Sache in der Physik ist, die ultimativ diesen Wellenkollaps verursachen oder beobachten kann! Als Nächstes stellt sich natürlich die Frage, ob Bewusstsein nötig ist, damit das Universum überhaupt funktioniert? Bewusstsein wirkt sich laut den Erkenntnissen von John von Neumann zumindest in der Finalisierung von Realität aus. John von Neumann bezeichnete den bewussten Menschen mit seinem Ego daher als ein „*Messgerät der unendlichen Werte der wahren Realität*".

Juan Miguel Marin erklärt in seinem Artikel weiter, dass der Quanten-Mystizismus bis zum Zweiten Weltkrieg vor allem in Deutschland existiert hat und Physiker sich erst später auf eine rein materialistische Interpretation der Quantenmechanik festgelegt haben. Weswegen ist das geschehen? Vielleicht weil Deutschland damals den Zeitgeist und die ganze Weltsicht der Wissenschaft verändert hat? Als Deutschland besiegt war, beherrschten fortan amerikanische Forscher das Feld der Physik, und diese lehnten den Mystizismus der Wissenschaft schon ab dem Jahr 1960 komplett ab. Abweichende Kollegen bezeichnet das wissenschaftliche Establishment seit damals als Pseudowissenschaftler. Rückwirkend müsste man aus diesem Grund auch die ganzen Pioniere der Physik und Quantenphysik dieser Pseudowissenschaft bezichtigen. Davon nehmen Akademiker allerdings Abstand, denn es würde ihre ganzen schönen Theorien an ihrer Basis zunichtemachen.

Das ultimative Geheimnis der Natur

Heutzutage tritt die atheistische oder mittlerweile theistische Wissenschaft gegen Religion, Kreationismus und *Intelligentes Design* an, doch damals war das nicht so. Viele der besten Physiker der wissenschaftlichen Gemeinschaft akzeptierten mystische Phänomene in der Natur. Die meisten dieser Forscher waren religiöse Physiker, und zwar auf beiden Seiten der Quanten-Philosophie-Kontroverse. Jetzt ist durch das Eintreten der Krise in den Naturwissenschaften abermals der Zeitpunkt gekommen, an dem viele neue wissenschaftliche Beobachtungen und Forschungsresultate den Zeitgeist der Pioniere der Quantenphysik neu aufleben lassen und somit auch den nächsten Schritt in der Synthese von Wissenschaft und Mystizismus im Laufe des 21. Jahrhunderts möglich machen, welche zu einem neuen Paradigmenwechsel führen wird. Da viele dieser komplizierten Konzepte des Quanten-Mystizismus nur schwer zu begreifen sind, ist es einfacher, einige einprägsame Zitate dieser Pioniere der modernen Wissenschaft für sich selbst sprechen zu lassen, um diese Probleme zu erläutern. Beginnen möchte ich hier mit einem Zitat von Erwin Schrödinger: „*Subjekt und Ob-*

jekt sind nur eins. Man kann nicht sagen, dass die Barriere zwischen ihnen durch die jüngsten Experimente in den physikalischen Wissenschaften zerbrochen ist, denn diese Barriere existiert nicht. (…) Die Quantenphysik offenbart somit eine grundlegende Einheit des Universums. (…) Die Gesamtzahl der Geister im Universum ist eins. (…) Die Gegenwart ist das Einzige, was kein Ende hat. (…) Bewusstsein ist ein Singular, von dem der Plural unbekannt ist. Es gibt nur eine Sache, und das, was eine Pluralität zu sein scheint, ist nur eine Reihe von verschiedenen Aspekten dieser einen Sache, produziert durch eine Täuschung, die indische Maya, wie in einer Galerie von Spiegeln."

Erwin Schrödinger behauptete daher, dass der vedische Wahlspruch „*Alles in Einem und eines in allem*" die Idee war, die ihm zur Erschaffung der Quantenmechanik verholfen hat, weil die Verfasser der Hindu-Texte keine Mehrzahl von Bewusstsein in Betracht gezogen haben. Bewusstsein ist eine singuläre Sache, und sie zeigt sich in unserer Realität als eine scheinbare Mehrzahl in allen lebendigen Wesen, doch ihre Quelle ist immer dieselbe. Diese scheinbare Abtrennung wird in der indischen Philosophie Maya (Täuschung) genannt. Somit könnte man behaupten, dass die moderne, atheistisch geprägte Wissenschaft einer Selbsttäuschung unterliegt, wenn sie glaubt, dass Bewusstsein keinen fundamentalen Einfluss auf ein Experiment und auf die Realität selbst ausübt. Werner Heisenberg enthüllte daher in seinem autobiografischen Werk „*Der Teil und das Ganze*": „*Die gemeinsame Teilung der Welt in Subjekt und Objekt, innere Welt und äußere Welt, Körper und Seele ist nicht mehr angemessen.*"

Max Planck war der eigentliche Vater der modernen Physik und formulierte selbst die wichtigste Theorie der Physik des 20. Jahrhunderts in Form der Quantentheorie. Er ist somit der wahre Begründer der Quantenmechanik und gewann damit im Jahr 1918 den Nobelpreis für Physik. Planck war sehr im Christentum verhaftet und betrachtete die Philosophie der Quantenphysik aus einem religiösen Blickwinkel. Diese Weltsicht lässt sich am besten durch eine Reihe seiner bekanntesten Zitate zum Ausdruck bringen. Er glaubte nicht nur daran, dass Bewusstsein einen Einfluss auf Realität besitzt, sondern dass die ganze materielle Realität grundsätzlich mit dem Bewusstsein eine Einheit bildet und ultimativ aus Bewusstsein hervorgeht:

Abb. 17: Max Planck und das ultimative Geheimnis der Natur

„Ich betrachte Bewusstsein als grundlegend. Ich betrachte Materie als eine Ableitung aus dem Bewusstsein. Wir können nicht hinter das Bewusstsein blicken. Alles, worüber wir sprechen, alles, was wir als vorhanden betrachten, erfordert Bewusstsein."

„Sowohl Religion als auch Wissenschaft erfordern einen Glauben an Gott. Für gläubige Menschen steht Gott am Anfang, und für Physiker steht er am Ende aller Überlegungen. Für Erstere ist Er die Grundlage, für Letztere die Krone des Baus jedes verallgemeinerten Weltbilds."

„Religion und Naturwissenschaft führen einen gemeinsamen Kampf in einem unaufhörlichen, nie entspannenden Kreuzzug gegen Skepsis und Dogmatismus, gegen Unglauben und gegen Aberglauben, und der Aufschrei in diesem Kreuzzug war und wird immer sein: Auf zu Gott!"

„Unter diesen Bedingungen ist es kein Wunder, dass die Bewegung der Atheisten die Religion nur zu einer bewussten Illusion erklärt hat, die von Macht suchenden Priestern erfunden wurde, die für den frommen Glauben an eine höhere Macht nichts als Worte des Spotts übrighaben. Sie machen eifrig von wissenschaftlichen Erkenntnissen Gebrauch, und in einer vermeintlichen Einheit mit ihr dehnt sich der Zerfall aller sozialen Ebenen in allen Nationen der Welt immer schneller aus. Ich brauche nicht näher im Detail zu erklären, dass nach diesem Sieg nicht nur alle kostbarsten Schätze

unserer Kultur verschwinden werden, sondern – was noch schlimmer ist – auch alle Aussichten auf eine bessere Zukunft!"

„Als Physiker, das heißt, als ein Mann, der sein ganzes Leben einer völlig prosaischen Wissenschaft gewidmet hatte, der Erforschung der Materie, würde mich sicherlich niemand als einen Fantasten bezeichnen. Nachdem ich das Atom studiert habe, sage ich Ihnen, dass es keine Materie als solche gibt! Alle Materie entsteht und bleibt nur durch eine Kraft bestehen, die die Atomteilchen vibrieren lässt und sie im kleinsten der Sonnensysteme, dem Atom, zusammenhält. (…) Doch im ganzen Universum gibt es keine Kraft, die weder intelligent noch ewig ist, und wir müssen daher davon ausgehen, dass hinter dieser Kraft ein bewusster, intelligenter Geist oder ein Spirit existiert. Das ist der Ursprung aller Materie. Dieser Geist ist die Matrix aller Materie."

„In all meinen Forschungen bin ich nie auf die Materie gestoßen. Für mich impliziert der Begriff Materie ein Energiebündel, dem durch einen intelligenten Geist Form gegeben wird."

„Ich glaube an das Leben nach dem Tod, ich glaube an die Existenz einer anderen Welt, die über unserer liegt, wo wir jederzeit Zuflucht suchen können und werden."

„Weitsichtige Theologen arbeiten nun daran, das ewige Metall aus den Lehren Jesu zu bergen und es für alle Zeiten zu schmieden."

„Der Mensch braucht Wissenschaft als Instrument der Wahrnehmung; er braucht Religion als Wegweiser zum Handeln."

„Jeder, der sich ernsthaft mit wissenschaftlicher Arbeit jeglicher Art beschäftigt hat, erkennt, dass über dem Eingang zu den Toren des Tempels der Wissenschaft die Worte geschrieben werden: Ihr müsst Glauben haben. Es ist eine Qualität, auf die der Wissenschaftler nicht verzichten kann."

„Experimentatoren sind die Schocktruppen der Wissenschaft. (…) Ein Experiment ist eine Frage, die die Wissenschaft der Natur stellt, und eine Messung ist die Aufzeichnung der Antwort der Natur. Doch bevor ein Experiment durchgeführt werden kann, muss es geplant werden – die Frage nach der Natur muss formuliert werden, bevor sie gestellt wird. Bevor das Ergebnis einer Messung verwendet werden kann, muss es interpretiert wer-

den – die Antwort der Natur muss richtig verstanden werden. Diese beiden Aufgaben sind die der Theoretiker, die sich immer mehr von den Werkzeugen der abstrakten Mathematik abhängig finden. (…) Experimente sind das einzige Mittel des Wissens, das uns zur Verfügung steht. Der Rest ist Poesie, Fantasie.“

„Dieser Gott existierte, bevor es Menschen auf der Erde gab. Er hält die ganze Welt, Gläubige und Ungläubige, in seiner allmächtigen Hand für die Ewigkeit. Er wird auf einer Ebene inthronisiert bleiben, die für das menschliche Verständnis noch lange, nachdem die Erde und alles, was auf ihr ist, in Schutt und Asche gelegt worden ist, unzugänglich ist. Diejenigen, die diesen Glauben bekennen und die sich, inspiriert von ihm, in Verehrung und vollkommenem Vertrauen, vor den Gefahren des Lebens unter dem Schutz des Allmächtigen sicher fühlen, nur diejenigen dürfen sich zu den wirklich Religiösen zählen.“

„Lange und mühsame Überlegungen können es uns nicht ermöglichen, unsere Entscheidungen und Einstellungen richtig zu gestalten; nur die bestimmte und klare Anweisung, die wir erlangen, kann eine direkte innere Verbindung zu Gott bilden. Diese Anweisung allein ist in der Lage, uns die innere Festigkeit und den dauerhaften Seelenfrieden zu geben, die als der höchste Segen im Leben angesehen werden müssen. Und wenn wir Gott neben seiner Allmacht und Allwissenheit auch die Eigenschaften der Güte und der Liebe zuschreiben, erzeugt die Zuflucht in Ihm ein erhöhtes Gefühl der Sicherheit und des Glücks im Menschen, der nach Trost dürstet. Gegen diese Auffassung kann nicht einmal der geringste Einwand aus der Naturwissenschaft erhoben werden, denn wie wir bereits betont haben, sind Fragen der Ethik völlig außerhalb ihres Bereichs.“

„Egal wo und wie weit wir schauen, nirgendwo finden wir einen Widerspruch zwischen Religion und Naturwissenschaft. Im Gegenteil, wir finden eine völlige Übereinstimmung in den Punkten von entscheidender Bedeutung. Religion und Naturwissenschaft schließen einander nicht aus, wie viele Zeitgenossen von uns glauben oder fürchten würden. Sie ergänzen und konditionieren einander. Jeder ernste und nachdenkliche Mensch erkennt, dass das religiöse Element in seiner Natur erkannt und kultiviert werden muss, wenn alle Kräfte der menschlichen Seele in vollkommener Balance und Harmonie zusammen wirken sollen. Der unmittelbare Be-

weis für die Vereinbarkeit von Religion und Naturwissenschaft, selbst unter der gründlichsten kritischen Prüfung, ist die historische Tatsache, dass die allergrößten Naturwissenschaftler aller Zeiten – Männer wie Kepler, Newton, Leibniz – von einer tiefgründigen religiösen Haltung durchdrungen waren."

„Die Wissenschaft kann das ultimative Geheimnis der Natur nicht lösen. Und das liegt daran, dass wir selbst letztendlich Teil des großen Rätsels sind, das wir zu lösen versuchen."

Einstein und die Kontroverse um Pseudowissenschaft und Ancient-Aliens-Theorien

Im Jahr 2017 erschien im Magazin *Forbes* ein interessanter Artikel, der beschreibt, warum die wissenschaftliche Beweisführung ein Mythos ist. Wir wissen nicht, was sich vor dem Urknall vor mehr als 13,8 Milliarden Jahren zugetragen hat. Ob dieses Alter des Universums wirklich korrekt ist, kann auch nicht bewiesen werden und ob der Urknall stattgefunden hat ebenso wenig. Das Einzige, was derartige Hypothesen aufechterhält, sind erfolgreiche Theorien, doch wie viel Zustimmung sie auch immer erhalten mögen, die wichtigsten Grundsätze der modernen Wissenschaft können dennoch unmöglich bewiesen werden, denn Forscher haben einfach nicht die Möglichkeit, derartige Annahmen zu testen.

Wenn Forscher davon sprechen, dass ihre wissenschaftlichen Theorien beweisbar sind, stellt sich die Frage, was sie eigentlich damit meinen, denn üblicherweise bedeutet es, dass die wissenschaftliche Gemeinschaft durch Konsens davon überzeugt ist, dass eine Sache wahr ist. Manchmal gibt es auch überwältigende Belege, dass eine bestimmte Idee bis zu einem bestimmten Grad Gültigkeit besitzt. Weil daher Theorien niemals vollständig bestätigt werden können, werden sie immer ein Thema der Spekulation und der Berichtigung bleiben.

Gelehrte geben deshalb die Erklärung ab, dass sie von einer Theorie nur so lange überzeugt sind, bis diese Theorie eines Tages versagen wird, und dass diese Tatsache die Möglichkeit bietet, eine neue Ära der wissenschaftlichen Untersuchung und Entdeckung einzuleiten. Aufrichtige Forscher betonen, dass der wahre Wissenschaftler immer sein eigener größter Kritiker und der größte Skeptiker gegenüber seinen eigenen Theorien sein sollte. Sie erklären weiter, dass ihre wissenschaftlichen Theorien oft über lange Zeiträume (Jahre oder Jahrzehnte) hinweg Gültigkeit besitzen, und dieser Faktor ist laut ihren Aussagen in einem bestimmten Sinne besser als ein wirklicher Beweis, denn es handelt sich um die *„am meisten korrekte Beschreibung der physischen Welt“*, die sich die Menschheit jemals vorgestellt hat! Und in dieser Erklärung ist tatsächlich Wahrheit enthalten, denn das wissenschaftliche Weltbild ist somit eine Ansammlung von kreativen Vorstellungen, die zu einem akzeptierten Weltbild geführt haben, das allgemeine Gültigkeit erlangt hat, ohne jemals bewiesen worden zu sein! Weiter gestehen Forscher ein, dass sich die wissenschaftlichen Entdeckungen in einem hohen Tempo weiterentwickeln und neue Ideen oft in nur wenigen Jahren ganze Felder der Wissenschaft auf den Kopf stellen.

Außerdem muss man immer daran denken, dass es eine offizielle Wissenschaft und eine inoffizielle Wissenschaft der Geheimtechnologien und Regierungen gibt, deren Erkenntnisse und Erfindungen nicht in den öffentlichen Sektor vordringen. Auf diesen Umstand hatte bereits der ehemalige US-Präsident Dwight D. Eisenhower hingewiesen und in seinen Reden an die Nation davor gewarnt, Wissenschaftler und Techniker in einflussreiche Positionen zu setzen. Er warnte davor, dass die Gesellschaft der Gefahr ausgesetzt ist, zu *„Gefangenen einer wissenschaftlich-technologischen Elite“* zu werden! Diese Elite nutzt fortschrittliche Technologien und Konzepte zur Durchsetzung ihrer Agenden und setzt alles in geheim gehaltenen schwarzen Projekten um, die aus Gründen der nationalen Sicherheit unter Verschluss gehalten werden.

Bei dieser erwähnten Elite handelt es sich um multinationale Unternehmen und Organisationen, die mit fast unlimitierten finanziellen Mitteln operieren und von mächtigen Personen kontrolliert werden, die diversen Geheimgesellschaften, Blutlinien und Hierarchien der Schattenregierung der Welt angehören. Dieser militärisch-industrielle Komplex und diese elitären Personen, von denen Präsident Eisenhower gesprochen hat, besitzen außerdem geheim gehaltenes Wissen über die wahre Vergangenheit der Erde und den Ursprung der Menschheit, über antike außerirdische Besucher, über verlorene irdische und außerirdische Hochzivilisationen, über die Existenz von UFOs sowie über die Existenz von fortschrittlichen außerirdischen Zivilisationen, die seit längerer Zeit mit der Menschheit in Kontakt stehen. Außerdem ist ihnen auch bekannt, dass natürliche Himmelskörper wie Planeten hohl sind und dass sich im Inneren der Erde tatsächlich riesige Höhlensysteme und ein hohler Kern befinden und diese Bereiche von unbekannten Zivilisationen bewohnt werden, die vor langer Zeit beschlossen hatten, aus Sicherheitsgründen unter die Erdoberfläche umzusiedeln.

Weil all diese Informationen das fragile Gesellschafts- und Herrschaftssystem der Elite der Erdoberfläche bedrohen, wird die akademische Gemeinschaft, die ebenso von Geheimbünden und einflussreichen politischen Organisationen finanziert und kontrolliert wird, eingesetzt, um ein verfälschtes Weltbild zu repräsentieren und abweichende Beweise gegen die von ihr ausgedachten Theorien abzuwehren – insbesondere, wenn sie die reale und faktische Wahrheit von Themengebieten betreffen, die ein Fall für die Geheimhaltung sind. Obwohl diese Gegenbeweise meist von akademischen Forschern und Gelehrten erbracht werden, die von all dem keine Ahnung haben, werden diese Forschungsergebnisse als Pseudowissenschaft verunglimpft.

Das Wort „Pseudo" bedeutet „falsch", und daher bezeichnet das Wort „Pseudowissenschaft" eine falsche oder gefälschte Wissenschaft. Das Problem besteht darin, dass auch die etablierte Naturwissenschaft eigentlich in diesen Bereich einzuordnen wäre, weil sie nicht erklären kann, wie die Welt wirklich entstanden ist und weiterhin funktioniert. Wenn man also von Wissenschaftlichkeit spricht, meint man damit keine Fakten, denn die Natur der Wissenschaft selbst ist theoretisch. Wahrheit kann aber nur durch gültige und beobachtbare Beweise erbracht werden. Modelle werden aber auch akzeptiert, wenn bedeutsame Experimente durchgeführt, Möglichkeiten erdacht und Hypothesen getestet werden, um „nützliche Theorien" zu entwickeln. Durch solche unbewiesenen, aber nützlichen Hypothesen wird es folglich möglich, sich „bedeutsame Resultate über die Phänomene des physischen Universums" auszudenken, obwohl selbstverständlich auch das Gegenteil davon objektiv wahr sein könnte.

Was bringen uns nützliche Theorien und bedeutsame Experimente, wenn sie nichts mit den tatsächlich zu beobachtenden Vorgängen im Universum zu tun haben? Die Antwort darauf lautet: Sie stellen rationale und skeptische Wissenschaftler zufrieden, die eine Bestätigung für ihre eigenen Theorien und die ihrer Kollegen erbringen wollen. Diese Theorien sollen so lange wie möglich ihre Gültigkeit behalten und werden wie gesagt auch von Regierungen und mächtigen Institutionen formuliert und in wissenschaftlichen Fachjournalen etabliert und verbreitet. Somit werden Hypothesen zu einer trügerischen, falschen Wahrheit erhoben – einer Pseudo-Wahrheit. Prüft man diese Hypothesen mit allen heute verfügbaren Informationen, Daten und aktuellen Forschungsresultaten, stellt sich heraus, dass das gesamte moderne Weltbild, das in unseren Lehrbüchern beschrieben wird, ein Konstrukt ist, das auf einer Menge Unsinn, Falschinformation, Fantasie und verwirrenden und gegensätzlichen Daten beruht, von denen man behauptet, es würde sich um Fakten handeln! Hier Sinn vom Unsinn zu trennen, ist eine fast überwältigend schwierige Aufgabe. Obwohl diese Tatsachen offensichtlich sind, sobald man sich näher damit befasst, bezeichnen Wissenschaftler ihre von diesem Weltbild abweichenden Kollegen mit deren alternativen Theorien noch immer als Pseudowissenschaftler, die wirre Hypothesen vertreten. Aus diesem Grund ist es sehr interessant, einen Blick auf die schlimmsten und gefährlichsten Theorien der „Pseudowissenschaft" zu werfen, die das Glaubenssystem der etablierten Weltsicht bedrohen.

Skeptiker wollen uns weismachen, dass es viele verschiedene Charakteristiken der Pseudowissenschaft gibt und dass die Präsenz eines oder mehrerer Punkte dieser Charakteristiken, die in wissenschaftlichen Arbeiten auftauchen, solche Werke bereits als Pseudowissenschaft entlarven würde. Auch wenn das präsentierte Material keinen dieser Punkte enthalten sollte, kann man es dennoch als Pseudowissenschaft hinstellen, weil Pseudowissenschaftler nach dieser Auffassung von Wissenschaft selbst *„neue Wege erfinden, um sich selbst zu täuschen"*! Skeptiker erklären dann auch noch, dass *„Pseudowissenschaft eine bemerkenswerte und charakteristische Indifferenz zu echten Fakten aufweist"*! Man spricht davon, dass wissenschaftliche Studien, auch wenn sie sich oft gegenseitig widersprechen oder nicht reproduzierbar bleiben, Referenz-Arbeiten zu einem bestimmten Thema darstellen. Alles, was grundsätzlich davon abweicht, wird pauschal zur Pseudowissenschaft herabgesetzt.

Ein weiteres Merkmal von Pseudowissenschaft sind *„fiktive Fakten, die oft die zentralen Argumente und Schlussfolgerungen von Pseudowissenschaftlern darstellen“*. Genau dasselbe gilt aber auch für den fachwissenschaftlichen Erkenntnisprozess. Wissenschaftler sprechen davon, dass sie selbst gegenüber ihren eigenen Theorien skeptisch eingestellt bleiben sollten, weil diese Thesen nur so lange Gültigkeit besitzen, bis sie widerlegt werden können. Die sogenannte Pseudowissenschaft ist ein so gefährlicher Faktor, weil sie das Potenzial besitzt, durch starke Argumente, nachprüfbare Fakten und objektive Beweise die wichtigsten etablierten Hypothesen der Naturwissenschaft zu widerlegen und zu Fall zu bringen, um sie dann zu ersetzen. Das ist der stattfindende Kampf um den neuen Paradigmenwechsel.

Mainstream-Wissenschaftler küren alljährlich die wichtigsten und einflussreichsten wissenschaftlichen Bücher, und diese Werke behandeln im Prinzip immer dieselben Themen: Evolutionstheorie, natürliche Selektion, Theorien zur Entstehung der Erde, Theorien zur Entstehung des Universums, Relativitätstheorie oder die Beschaffenheit von Realität. Zweitrangig eingereiht findet man darunter auch Bücher von bedeutenden Quantenphysikern. Hierbei gilt zu beachten, dass die von der Wissenschaft ausgezeichneten klassischen Werke niemals einer echten Neubetrachtung oder Aktualisierung unterzogen werden, obwohl sie veraltet und überholt sind. Die drei grundlegend wichtigsten Werke bleiben daher für Naturwissenschaftler: 1. Charles Darwin über die Entstehung der Arten; 2. Richard Dawkins über die Evolutionstheorie und natürliche Selektion; 3. Stephen Hawking über die Entstehung des Universums. Selbst wenn die Angaben in diesen Büchern veraltet und widerlegt sind, werden sie immer wieder gedruckt, und die darin enthaltenen Theorien werden weiterhin als gültig betrachtet, ohne dass neue Fakten und Erkenntnisse den alten hinzugefügt werden.

Obwohl alljährlich zahlreiche neue wissenschaftliche Publikationen in vielen Fachbereichen Akzeptanz finden, so finden diese Fakten, Ideen, Entdeckungen, Experimente und Einsichten der aktuellen Wissenschaft keinen Einzug in Lehrbücher. Die wenigsten Lehrer und Professoren machen sich jemals die Mühe, die dort als Fakten präsentierten Informationen und ihre Quellen selbst zu überprüfen. Die vorgegebenen Inhalte werden einfach als wertvolle Fakten interpretiert und selten hinterfragt. Auf diese Weise werden Mythen am Leben erhalten. Man hat diese wissenschaftlichen Grundlagenwerke zu quasi-religiösen heiligen Schriften erhoben, so als ob sie aktuelle wissenschaftliche Bücher darstellen würden. Dabei sind sie noch nicht einmal populär.

Mit dieser verdrehten Geisteseinstellung, die von einer Generation von Studenten an die nächste weitergegeben wird, lehnen derart geschulte Geister dann durch anerzogene Ignoranz abweichende und fundierte Werke ab und bezeichnen sie als Pseudowissenschaft. Das gilt sowohl im Hinblick auf intelligentes Design im Universum als auch für alle Publikationen, die alternativ-wissenschaftliche Inhalte aufweisen, die diesen Theoretikern hoch esoterisch anmuten. Wissenschaftler müssen daran erinnert werden, dass auch die wichtigsten Pioniere der Physik zu ähnlichen Schlussfolgerungen gelangt sind.

Derartige Forschungsergebnisse, die meist nicht die Aufmerksamkeit der Öffentlichkeit erlangen, beweisen zum Beispiel, dass unser Planet wirklich stationär und hohl sein könnte und dass das Universum durch einen Schöpfungsprozess intelligent erschaffen wurde. Skeptiker wenden ein, dass diese Ansichten eigentlich völlig dumm sind, weil sie den *„traditionellen Behauptungen“* über die Entstehung der Natur und des Menschen widersprechen. Eine Behauptung stellt aber keinen für immer unumstößlichen Beweis dar, und die traditionelle Weltsicht bestand die längste Zeit der aufgezeichneten Historie in der Anerkennung des geozentrischen Modells des Universums. Deshalb sollten Skeptiker grundsätzlich, wie von ihnen selbst vorgeschlagen, in erster Linie die von ihnen vertretenen, überholten wissenschaftlichen Theorien einer Revision und Aktualisierung unterziehen, bevor sie Alternativforscher der Pseudowissenschaft bezichtigen! Besonders in Anbetracht der Tatsache, dass sowohl Charles Darwin und Stephen Hawking als auch Richard Dawkins nicht endgültig von der Richtigkeit ihrer eigenen Hypothesen überzeugt waren und diese immer wieder selbst skeptisch revidiert haben!

Wissenschaftliche Theorien beginnen daher mit einer Hypothese, die einen emotionalen Hintergrund hat. Dann stellt man Argumente auf, die oft auf spektakuläre Weise nicht plausibel sind, und stützt das Ganze anschließend mit Belegen und anderen nicht beweisbaren Theorien, einer zirkulären Argumentationsmethode, eines Systems aus unbeweisbaren Hypothesen. Wird eine Hypothese von anderen unterstützt, erklärt man sie als anerkannte Wahrheit. Mit diesen Modellen in Konflikt stehende, abweichende Studien oder Gegenbeweise werden einfach ignoriert oder bekämpft. Der skeptische Wissenschaftler bedient sich hierfür veralteter Studien und fragwürdiger Lehrbücher und schließt den Inhalt von religiösen oder mythologischen Texten vollständig aus, obwohl diese tausende Jahre lang Gültigkeit besessen haben. Dadurch ist die moderne Naturwissenschaft zu einem Gebiet geworden, bei dem alte Theorien, ohne sie ernsthaft zu hinterfragen und ohne nach aktuellen Beweisen dafür zu verlangen, wie in einem Kult ständig wiederholt werden. Es handelt sich hierbei um unlogische, starke Glaubensvorstellungen, an denen der Skeptiker festhält, ohne sie genauer zu prüfen oder herausfinden zu wollen, ob sie tatsächlich der Realität entsprechen.

Wissenschaftler neigen dazu, mit ihrem Glaubenssystem verwandte Inhalte zu favorisieren, indem sie ideologische Inhalte und vorgefasste Vorurteile vermengen. Das führt natürlich zu heftigen Debatten und groben Missverständnissen. Wenn abweichende Forscher zu anderen Ergebnissen gelangen, werden ihre Behauptungen und Erklärungen als eine *„nicht rationale Weltsicht“* bezeichnet, die all den am besten entwickelten, seriösen und erfolgreichen Theorien widersprechen und deshalb unakzeptabel esoterisch sind. Die Allgemeinheit nimmt akademische Wissenschaftler deshalb als Genies wahr, die innerhalb der Grenzen der akzeptierten und etablierten Wissenschaft arbeiten und dadurch zu neuen wertvollen Erkenntnissen gelangen.

Man beruft sich auf die eigene Reputation oder den guten Ruf einer wissenschaftlichen Institution, in der nur bedeutsame, kontrollierte und wiederholbare Experimente durchgeführt werden. Somit sind alle Versuche von Bedeutung von diesen Organisationen selbst kontrolliert, und aktuelle moderne wissenschaftliche Literatur, die von diesen fixierten Standpunkten abweicht, wird nur selten in deren Literatur zitiert. Generell betrachtet können skeptische Wissenschaftler keine faktischen Beweise für ihre Behauptungen und Theorien vorlegen, denen sie selbst Gültigkeit verliehen haben. Eine der bizarrsten Vorgehensweisen ist es, eine Facharbeit oder eine Studie zu veröffentlichen, die im Grunde ein Werk der konstruierten Fiktion darstellt und in der im Grunde alles von den Autoren zusammengestellt wird. Dann wird das Ganze mit Scheinargumenten und angeblichen Fakten gestützt, die angeblich echte Beweise sein sollen, die durch Forschungsarbeit erbracht worden sind. Es sind aber letztlich nur Laborexperimente und Tests, die keine Rückschlüsse auf die tatsächlichen und immer noch unerklärlichen Vorgänge im Universum zulassen.

Daher beinhalten derartige Arbeiten einen hohen Grad an Spekulation oder sogar Fiktion, die durch Selbsttäuschung und eine Art von dogmatischem, atheistischem Glaubenssystem des wissenschaftlichen Establishments entsteht. Wenn man sich nicht die Aufgabe stellt, die Fehler oder Auslassungen in diesen Theorien zu finden, schleichen sich dadurch vage Behauptungen in diese Facharbeiten ein, die sich als etablierte Fakten tarnen. Und auf diesen Konzepten einer Welt von Vorstellungen erschafft man dann ein ganzes System an sorgfältig konstruierten Theorien und teilweise absurden Mythen, die sich gegenseitig stützen und dadurch eine technologisch-wissenschaftliche Diktatur der Eliten hervorrufen, die mit ihrem Einfluss und ihrem Geld die wichtigsten wissenschaftlichen Forschungsorganisationen besitzen, kontrollieren und steuern!

Das verhält sich in der Alternativ-Forschung nicht so. Dort wird echte methodische Forschung betrieben, obwohl diese Forschungen, Experimente und methodischen Tests und deren Resultate von akademischen Wissenschaftlern allgemein ignoriert werden. Man versucht auch nicht, sie zu wiederholen, um abweichende Resultate zu bestätigen, selbst wenn sie eindeutig zu replizieren wären. Weil derartige Forschungsergebnisse von wissenschaftlichen Fachjournalen nicht veröffentlicht werden, bleibt Alternativforschern oft nur der Ausweg, ihre Entdeckungen in Buchform zu veröffentlichen. Durch diese Vorgehensweise sind eine ganze Reihe von internationalen Bestsellern entstanden, die weit mehr Auflage erzielt haben als die Bücher von Mainstream-Wissenschaftlern, die meist relativ unpopulär und langweilig sind.

Zu den erfolgreichsten Büchern, die Skeptiker dem Genre der Pseudowissenschaft zuschreiben, gehören die Sparten Kreationismus und christliche Wissenschaft, der komplette Bereich der Ufologie, die alternative Physik, die Ancient-Aliens-Theorien über antike Raumfahrer und außerirdische Besucher, Theorien über verlorene Hochzivilisationen der fernen Vergangenheit, alternative Geschichtsschreibung und auch ganz besonders alternative Konzepte über die unbekannte Vergangenheit des Planeten Erde und die unerklärliche Herkunft der ersten Menschheit – also im Grunde alle Informationen, die den wichtigsten Theorien der etablierten Wissenschaft widersprechen. Aus diesem Grunde sind in den letzten Jahren mehr und mehr Bücher von Skeptikern erschienen, die bewirken sollen, angeblich pseudowissenschaftliche Bücher und Autoren zu widerlegen oder lächerlich zu machen, weil man ihre Forschungsergebnisse als nicht wissenschaftlich oder nicht rational hinstellen möchte. Weil alternative Autoren in den letzten Jahrzehnten zunehmend mehr kontroverse Bestseller geschrieben haben und auch der öffentliche Zuspruch der Gesellschaft in Bezug auf die Publikationen der Fachwissenschaft stark abgenommen hat, haben wichtige Universitäten beschlossen, akademische Skeptiker Bücher über Pseudowissenschaft schreiben zu lassen, die dann aber ebenfalls keinen großen Erfolg erzielten!

Es lohnt sich dennoch, einen Blick in diese Machwerke zu werfen, um zu sehen, wovon sie handeln. Aktuelle Werke dieser Gattung warnen zum Beispiel davor, dass wir heutzutage in einer Welt der Fake-News leben und viele Menschen dazu neigen, den Behauptungen der Pseudowissenschaft Glauben zu schenken, weil *„Meinungen und Emotionen"* weiter verbreitet seien als wissenschaftliche Erkenntnisse! Darum sei es für den unbedarften Bürger wichtig, den Unterschied zwischen selbsternannten Experten und echter Wissenschaft zu erkennen, um die falsche Wissenschaft zu entlarven. Die größte Angst der skeptischen Autoren gilt hier ohne Zweifel den alternativen Theorien über die rätselhafte Vergangenheit der Menschheit und der antiken Zivilisationen unserer Welt! Das Interesse an derartigen Themen ist in den letzten Jahren stark angestiegen, und viele kontroverse Informationen sind nicht zuletzt durch das Internet und zahlreiche neue Bücher und Dokumentarfilme veröffentlicht worden. Diese Veröffentlichungen widersprechen allen Modellen der Mainstream-Wissenschaft und sind mittlerweile zu einer Bedrohung ihrer ganzen Existenz geworden.

Antike außerirdische Besucher werden dabei genauso abgelehnt wie die Skelette von menschlichen Riesen, die man überall auf der Welt entdeckt hat und die auch mit mysteriösen Pyramiden und Megalith-Stätten der Welt in Verbindung stehen, die offenbar nur mithilfe von fortschrittlicher Technologie erbaut werden konnten, die in der fernen Vergangenheit bereits existiert hat. Diese als *„reiner Unsinn"* bezeichneten Theorien wollen Skeptiker unter allen Umständen als falsch entlarven. Dabei handelt es sich insgesamt um eine wissenschaftliche Agenda, die politisch motiviert ist und von den führenden Skeptiker-Organisationen ausgeführt wird, die von einflussreichen Institutionen und Regierungen auf der ganzen Welt finanziert werden, um das etablierte Weltbild der Mainstream-Wissenschaft zu beschützen.

Es wurden dabei spezielle Methoden entwickelt, Behauptungen von alternativen Wissenschaftlern, die solche Themen behandeln, als Unsinn zu „entlarven". Ironischerweise kann man mit denselben Methoden auch die unsinnigen Theorien der Mainstream-Wissenschaft entlarven, denn ihre Hypothesen über die Vergangenheit der Welt können unmöglich bewiesen werden. Deshalb können Mainstream-Wissenschaftler auch nicht behaupten, sie wären im Besitz der Wahrheit. Diese Tatsache ist den führenden Institutionen der höheren Bildung natürlich bekannt, dennoch weigern sie sich inbrünstig, die faszinierenden Geheimnisse von Außerirdischen, von Atlantis oder diejenigen der ägyptischen Gizeh-Pyramiden zu ergründen und mit vorurteilsfreier wissenschaftlicher Methodik zu erforschen. Sie bringen ihren Studenten lediglich bei, alte Theorien gebetsmühlenartig zu wiederholen und dabei zu lernen, „kritisch und rational" zu denken.

Wenn sie das nicht tun, fallen sie durch, und ihre Karriere ist beendet. Aus diesem Grund dient der Skeptizismus der Selbsterhaltung dieser unverständlichen Einstellung, denn Skeptiker fordern Leser ihrer Werke auf, den Einfluss von Pseudowissenschaft in der Gesellschaft zu reduzieren und durch wissenschaftliche Referenzen ein Mittel gegen Pseudowissenschaft zu erzeugen. Somit befinden sie sich in einem Abwehrkampf, den sie in der Öffentlichkeit bereits verloren haben, denn immer weniger Menschen vertrauen den Lehrinhalten dieser Institutionen, weil sie mittlerweile über die Möglichkeit verfügen, sich durch das Internet zu vernetzen, dadurch eine unglaubliche Menge an Informationen zu erhalten, selbstständig zu prüfen und sich dadurch unabhängig eine eigene Meinung zu bilden, ohne noch länger von dieser wissenschaftlich-technologischen Diktatur der Eliten daran gehindert zu werden.

An anderer Stelle habe ich bereits geschrieben, dass die internationale Politik ab den 1950er-Jahren einen starken Wandel in der Welt der Wissenschaft ausgelöst hat, der speziell den Bereich der unbekannten verlorenen Hochkulturen der Welt angeht. Einflussreiche Kreise versuchen seitdem, jede weitere Forschung auf diesem Gebiet zu unterbinden und diesen ganzen Bereich als Pseudowissenschaft zu verunglimpfen. Das hat in erster Linie mit den kontroversen Entdeckungen von Riesenskeletten, unerklärlichen Artefakten und Bauwerken zu tun, die einer oder verschiedenen weltumspannenden verlorenen Hochzivilisationen zuzurechnen sind. Archäologische und historische Beweise für diese Zivilisationen wurden von der wissenschaftlichen Gemeinschaft noch bis zur Einführung der darwinistischen Evolutionstheorie und der modernen Geologie als Belege für den wissenschaftlichen Katastrophismus herangezogen. Obwohl viele Beweise vorliegen, dass tatsächlich eine wissenschaftliche bzw. archäologische Vertuschung dieser Themen stattgefunden hat und immer noch stattfindet, schreiben rationale Skeptiker in ihren Büchern und Artikeln, dass alternative Forscher, die so etwas behaupten, eine „*Verschwörung gegen die Wissenschaft*" gestartet haben.

Dem kann man entgegenhalten, dass das wissenschaftliche Establishment eine Verschwörung gegen die faktische Wahrheit gestartet hat. Ein besonderes Problem für diese Kreise stellen erfolgreiche Bestseller-Autoren wie **Erich von Däniken** oder **Zecharia Sitchin** mit ihren Werken dar, die davon berichten, dass unser Planet Erde in der Antike von außerirdischen Wesen aus dem Weltraum besucht worden ist, die den modernen Menschen erschaffen und ihm die Zivilisation gebracht haben, bevor sie unseren Planeten wieder verließen. Laut Sitchin stammt eine Gruppe außerirdischer Besucher von einem Planeten unseres eigenen Sonnensystems, der einen extrem verlängerten Orbit besitzt und nur alle paar tausend Jahre ins innere Sonnensystem eindringt und dabei jedes Mal schwere Störungen bei den anderen Planeten hervorruft. Gemeint ist hier natürlich der mysteriöse Planet Nibiru, den man auch als Planet X kennt.

Das Buch „Welten im Zusammenstoß“ fordert das wissenschaftliche Establishment heraus

Begonnen hat die ganze moderne Kontroverse um sogenannte Pseudowissenschaftler bereits im Jahr 1950, denn in diesem Jahr erschien das umstrittene Buch *„Worlds in Collision“* (*„Welten im Zusammenstoß“*) von dem russisch-jüdischen Psychoanalytiker, Autor und Wissenschaftler Immanuel Velikovsky (1895-1979). Dieses Werk war das erste bedeutende wissenschaftliche Sachbuch des 20. Jahrhunderts, welches das frisch etablierte Weltbild der Mainstream-Wissenschaft bedroht hat, und zwar in verschiedenen Forschungsbereichen der Naturwissenschaft. Immanuel Velikovsky wählte die Vorgehensweise, seine Erkenntnisse und Forschungsresultate direkt in Buchform der allgemeinen Öffentlichkeit mitzuteilen, unter Verwendung einer verständlichen und klaren Sprache. Das brachte das gesamte wissenschaftliche Establishment gegen ihn auf, und er wurde von seinen ehemaligen Kollegen daraufhin aufs Heftigste bekämpft. Erst heute, also mehr als 70 Jahre nach dem Erscheinen dieses Werkes, können bestimmte Voraussagen und Feststellungen von Velikovsky bestätigt werden.

Er legte, im Gegensatz zu seinen respektierten Kollegen, großen Wert darauf, Informationen aus antiken Inschriften und Überlieferungen zu analysieren, aus denen hervorgeht, dass sich in der historischen Menschheitsgeschichte eine Reihe von gewaltigen Katastrophen ereignet haben, die fast den Planeten zerstört und die Menschheit ausgelöscht hätten. Die Herausforderung bestand schon damals darin, Beweise für diese in den Legenden aufgezeichneten Vorgänge zu erbringen und die beschriebenen Katastrophen zu rekonstruieren. Das Erscheinen dieses Buches löste eine wahre Revolution aus. Viele spätere Alternativ-Autoren wurden von diesem beeindruckenden Werk inspiriert und versuchen seitdem, die von der wissenschaftlichen Diktatur unter Verschluss gehaltenen, wahren Ereignisse der Vergangenheit unseres Planeten zu rekonstruieren. Zum Schrecken vieler institutioneller Gelehrter, wurde das Buch *„Welten im Zusammenstoß“* ein internationaler Bestseller, der mit wissenschaftlicher Methodik brisante Fakten verbreitete. So schreibt Immanuel Velikovsky zum Beispiel, dass ein Komet vor mehreren tausend Jahren bei einem knappen Vorbeiflug an der Erde eine große Naturkatastrophe auf unserem Planeten ausgelöst hat, bei der alles irdische Leben bedroht war. Dieser vorbeifliegende Himmelskörper sollte dann später zum Planeten Venus werden, dem nächsten unserer Nachbarplaneten.

Andere Erklärungen in diesem Buch lösten beinahe eine Revision der ganzen Geschichte und Wissenschaft aus und sorgten für das Entstehen des akademischen Kriegs gegen die so betitelte Pseudowissenschaft einer populären Gegenkultur. Als Gegenkultur konnte man sie aber nicht wirklich bezeichnen, weil das antike Wissen der Welt im Grunde seit tausenden von Jahren überliefert und akzeptiert worden ist und sich die wissenschaftliche Betrachtungsweise der modernen Weltsicht erst im Laufe der letzten 200 Jahre entwickelt hat. Es gab zuvor keine „Beweise" für ein hohes Alter des Planeten Erde von Milliarden von Jahren. Die moderne Wissenschaft wollte sich von der Vorstellung der Religionen lösen, dass die heutige Welt, so wie wir sie kennen, erst wenige tausend Jahre alt ist und dass der moderne Mensch eine spezielle Schöpfung höherer Mächte ist und nicht das zufällige Produkt der Natur. Charles Darwin benötigte für seine neue Theorie der Evolution sehr lange Entwicklungszeiträume, um einen langsamen hypothetischen Übergang von einer niederen zu einer höheren Spezies erklären zu können.

Da Gestein nicht datierbar ist, kann das Alter unseres Planeten nur geschätzt werden, weil die Messergebnisse von Zirkon-Kristallen usw. laut Angaben vieler Geologen nicht wirklich zuverlässig sind und oft verwirrende Daten produzieren. Um dem Darwinismus auszuhelfen, wurde von führenden britischen Geologen im 19. Jahrhundert die Wissenschaft der Stratigrafie entwickelt, um versteinerte Fossilien datieren zu können, die sich in bestimmten Sedimentschichten finden lassen. Diese Fossilien waren zuvor ein Beweis für den sogenannten Katastrophismus gewesen, der im 19. Jahrhundert immer noch das dominierende Modell der Wissenschaft war und große Flutkatastrophen und Kataklysmen in der Vergangenheit des Planeten Erde belegt hat, bei denen es mehrmals zum beinahe vollständigen Aussterben aller Spezies gekommen war, die in sehr kurzer Zeit unter Flutwellen und Sedimenten begraben worden sind, was schließlich zu ihrer Versteinerung geführt hat. Das lässt sich im Fossilbericht der verschiedenen Sedimentschichten bestimmen, und diese Fossilien selbst sind höchstwahrscheinlich durch die in den Legenden beschriebenen Flutkatastrophen entstanden, denn diese versteinerten Pflanzen und Lebewesen müssen sehr rasch unter gewaltigen Mengen von Sedimenten eingeschlossen worden sein, um so perfekt konserviert zu werden, weil nicht genügend Zeit für eine Verwesung an der Luft vorhanden gewesen ist.

Nach solchen Katastrophen ist es dann auf rätselhafte Weise zu einer Neuschöpfung aller Arten gekommen, und in relativ kurzen geologischen Zeiträumen waren unzählige neue Spezies plötzlich wieder in ausreichend hoher Anzahl vorhanden. Da dieses Konzept des Katastrophismus und der Neuschöpfung von Arten nicht mit den langen kontinuierlichen Entwicklungszeiträumen der Theorie der Evolution zu vereinbaren ist, lehnten Darwinisten den Katastrophismus ab und akzeptierten stattdessen die Vorstellungen des wissenschaftlichen Aktualismus, der besagt, dass keine globalen Flutkatastrophen stattgefunden haben, sondern eine kontinuierliche und ungestörte Hochentwicklung aller natürlichen Arten über hunderte Millionen von Jahren hinweg stattfand. Zu Beginn wurden diese Zeiträume von Geologen des 19. Jahrhunderts auf Millionen von Jahren, dann auf hunderte Millionen von Jahren und schließlich auf Milliarden von Jahren aufgeblasen, um die neuen naturwissenschaftlichen Theorien zu ermöglichen. Anhand von modernen Datierungsmethoden einigte sich die Welt der Wissenschaft schließlich auf ein akzeptiertes Alter der Erde von rund 4,6 Milliarden Jahren, obwohl alle diese Methoden zur Altersdatierung selbst von Skeptikern angezweifelt werden. Deshalb kann niemand mit Bestimmtheit sagen, wie alt unser Planet wirklich ist oder gar beweisen, dass er tatsächlich Milliarden von Jahren alt ist.

Forscher, die auf diese und weitere Ungereimtheiten in den Theorien der Naturwissenschaftler hinweisen, werden schnell als christliche Kreationisten bezeichnet, die obendrein noch an ein intelligentes Design der Ordnung im Kosmos und im Aufbau aller Lebensformen glauben, das göttlich inspiriert ist. Derartige Ansichten wurden aber bis ins späte 19. Jahrhundert noch toleriert. Danach wollte die etablierte Wissenschaft aber sämtliche religiösen Vorstellungen und Beweise für die biblische Sintflut aus ihren neuen Theorien verbannen. Das Buch „*Welten im Zusammenstoß*“ von Immanuel Velikovsky bereitete diesen Kreisen dann in der Mitte des 20.

Jahrhunderts abermals Sorge, weil Velikovsky aufgrund von empirischer wissenschaftlicher Methodik viele faktische Beweise dafür erbringen konnte, dass die Theorien der materialistischen Wissenschaft nicht korrekt sind und viele Lücken aufweisen. Weil man viele Kritikpunkte und Erklärungen von Velikovsky nicht widerlegen konnte, gab es bereits große Aufregung bei der Veröffentlichung seines Werkes. Velikovsky hatte es zur Bestürzung seiner Kollegen abgelehnt, seine kontroversen Erkenntnisse als Facharbeiten in wissenschaftlichen Publikationen zu veröffentlichen, sondern wählte stattdessen die Buchform.

Auf diese Weise haben sich seine Informationen in der Öffentlichkeit viel weiter verbreitet, als das durch wissenschaftliche Arbeiten möglich gewesen wäre. Sein Buch, das im Jahr 1950 veröffentlicht wurde, erlangte schnell einen hohen Bekanntheitsgrad und wurde in den USA zu einem landesweiten Bestseller. Aufgrund der hohen Akzeptanz der Theorien von Immanuel Velikovsky wurde er sogar von einem führenden amerikanischen TV-Sender dazu eingeladen, die erste Mondlandung der NASA live zu kommentieren. Im Laufe der 1970er-Jahre erreichte Velikovsky schließlich seine größte Popularität, und sein Buch hätte zu dieser Zeit beinahe die gesamte Mainstream-Wissenschaft verändert! Das durfte auf keinen Fall geschehen. Darum beschlossen führende Institutionen und Forscher im Auftrag der *American Association for the Advancement of Science* in San Francisco, Immanuel Velikovsky im Jahr 1974 zu einer offenen TV-Diskussion einzuladen, bei der auch der weltberühmte Astrophysiker Dr. Carl Sagan zugegen war.

In dieser TV-Konfrontation wurden die Bücher sowie die Theorien von Immanuel Velikovsky angegriffen, und Dr. Carl Sagan erklärte damals, dass fast alle diese abweichenden Theorien nicht belegbar seien und lehnte sie daher persönlich ab. Es ist heute bekannt, dass auch Carl Sagan ein Anhänger der östlichen Philosophie sowie der Theorien über antike Raumfahrer war, die im Altertum die Erde besucht haben. Dennoch wurde Sagan vermutlich unter Druck gesetzt, um aufgrund seiner Popularität in wissenschaftlichen Kreisen gegen den Häretiker Velikovsky anzutreten. In seinem Buch „*Unser Kosmos*" schrieb Dr. Carl Sagan später, dass er von den unfairen Angriffen bestimmter Wissenschaftler gegen Immanuel Velikovsky schockiert war und dieses Vorgehen die schlimmste Angelegenheit in der ganzen Velikovsky-Affäre gewesen sei! Es wurde später bekannt, dass diese starken Kritiker seiner Arbeit das Buch *„Welten im Zusammenstoß"* nicht einmal selbst gelesen hatten, sondern nur die Zusammenfassung, die vor dessen Erscheinen kursierte. Aufgrund dieser Kurzfassung haben sie kurzerhand den Inhalt des ganzen Werkes von vornherein als kompletten Unsinn abgetan. Außerdem haben führende wissenschaftliche Institutionen ihren Einfluss geltend gemacht und den ersten Verleger von Velikovsky unter Druck gesetzt, das Buch nicht zu veröffentlichen oder zu vertreiben, und zwar unter dem Vorwand, dass dieses Buch keine Wissenschaft, sondern Pseudowissenschaft darstellen würde.

Was würde geschehen, wenn alternative Wissenschaftler das Gleiche mit den Publikationen von hoch angesehenen Forschern anstellen würden? Dr. Carl Sagan hat persönlich darauf hingewiesen, dass die Theorien von Velikovsky starke Verbindungen zum Kreationismus und zur Parapsychologie haben und deshalb so heftig von der wissenschaftlichen Gemeinschaft zurückgewiesen werden, weil sie eine Bedrohung für ihre wichtigsten Grundsätze bedeuten. Die Grenzen zwischen Wissen und Unsinn sind heute unschärfer denn je, denn beide Seiten der Wissenschaft bezeichnen einander als pseudowissenschaftlich. Die aktuellen wissenschaftlichen Theorien sind immer kurzlebiger, bevor sie durch neue ersetzt werden. Die heftigsten Debatten werden immer noch über die Evolutionstheorie und die sonderbaren klimatischen Veränderungen in der Vergangenheit des Planeten Erde ausgefochten.

Immanuel Velikovsky ist schließlich im Jahr 1979 verstorben. Er hatte aber bereits in den 1920er-Jahren begonnen, seine Forschungsarbeiten zu starten und seine alternativen Theorien über die Vergangenheit unseres Sonnensystems und des Planeten Erde zu entwickeln.

Zu dieser Zeit arbeitete Velikovsky übrigens zusammen mit Albert Einstein in Berlin, bevor er später in Zürich und Wien weiter studierte und später in die USA ausgewandert ist. Er war in vielen Gebieten der Wissenschaft ausgebildet und beschäftigte sich vor allem mit Philosophie, der Geschichte der Antike und der Psychoanalyse, wobei er hier von Kollegen von Sigmund Freud unterwiesen wurde.

Abb. 18: Dr. Carl Sagan und Immanuel Velikovsky bei der Diskussion im Jahr 1974

Der Kontakt mit Albert Einstein blieb auch in den USA weiterhin bestehen, denn auch er musste aufgrund seines jüdischen Hintergrunds und der Ablehnung seiner Theorien in Deutschland in die USA auswandern. Einstein lehrte fortan an der Universität von Princeton, und dort traf er sich auch mit Velikovsky, um mit ihm über die Theorien des Buches *„Welten im Zusammenstoß"* zu diskutieren. Bis zum Tod von Albert Einstein im Jahr 1955 betrieben die befreundeten Kollegen außerdem einen angeregten Briefwechsel. In den USA hatte Immanuel Velikovsky alles über antike Mythologie studiert und konnte durch intensive Forschungsarbeit herausfinden, dass Legenden und Überlieferungen antiker Kulturen der Welt alle einen realen Hintergrund besitzen, vor allem in Bezug auf die übereinstimmenden Beschreibungen von gewaltigen Naturkatastrophen wie Erdbeben, Vulkanausbrüchen, Flutkatastrophen und ähnlichen Desastern von biblischen Ausmaßen.

Eine der gefährlichsten Theorien in seinem Buch ist die Aussage, dass der Planet Venus ursprünglich ein Komet war, der erst vor rund 3.500 Jahren vom Gasriesen Jupiter ausgestoßen worden, und danach ins innere Sonnensystem eingedrungen war. Dabei soll er durch Beinahe-Zusammenstöße auf dem Planeten Mars und dem Planeten Erde schwere Naturkatastrophen ausgelöst haben, wobei die Erde aus ihrem alten Orbit verdrängt wurde und ihre Drehrichtung und Achse verändert haben soll. Das Alter der Venus wäre somit nur wenige tausend Jahre und nicht Milliarden von Jahren.

Es gibt heute viele Spekulationen, ob Albert Einstein und andere führende Forscher dieser Zeit einigen Theorien von Immanuel Velikovsky Glauben schenkten oder nicht, denn immerhin waren sie gut mit ihm befreundet und hätten mit ihrem guten Ruf als Wissenschaftler sein Buch unterstützen können. Albert Einstein ist im Jahr 1955 verstorben und erwähnte seinen Freund Velikovsky noch in seinem allerletzten Interview mit einem Wissenschaftshistoriker. Er kam damals auf die Kontroversen von wissenschaftlicher Arbeit zu sprechen, die oft mit unorthodoxen Ideen zu tun haben. Albert Einstein bezeichnete das Buch „*Welten in Zusammenstoß*" als interessant und nicht schlecht. Das Problem dabei war nur, dass die Ideen von Velikovsky vielen seiner Kollegen als zu verrückt erschienen. Nicht, dass sie nicht plausibel sind! Der Autor dachte sich, dass er sein Buch aufgrund von wissenschaftlicher Methodik verfassen muss, um seine Theorien zu beweisen, und deshalb verknüpfte er sie mit den Erkenntnissen der damals aktuellen Wissenschaft.

Dennoch musste Immanuel Velikovsky schnell feststellen, dass andere Wissenschaftler und Kollegen seinen rationalen Schlussfolgerungen nicht zustimmten. Velikovsky sagte ihnen, dass er lediglich seine ehrlichen Ansichten demonstrierte, wie moderne Wissenschaft auszusehen hätte. Einstein fuhr in diesem Interview fort zu erklären, dass Velikovsky aufgrund der unerwarteten Angriffe seiner Kollegen danach dazu übergegangen ist, auch sie anzugreifen. Er erklärte Historikern, dass auch die Theorien von zeitgenössischen Wissenschaftlern noch immer umstritten sind und man nicht wirklich sagen kann, ob es sich bei den Verfassern solcher Ideen um Spinner oder Genies handelt, nur weil diese Ideen unorthodox sind. Viele der größten Forscher und Entdecker wurden zuerst für ihre Behauptungen verspottet und ausgelacht, bevor sie schließlich vollständig bewiesen und akzeptiert worden sind. Albert Einstein stellte klar, dass auch er selbst zu diesen umstrittenen Wissenschaftlern zählte und erklärte, dass es meist keinen objektiven Test gibt, um festzustellen, ob eine Theorie stimmt oder Unsinn ist. Aus diesem Grund kann man neue Ideen nicht gleich von vornherein ablehnen.

Auch Einstein war beschämt, dass führende amerikanische Harvard-Wissenschaftler versucht haben, die Veröffentlichung dieses Buches im Vorfeld zu verhindern, und bezeichnete die Erpressung des Verlegers als eine böse Angelegenheit! Selbst der Tod von Albert Einstein hatte offenbar etwas mit dem Buch „*Welten im Zusammenstoß*" zu tun, denn einen Monat bevor er verstarb schrieb Einstein noch einen letzten Brief an seinen Freund und Kollegen Immanuel Velikovsky und enthüllte ihm, dass das „*wissenschaftliche Establishment*" allein von der Möglichkeit, dass Einstein wissenschaftliche Werke von Velikovsky gelesen hat, in Aufregung versetzt wurde! Nach Einsteins Tod im April 1955 hat man seine Ausgabe von dem Buch „*Welten im Zusammenstoß*" aufgeschlagen auf seinem privaten Schreibtisch vorgefunden! Das war vermutlich ein Hinweis für seine Kollegen, dass ihm die Theorien in diesem Buch bis zu seinem Tod keine Ruhe gelassen haben und er dem Inhalt dieses Werkes möglicherweise kurz vor seinem Tod zugestimmt hat!

Im Jahr 2012 veröffentlichte der amerikanische Autor und Kosmologe Laird Scranton das Buch „*The Velikovsky Heresies: Worlds in Collision and Ancient Catastrophes Revisited*" und unterzog diese kontroversen Theorien einer Aktualisierung, denn seit dem Tod von Velikovsky waren immerhin bereits mehr als dreißig Jahre vergangen, in denen es zu vielen neuen astronomischen und archäologischen Entdeckungen gekommen ist. So haben zum Beispiel neue Weltraumsonden Belege für die Theorie der Entstehung des Planeten Venus vor relativ kurzer Zeit gefunden, und neu übersetzte antike Texte aus Asien haben ergeben, dass darin von einem Kometen berichtet wird, der vor tausenden von Jahren mit dem Planeten Mars kollidiert ist. Der Planet Venus besitzt laut Laird Scranton immer noch Eigenschaften eines Kometen, und seine atmosphärischen Bedingungen könnten darauf hinweisen, dass es sich tatsächlich um einen sehr jungen Planeten handelt!

Es gibt außerdem neue Hinweise auf ein starkes elektromagnetisches Ereignis, dass sich ungefähr zu dem von Velikovsky festgelegten Zeitpunkt vor 3.500 Jahren auf unserer Erde abgespielt hat, welches mit dem Untergang der minoischen Kultur zu tun hatte. Astronomen gestehen mittlerweile auch ein, dass die Drehbewegungen der Erde und des Planeten Venus bestimmte Resonanzen aufweisen und es immer noch unbekannt ist, warum sich der Planet Venus in eine andere Richtung dreht als die restlichen Planeten des inneren Sonnensystems. Obendrein mutet es seltsam an, dass sich auf der Oberfläche des Planeten Venus relativ wenige Einschlagskrater von Meteoriten befinden. Das kann eigentlich gar nicht möglich sein, wenn die Venus bereits Milliarden von Jahren alt sein soll. Astronomen mussten notgedrungen erklären, dass *„unbekannte geologische Prozesse“* dafür gesorgt haben, dass sich die komplette Planetenoberfläche der Venus vor kurzer Zeit erneuert hat und deshalb alle Spuren der alten Einschlagskrater auf wundersame Weise von der Oberfläche der Venus verschwunden sind! Immanuel Velikovsky hat bereits 1950 in seinem Buch prophezeit, dass viele der von ihm beschriebenen Theorien erst in Zukunft im Laufe der Zeit durch neue Erkenntnisse von selbst Gültigkeit erlangen werden, weil die Wissenschaft ständig neue Entdeckungen machen wird, die seine Erkenntnisse letztlich stützen werden. Tatsächlich hat sich das in den vergangenen Jahren so ergeben, aber Forscher, die diese aufregenden „neuen Entdeckungen“ gemacht haben, erwähnen den toxischen Immanuel Velikovsky mit keinem Wort in ihren Facharbeiten und Studien.

Sie bezeichnen die Übereinstimmungen mit den Theorien von Velikovsky in ihren Arbeiten als reine Zufälle, doch je länger diese Liste an Zufällen wird, desto schwieriger sind sie für Wissenschaftler zu erklären. Selbst wenn viele Theorien in *„Welten im Zusammenstoß“* falsch sind, so scheinen neue Entdeckungen immer noch zu Gunsten von Velikovsky auszufallen. Vor rund 3.000 Jahren fand tatsächlich eine starke Fluktuation im Erdmagnetfeld statt, das globale Klima hatte sich im Zuge dessen stark verändert, und auch die antiken Kalender wurden von 360 Tagen auf 365 Tage umgestellt, weil sich die Dauer des Jahres verändert hat. All diese Ereignisse müssen einen verborgenen Hintergrund besitzen, den Wissenschaftler nicht richtig erklären können.

Hinzu kommt, dass in der Welt der Wissenschaft beinahe jeden Tag neue Entdeckungen gemacht werden, die den Mechanismus des Universums anders erklären als vorher, anschließend wird jedes Mal erklärt, dass die Dinge nicht so funktionieren, wie Wissenschaftler das bis jetzt angenommen haben. Diese ständigen Veränderungen der bestehenden Theorien machen es schwierig vorherzusagen, welche Theorien in Zukunft wissenschaftliche Zustimmung erhalten könnten, und darum können Wissenschaftler neue Ideen oder antike Vorstellungen nicht einfach von sich weisen. Aus diesem Grund haben die Nachforschungen von Immanuel Velikovsky mehr als zehn Jahre in Anspruch genommen, und es handelt sich bei seinem berühmten Werk um eine Modernisierung des Katastrophismus, die die Lehren der etablierten Geologie sowie die der darwinistischen Evolutionstheorie hinterfragt. Velikovsky hat das Kunststück vollbracht, sein Buch in klar verständliche Worte zu fassen, damit es leicht und unterhaltsam zu lesen ist, aber dennoch präzise und fundierte wissenschaftliche Informationen enthält.

Dadurch entwickelte es sich zu einem der umstrittensten Bücher in der Geschichte der Wissenschaft, und nicht ohne Grund wurde es so erfolgreich, denn viele Menschen fragen sich trotz aller wissenschaftlichen Erklärungen weiterhin, wie der Kosmos, der Planet Erde, das Leben und schließlich der moderne Mensch wirklich entstanden sind und ob die antiken mythologischen Beschreibungen der verschiedenen Traditionen und Religionen der Welt vielleicht doch realistischer sind als die aktuell gültigen Theorien der Mainstream-Wissenschaft. Aus diesem Grund ist dieses Buch so gefährlich, nicht nur für die Wissenschaft, sondern auch für Politik und Gesellschaft, die sich auf das moderne wissenschaftliche Weltbild stützen.

Obwohl *„Welten im Zusammenstoß“* seit dem Tod von Immanuel Velikovsky in den letzten Jahrzehnten schrittweise in Vergessenheit geraten ist, gibt es heutzutage andere Autoren, die in die Fußstapfen von Immanuel Velikovsky getreten sind und mit ihren Ideen und alternativen Theorien damit fortfahren, die etablierte Weltsicht der modernen Wissenschaft herauszufordern, denn nur so ist wissenschaftlicher Fortschritt möglich, um von Theorien zur Wahrheit zu gelangen. Neueste kosmologische und geologische Daten beweisen, dass die alten Theorien möglicherweise schon sehr bald für immer überholt sein werden und Immanuel Velikovsky deshalb als ein mutiger Pionier betrachtet werden muss, der nachfolgenden Generationen von Forschern wichtige Türen geöffnet hat.

Auch hat „*Welten im Zusammenstoß*“ für so viel Aufsehen gesorgt, dass sich die wissenschaftliche Gemeinschaft dazu genötigt fühlte, im Jahr 1974 auf die Theorien von Velikovsky einzugehen. Die *American Association for the Advancement of Science* hatte so etwas zuvor nur einmal getan, als es galt, die populären Theorien über UFOs wissenschaftlich zu widerlegen. Albert Einstein hatte das Buch „*Welten im Zusammenstoß*“ teilweise bereits vor der Veröffentlichung gelesen, und er schätzte Immanuel Velikovsky aufgrund seines Wissens und der produktiven Diskussionen, die er mit ihm über all die Jahre hinweg führen konnte.

Es ist zudem wenig bekannt, dass Albert Einstein ein tief religiöser Mensch war, der die organisierte Religion zwar abgelehnt hat, aber ähnlich wie viele seiner zeitgenössischen Kollegen kein Atheist war, sondern seine eigene Philosophie entwickelt hatte, die er mehrmals als seine „*kosmische Religion*“ bezeichnete und über die er im Jahr 1954 noch, also wenige Monate vor seinem Tod, einen Fachartikel veröffentlicht hat, aus dem dann später ein ganzes Buch geworden ist. Aufgrund seiner wissenschaftlichen Beobachtungen und theoretischen Überlegungen gelangte Albert Einstein gegen Ende seines Lebens zu der Erkenntnis, dass eine rätselhafte Ordnung im Universum besteht, die sich nicht nur in der Natur manifestiert, sondern auch in der Welt der Gedanken, Ideen und Modelle. Weil Einstein sich des wachsenden Konflikts zwischen Religion und Wissenschaft bewusst war, vertrat er den Standpunkt, dass eine kosmische Religion für die Wissenschaft notwendig ist.

Einstein war ein sehr belesener Forscher und besaß eine große Bibliothek mit einigen speziellen Lieblingsbüchern, die er immer wieder gelesen hat. Er verfügte zum Beispiel über eine große Sammlung von Werken von Johann Wolfgang von Goethe sowie verschiedene Ausgaben von „*Faust*“, und Einstein betrachtete Goethe eigenen Worten zufolge als den größten Poeten und einen der klügsten und weisesten Männer aller Zeiten. Aus diesem Grund besaß er auch eine Büste von ihm und zitierte ihn bei vielen Gelegenheiten. Doch er las auch kontroverse Werke wie zum Beispiel von Immanuel Velikovsky oder auch die Bücher der Theosophin Madame Helena Blavatsky! Wenige Menschen wissen, dass „*Die Geheimlehre*“ und „*Isis entschleiert*“ offenbar zu den Lieblingsbüchern von Albert Einstein zählten. Er war somit insgeheim auch dem Mystizismus zugetan. Diese beiden theosophischen Werke erschienen im späten 19. Jahrhundert und sollten das spirituelle Gegengewicht zu den damals in der Entstehung befindlichen Theorien der materialistischen Wissenschaft darstellen, denen die Weisheitslehren und die Kosmologie der Theosophie entgegengestellt wurden.

Es handelt sich hierbei um heiliges Geheimwissen, das von den großen Mystikern des Ostens und rätselhaften Meistern der großen Weißen Bruderschaft stammt, und mit diesem antiken Wissen sollten viele Rätsel der modernen Wissenschaft erklärbar gemacht werden. Die Bücher von Helena Blavatsky hatten einen fundamentalen Einfluss darauf, dass sich östliche Lehren und esoterisches Denken im Westen verbreitet haben. Es ist eine klar und verständlich geschriebene Beschreibung der universellen Wahrheiten der antiken Traditionen der Weisheit. Und tatsächlich beschäftigten sich viele Wissenschaftler mit diesem Material, denn bis zur Entwicklung der Relativitätstheorie war unklar, wie eine Verbindung zwischen Masse und Energie zu erklären ist. Aus diesem Grund sind am Ende des 19. Jahrhunderts indische Meister und Swamis in den Westen gereist und haben damit begonnen, dort ihre Lehren darzulegen, damit die westliche Wissenschaft dieses antike Wissen begreifen und umsetzen kann.

Nikola Tesla und Swami Vivekananda

Nicht nur Albert Einstein wurde von dieser östlichen Weisheit beeinflusst, sondern auch der berühmte Erfinder Nikola Tesla, der ebenfalls nach einer Formel suchte, um dieses Phänomen von Masse und Energie zu erklären. Die weisen Meister aus dem Osten erklärten den Gelehrten des Westens, dass die Kosmologie der Veden die Grundlage für jede Wissenschaft bildet. Einer der ersten dieser Gesandten war Swami Vivekananda (1863-1902), ein Schüler des indischen Mystikers Ramakrishna. Dieser Swami brachte die Wissenschaft des Yoga und die Philosophie des Hinduismus in den Westen.

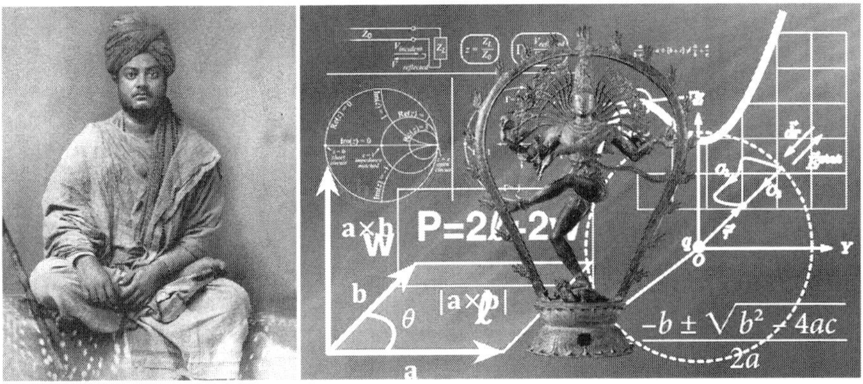

Abb. 19: Swami Vivekananda und die Synthese aus östlicher Philosophie und westlicher Wissenschaft

Swami Vivekananda war einer der größten Visionäre seiner Zeit und glaubte daran, dass die wissenschaftliche Grundeinstellung der Schlüssel zur Wahrheit ist, man diese Wahrheit jedoch selbst bewusst erfahren, sie herausfinden und somit begreifen lernen muss. Dieses Wissen ist bereits seit Jahrtausenden in den Veden beschrieben, und Vivekananda plädierte für eine Synthese der Lehren des Ostens und der Wissenschaft des Westens als bestes Modell für den zukünftigen Fortschritt der Menschheit. Im Jahr 1895 teilte Swami Vivekananda mit Nikola Tesla die Idee, dass Materie und Energie eins sind und verlangte von Tesla, diese Tatsache durch Mathematik zu beweisen, weil es in den vedischen Texten so beschrieben wird. Nikola Tesla konnte das zwar nicht beweisen, dafür aber zehn Jahre später Albert Einstein, der im Jahr 1905 – vermutlich aufgrund der östlichen Weisheitslehren – seine revolutionäre Theorie entwickelte und damit belegen konnte, dass Materie und Energie wirklich eins sind: $E=mc^2$! Laut eigenen Aussagen von Albert Einstein war ein Traum, den er als Kind hatte, für die Suche nach dieser Formel verantwortlich. Wegen diesem Traum und mit seiner Theorie wollte Einstein erreichen, dass eine kosmische Religion der Wissenschaft entstehen konnte. Eine der Grundlagen dafür waren die Weisheiten und das uralte Wissen aus den östlichen Lehren.

Der Erfinder Nikola Tesla verwendete in seinen Beschreibungen von Naturphänomenen manchmal Sanskrit-Terminologie. Bereits 1891 beschrieb Tesla das Universum als ein kinetisches System, das mit Energie gefüllt ist, die an jedem Ort nutzbar gemacht werden kann. Seine Konzepte wurden in den folgenden Jahren von den Lehren der Veden beeinflusst. Nach der Begegnung mit Swami Vivekananda widmete sich Tesla vermutlich dem Studium der antiken östlichen Lehren über die Prinzipien, welche die Welt antreiben.

Der Erfinder begann daraufhin, Wörter aus dem Sanskrit zu benutzen, um den Aufbau von Materie und des Universums zu beschreiben. Er wurde mit der Wissenschaft von Nepal und Tibet vertraut, und erst Ende des 19. Jahrhunderts wurde es im Westen populär. Die indischen Veden selbst bestehen aus einer Sammlung von Texten, Mythen und historischen Berichten über Hindu-Wissenschaft über die Natur der Realität. Historiker denken, dass diese vedischen Schriften bis zu 10.000 Jahre alt sein können. Aus den Inhalten der Texte selbst geht hervor, dass sie so alt wie die Welt selbst sind und am Beginn der menschlichen Schöpfung offenbart worden sind. Sie waren nicht nur für die ersten Menschen gedacht, sondern für die gesamte Menschheit der Welt. Dort sind Beschreibungen von der Natur von Materie, von Antimaterie und der atomare Aufbau von Strukturen beschrieben. Der Ursprung von Sanskrit ist ungeklärt, und Gelehrte aus dem Westen vermuten, dass dieses uralte Wissen von einer hoch entwickelten arischen Kultur stammt, die während der letzten Eiszeit den nördlichen Polarkreis bewohnte.

Am Ende der Eiszeit wanderte diese Kultur in die Region des Himalaya und von dort wahrscheinlich ins heutige Nordindien ein. Nikola Tesla stellte fest, dass in den Schriften Hinweise zum Verständnis des Elektromagnetismus enthalten sind. Mehr Informationen über das Thema Ursprung der vedischen Kultur versuche ich im nächsten Buch unterzubringen. Es steht fest, dass es keine noch älteren überlieferten Texte in der ganzen Welt gibt. Weil die Schrift der Indoarier bis zu 12.000 Jahre alt sein könnte, muss die Sprache der Veden schon zu diesem Zeitpunkt existiert haben. Sie stammt in diesem Fall von einer Zivilisation, die über ein hoch entwickeltes wissenschaftliches Verständnis verfügte, das man deshalb auch die „ewige Ordnung“ nennt. Im Hinduismus wird die höchste Wesenheit, welche die ganze Existenz schuf, Brahman genannt. Der Zweck des menschlichen Lebens ist es, Erleuchtung zu finden, sein höheres Selbst zu erkennen und seine Pflichten zu erfüllen. Das macht es möglich, sich aus dem Kreislauf der Wiedergeburt zu befreien, dem man in der materiellen Welt unterliegt. Sobald ein Mensch durch das Studium der ewigen Weisheit diesen Kreislauf verlässt, kehrt seine Seele zum Schöpfer der Existenz zurück und findet ewigen Frieden.

Hier einige Zitate von Swami Vivekananda (1863-1902):

„Alles, was schwach macht – physisch, intellektuell und spirituell –, weise es als Gift zurück."

„Religion ist keine Frage von Büchern und Glaubensvorstellungen, sondern von spiritueller Verwirklichung."

„Dort realisiert man die Einheit des Universums und des Menschen und dass der Mensch ein Universum in Miniatur ist."

„Bücher gibt es unendlich viele, und die Zeit ist kurz. Das Geheimnis des Wissens ist zu nehmen, was wesentlich ist. Nehmt das und versucht danach zu leben."

„Derjenige, der keinen Glauben an sich selbst hat, kann auch niemals an Gott glauben."

Im Jahr 1929 reiste der Physiker und spätere Nobelpreisträger Werner Heisenberg nach Indien und beschäftigte sich dort intensiv mit Wissenschaft und indischer Philosophie. Er war sehr beeindruckt vom Geist Indiens und realisierte dort schließlich, dass die fundamentalen Aspekte der physischen Realität in der Anerkennung von Relativität, Verbundenheit und Unbeständigkeit liegen und dass diese Prinzipien auch die Grundlage der spirituellen Lehren Indiens sind. Obwohl Einstein vermutlich nicht in direktem Kontakt mit indischen Mystikern stand, so hatte er doch deren Lehren verinnerlicht und war somit zur wissenschaftlichen Definition einer kosmischen Religion gelangt. Er hatte gelernt, dass Realität lediglich eine anhaltende Illusion ist und dass Raum und Zeit keine Zustände sind, in denen wir existieren, sondern eigentlich Arten sind, in denen wir denken. Aus einer ewigen kosmischen Perspektive heraus ist unsere phänomenale Realität in Konsequenz aller Entdeckungen der Physik ein illusionäres Spiel von Bewusstsein. Albert Einstein hat auch erkannt, dass es die Notwendigkeit im Leben gibt, die Entscheidungsfreiheit der Menschheit zu akzeptieren und ein moralisches Leben einem unmoralischen oder sogar bösen vorzuziehen, und dieses Verhalten bildet ebenfalls eine Übereinstimmung mit den religiösen Traditionen des Ostens.

Durch das kosmische Gesetz des Karmas ernten wir die Früchte unserer Taten, die wir aussäen, bis wir diese Welt der Illusionen transzendieren und hinter uns lassen können. Einstein erkannte, dass das Prinzip von Ursache und Wirkung (Karma) im phänomenalen Universum ohne jede Ausnahme gültig ist und die gesamte Menschheit deshalb Moralität, Ethik und Spiritualität entwickeln muss, um sich von ihren Illusionen zu lösen und die kollektive Selbstverwirklichung anzustreben. Am Ende seines Lebens hat Einstein den Weg zur Freiheit von Illusion erkannt und einen beinahe erleuchteten Bewusstseinszustand entwickelt. Hier einige der wichtigsten Zitate von Albert Einstein:

> *„Ich möchte wissen, wie Gott diese Welt erschaffen hat. Ich bin nicht an diesem oder jenem Phänomen interessiert oder am Spektrum dieses oder jenes Elements. Ich will seine Gedanken kennen – der Rest sind nur Details."*

> *„Meine Religion besteht aus einer demütigen Bewunderung des unbegrenzten überlegenen Geistes, der sich in den kleinen Details offenbart, die wir mit unserem gebrechlichen und schwachen Geist wahrnehmen können."*

> *„Echte Religion ist echtes Leben, Leben mit seiner ganzen Seele, mit all seiner Güte und Rechtschaffenheit."*

Somit hat Albert Einstein die Wesensverwandtschaft zwischen Spiritualität und echter Wissenschaft realisiert, von der schon Swami Vivekananda gesprochen hat, und das veranlasste Einstein zu dem Ausspruch: „*Wissenschaft ohne Religion ist lahm und Religion ohne Wissenschaft ist blind.*" Am Ende seines Lebens hat man Einstein gefragt, ob er irgendetwas bereuen würde, und er antwortete damals: „*Ich wünschte, ich hätte früher in meinem Leben mehr über die Mystiker gelesen.*" Diese Aussage stammt tatsächlich von einem der wichtigsten Wissenschaftler des 20. Jahrhunderts, der sich an diesem Punkt seines Lebens dem Bewusstsein der wahren Realität zugewandt hat. Er betrachtete Gott als eine „*ewige universale Intelligenz*" und schrieb noch im Jahr 1955 nach dem Tod eines engen persönlichen Freundes: *„Jetzt hat er diese seltsame Welt kurz vor mir verlassen. Das bedeutet jedoch nichts. Menschen wie wir, die an Physik glauben, wissen, dass der Unterschied zwischen Vergangenheit, Gegenwart und Zukunft nur eine hartnäckige, anhaltende Illusion ist.“*

So ähnlich hat es einige Jahre zuvor auch Swami Vivekananda beschrieben, der seine Weisheit aus den vedischen Quellen Indiens bezogen hat. Er erklärte einst, dass die Welt eine unbeständige und sich ständig verändernde, nicht reale Illusion ist, die man „Maya“ oder „Samsara“ nennt. Einstein befolgte den Ratschlag der östlichen Mystiker, alle religiösen Ideen über Gott zu überdenken und wie Swami Vivekananda zu realisieren, dass die Trennung zwischen Subjekt und Objekt eine optische Illusion des Bewusstseins ist. Hier weitere Zitate vom späten Albert Einstein:

> *„Was die Materie betrifft, so haben wir uns alle geirrt. Was wir Materie genannt haben, ist Energie, deren Schwingung so herabgesenkt wurde, dass sie für die Sinne wahrnehmbar ist. Es gibt keine Materie.“*
>
> *„Es gibt keinen Platz in dieser neuen Art der Physik für das Feld und die Materie, weil das Feld die einzige Realität ist.“*
>
> *„Das, was für uns undurchdringlich ist, existiert wirklich. Hinter den Geheimnissen der Natur verbirgt sich etwas Subtiles, Ungreifbares und Unerklärliches. Die Verehrung dieser Kraft über alles hinaus, was wir begreifen können, ist meine Religion.“*
>
> *„Wir wissen nichts, überhaupt nichts von Gott und der Welt. All unser Wissen ist nur das Wissen von Schulkindern. (…) Dann gibt es diese fanatischen Atheisten, deren Intoleranz dieselbe der religiösen Fanatiker ist, die der gleichen Quelle entspringt. (…) Sie sind Kreaturen, die nicht die Musik der Sphären hören können. (…) Was mich von den meisten sogenannten Atheisten unterscheidet, ist ein Gefühl völliger Demut gegenüber den unerreichbaren Geheimnissen der Harmonie des Kosmos. (…) Wenn die Antwort einfach ist, spricht Gott!“*

Auf diese Weise hat Albert Einstein seinen Kollegen beschrieben, dass wir Menschen eigentlich als räumlich erweiterte Strukturen des Universums existieren – der diskrete und separate Körper ist daher eine Illusion. Das bestätigt somit die Lehren der antiken Philosophen und Mystiker. Albert Einstein hat sich auch zu Jesus Christus geäußert, als er gefragt wurde, ob er vom Christentum beeinflusst worden ist und ob er die historische Existenz von Jesus akzeptiert:

„Als Kind erhielt ich Unterricht in der Bibel als auch im Talmud. Ich bin ein Jude, aber ich bin begeistert von der leuchtenden Gestalt des Nazareners."

„Kein Mensch, kann die Tatsache leugnen, dass Jesus existierte, noch dass seine Sprüche schön sind. Auch wenn einige schon gesagt worden sind, hat niemand sie so göttlich ausgedrückt wie er."

„Andererseits behaupte ich, dass das kosmische religiöse Gefühl das stärkste und edelste Motiv für die wissenschaftliche Forschung ist."

Albert Einstein entwickelte die bekannteste Formel der Physik durch die Geheimlehre von Madame Helena Blavatsky!

Viele Anhänger des Mystizismus haben erkannt, dass Albert Einstein seine berühmte Formel nur entwickeln konnte, weil er mit den östlichen Lehren vertraut gewesen ist und das Buch „*Die Geheimlehre*" von Helena Blavatsky studiert hat! Das ist kein Scherz, denn zum 20. Todestag von Albert Einstein hat der Physiker Richard Feynman wörtlich im *Time Magazin* enthüllt: *„Ich kann nicht verstehen, wie er zur Intuition gelangt ist, die zu* $E=mc^2$ *geführt hat, in Anbetracht des Stands des wissenschaftlichen Wissens dieser Zeit im Jahr 1905."* Damit hatte der Mann vermutlich recht. Einstein hatte bei der Entwicklung seiner Formel eine große Quelle der Inspiration entdeckt. Eine Nichte von Einstein berichtete nach seinem Tod, dass *„immer eine Kopie der ‚Geheimlehre' auf seinem Schreibtisch lag*"! Diese Tatsache wurde Mitte der 1970er-Jahre bekannt gegeben, als sich nach einem Vortrag in der vereinten Loge der Theosophen in New York City noch einige Zuhörer mit der Vortragenden, einer Frau namens Wadia, unterhalten haben.

Die ältere Dame britischer Abstammung war die Witwe eines damals bekannten indischen Theosophen, und sie wurde in New York von mehreren in Saris gekleideten Inderinnen begleitet. Frau Wadia berichtete bei dieser Gelegenheit schließlich davon, dass sie Mitte der 1960er-Jahre für die *Theosophical Publishing Company* in Adyar tätig gewesen ist. Adyar ist ein Stadtteil der indischen Großstadt Chennai des Bundesstaates Tamil Nadu. Dort hat sie nach dem Tod von Albert Einstein seine Nichte getroffen, die extra nach Indien zum Hauptquartier des *Theosophischen Verlags* gereist war, um der dortigen Bibliothek ein Buch zu übergeben, das sich neben dem Bett ihres Onkels Albert Einstein befunden hat, als er verstorben war. Mehrere Mitglieder der theosophischen Loge haben damals in Anwesenheit von Frau Wadia ehrfürchtig dieses abgenutzte Buch entgegengenommen, das viele Eselsohren besaß und bei dem es sich um Albert Einsteins Erstausgabe von Madame Helena Blavatskys „*Die Geheimlehre*" aus dem Jahr 1888 handelte – der Synthese von Wissenschaft, Religion und Philosophie!

Frau Wadia hat erklärt, dass sie das Buch schließlich aufgeschlagen und dann gesehen hat, dass es überall mit Notizen vollgekritzelt war und zahlreiche Textpassagen unterstrichen waren. Die Seitenränder des Textes waren mit weiteren Kritzeleien und Markierungen übersät, und diese Symbole von Einstein erschienen für die Theosophin keinen Sinn zu ergeben, dennoch wäre es sehr interessant gewesen, sie zu analysieren. Auf Nachfrage bestätigte Frau Adyar in den 1970er-Jahren, dass sich dieses Buch damals noch immer im Besitz der theosophischen Loge in Adyar befunden hat, und möglicherweise verwahrt man es heute noch immer dort.

Es hat vermutlich in den wissenschaftlichen Kreisen von Albert Einstein noch viele weitere führende Physiker des 20. Jahrhunderts gegeben, die sich mit dem Inhalt der „*Geheimlehre*" auseinandergesetzt haben, und höchstwahrscheinlich wurden viele wissenschaftliche Entdeckungen durch dieses hoch esoterische Buch inspiriert. Somit hat dieses Werk fundamental zur Entstehung der modernen Naturwissenschaft beigetragen, obwohl diese Vorstellung für heutige skeptische Gelehrte die reinste Qual sein muss! Somit könnten Albert Einsteins Einsichten zur Relativitätstheorie, die sich mit der Struktur von Raum und Zeit befasst, direkt von der „*Geheimlehre*" abgeleitet gewesen sein. Auch einige eng mit Einstein befreundete Kollegen waren davon überzeugt.

Weitere Informationen zeigen, dass seit 1971 Aussagen von Kollegen und Bekannten von Albert Einstein die Runde gemacht haben, dass er sich nicht nur mit dem kontroversen Werk „*Welten im Zusammenstoß*“, sondern auch sehr intensiv mit der theosophischen „*Geheimlehre*“ beschäftigt hat und dieses Buch immer griffbereit in seiner Nähe hatte. Somit steht die Frage im Raum, warum er die beiden Bücher noch kurz vor seinem Tod immer wieder gelesen hatte?

Das *Journal of San Diego History* veröffentlichte im Jahr 1974 ein Interview mit dem Theosophen Iverson L. Harris, und auch dieser Mann sagte aus, dass Albert Einstein immer eine Kopie von Blavatskys Buch „*Die Geheimlehre*“ auf seinem Schreibtisch liegen hatte. Einige Historiker glauben, dass Einstein keine Nichte hatte, die dieses Buch nach seinem Tod nach Indien gebracht hat. Einige seiner engen Freunde vermuten, dass es sich bei dieser Person um seine ehemalige Haushälterin Helen Dukas gehandelt hat, die seine Erstausgabe der *Theosophischen Gesellschaft* in Indien übergeben hat, denn sie hat seinen Nachlass verwaltet und war somit dafür verantwortlich. Eine weitere Bestätigung erhalten wir vom Theosophen Dr. Alfred Taylor, dem vormaligen Leiter der *Krotona School of Theosophy* und persönlichen Freund von Albert Einstein. Er beschrieb bei verschiedenen Gelegenheiten, dass Einstein einen großen Enthusiasmus für dieses mystische Werk entwickelt hatte, das der Nobelpreisträger persönlich sogar als seine Bettlektüre bezeichnet hat! Das letzte Mal, dass darüber berichtet wurde, war im September 1983 in einem Artikel des Journalisten Jack Brown mit dem Titel „*I Visited Professor Einstein*“ (Ich besuchte Professor Einstein), den dieser in der Zeitung *Ojai Valley News* in Kalifornien veröffentlichte.

In seinem Artikel schreibt Jack Brown, dass er Professor Albert Einstein zusammen mit Professor Howard Rothman von der Columbia Universität im Jahr 1935 besucht hat. Die wichtigsten Ereignisse dieses Treffens hatte sich Brown extra notiert und aufbewahrt. Albert Einstein soll den damals jungen Mann aufgefordert haben, das Chaos an seinem Arbeitsplatz zu inspizieren.

Odd, strange and as improbable as it may appear, I visited Prof. Albert Einstein back in 1935, together with a very good friend of mine, a Prof. Howard Rothman who taught mathematics and physics at Columbia University in NYC. It is almost 50 years since that event and, although I've forgotten many of the small details of that visit, I remember the most important ones from the few notes that I've saved from that occasion.

"Would you like to see my study, young man?" said the professor to me. "Come up for a moment and witness the utter confusion of my work-place."

I went upstairs to his study, and it was as I expected. He had two large book shelves with books that reached from the floor to the ceiling;

besides books on his desk, plus magazines, papers, an assortment of well-smoked pipes, letters, note-books and, to my utter astonishment, a copy of Mme. Blavatsky's, "The Secret Doctrine," which sat at the far corner of the large desk.

"What is this book doing here!?" I asked, unable to control myself.

"Why, don't you know?" he replied, "this is the Bible of the Theosophists. Like every religion, they have their Bible. One is struck by its total dissimalarity with the Old or New Testaments. It's a very strange book, and I've even told prof. Heinsenberg, my fellow physicist, to get a copy and keep it on his desk.

I urged him to dip into it when he's handicapped by some problem. The strangeness of this book may relax or possibly inspire him. It is like a box of mixed goodies and vague but solemn mysteries. For instance, I cannot believe that the individual survives the death of his body, as she avers, although feeble souls harbor such thoughts through fear or ridiculous egotism."

"But," I feebly interjected, "the personal ego which is part of the physical body does not survive after death - what Blavatsky speaks of is the inner core; the soul, if you will, the higher self, the divinity within him - that is what survives and continues to evolve through future incarnations."

Einstein smiled and gave an uncertain shake of his head, as to say, "Perhaps, perhaps." Like T.H. Huxley," he said, "I'm aware that great though science was, it can never touch even with the tip of its finger that dream with which our little life was rounded - and if that dream includes thoughts of re-incarnation or immortality, I find it hard to believe." He continued with the following observations: "Mme Blavatsky is a bit wild and somewhat irrational and speaks as if she were the Oracle of Delphi. But I will admit that I find some interesting observations in her book which was

published, as you know, back in 1888, at a time when physics and science were in their swaddling clothes. For instance, here is something she said which intrigued me, and I'm astonished how much in keeping it is with modern Physics." He turned to a page with a paper slip in it. "I quote from 'The Secret Doctrine' ---

"There are many other significant statements of hers which I find interesting, but for which I have no time to discuss now," he concluded.

Abb. 20: Ausschnitte aus dem Interview von Jack Brown mit Albert Einstein über *„Die Geheimlehre"* auf seinem Arbeitstisch

Gemeinsam gingen die Männer hinauf in sein Arbeitszimmer, und Einstein hatte dort zwei große Bücherregale, die vom Boden bis zur Decke mit Büchern gefüllt waren. Auf seinem Schreibtisch befanden sich verschiedene Bücher, Magazine und wissenschaftliche Abhandlungen, und zur großen Überraschung der beiden Besucher befand sich dort auch eine Kopie von Madame Helena Blavatskys *„Die Geheimlehre"* an einer Ecke des großen Tisches!

Jack Brown fragte den weltberühmten Wissenschaftler, was dieses Buch dort zu suchen hat, und Albert Einstein erwiderte: „*Warum? Wissen Sie es nicht? Das ist die Bibel der Theosophen. (…) Es ist ein sehr seltsames Buch, und ich habe sogar meinem Physiker-Kollegen Professor Heisenberg gesagt, dass er sich eine Kopie besorgen und sie auf seinen Schreibtisch legen soll. (…) Ich habe ihn dazu gedrängt, immer darin nachzusehen, wenn er vor einem schwierigen Problem steht. Die Eigenartigkeit dieses Buches mag dabei behilflich sein, ihn zu entspannen oder ihn möglicherweise zu inspirieren. Es ist wie eine Box mit gemischten Süßigkeiten und vagen, aber ernsten Mysterien. (…) Madame Blavatsky ist etwas wild und irgendwie irrational und spricht, als wäre sie das Orakel von Delphi. Doch ich muss zugeben, dass ich einige interessante Beobachtungen in ihrem Buch gemacht habe, das, wie Sie wissen, schon im Jahr 1888 veröffentlicht worden ist, zu einer Zeit, als die Physik und die Wissenschaft noch in ihren Windeln lagen.* (Einstein zitierte seinen Besuchern daraufhin einige Stellen aus der „*Geheimlehre*“) *(…) Es gibt noch viele andere bedeutende Stellen, die ich interessant finde, doch ich habe keine Zeit, sie jetzt zu diskutieren.*“

Der Wissenschafts-Autor Fred Warshofsky veröffentlichte Ende der 1970er-Jahre sein Buch „*Doomsday: The Science of Catastrophe*“, das ein Kapitel über die Arbeit von Immanuel Velikovsky enthält. Er liefert in seinem Buch einen Überblick über die wichtigsten wissenschaftlichen Katastrophen-Theorien, beginnend beim Urknall, der als größte aller Katastrophen das Universum erschaffen haben soll. Weitere Katastrophen haben dann auch den Planeten Erde oder den Mond erschaffen und dadurch angeblich Leben auf dem Planeten Erde ermöglicht. Fred Warshofsky schreibt in seinem Buch davon, dass die Werke von Velikovsky und Blavatsky nicht nur von Einstein gelesen worden sind, sondern dass sie zu den Büchern gehörten, die viele Wissenschaftler noch kurz vor ihrem Tod studiert haben!

Denn erst zu diesem Zeitpunkt fingen sie an, sich Fragen über die größere Realität des Universums, ein Leben nach dem Tod und über die Wiedergeburt zu stellen. Das sind Wissensgebiete, die der östlichen Philosophie seit Jahrtausenden bekannt sind, aber von der westlichen Welt der Wissenschaft heute offiziell immer noch nicht akzeptiert werden – weil sie dem Mystizismus oder der Pseudowissenschaft zugerechnet werden. Letztendlich liegt der Schluss nahe, dass viele der wichtigsten Wissenschaftler der Welt am Ende ihres Lebens zu der Einsicht gelangt sind, dass alternative Theorien über die Entstehung der Welt stimmen könnten und dass die antiken Lehren Indiens so wichtig sind, dass diese Forscher vor ihrem Tod selbst zu gläubigen Mystikern geworden sind!

Nikola Tesla wusste, dass das Universum mit freier Energie gefüllt ist, die an jedem Ort nutzbar gemacht werden kann, diese Energie treibt die materielle Welt an. Aus den östlichen Konzepten der Veden entwickelte er sein System der Nutzbarmachung von freier Energie. Er wollte ein System der drahtlosen Übertragung von elektrischem Strom entwickeln. Swami Vivekananda versuchte zu erreichen, dass es Tesla möglich wird zu beweisen, dass Materie im Grunde Energie ist, so wie es in den Lehren der Veden beschrieben wird. Hindu-Kosmologie wäre somit die Basis aller Wissenschaft. Tesla verstand diese Philosophie und sagte, dass sie gute Beschreibungen der physischen Mechanismen des Universums enthält. Der mathematische Beweis dazu wurde dann wie gesagt durch die Arbeit von Albert Einstein erbracht, doch diese Prinzipien waren im Osten schon seit tausenden von Jahren bekannt und daher nichts Neues. Die Gleichung $E=mc^2$ machte die Entwicklung der Atombombe möglich!

Hier einige vielsagende Zitate von Nikola Tesla:

„Heutige Wissenschaftler haben Mathematik durch Experimente ersetzt, und sie wandern hinüber zu Gleichung nach Gleichung, sie haben schließlich ein Konstrukt erschaffen, das nichts mehr mit der Realität zu tun hat.“

„Mein Gehirn ist nur ein Empfänger, im Universum gibt es einen Kern, von dem wir das Wissen, Stärke und Inspiration erhalten. Ich bin noch nicht in die Geheimnisse dieses Kerns eingedrungen, doch ich weiß, dass er existiert.“

„Wenn man die Geheimnisse des Universums finden will, muss man in Begriffen von Energie, Frequenzen und Vibration denken.“

„Was ein Mensch Gott nennt, nennt ein anderer die Gesetze der Physik.“

„Frieden kann nur als Konsequenz der universalen Erleuchtung entstehen.“

Abb. 21: Der mysteriöse Wissenschaftler Nikola Tesla mit dem indischen Swami Vivekananda im Jahr 1893 auf dem Weltkongress der Religionen in Chicago. Vivekananda besuchte später Teslas Labor und war überrascht, was er dort zu sehen bekam.

Diese Zitate von Nikola Tesla zeigen, dass er davon überzeugt war, dass egoistisches Denken in der Wissenschaft sich der menschlichen Entwicklung in den Weg stellt. Egoistische Auseinandersetzungen darüber, welche Theorie die richtige ist, erlauben es nicht, dass Fortschritte erzielt werden, welche die Menschheit längst errungen hätte, wenn sie alle ihre Fähigkeiten und Ressourcen vereint hätte, um sich zu einem erleuchteten Bewusstseinszustand zu erheben.

Die uralten indischen Veden als Grundlage aller Wissenschaft enthalten Informationen über die Welt der Götter

Nicht nur Albert Einstein und Nikola Tesla, sondern auch viele andere weltberühmte Forscher und Erfinder sind durch ihre Beobachtungen der faktischen Vorgänge im Universum zu dem Schluss gelangt, dass der vorhandenen Physik und Mathematik in den kosmischen Abläufen der Natur eine unerklärliche Ordnung und ein gemeinsamer Ursprung zugrunde liegen muss. Weil dieser Ursprung durch materielle Experimente nicht feststellbar ist, weigern sich die meisten atheistischen Gelehrten, daran zu glauben, dass das Universum eine von einer unbekannten Intelligenz erschaffene Schöpfung darstellt, in der überall Ordnung existiert – so auch in der Natur und in allen biologischen Lebewesen. Den Nachweis dieses intelligenten Designs bezeichnet man aber nicht als Wissenschaft, sondern als Mystizismus. Nicht, dass die Wissenschaft keine Beweise für eine intelligente höhere Ordnung im Universum gefunden hat, denn diese Beobachtungen sind offenkundig, sie werden vielmehr dem reinen Zufall und unbekannten physikalischen und kosmologischen Mechanismen und Prozessen zugeschrieben, die Gelehrte *„noch nicht vollständig"* verstanden haben. Wissenschaftliche Theorien sind definitionsgemäß Annäherungen an die Wahrheit im Kosmos.

Ohne die Anerkennung eines intelligenten Designs in der universalen Schöpfung können bestimmte Eigenschaften in vielen Systemen niemals zufriedenstellend erklärt werden, denn Wissenschaft kann viele Dinge einfach nicht erklären. Aus diesem Grund werden abenteuerliche und fantasievolle Theorien konstruiert, um unerklärliche Vorgänge zu beschreiben. Weist jemand auf diese Unstimmigkeiten hin, wirft man ihm vor, kein Wissen über den etablierten Stand der Wissenschaft zu haben oder pseudowissenschaftliche Standpunkte zu vertreten, weil angeblich keine Geheimnisse in der Natur existieren, die man nicht auf rationale Weise erklären könnte. Die Krise in der Wissenschaft lehrt uns das Gegenteil.

Viele der populärsten wissenschaftlichen Theorien, speziell diejenigen, welche die Entwicklung des modernen Menschen und die Entstehung der

Welt betreffen, sind bloß Geschichten, die manchmal wie Science-Fiction wirken. Sie werden so glaubhaft präsentiert, dass sie selbst von Intellektuellen schnell adaptiert und akzeptiert werden, wobei sich die meisten Gelehrten niemals die Mühe machen, diese Grundsatzthesen jemals ernsthaft zu hinterfragen oder genau zu prüfen. Wenn sie das doch tun und zu unbequemen Resultaten gelangen, bezeichnet man sie prompt als Wissenschafts-Leugner oder Pseudowissenschaftler. Weise Männer aus Indien haben aus diesem Grund versucht, eine Synthese von Wissenschaft, Religion und Philosophie herzustellen, um damit eine Möglichkeit zu eröffnen, zu den wahren Geheimnissen des Universums vorzudringen, und viele dieser Geheimnisse betreffen nun einmal den Forschungsbereich der Naturwissenschaften. In den ältesten Schriften der Welt findet man erstaunlicherweise akkurate Beschreibungen der Welt. Einerseits ist ersichtlich, dass viele der wichtigsten wissenschaftlichen Entdeckungen des 19. und 20. Jahrhunderts auf diese Quellen antiken oder prähistorischen Wissens zurückzuführen sind. Das bedeutet, dass es eigentlich von einer unbekannten hochtechnologischen Zivilisation stammt, die vor tausenden von Jahren auf der Erde bestanden hat. Dieses Wissen wurde in unserer Zeit wiederentdeckt.

Dadurch kam es zu den rasanten technologischen Fortschritten, und die moderne Zivilisation wäre nicht entstanden, wenn die wichtigsten Pioniere der modernen Wissenschaft nicht ihre Ideen daraus geschöpft hätten! Diese Tatsache wäre von der wissenschaftlichen Gemeinschaft einfacher zu akzeptieren, wenn in diesen antiken Überlieferungen nicht parallel Informationen enthalten wären, die man der Pseudowissenschaft oder der Ufologie zuschreiben muss, weil unter anderem Berichte von kulturstiftenden, menschenähnlichen Göttern aus den Tiefen des Alls vorhanden sind, die Raumschiffe gesteuert haben, die wie UFOs aussehen.

Obwohl bestimmte Ikonen der Wissenschaft somit nachweislich stark an Mystizismus oder der theosophischen „*Geheimlehre*“ interessiert gewesen sind und sich selbst mit Spiritualität und alternativer Weltsicht befasst haben, weigert sich die moderne wissenschaftliche Gemeinschaft heutzutage solche Modelle in Betracht zu ziehen, obwohl ihr eigenes Glaubenssystem definitiv auf solchen Quellen aufbaut, die eigentlich Mystizismus oder Pseudowissenschaft darstellen sollen.

Neben Themen wie „außerirdische Eingriffe beim Bau der Gizeh-Pyramiden durch antike Raumfahrer“ gilt vor allem die UFO-Forschung als ein Tabuthema in der etablierten Wissenschaft. Populäre TV-Serien wie *„Ancient Aliens“* und alternativ-wissenschaftliche populäre Bücher von Erich von Däniken oder Graham Hancock haben ein Millionenpublikum begeistert, und viele Menschen denken, dass solche Astronautengötter tatsächlich für die Entstehung der ersten Kulturen verantwortlich sind. Altindische Sanskrit-Texte enthalten gleichermaßen Schilderungen der antiken Kulturbringer der Menschheit. Der indische Professor Deepak Shimkhada spricht darüber, dass in den indischen Veden Informationen über die Welt der Götter enthalten sind. In den ältesten Traditionen unserer Welt findet man Daten über Wissenschaft, Technologie, Architektur und fortschrittliche Waffensysteme der Götter, bei denen es sich ohne Zweifel um außerirdische Besucher handelte, welche ihr Wissen an die Menschen der Erde überreichten.

In vedischen Texten sind detaillierte Beschreibungen von Vimanas enthalten, den Fluggeräten der Götter. Selbst Atomwaffen der Götter werden beschrieben, und Robert Oppenheimer, der Vater der Atombombe, zitierte nachweislich aus der *„Bhagavad Gita“* als er sagte: *„Jetzt bin ich zum Tod geworden, zum Zerstörer der Welten.“* Wie auch Albert Einstein und Werner Heisenberg wusste er darüber Bescheid, dass in den heiligsten antiken Texten fliegende Untertassen, antike Aliens und auch Schlachten im Weltraum vorhanden sind. Selbst Nikola Tesla besaß eine besondere Verbindung zu UFOs und Außerirdischen, auf die ich ein anderes Mal näher eingehen möchte. Da die vedischen Überlieferungen die längste Zeit nur mündlich weitergegeben worden sind, musste schließlich ein komplexes System entwickelt werden, um sie so exakt wie möglich niederzuschreiben. Es handelt sich insgesamt um mehr als 100.000 Verse. Diese Aufgabe demonstriert die Wichtigkeit der Veden, denn es musste sichergestellt werden, dass sie bis in unsere Gegenwart so akkurat wie möglich erhalten bleiben, damit sich die Beschreibungen über tausende von Jahren hinweg nicht verändern.

Frühe Quantenphysiker und Anhänger des wissenschaftlichen Mystizismus sind sich darüber im Klaren, dass sie Berichte von Göttern in Flugmaschinen enthalten. Man konnte in Vimanas große Distanzen am Himmel zurücklegen, und einige Hinweise belegen, dass damit sogar Zeitreisen möglich waren. Auf altindischen Kunstwerken sind solche Vimanas eingezeichnet, und sie sehen genauso aus wie moderne fliegende Untertassen, die in hoher Anzahl erschienen sind, nachdem in den USA die ersten Atomtests stattgefunden hatten. Die uralten „Waffen der Götter" sind zu diesem Zeitpunkt wieder auf Erden rückentwickelt worden. Vimanas nennt man übrigens auch die Spitzen von indischen Tempel-Pyramiden, dem Ort, an dem die Götter thronten.

Dr. George King und Richard Lawrence haben dazu das Buch „*Contacts With The Gods From Space*" veröffentlicht. Sie schreiben, dass UFOs und ihre Insassen den Astronautengöttern der Vergangenheit entsprechen, die man als erleuchtete Wesenheiten betrachtete. Heutzutage machen sie uns abermals mit ihrer Anwesenheit vertraut und versuchen auf behutsame Weise, wieder mit uns in offenen Kontakt zu treten, weil sie einen höheren Plan zur Erlösung und Erleuchtung der Menschheit anstreben. Sowohl in den Hindu-Texten als auch in buddhistischen Schriften finden wir Hinweise auf Konzepte über Leben in anderen Welten und höheren Sphären. Alles ist Teil desselben universalen Bewusstseins. Diese Weisheitslehren bringen uns bei, wie wir persönlich zu einem erhöhten Zustand der Bewusstheit gelangen können, um nach dem irdischen Dasein in höhere Sphären der Existenz aufzusteigen.

Obwohl diese Konzepte im Osten seit Jahrtausenden gelehrt werden, haben Anhänger westlicher Religionsgemeinschaften und der wissenschaftlichen Gemeinschaft Probleme damit, diese Beschreibungen zu begreifen. Ihre Vertreter werden mit Fakten konfrontiert, die besagen, dass unsere Welt Besuche von intelligenten Wesen von anderen Planeten erhalten hat, und zwar seit dem Beginn der menschlichen Geschichte bis in die Gegenwart. Sie haben ihre Weisheit von Anbeginn mit der Menschheit geteilt und sie über die Existenz von außerirdischen Spezies belehrt. Seit der vedischen Ära haben Kontakte und Wissenstransfers stattgefunden. Extraterrestrische Wesen werden in verschiedene Kategorien eingeteilt und in der vedischen Literatur aufgelistet.

Erst in der späten vedischen Periode nach der indoarischen Einwanderung nach Nordindien wurden die vedischen Texte niedergeschrieben. Die vedische Periode endete ungefähr 1000 bis 500 Jahre vor Christus. Dadurch wurden die heiligen indoarischen Sanskrit-Verse gesammelt und erhalten. Eine strittige Frage, die bis heute viele Historiker beschäftigt, lautet, woher die Indoarier einwanderten. Sie kamen offenbar aus dem Norden und haben sich dann im Indus-Tal und in der Ganges-Ebene niedergelassen.

Die bekanntesten dieser Gruppen sprachen indogermanische Sprachen und werden in der Sanskrit-Sprache „Arier" oder „edle Leute" genannt. Ihre Geschichte liegt größtenteils im Dunkeln der Vergangenheit verborgen, und auch archäologische Erforschungen von antiken Stätten der Indus-Zivilisation, wie zum Beispiel Mohenjo-daro, konnten bis heute nicht viele Anhaltspunkte liefern. Indoarier bewahrten umfangreiche Sammlungen literarischer Werke, indem sie auswendig gelernt und immer wieder in der Sanskrit-Sprache rezitiert wurden. Auf diese Weise wurden sie über einen unbekannten Zeitraum hinweg weitergegeben. Dort finden wir mythologische Berichte über den Ursprung der Welt.

Infolge der Entdeckung von Verbindungen zwischen Sanskrit und den klassischen Sprachen Europas stellten Wissenschaftler die Hypothese auf, dass es ein frühes oder sogar prähistorisches proto-indoeuropäisches Volk gab, welches dieses Wissen der Götter behütete. Die Erforschung des Problems des ungeklärten Ursprungs der Urheimat der Indoeuropäer war eines der aufwendigsten intellektuellen Forschungsprojekte der letzten zwei Jahrhunderte und ist bis heute nicht gelöst. Beide Seiten der wissenschaftlichen Debatte werden von politischen, rassischen, religiösen und nationalistischen Agenden beeinflusst. Deshalb wird in den Mainstream-Medien und in Lehrbüchern kaum darüber Bericht erstattet. Ich werde allerdings in meinem nächsten Buch einen Überblick über diese Kontroverse abliefern.

Es folgen hier noch einige Erörterungen aus der Facharbeit *„Descriptions Of Aliens (Extraterrestrial Beings) In Vedic Scriptures"* der beiden Hindu-Gelehrten I. B. Arya Lawa Manuaba und I. Nyoman Sudirman, die im *International Journal of Hindu Science and Religious Studies* erschien. Die vedischen Verse basieren nicht auf Dogmen. Das Wort „Veden" bedeutet im eigentlichen Sinne „Wissen“. Insgesamt stellen die Veden eine Sammlung antiken Wissens dar. Dieses Wissen behandelt die Natur von materiellen Erscheinungen und spiritueller Realität. Spirituelle Realität ist durch gewöhnliche Sinneserfahrung nicht zu beobachten. Dennoch steht geschrieben, dass die überzeugendsten Informationen existieren, dass Indoarier festgestellt haben, dass ein Gelehrter der vedischen Zivilisation nur dann eine Wissens-Autorität darstellen konnte, wenn er über die Realität der spirituellen Welt unterrichtet war. Alles, was in den Veden beschrieben wird, existiert wirklich im Universum. Alles, was nicht in den Veden existiert, ist faktisch nicht existent.

Die Autoren erwähnen, dass die wissenschaftliche Gemeinschaft seit den 1940er-Jahren von der Möglichkeit von außerirdischem Leben erfahren hat, als es während und nach dem Zweiten Weltkrieg zu den ersten UFO-Sichtungen gekommen ist. Bis in die 1990er-Jahre kam es zu tausenden von Fällen von Begegnungen mit UFOs und Aliens. Das löste einen gewaltigen Schock in der wissenschaftlichen und den religiösen Gemeinschaften aus. Immer wenn prominente Forscher mit Studien über dieses Phänomen an die Öffentlichkeit traten, gab es Konfrontationen mit anderen Gelehrten oder Vertretern der Religionen – speziell, wenn es sich um Fragen nach dem Ursprung der menschlichen Spezies und um Hinweise auf intelligentes Leben jenseits des Planeten Erde drehte.

Die wissenschaftliche Gemeinschaft ist jedoch immer noch skeptisch und nicht in der Lage, Menschen vollständig von Phänomenen zu überzeugen, die mit den verfügbaren wissenschaftlichen Instrumenten nicht messbar sind. Parallel kommen ernsthafte Zweifel an religiösen Prinzipien auf, von denen Gläubige annehmen, dass sie von Gott offenbart wurden. Dennoch gleichen diese Offenbarungen des Westens keinesfalls dem Umfang des Wissens der östlichen vedischen Texte. Darin wird die Existenz von außerirdischen Wesen längst bestätigt, und es wird dargelegt, dass im ganzen Universum 400.000 humanoide Spezies leben. Im Mahabharata und im Ramayana werden Kriege zwischen solchen verschiedenen Spezies von menschenähnlichen Wesen erwähnt, die sich in ferner Vergangenheit zugetragen haben. Das waren Kriege der Götter gegen Halbgötter (Devas) und Dämonen (Asuras). Ihre Körper hatten verschiedene Formen und Arten.

Dämonen auf Erden residierten zum Beispiel unter Wasser und flogen mit ihren fortschrittlichen Fluggeräten mittels außerordentlich hoch entwickelter Technologie und Bewaffnung, die den Menschen der Antike nicht bekannt waren, extrem schnell durch die Lüfte. Es steht geschrieben, dass sie von tausenden von bösartigen Kreaturen gesteuert wurden, die große runde Augen hatten und Helme auf ihren Köpfen trugen! Das heißt, dass ein Einfluss von außerirdischen Zivilisationen bestand, von welchen Menschen der Antike Wissen über Sprache, Architektur oder Technologie erlangt haben. Auf diese Weise konnten erste menschliche Hochkulturen entstehen. Archäologische Beweise dafür wurden in Form von anormalen Artefakten gefunden, die man an antiken Stätten freigelegt hat. Viele weitere Artefakte und historische Quellen belegen darüber hinaus diesen Einfluss von außerirdischen Wesen auf die menschliche Gesellschaft.

Weiterführende Erforschungen der großen Gizeh-Pyramide eröffnen Forschern ebenfalls die Möglichkeit einer anormalen fortschrittlichen Architektur vor tausenden von Jahren, lange bevor moderne Maschinen entwickelt worden sind. Über die Entstehung der Welt wird in den Veden erklärt, dass das Universum eine Manifestation des höchsten Wesens Brahma darstellt. Alle lebenden Wesen, für die dieser Kosmos geschaffen wurde, sind von der Energie des höchsten Gottes erschaffen, um das Universum mit verschiedenen Arten von lebenden Wesen zu füllen. Alle lebendigen, intelligenten Wesenheiten verschiedener Planeten, egal ob Halbgötter, Dämonen oder Menschen, stammen von der einen spirituellen Qualität des Schöpfers. Diese spirituelle Qualität nennt man hier Atma oder die spirituelle Seele. Atma befindet sich über allen materiellen Zuständen und kann nicht durch materielle Einflüsse verändert werden.

Geeignete Körper für spirituelle Seelen befinden sich daher selbst in heißen Sonnen, kalten Monden, Gasplaneten, wie dem Saturn, oder Planeten mit hohem Druck, wie der Venus, oder dem dunklen Pluto. Seelen betreten einen individuellen Körper einer individuellen Spezies entsprechend ihrem Karma und ihren unterschiedlichen Seelen-Zuständen. Daher besitzt jede Seele dieses materiellen Universums einen anderen materiellen Körper. Es gibt verschieden zusammengestellte Körper auf unterschiedlichen Planeten, die überall im Universum existieren. Daher ist Leben auf anderen

Planeten laut den vedischen Quellen unvermeidbar. Materielles Leben kann erst beginnen, wenn die Präsenz von Atma in einen materiellen Körper eindringt. Dabei unterscheidet man beseeltes Leben in himmlischen, irdischen und unterirdischen Bereichen.

Die Seelen der Erde durchlaufen ein Muster von Wiedergeburten, bis sie sich von den dämonischen Einflüssen befreien können, um sich selbst in himmlische Reiche zu erheben, in denen göttliche Qualitäten vorherrschen. Zur dämonischen Ebene zählen unter anderem Wesen der Reptilien-Spezies. Sie sind anderen Lebewesen gegenüber bemerkenswert bösartig eingestellt. In einigen vedischen Schriften wie dem Mahabharata sind bösartige Aktivitäten von Reptilien-Rassen festgehalten, die in der gesamten vedischen Geschichte eine Rolle spielen. Diese Spezies werden Nagas und Uragas genannt und sind für Interaktionen mit Menschen der Vergangenheit bekannt. Himmlische Bereiche sind Planeten, auf denen Götter, Halbgötter oder erleuchtete Menschenrassen residieren. Es gibt zudem Planeten, die nur unterirdisch bewohnt sind, und das sind die Reiche, wo Dämonen wie Asuras und Reptilien hausen. Zwischen ihnen liegt die Ebene des Planeten Erde, auf dem himmlische und dämonische Einflüsse präsent sind. Menschen werden hier aus Geist-Formen geboren, um bestimmte Aktivitäten auszuführen, die zu karmischen Abläufen führen, welche entweder zu weiterer materieller Verstrickung oder einer Rückkehr zu den göttlichen Ebenen führen, um Erlösung aus dem Kreislauf der Wiedergeburt zu finden.

Diese Beschreibungen und Listen außerirdischer Wesen in den vedischen Schriften demonstrieren den Umfang vedischen Wissens und zeigen auf, dass Interaktionen zwischen Menschen und Nicht-Menschen für die vedische Zivilisation unbestreitbar existierten. In meinen anderen Büchern mit Jan van Helsing finden Sie weiterführende Informationen über Super-Zivilisationen, die sich im Inneren des Planeten Erde angesiedelt haben. Erlebnisberichte darüber wurden ebenfalls seit dem späten 19. Jahrhundert veröffentlicht. Seit damals begaben sich Geheimdienste auf die Suche nach legendären Wunderwaffen der Götter der Antike, mit denen sich offenbar weltumspannende Zivilisationen der fernen Vergangenheit bekriegten. Expeditionen in Asien haben einige technologische Relikte antiker Reiche ausfindig gemacht, die sich in buddhistischen Tempeln und Höhlensystemen befunden haben. Diese wurden laut Geheimdienstunterlagen in den Westen abtransportiert und im Laufe des 20. Jahrhunderts nachgebaut.

Nach diesen Ausführungen steht fest, dass die Grenzen von Wissenschaft und Pseudowissenschaft bzw. alternativer Wissenschaft sehr verschwommen sind und Mainstream-Wissenschaftler und Skeptiker genau jenes Verhalten an den Tag legen, das sie den sogenannten Pseudowissenschaftlern oder gar Verschwörungstheoretikern andichten wollen. Viele der größten Pioniere der modernen Wissenschaft müssten aus genau den gleichen Gründen heute allesamt zu Pseudowissenschaftlern erklärt werden, und somit wäre das gesamte Fundament der Physik und der Naturwissenschaft auf reiner Pseudowissenschaft aufgebaut. Dr. Carl Sagan hat zum Beispiel erklärt, dass UFO-Forscher immer wieder behauptet haben, dass Wissenschaftsjournale ihre Resultate nicht veröffentlichen wollen, weil sie Teil einer Verschwörung des „wissenschaftlichen Establishments" sind. Und dieses Establishment will tatsächlich nicht, dass glaubwürdige und belegbare Informationen von ganz bestimmten und umstrittenen Gebieten der Forschung in ihren Journalen veröffentlicht werden.

Das Wissenschaftsjournal *Live Science* hat aktuell von einer neuen Studie berichtet, die Umfragen in den USA behandelt, wie hoch derzeit der prozentuale Anteil der Bevölkerung ist, der an Pseudowissenschaft oder Verschwörungstheorien glaubt. Das erstaunliche Ergebnis: Mehr als 40 Prozent glauben an die Existenz oder Begegnungen mit außerirdischen Wesen und UFOs. Mehr als 30 Prozent glauben, dass eine politische und wissenschaftliche Verschwörung zur Einführung der Eine-Welt-Regierung existiert. Rund 25 Prozent der Befragten glauben daran, dass die Mondlandung gefälscht wurde. Allgemein glauben etwa zwei Drittel der amerikanischen Bevölkerung an paranormale Phänomene. Fast 71 Prozent der Befragten glauben an Wunder, 42 Prozent glauben an Geister, und 40 Prozent an außersinnliche Wahrnehmung wie Telepathie. Immerhin gut 15 Prozent glauben außerdem an Kreaturen wie den Wildmenschen Bigfoot.

Ob man nun an Verschwörungstheorien oder an eine Verschwörung eines wissenschaftlichen Establishments glaubt oder nicht, Tatsache ist, dass streng geheime Forschungseinrichtungen existieren, über deren Forschungsergebnisse aus Gründen der Geheimhaltung und der nationalen Sicherheit normalerweise nichts in wissenschaftlichen Journalen berichtet wird. Skeptiker vermeiden es, darüber zu diskutieren, dass eine geheime Welt der wissenschaftlichen und militärischen Forschung existiert, die sich mit allen aufgezählten Themen der nach außen hin so betitelten Pseudowissenschaft beschäftigt.

Die amerikanische Regierung und ihre Geheimdienste haben außerdem den Befehl, alle neu eingereichten Patente zu kontrollieren – auch jene, die privat entwickelt worden sind. Im Jahr 2017 hat die *Federation of American Scientists* immerhin bekannt gegeben, dass 5.784 bekannte Patente existieren, die man nicht einsehen kann! Sie werden von der Regierung aus bestimmten Gründen geheim gehalten, und diese Art der Geheimhaltung geht mindestens auf die 1930er-Jahre zurück. Im Jahr 1952 wurde ein spezielles Gesetz eingeführt, dass der Regierung erlaubt, wichtige Patente unter dem Vorwand der nationalen Sicherheit unter Verschluss zu halten. Laut verschiedenen Quellen beinhalten diese Patente Entwicklungen für Geräte im Bereich der Freien Energie, der Antigravitation und der medizinischen Heilgeräte, die mit Schall arbeiten.

Obwohl viele Regierungen der Welt einige ihrer zuvor geheimen UFO-Akten veröffentlicht haben, gilt das ganze Phänomen immer noch als eine Verschwörungstheorie, doch die veröffentlichten authentischen Dokumente beweisen das Gegenteil und die Realität dieses Phänomens. Einige mittlerweile freigegebene Patente weisen sogar darauf hin, dass die Regierungen schon seit vielen Jahren militärische Geheimtechnologie mit exotischen Antriebssystemen entwickelt haben, die von außerirdischer Technologie inspiriert ist. Es handelt sich um tiefschwarze Regierungsprogramme, von denen in den letzten Jahren mehr und mehr Whistleblower berichtet haben.

Die nächste Befürchtung der wissenschaftlichen Gemeinschaft ist, dass bald genügend archäologische Beweise für durch Kataklysmen zerstörte, unbekannte Hochzivilisationen der Vergangenheit vorliegen, die beispielsweise die Existenz der Zivilisation von Atlantis betreffen. Einer der prominentesten Forscher in diesem Bereich ist momentan Graham Hancock, weil er mit wissenschaftlicher Methodik arbeitet und mit vielen wissenschaftlichen Institutionen in Kontakt steht. Er ist der Autor von mehreren internationalen Buch-Bestsellern über diese verlorenen Zivilisationen und so hoch respektiert, dass er sogar von wissenschaftlichen Magazinen interviewt wird und ihnen mit seinem fundierten Fachwissen Rede und Antwort stehen kann. So wurde er mehrfach zu seiner Meinung über außerirdische Besucher in der Antike und den Inhalt seiner Bücher befragt.

Graham Hancock hat erklärt, dass entweder fortschrittliche Nichtmenschen oder Menschen für die antiken Entwicklungen verantwortlich gewesen sind, deren Überreste wir heute noch überall auf unserem Planeten verstreut vorfinden. Er vertritt die Theorie, dass eine außergewöhnlich fortschrittliche Zivilisation vor tausenden von Jahren auf der Erde existiert hat, so zum Beispiel in Ägypten oder dem heutigen Peru, wo man noch ihre Hinterlassenschaften vorfinden kann. Diese Menschen oder Nichtmenschen, die dabei behilflich waren, diese Kulturen zu erschaffen, wurden von den primitiveren Bewohnern und Kulturen der Erde deshalb als Götter verehrt, speziell als die Menschheit nach einem Kataklysmus beinahe ausgelöscht und in ihrer Entwicklung zurückgeworfen worden ist. Skeptiker können nicht direkt gegen die wissenschaftlichen Beweise in den Büchern von Graham Hancock vorgehen, weil sie meist Gültigkeit besitzen. Darum behaupten sie einfach, er hätte sich einige Fakten herausgegriffen und sie mit den Ideen von sehr alten und längst in Ungnade gefallenen Denkern vermischt.

Laut Skeptikern liegt der moderne Ursprung des Glaubens an außerirdische Besucher in der Antike im viktorianischen Mystizismus und in der Theosophie von Helena Blavatsky und ihrer „*Geheimlehre*“ begründet. Dort sollen bereits – noch vor der Entwicklung der modernen Wissenschaft – die wichtigsten pseudowissenschaftlichen Themen enthalten sein: Hermetische Magie, Spiritualität, östliche Religion, Rassismus und falsche Vorstellungen der menschlichen Evolution, wobei von Wurzelrassen, verlorenen Kontinenten sowie von aufgestiegenen Meistern berichtet wird, die vom Planeten Venus oder anderen bewohnten Planeten im All stammen. Graham Hancock und andere Alternativ-Historiker erläutern, dass die Kirche und andere Institutionen für die Zerstörung eines Großteils des antiken Wissens der Welt verantwortlich sind, in dem die Wahrheit über die antike Welt enthalten war.

Erst als dieses uralte Wissen zu großen Anteilen verschwunden war, wurde es möglich, dass sich die moderne Wissenschaft mit all ihren modernen Mythen und Spekulationen entwickeln konnte. Dazu kommt noch eine seit dieser Zeit bestehende wissenschaftliche Vertuschung aller archäologischen Funde, die mit dieser verbotenen Archäologie zu tun haben. Dazu zählen zum Beispiel tausende von menschlichen Riesenskeletten, die man in den ganzen USA und anderen Teilen der Welt in mysteriösen Grabhügeln (Mounds) ausgegraben hat. Diese Relikte stammen nicht von den amerikanischen Ureinwohnern, den Indianern, sondern gehören zu einer unbekannten Vorgängerzivilisation, die aus weißen riesenhaften Menschen mit roten und blonden Haaren bestanden hat, die vor langer Zeit diesen Kontinent beherrscht hat, bevor ihre Kultur durch einen Kataklysmus zerstört worden ist. Wissenschaftliche Institutionen wie die *Smithsonian Institution* sollen laut vorliegenden historischen Informationen für die Beseitigung der Riesenskelette und der Mound-Builder-Artefakte gesorgt haben, denn sie besitzen das Potenzial, das vom wissenschaftlichen Establishment konstruierte neue Geschichtsbild und die darwinistische Evolutionstheorie zunichtezumachen. Dennoch ändern wissenschaftliche Diskussionen nichts an der Tatsache, dass Bücher über Ancient Aliens und außergewöhnliche verlorene Kulturen, die zum Beispiel für die Erschaffung der Gizeh-Pyramiden verantwortlich gewesen sind, heutzutage viel populärer sind als die wissenschaftlichen Vorstellungen der Mainstream-Archäologie.

Die ältesten menschengemachten Bauwerke in den USA haben jetzt ein offizielles Alter von 11.300 Jahren

Abschließend möchte ich noch eine Meldung präsentieren, die vor kurzer Zeit für Aufsehen in Wissenschaftsmagazinen sorgte, die eine Studie vorstellen, die im *American Journal of Science* der Yale Universität publiziert wurde. Sie handelt davon, dass Archäologen in den USA Daten freigegeben haben, denen zufolge die sogenannten LSU-Mounds (Louisiana State University) ein offizielles Alter von 11.300 Jahren haben. Damit wären sie ungefähr gleich alt wie die mysteriösen Megalith-Bauwerke von Göbekli Tepe in der heutigen Türkei. Nordamerikanische Wissenschaftler der *Louisiana State University* gaben bekannt, dass sich zwei Mounds antiker Bewohner von Nordamerika auf dem Campusgelände der Universität befinden. Professor Brooks Ellwood, ein ansässiger Geologe, änderte die Mainstream-Theorie, wonach diese Bauwerke nur 6.100 Jahre alt wären. Analysen von ausgegrabenen Materialien weisen jetzt auf ein Alter von 11.300 Jahren hin. Das liegt in der frühesten Periode der anerkannten Besiedlung Nordamerikas durch die Clovis-Kultur von Proto-Indianern der prähistorischen Periode.

Die ältesten Steinwerkzeuge der Clovis-Kultur sollen bis zu 13.000 Jahre alt sein. Woher diese Kultur stammte, ist umstritten. Die Theorie, dass sie während der Eiszeit über Landbrücken von Sibirien aus eingewandert ist, ist deshalb nicht zu belegen, weil dort nirgendwo die typischen Steinspitzen entdeckt werden konnten. Ähnliche hat man jedoch in Europa entdeckt. Es kam zu heftigen Debatten unter Archäologen und Anthropologen, wie die ersten Menschen Amerika erreichten. Einige von ihnen behaupten, dass Proto-Indianer schon seit 45.000 Jahren die Küsten von Amerika besiedelt haben, was weitere Kontroversen auslöste. Die Datierung der LSU-Mounds ist deswegen umstritten, weil es sich möglicherweise in diesem Fall um die offiziell ältesten bekannten menschengemachten Bauwerke der Welt handelt!

Es ist unerklärlich, woher das Wissen um die Konstruktionsmethoden stammt. Nichts weist darauf hin, dass Tempel erstmals von Kulturen errichtet worden sind, die bereits Landwirtschaft betrieben haben. Es ist unerklärlich, wie Gruppen von Proto-Indianern komplexe Aufgaben bewältigt haben, ohne zuvor komplexe Gesellschaften zu bilden. Dasselbe gilt für die prähistorischen Monolith-Anlagen in der Türkei. Weshalb wurden vor mehr als 10.000 Jahren Anlagen errichtet, die extreme klimatische Veränderungen überdauern können? Wie hat man den Bau derart beständiger Strukturen bewerkstelligt, ohne dass Metallwerkzeuge oder Baukunst bekannt waren? Wie haben Handwerker der Antike solche Leistungen vollführt, ohne komplexe kulturelle Kenntnisse zu besitzen?

Professor Ellwood verursacht mit seiner Veröffentlichung Probleme für die Mainstream-Wissenschaft, denn er liefert Autoren wie Graham Hancock weitere Beweise dafür, dass in Nordamerika vor langer Zeit die Heimat einer fortschrittlichen Zivilisation war, welche durch einen globalen Kataklysmus ausgelöscht wurde, der die letzte Eiszeit beendete. Gerade deshalb besaßen die unbekannten Erbauer die Fähigkeit, beständige Konstruktionen zu erschaffen, die bis heute überdauert haben. In ganz Louisiana gab es mehr als 800 menschengemachte Mounds, von denen die meisten inzwischen zerstört sind. Mounds stellen die ältesten noch erhalten gebliebenen Bauwerke Nordamerikas dar.

Sie wurden nicht in einem Bauvorgang erzeugt, sondern Radiokarbon-Datierungen haben ergeben, dass die LSU-Mounds über einen Zeitraum von tausenden von Jahren beständig erweitert worden sind. Die früheste Phase begann vor mehr als 11.000 Jahren und endete vor rund 6.000 Jahren. Das entspricht nicht den Vorstellungen von anderen Archäologen über Menschen der Eiszeit. Professor Ellwood hofft, dass Archäologen der ganzen Welt anreisen, um die LSU-Mounds zu studieren, um mehr über die Geheimnisse der Vergangenheit herauszufinden. Fortsetzung folgt

Kapitel 7 – Klimaveränderung, Erdmagnetfeld und rätselhafte Sonnenaktivität

Der moderne Klimawandel wird durch solare und kosmische Ereignisse verursacht

Mein Freund und Verleger Stefan Erdmann hat mich gebeten, vor Fertigstellung dieses Buches ein zusätzliches Kapitel beizusteuern, das aktuelle wissenschaftliche Erkenntnisse bezüglich des vorgeblich menschengemachten Klimawandels beinhaltet. Es gibt eine recht hohe Anzahl an Klimatologen, die ermitteln konnten, dass die zu beobachtenden Erdveränderungen solare und kosmische Ursachen haben und nur zu einem geringen Teil auf menschlichen Aktivitäten auf diesem Planeten beruhen. Ich gehe hier auf eine Reihe von kontroversen Daten ein, die mit Veränderungen im Erdmagnetfeld, der Aktivität der Sonne und sonderbaren Magnetfeld-Anomalien zusammenhängen.

In Wissenschaftsmagazinen kursierten schon ab dem Jahr 2019 Meldungen darüber, dass eine der wichtigsten Fachzeitschriften eine Studie zurückgezogen hat, aus der hervorgeht, dass der Klimawandel von Sonnenaktivitäten hervorgerufen wird. Die sich zyklisch verändernde Distanz zwischen Erde und Sonne ist dafür verantwortlich, dass bestimmte Sonnenzyklen starke Veränderungen auf den Planeten des gesamten Sonnensystems hervorrufen. Es regte sich heftiger Protest bei Kollegen, die den Verfassern der Studie vorwarfen, elementare Fehler bei dem Modell zu machen, wie sich die Erde um die Sonne bewegt. Die Studie besagt, dass sich seit der vorindustriellen Zeit die durchschnittliche globale Temperatur um gerade einmal 1 °C erhöht hat. Also hat sich die Temperatur nicht durch irdische Industrieausstöße erhöht, sondern durch die veränderte Distanz zur Sonne. Das hängt wieder direkt mit dem Erde-Sonne-System bzw. dem geozentrischen Modell des Universums zusammen, denn es gibt Abweichungen in der Position der Sonne, die ihrerseits um das Baryzentrum kreist, also das Zentrum der Masse des gesamten Sonnensystems.

Kalkulationen von Astronomen haben ergeben, dass die Distanz zwischen Erde und Sonne immer wieder variiert. Das hängt mit den Orbitaldynamiken unseres Sonnensystems zusammen, wobei Astronomen uns nicht die Wahrheit über den unerklärlichen Aufbau dieses Systems preisgeben wollen. Gewöhnlicherweise werden veröffentlichte Facharbeiten nur in Extremfällen wieder zurückgezogen, aber die ermittelten Daten waren in diesem Fall so kontrovers, dass man fundamentale Fehler in den Berechnungen als Grund für den Rückzieher angegeben hat. Die Autoren kamen nämlich zu dem Entschluss, dass es eine Signifikanz der Bewegung der Sonne um das Baryzentrum gibt. Dieses Thema einer sich bewegenden Sonne ist sehr sensibel und genügte, dass das wissenschaftliche Establishment seinen Einfluss geltend machte, um die Arbeit zurückzuziehen. Die Autoren der Studie empfanden diesen Schritt als unangebracht.

Die britischen Autoren bestehen auf ihrem Standpunkt, dass die Klimaveränderungen der letzten zwei Jahrhunderte größtenteils auf Sonnenzyklen beruhen. Darum ist die Sonne auch für die gegenwärtige Erwärmung als hauptverantwortlich zu betrachten. Selbst Kritiker mussten offenbaren, dass es zwar in wissenschaftlichen Kreisen bekannt, in der Öffentlichkeit aber eher unbekannt ist, dass sich die Sonne um ein Zentrum der Masse bewegt. Aus dem Grund hegen viele Menschen eine falsche Vorstellung von der Himmelsmechanik unseres Solarsystems. Hinzu kommt, dass auch die Sonne selbst eine Reihe von unerklärlichen Anomalien aufweist, auf die ich hier auch noch eingehen werde. Wichtig ist zu begreifen, dass sich die Sonne laut dem heliozentrischen Modell des Universums im Zentrum der Planeten befindet und dort beinahe bewegungslos verharrt, weil externe Gravitationskräfte anderer Sterne sie dort verankern. Sie kann ihre gegenwärtige Position aus dieser Betrachtungsweise heraus aber sicherlich nicht in alle Ewigkeit beibehalten.

Hinzu kommt, dass das Universum laut gültigen Theorien zu einem Großteil aus unbekannten Substanzen wie Dunkler Energie oder Dunkler Materie bestehen soll, die es möglicherweise gar nicht gibt. Sollte es sie nicht geben, worauf mittlerweile immer mehr Beobachtungen hindeuten, dann kommt zu den bekannten Anomalien des Sonnensystems noch eine viel größere unerklärliche Komponente hinzu, und alle Grundsatzmodelle der Entstehung des Weltalls müssen überarbeitet werden. Auf jeden Fall herrschen in unserem Sonnensystem eine Reihe von Gravitations-Anomalien, die bis heute nicht aufzuklären sind. Im Jahr 2015 hat eine Sonde der NASA ermittelt, dass es zwei große Gravitations-Anomalien unter der Oberfläche des Merkurs gibt, dem sonnennächsten Planeten. Es sind zwei Zonen mit höherer Anziehungskraft, was auf ungewöhnlich dichte Materie unter der Planetenoberfläche hindeutet. Solche Anomalien gibt es auch auf der Erde und auf anderen Planeten und Monden des äußeren Sonnensystems.

Seit den 1970er-Jahren wurden Forschungen zu plötzlichen Klimaveränderungen wichtig. Aus Bohrkernen aus Grönland und der Antarktis können Geologen und Klimatologen Rückschlüsse auf abrupte Veränderungen im Weltklima ablesen, die sich in der Vergangenheit ereigneten. Diese Ereignisse wurden darüber hinaus durch Bohrungen am Meeresboden bestätigt, und man findet Hinweise auf Klima-Katastrophen auch in den Sedimentschichten der anderen Kontinente der Welt. Diese Klimawechsel versetzen Wissenschaftler in Sorge, denn sie weisen darauf hin, wie sensibel unser Weltklima ist. Plötzlich auftretende Veränderungen werden deshalb in wissenschaftlichen Arbeiten als „Klima-Überraschungen" bezeichnet. Da vergangene Ereignisse nicht auf menschengemachten Ursachen beruhten, sondern von einer Reihe von Prozessen ausgelöst wurden, geht wohl ein Großteil davon auf externe Faktoren zurück. Das bedeutet, dass das Leben auf Erden und auch Menschen der Vergangenheit unzählige klimatische Veränderungen überlebt haben. Dabei wurden ohne Zweifel viele Gesellschaften und Kulturen oder ganze Zivilisationen stark in Mitleidenschaft gezogen, und die Populationen vieler Spezies wurden dramatisch dezimiert.

Daraus ergeben sich eine Reihe von völlig unlösbaren Widersprüchen, wenn man von der hypothetischen Entwicklung der Erde und der Aktivität der Sonne ausgeht, wie sie in wissenschaftlichen Modellen beschrieben werden. Dr. Carl Sagan wies erstmals im Jahr 1972 darauf hin, dass es gravierende Widersprüche in den Modellen gibt. Da wäre einmal das sogenannte „Faint-Young-Sun-Paradox", also ein Paradoxon der jungen und schwachen Sonne. Dieser Widerspruch ist bis heute *„noch nicht vollständig"* aufgeklärt, wie unzählige andere Anomalien. Basierend auf den Modellen der frühen Erdgeschichte, müsste die Sonne viel schwächer geleuchtet haben als heutzutage, ungefähr 25% schwächer. Das hätte bei gleichem Abstand zur Sonne zu einem wesentlich kälteren Klima auf Erden beigetragen, und zwar zu einem Grad, dass die gesamte Erdoberfläche sowie alles Wasser der Oberfläche eingefroren gewesen sein müssten. Messungen haben ergeben, dass so etwas auf Erden allerdings niemals der Fall gewesen sein kann. Geologen, Astrophysiker, Forscher der Planetologie und Klimatologen haben jahrzehntelang über diese Kontroverse debattiert und kamen zu keinem Ergebnis. Das Faint-Young-Sun-Paradox ist daher eine der größten ungelösten Fragen der Klimatologie!

Eine Erklärung könnte lauten, dass eine ungewöhnlich hohe Konzentration von Treibhausgasen wie Methan oder Kohlendioxid dafür gesorgt haben könnte, dass die Erdoberfläche nicht eingefroren ist. Die Konzentrationen müssten zu diesem Zeitpunkt viel höher als momentan gewesen sein. Wenn das aber so gewesen wäre, dann hätte sich die Oberfläche derartig erhitzt, dass kein Leben mehr möglich gewesen wäre. Hohe Konzentrationen von Treibhausgasen müssten sich daher mit zunehmender Sonneneinstrahlung verringert haben, was auf einen unbekannten Mechanismus zur Reduzierung von Treibhausgasen hindeutet. Oder diese Mutmaßungen sind völlig falsch. Klimatologische Beweise aus Bohrkernen haben ergeben, dass mindestens vier extreme Kältephasen stattgefunden haben, die hunderte von Millionen von Jahren zurückliegen sollen. Geologen denken, dass alle Ozeane der Erde und auch alle Landmassen von den Polen bis zum Äquator eingefroren und lange Zeit von Eis bedeckt waren. Aber auch diese Hypothese erscheint unlogisch, weil die Erde – einmal eingefroren – nur schwer wieder auf natürliche Weise auftauen würde. Wie hätte Leben diese langen Perioden des Einfrierens überstehen können? Gab es vielleicht gar keine natürliche Evolution, sondern eine periodische Neuschöpfung allen Lebens auf Erden durch höhere Mächte? Weitere Schwierigkeiten ergeben sich aus dem angenommenen atmosphärischen Druck und der angenommenen Rotationsrate der Erde.

Im Jahr 2013 erschien eine Studie mit dem Titel *„Increase of the mean Sun-Earth distance caused by a secular mass accumulation“*, die besagt, dass planetare Beobachtungen zwischen 1971 und 2003 gezeigt haben, dass eine Abnahme des Abstands der Erde zur Sonne festzustellen ist, und zwar in einem Ausmaß von 4 bis 15 Meter pro Jahrhundert. Zusammen mit anderen Anomalien im Sonnensystem ist diese Rate unerklärlich. Alle Berechnungen und Schätzungen von Wissenschaftlern ergaben, dass pro Jahrhundert nur eine Rate von 0,3 bis 1 Meter zu erwarten wäre. Keine gültige Theorie kann dazu eine Erklärung liefern, und deshalb sind unbekannte Faktoren im Spiel, die für eine stärkere Reduzierung des Abstands sorgen. Dadurch verändert sich auch die Länge einer Astronomischen Einheit, also dem durchschnittlichen Abstand der Erde zur Sonne. Weil es sich um eine Anomalie handelt, nennt man das den „säkularen Zuwachs der Astronomischen Einheit".

In gleicher Weise kommt es übrigens zu einer abnormalen säkularen Zunahme der Exzentrizität der Umlaufbahn unseres Mondes im Verhältnis zur Erde. Die gültigen Modelle können keine Erklärung für dieses Phänomen abliefern, weil die Vorgänge im Inneren des Mondes und der Erde nicht beobachtet werden können. Daher versagen die Vorhersagen der Modelle von Newton und Einstein erneut. Viele dieser Hypothesen enthalten nicht die Möglichkeit von Veränderungen über lange Zeiträume hinweg. Die nächste Anomalie ist die „Fly-by-Anomalie". Mehrere Raumsonden, wie die Galileo-Sonde, haben beim Vorbeiflug an der Erde eine unerklärliche Beschleunigung erfahren. Das hat Forscher dazu veranlasst, ein weiteres Mal die Gesetze der Physik infrage zu stellen, weil die Gravitationsphysik im Sonnensystem *„nicht vollständig verstanden"* ist. Dazu passt dann auch gleich die „Pioneer-Anomalie" der Raumsonden der NASA, denn bei diesen Weltraumsonden sind jeweils geringe aber unerklärliche Abweichungen der vorausberechneten Flugbahnen aufgetreten. Grundsätzlich haben Astrophysiker ermittelt, dass es zu Veränderungen des Abstandes der Sonne zur Erde kommt und unbekannte Faktoren im Spiel sind, welche die Planetenbahnen steuern. Das führt in weiterer Folge zu klimatischen Veränderungen im ganzen Sonnensystem. Es sieht so aus, als ob die Sonne während ihrer Bewegung um das Baryzentrum des Sonnensystems der Erde immer näher kommt und diese Annäherung auch in den kommenden Jahrzehnten und Jahrhunderten klimatische Veränderungen bewirkt und andere starke Einflüsse auf die Erde ausübt.

Damit kommt es zu Schwankungen in der Stärke des Erdmagnetfelds und der Temperatur, welche auf den 11-Jahres-Zyklus der Sonne und einen größeren Zyklus von 350 bis 400 Jahren zurückgeführt werden können. Diese Schwankungen der geschätzten durchschnittlichen Erdtemperatur, die über der Meeresoberfläche gemessen wird, enthält laut der zurückgezogenen Studie „*keine vom Menschen verursachten Faktoren, sondern nur Auswirkungen der Sonnenaktivität selbst und der Trägheit-Bewegung der Sonne*".

Geoengineering-Maßnahmen sollen die Sonnenstrahlung reflektieren

Weil der Inhalt dieser Studie nunmehr bekannt gegeben wurde, reagierten Klimatologen in den USA damit, dass ein Plan zur Modifikation des Anteils von Sonnenlicht, das die Erdoberfläche erreicht, entwickelt werden soll, um die Effekte zur globalen Erwärmung zu studieren. Dazu sollen Aerosole in der Atmosphäre ausgebracht werden. Chemtrails sind keine Verschwörungstheorie, sondern man nennt sie ab sofort „*Maßnahmen zum solaren Geoengineering*" oder zur Sonnenlicht-Reflexion und will damit die Klimaerwärmung bremsen. Damit wollen Klimatologen ausdrücken, dass Modifikationen der Lichtreflexion die Lösung für den Klimawandel sind. Journalisten wollen uns davon überzeugen, dass die Reduzierung von menschlichen Emissionen die Lösung ist, aber die grüne Politik muss wohl eher die kostenaufwendigen Geoengineering Maßnahmen finanzieren.

Eine Videoaufnahme aus dem Jahr 2016 beweist, dass der frühere CIA-Direktor John Brennan bei einer Rede vor dem *Council on Foreign Relations* über die Ausbringung von Aerosolen am Himmel gesprochen hat, um die globale Klimaerwärmung umzukehren. Dabei werden kleinste Partikel in einer Höhe von rund 15 Kilometer versprüht, die sich dann langsam verteilen und zum Erdboden absinken. Die Idee dazu wurde schon im Jahr 1965 in einem Bericht an den ehemaligen US-Präsidenten Lyndon B. Johnson dargelegt, der den Titel „*Restoring the Quality of Our Environment*" trägt. In dem Bericht wird erwähnt, dass Pläne in Erwägung gezogen werden, Veränderungen von 1% des Reflexionsvermögens zu erzielen, die rund 500 Millionen US-Dollar pro Jahr kosten würden. Das war damals eine große Summe, und dieser Betrag hat sich inflationsbereinigt in der Zwischenzeit verzehnfacht. Solche Summen erscheinen laut dem Bericht nicht übertrieben, wenn man die außergewöhnliche wirtschaftliche Bedeutung des Klimas bedenkt. Experten glauben, dass heutzutage mindestens 10 Milliarden US-Dollar aufgewendet werden müssen, um die durchschnittliche Temperatur um 1 °C zu senken.

Die amerikanischen *National Academies of Sciences, Engineering and Medicine* veröffentlichten im Jahr 2021 einen Report, wonach drei Arten von solarem Geoengineering angestrebt werden müssten. Das wären stratosphärische Aerosol-Injektionen, eine Aufhellung der Meereswolken und die Ausdünnung der Zirruswolken. Das heißt, dass Regierungen offenlegen, dass seit Jahrzehnten Programme zur Reflexion des Sonnenlichts laufen, jedoch auf unkontrollierte Weise, wie uns Sprecher von Organisationen der Klimaforschung versichern. Kelly Wanser vom Unternehmen *SilverLining* gab dazu in einem Interview mit dem amerikanischen TV-Sender *CNBC* Folgendes zu bedenken: *„Das ist nichts völlig Neues und Frankenstein – wir tun es bereits. Wir tun es auf die schmutzigste und am meisten ungeplante Art und Weise, die man sich vorstellen kann. Und wir verstehen nicht, was wir tun."*

Gemeint ist hierbei das Ausbringen von Stoffen, die für Mensch und Umwelt schädlich sind, wie zum Beispiel Schwefeldioxid-Aerosol-Injektion. Das Versprühen von Schwefel zerstört möglicherweise die schützende Ozonschicht. Sulfate kommen schließlich als saurer Regen auf den Boden und verunreinigen die Wasserreservoirs und beschädigen die Ökosysteme. Das führt außerdem zu Atemwegserkrankungen. Die Frage lautet also, ob dieses Vorgehen weniger schädlich ist als die Erwärmung, die sie angeblich stoppen soll. Wegen dieser Bedenken stellen sich hunderte von Klimatologen und Klima-Wissenschaftlern gegen die Pläne zur Erforschung und Entwicklung von Solar-Geoengineering.

„Menschenfreunde" wie Bill Gates oder George Soros haben dennoch ihr Interesse an diesen undemokratischen Maßnahmen kundgetan und planen, auch weiterhin Initiativen zu finanzieren, um Sonnenlicht in den Weltraum zu reflektieren. Sie behaupten zu glauben, durch SRM (Solar Radiation Management) das Ziel zu erreichen, die Erwärmung der Erde zu stoppen. Es gilt jedoch keinesfalls als gesichert, dass SRM überhaupt dabei helfen kann, die sogenannte Klimakrise zu bekämpfen. Besorgte Klimatologen haben daher einen offenen Brief an die US-Regierung gerichtet, um gegen die Normalisierung von Geoengineering zu protestieren, weil die unkontrollierte Ausbringung von schädlichen Aerosolen eine Gefahr darstellt und unerwartete Konsequenzen mit sich bringen könnte.

In Wahrheit bezweifeln immer mehr Klimatologen die These vom menschengemachten Klimawandel. Sie müssen daher viele ihrer alten Annahmen über das Weltklima über Bord werfen und neue Erklärungen für die Erwärmung finden, weil die Treibhaus-Hypothese, die vor einigen Jahrzehnten aufgestellt wurde, sich als unwahrscheinlich herausgestellt hat. Forscher gingen von Resultaten von Computermodellen aus, die besagen, dass sich die beobachtete Erwärmung im 20. und 21. Jahrhundert auf menschliche Aktivitäten zurückführen lässt, während gegenwärtig laufend ungewöhnliche Veränderungen der Sonne auftreten. Folglich wollen Wissenschaftler die Sonneneinstrahlung blockieren und die Zyklen der Sonne studieren – hauptsächlich aus dem Grund, weil alle bisher eingeleiteten Maßnahmen zur Bekämpfung der Klimaerwärmung offenbar keinerlei Fortschritte erzielt haben. Im Jahr 2021 ist in den USA ein Budget von mindestens 100 Millionen US-Dollar zur Verfügung gestellt worden, um Technologien zur Blockierung der Sonneneinstrahlung zu erforschen.

Allerdings wurden keine Fortschritte beim Klimawandel erzielt, und die Welt befindet sich laut neuesten Analysen immer noch auf dem Weg in eine gefährliche Erwärmung, wenn Gegenmaßnahmen nicht drastisch erhöht werden. Im Vergleich zum vorindustriellen Wert, tritt bis ins Jahr 2100 eine vorausberechnete Erwärmung von bis zu 4 °C ein. Die Weltbank stufte die Risiken als sehr hoch ein, weil das zu kaskadenartigen globalen Ernteausfällen führen könnte. Pläne besagen, dass nur eine Erhöhung von 2 °C eintreten soll, wenn man sofort extreme Gegenmaßnahmen einleitet, indem eine rasche Reduktion von fossilen Treibstoffen vorgenommen wird, mit denen Fahrzeuge, Fabriken und Kraftwerke betrieben werden. Die wenigsten Regierungen haben allerdings konkrete Pläne vorgelegt, wie sie diese Reduzierung in absehbarer Zeit umsetzen wollen. Dazu wäre es notwendig, die ganze Wirtschaft und Gesellschaftsordnung grundlegend zu verändern, und das innerhalb weniger kurzer Jahre.

Ist unsere Sonne eine Anomalie im Universum?

Astronomen sind dem ganzen Phänomen schon seit Jahren auf der Spur und führen alles auf Anomalien unserer Sonne zurück. Im Jahr 1999 erschien im Journal *Astronomy & Geophysics* ein Artikel mit dem Namen „*Is the Sun anomalous?*". Er stammt von Professor Guillermo Gonzalez von der Universität von Washington. Dieser befasste sich damals mit der chemischen Zusammensetzung von Sternen, um herauszufinden, ob unsere Sonne im Vergleich zu anderen Sonnen abweichende Anomalien aufweist. Das ist tatsächlich der Fall. Einige Parameter unserer Sonne weichen von den Werten anderer nahegelegener Sterne signifikant ab. Laut dieser Studie sind in der galaktischen Nachbarschaft rund 88 Prozent der Sterne weniger hell als unsere Sonne. Das bedeutet, dass unsere Sonne relativ reich an Metallen ist. Das ist laut den Modellen die Grundvoraussetzung dafür, dass wir einen bewohnbaren Planeten wie die Erde haben. Eine andere ungelöste Frage betrifft den Ursprung des hohen Sauerstoffgehalts der Erde.

Geologen haben keine Vorstellung darüber, wie der hohe Gehalt an Sauerstoff auf der Erde ursprünglich entstanden ist. Sie denken an primitive Organismen, aber der Auslöser für das sogenannte „große Sauerstoff-Ereignis" vor mehreren Milliarden Jahren ist unbekannt. Damals stabilisierte sich der globale Sauerstoffgehalt. Hunderte Millionen Jahre später soll es noch zwei weitere Male zu einem mysteriösen Ereignis gekommen sein, das den Gehalt weiter erhöhte, und erst dadurch soll höher entwickeltes Leben auf Erden möglich geworden sein. Dass einfaches Leben für die ursprüngliche Entstehung von Sauerstoff verantwortlich war, ist allerdings bereits widerlegt, und Forscher sind sich nicht sicher, wie die sauerstoffreiche Atmosphäre unseres Planeten entstanden ist, denn Fotosynthese allein genügt nicht. Das bedeutet, dass eine weitere grundlegende Frage zur Entstehung des Klimas nicht aufgeklärt werden kann, und deshalb ist unser Planet nach wie vor einzigartig im Kosmos.

Die nächste offensichtliche Anomalie ist die hohe Masse unserer Sonne im Verhältnis zum Durchschnitt der Sterne in direkter Nähe. Es wäre eigentlich zu erwarten, dass sich hier ein Zwergstern befinden sollte. Der Abstand von der Sonne zur Erde ist ungewöhnlich, weil er ausreicht, damit es zu keiner Gezeiten-Sperre kommt. Wenn es zu Ausbrüchen der Sonne kommt, ist die Erde durch ihre Entfernung weniger stark davon betroffen als Gesteinsplaneten, die viel näher an Zwergsternen kreisen. Warum und wie sich unser bewohnbarer Planet genau in der habitablen Zone unseres Sonnensystems gebildet hat, kann kein Zufall sein. Die Bewohnbarkeit der Erdoberfläche begrenzt sich laut diesen Erkenntnissen auf seine Atmosphäre, welche am Rand durch die Bildung von CO_2-Wolken begrenzt wird, die ihrerseits die Albedo (das Rückstrahlvermögen) von Sonnenlicht ermöglichen und daher für Abkühlung sorgen. Fortschrittliche Lebensformen und komplexe mobile Wesen wie wir Menschen können nur in einem relativ geringen Bereich der mittleren Oberflächentemperatur und einer festgelegten Luftzusammensetzung existieren. Das bedeutet in weiterer Folge, dass der CO_2-Gehalt der Atmosphäre sehr hoch sein muss, um die Oberflächentemperatur der Erde ausreichend warm zu halten. Zusätzlich muss ausreichend viel Sauerstoff vorhanden sein.

Es gibt einen Zusammenhang zwischen Schwankungen der Sonneneinstrahlung und des globalen Weltklimas, das Leben erhalten kann. Es ist laut wissenschaftlichen Beobachtungen mehr als wahrscheinlich, dass die Bewohnbarkeit der Erde nicht unabhängig von den schnellen Veränderungen der Sonne ist! Daher ist fortgeschrittenes Leben nur in der Lage, ein relativ geringes Maß an Veränderlichkeit seines Muttersterns zu tolerieren, heißt es in der Arbeit. Weiter steht dort geschrieben, dass das Auftreten der menschlichen Spezies und allgemein von Leben auf der Erde zum momentanen Zeitpunkt der Lebensdauer unseres Sterns auch kein Zufall sein kann, da die sogenannte fotometrische Variabilität-Amplitude ständig abnimmt. Weil die Entstehung und Erhaltung von Leben auf dieser Variabilität der Sonne basiert, ist das ungewöhnlich stabile Weltklima der letzten 10.000 Jahre die nächste Anomalie, denn dazu müsste die Sonne tatsächlich einen super-stabilen Zustand durchlaufen haben! Schwankungen der Bestrahlungsstärke sind jedoch nicht der einzige Zusammenhang zwischen Sonne und Erdklima, denn es gibt Wechselwirkungen zwischen dem geomagnetischen Magnetfeld und den interplanetaren Magnetfeldern mit dem Sonnenwind. In weiterer Folge hängt die Entwicklung unserer Zivilisation wesentlich von verschiedenen Metallen ab, aus denen Gesteinsplaneten entstehen, wenn der Mutterstern einen hohen Anteil an Metall besitzt.

Auch Gasplaneten oder Gasriesen befinden sich meist in Systemen mit metallreichen Sternen. Sie sorgen dafür, dass die inneren Gesteinsplaneten des jeweiligen Systems besser vor Einschlägen von Kometen abgeschirmt werden.

Kohlenstoff ist auf der Erde in Spuren vorhanden, aber seine Rolle als Klimaregulator über die Treibhausgase CO_2 und CH_4 ist für die Bewohnbarkeit äußerst wichtig. Wäre deutlich mehr Kohlenstoff auf der Erde entstanden, hätte sich zu viel CO_2 gebildet. Daher muss ein regulierender Faktor vorherrschen, der mit der Sonnenaktivität zu tun hat. Abschließend ist festzuhalten, dass es eine Vielzahl an physikalischen Mechanismen gibt, die allesamt für Wissenschaftler sonderbare Anomalien darstellen, aber für unsere Existenz lebensnotwendig sind. Dadurch verwandelt sich die Existenz von menschlichem Leben auf der Erde selbst in eine gigantische Anomalie!

Das erkennt man anhand des „Kraftverdopplungs-Paradoxon der Gravitationsanziehung“ zwischen Erde und Mond. In Lehrbüchern über Physik an Universitäten ist festgehalten, dass Gravitation eine anziehende Kraft ist, die der Masse eines Körpers innewohnt. Daher ist Gravitationsanziehung der Masse der Erde oder des Mondes ein Effekt, der nahe oder an der Oberfläche dieser Himmelskörper vorhanden sein soll. Wenn man diese hypothetische Anziehung auf die dynamischen Kräfte von Erde und Mond anwendet, kommt es zu einem Paradoxon. Angeblich stabilisieren die anziehenden Kräfte von Erde und Mond die orbitale, zentrifugale Kraft beider Himmelskörper und halten ihre Bahnen in Balance. Doch wenn der Sitz einer Kraft beiden Körpern innewohnt, ist die gegenseitige Anziehung nur scheinbar, weil die theoretischen Anziehungs-Konzepte die doppelte Kraft produzieren würden, die notwendig ist, um die zentrifugalen orbitalen Kräfte des Erde-Mond-Systems auszugleichen. Die allgemeine Relativitätstheorie Albert Einsteins produziert daher die doppelte Gravitationsanziehung, die notwendig wäre, um Planeten und Monde in ihren Umlaufbahnen zu halten. Daher können diese Theorien über Gravitation und Anziehung nicht korrekt sein. Die Anziehung der Erde für den Mond und die Anziehung des Mondes für die Erde würden sich verbinden und eine Kraft erzeugen, die doppelt so groß ist wie die tatsächliche Naturkraft, die existiert und die Körper in der momentanen Umlaufbahn hält. Wenn die allgemeine Relativitätstheorie stimmen würde, dann könnten Planeten und

Monde nicht in stabilen Umlaufbahnen bleiben. Dieses elementare Doppelkraftparadoxon liefert klare Beweise, welche die beiden Anziehungskonzepte der Astrophysik als brauchbare Theorien für die Ursache der Gravitationskraft eliminieren!

Als Nächstes hätten wir die Gasplaneten-Anomalie. Alle Planeten, die größer als die Erde sind, weisen ein Gewicht auf, das viel geringer ist, als man für ihr großes Volumen erwarten würde. Die großen inneren Kerne dieser Planeten sind durch die äußeren Schichten vollständig vom gravitativen Strahlungsstrom abgeschirmt. Das geringe Gewicht dieser großen Planeten hat Physiker zu der Annahme veranlasst, dass alle großen Planeten Gasplaneten sind. Tatsächlich sind keine reinen Gasplaneten bekannt. Alle unsere großen Planeten weisen eine Atmosphäre und eine feste Oberfläche auf, die genauso fest ist wie die Oberflächen der kleinen Planeten und Monde. Daher ist unerklärbar, warum Gasplaneten ein so geringes Gewicht aufweisen, falls die Theorie der Gravitations-Strahlungskraft in unserem Sonnensystem korrekt sein sollte.

Dann wäre die „falsche solare Gravitationsanomalie" zu erwähnen. Die massiven Magnetfelder von Sonne und Jupiter schirmen die Gravitationsstrahlung ab, wodurch die Oberflächengravitation der Sonne und des Jupiters fälschlicherweise deutlich über der natürlichen Obergrenze erscheint. Das bedeutet, dass die Sonne ungefähr 25-mal größer sein müsste als ihre tatsächliche Größe, um die erforderliche hypothetische Zentralkraft zu erzeugen. Angesichts der scheinbaren Größe der Sonne kann sie nur 4% oder weniger der bekannten Gesamtgravitationskraft in Richtung des Zentrums des Sonnensystems liefern. Daher wird angenommen, dass das zentrale Magnetfeld der Sonne die restlichen 96% Gravitationskraft abschirmt, die in Richtung des Zentrums des Sonnensystems besteht. Das ist anormal und deutet abermals auf das geozentrische Modell des Universums hin. Die Sonne könnte sich daher viel näher am Jupiter befinden, was die einheitlichen Interaktionen ihrer zwei Kraftfeld-Systeme belegen könnte. Darum ist unklar, ob die Theorie der magnetischen Abschirmung korrekt ist.

Daher besteht das nächste unerklärliche Phänomen aus „symmetrischen Variationen der Oberflächengravitation des Planeten Erde auf globalen

Gravitationskarten". Auf der Gravitationskarte der Erde gibt es Punkte mit hoher Schwerkraft, die im 180-Grad-Winkel zueinander liegen, und Punkte mit niedriger Schwerkraft, die ebenfalls im 180-Grad-Winkel zueinander liegen. Es gibt keine Erklärung für diese Eigenschaft in den beiden Anziehungstheorien der Gravitation, und daher ist die Gültigkeit dieser Theorien einmal mehr infrage zu stellen. Auf fundamentaler Ebene widersprechen viele tatsächliche Beobachtungen der allgemeinen Relativitätstheorie von Albert Einstein. Ein bekannter Kritiker seiner Vorstellungen war der englische Physiker Louis Essen (1908-1997). Essen war ein „Fellow" der *Royal Society* und ist der Erfinder der Atomuhr. Durch seine Experimente mit Zeitmessung hat er die spezielle Relativitätstheorie widerlegt.

Anomalien im Standardmodell widerlegen die Gültigkeit der Relativitätstheorie

Zitat Louis Essen: *„Ich kam zu dem Schluss, dass diese Theorie überhaupt keine Theorie ist, sondern nur eine Reihe widersprüchlicher Annahmen zusammen mit tatsächlichen Fehlern."*

Niemand hat versucht, seine Argumente zu widerlegen, aber Essen wurde gewarnt, dass er wahrscheinlich seine Karriereaussichten verderben würde, wenn er weiterhin darauf beharrt, Einsteins Theorie zu widerlegen. Er glaubte, dass Einsteins Relativitätstheorie voller Fehler und logischer Ungereimtheiten ist und dass sie nicht von physikalischer Bedeutung ist. Seit dieser Zeit wurde vielen Gelehrten bewusst, dass die Wissenschaft von einflussreichen Kräften gesteuert wird und Teile von ihr in Geheimhaltung gehüllt werden! So sagte Essen zum Beispiel aus, dass Einstein die Lichtgeschwindigkeit als universelle Konstante definierte und damit eine Grundregel der Wissenschaft brach.

Einsteins Verwendung eines Gedankenexperiments, zusammen mit seiner Unkenntnis der experimentellen Techniken, führte laut Essen zu einem Ergebnis, das ihn selbst und Generationen von Wissenschaftlern erschütterte. Einstein überzeugte sich davon, dass seine Theorie das gewünschte Ergebnis lieferte, denn die Kontraktion der Zeit geht mit der Kontraktion der Länge einher, die zur Erklärung des Michelson-Morley-Ergebnisses erforderlich ist. Das Michelson-Morley-Experiment wurde erstmals im Jahr 1887 durchgeführt. Es war ein Experiment zum Testen der Lichtgeschwindigkeit. Seine wahre Bedeutung stellt allerdings einen Wendepunkt in der Wissenschaft dar, welcher die Annahme eines radikal anderen und alternativen Modells des Weltraums erforderlich machte. Das Ziel des Michelson-Morley-Experiments war es, die Lichtgeschwindigkeit in senkrechten und horizontalen Richtungen zu verschiedenen Tageszeiten zu vergleichen, um die relative Bewegung der Materie durch den stationären leuchtenden Äther zu erfassen, kurz gesagt: um festzustellen, ob sich Licht mit der gleichen Geschwindigkeit in alle Richtungen ausbreitet. Das schockierende Ergebnis dieses Experiments ist, dass sich das Licht in den verschiedenen getesteten horizontalen Richtungen mit der gleichen Geschwindigkeit ausbreitet.

Das bedeutet, dass der Beweis erbracht war, dass die Erde sich messbar überhaupt nicht um die Sonne bewegt! Das widerlegte alle Erwartungen und somit das akzeptierte astronomische Modell des Heliozentrismus. Mit anderen Worten: Das Experiment konnte nicht nachweisen, dass sich die Erde im oder gegen den Weltraum bewegt, aus welchem Raum auch immer man ihn zusammenfasst! Ronald W. Clark, ein Biograf von Albert Einstein, umschrieb diese Erkenntnis folgendermaßen: „*Das Problem, vor dem die Wissenschaft nun stand, war beträchtlich. Denn es schien nur drei Alternativen zu geben. Die erste war, dass die Erde stillstand, was bedeutete, die gesamte kopernikanische Theorie zu versenken, was undenkbar war.*“

Die Relativitätstheorie fand in der Folge in wissenschaftlichen Kreisen nur Anklang, weil das zweite Postulat der speziellen Relativitätstheorie eine Illusion lieferte, bei der die Lichtgeschwindigkeit für alle Beobachter unabhängig von der Bewegung konstant ist und scheinbar das bewegungslose Erdergebnis des Michelson-Morley-Experiments erklärte. Das ist der Grund, warum das geozentrische wie auch das heliozentrische Modell des Universums gleichzeitig Gültigkeit besitzen. Diese grundlegende Veränderung der Theorie der Natur von Raum und Zeit ermöglichte es, für die Theorie der Bewegung der Erde um die Sonne direkte widersprüchliche experimentelle Beweise zu erbringen. Das ermutigte bzw. zwang Astrophysiker, das heute akzeptierte Modell des Weltraums im Sinne des Heliozentrismus anzunehmen, um von der Anomalie der bewegungslosen Erde im Zentrum des Universums abzulenken! Wissenschaftler empfanden es als absolut undenkbar und schockierend, dass die Erde eine einzigartige Position im All einnimmt!

Gerald James Whitrow (1912-2000) war ein englischer Kosmologe und Wissenschafts-Historiker, und er war der erste Präsident der *International Society for the Study of Time*. Er bewertete das Michelson-Morley-Experiment aus historischer Sicht so: *„Wenn ein solches Experiment im 16. oder 17. Jahrhundert hätte durchgeführt werden können, als die Menschen über die rivalisierenden Vorzüge des kopernikanischen und des ptolemäischen Systems debattierten, wäre das Ergebnis sicherlich als schlüssiger Beweis für die Unbeweglichkeit der Erde und damit als triumphale Rechtfertigung des ptolemäischen Systems und als unwiderlegbare Falsifikation der kopernikanischen Hypothese interpretiert worden.“*

Auch der amerikanische Wissenschafts-Historiker Stephen George Brush, welcher hunderte Artikel in Fachjournalen und viele Bücher geschrieben hat, befasst sich mit der Frage, warum die wissenschaftliche Gemeinschaft die Theorie der Relativität akzeptiert hat. Der Autor kommt zu dem Schluss, dass ein Großteil der Gründe, warum sie akzeptiert wurde, darin besteht, dass es sich um ein Weltmodell handelte, das vorgab, das Michelson-Morley-Versuchsergebnis einer bewegungslosen Erde zu erklären. Man wollte erreichen, dass Wissenschaftler die Wahrheit des geozentrischen Modells nicht erkennen. Ein weiterer Hauptgrund war der Wunsch, eine einheitliche physikalische Theorie eines eigentlich unerklärlichen Weltalls voller Anomalien zu ersinnen. Andere wissenschaftliche Autoren identifizieren das Null-Ergebnis einer bewegungslosen Erde vom Michelson-Morley-Experiment als den primären Faktor für die Akzeptanz der unsinnigen Relativitätstheorie. Einstein sorgte dafür, dass die Erde sich im Denken der Physiker zu bewegen begann, obwohl die wichtigsten physikalischen Modelle erwiesen haben, dass sie sich nicht bewegt!

Die amerikanische Wissenschaftsjournalistin Kitty Ferguson schreibt in ihrem Werk *„Measuring the Universe“*, dass wenige Gelehrte über diese

Implikationen der Wissenschaft des 20. Jahrhunderts nachgedacht haben. Wenn sie das getan hätten, dann würden sie erkennen, dass das Konzept der Relativbewegung zeigt, dass niemand beweisen kann, dass die Erde sich bewegt. Der Physiker Douglas C. Giancoli schreibt in seinem Buch *„Physics: Principles with Applications“* Folgendes über dieses Phänomen: *„Dieses Null-Ergebnis war eines der großen Rätsel der Physik am Ende des neunzehnten Jahrhunderts. (…) Aber das impliziert, dass die Erde irgendwie ein bevorzugtes Objekt ist. Nur in Bezug auf die Erde wäre die Lichtgeschwindigkeit c (300.000 km/s), wie es die Maxwell-Gleichungen vorhersagen. Dies ist gleichbedeutend mit der Annahme, dass die Erde der zentrale Körper des Universums ist.“* Also besteht das größte Geheimnis der Astrophysik darin, dass der Planet Erde den zentralen Körper des gesamten beobachtbaren Universums darstellt, und weil dieser Faktor von der wissenschaftlichen Gemeinschaft und den Regierungen der Welt weiterhin geheim gehalten wird, kommt es zu immer mehr abweichenden Anomalien im kosmologischen Standardmodell.

Einsteins Relativität ist ein Gedankenexperiment geblieben und kann niemals wirklich bestätigt werden. Sein Modell sorgte vielmehr dafür, dass ganze Generationen von Wissenschaftlern fehlgeleitet wurden und die Wahrheit erschütternd ist. Einstein und seine Kollegen stellten mit ihrem Vorgehen sicher, dass ihre Theorien das gewünschte Ergebnis lieferten, das zur Erklärung des kontroversen Michelson-Morley-Ergebnisses notwendig ist. Der Physiker Louis Essen gab zudem bekannt, dass er ein Gespräch mit einem früheren Präsidenten der *Royal Society* in London geführt hat, wobei dieser eingestehen musste, dass er die Theorie der Relativität selbst nicht verstehen konnte. Sie wird von Gelehrten aus Mangel an Alternativen als nützlich betrachtet, weil diese Gelehrten niemals freiwillig bereit sein werden, das spezielle erdzentrierte Modell des Universums zu akzeptieren, in dem die Menschheit eine zentrale Rolle spielt. Aus diesem Grund werden auch jegliche Fehler in Einsteins Theorie geflissentlich ignoriert. Louis Essen ging so weit, die Theorie der Relativität als einen Witz oder einen Schwindel zu bezeichnen, der in erster Linie als wissenschaftliche Hypothese eingeführt wurde, um das Null-Ergebnis des Michelson-Morley-Experiments irgendwie zu erklären. Dieser Schwindel sorgt bis heute dafür, dass eine rationale Weiterentwicklung der Astronomie unmöglich gemacht bzw. verzögert wird.

Durch Weltraumsonden wurden zahlreiche Anomalien ermittelt, und jene, die im Saturn-System auftreten, sorgen ebenfalls dafür, dass die gültigen Regeln der Physik versagen. Über diese Saturn-Phänomene gehe ich im neuen Buch über die Ringmacher des Saturn näher ein, das parallel zum vorliegenden Werk erscheint. Alle diese Beobachtungen entsprechen nicht den Vorhersagen der Computermodelle und machen die Entwicklung einer neuen Physik notwendig, denn nur auf diese Weise wird es irgendwann möglich, alle diese Rätsel zu lösen. Um wieder zur Sonnenaktivität zurückzukommen ist dem hinzuzufügen, dass neben dem erhöhten Auftreten von Sonnenflecken im sogenannten Schwabe-Zyklus alle 11 Jahre, noch zeitlich weiter auseinanderliegende Sonnenzyklen existieren. In einem Intervall von 400 bis 500 Jahren kommt es zu einem großen Solar-Minimum. Immer dann kommt es zu einem zyklischen Kollaps von irdischen Zivilisationen, und ein solches Phänomen steht uns heutzutage wieder unmittelbar bevor. Deshalb sollten wir aus der Weisheit vergangener Zivilisationen lernen. In Verbindung damit stehen von Sonnenaktivität verursachte Veränderungen in der DNS-Struktur von irdischen Lebewesen, die untrennbar mit diesen Klima-Zyklen zusammenhängen. Alles weist darauf hin, dass unsere moderne Zivilisation vor einem gewaltigen Kollaps steht, weil die globale Wirtschaft so zerbrechlich ist.

Wetterextreme führen zu einer globalen Nahrungsmittelverknappung und einer rapiden Verteuerung von Lebensmitteln. Deshalb raten Experten, schon heute Sorge zu tragen und notwendige praktische Vorbereitungen für ein autarkes Leben zu treffen. Es wird zu einem Crash kommen, und dann bewegt sich das Weltklima in Richtung der nächsten Eiszeit, und all das hat mit der Sonne zu tun. Kulturen und Zivilisationen der Erde florieren in Wärmeperioden von hoher Sonnenaktivität, aber diese Phasen sind nicht konstant. Nur die vergangenen 10.000 Jahre stellen eine ungewöhnlich konstante Periode dar, und das ermöglichte die Entstehung unserer Zivilisation und ihrer Infrastruktur. Wenn die heute noch konstanten klimatischen Bedingungen sich aber abrupt ändern, hat auch die Zivilisation ihren Zenit überschritten und beginnt zu zerfallen.

Wirft man einen Blick auf vergangene Kulturen wie das römische Reich, erkennt man, dass sie die Sonne verehrten. Der römische Sonnengott wird „Sol invictus“ genannt, und bei den antiken Griechen kennen wir „Helios“.

Beide Persönlichkeiten entsprechen der noch älteren ägyptischen Sonnengottheit RA, die man als großen Schöpfer betrachtet. Immer wenn die Sonnenaktivität hoch war, breiteten sich Hochkulturen aus, und ihr Niedergang begann mit dem Ende von Wärmephasen. Danach wurden die Ernten schwächer, und Nahrungsmittelverknappungen traten auf, zusammen mit der Ausbreitung von Krankheiten und anderen gravierenden Problemen. Im Mittelalter gab es eine Wärmeperiode, die ungefähr bis zum Jahr 1300 dauerte. Damals lagen die durchschnittlichen globalen Temperaturen um 1,4 °C über den heutigen. Es kam zum nächsten Solar-Maximum, und die Menschheit begann wieder zu florieren. Es konnte mehr Getreide angebaut werden, die alpine Baumgrenze stieg höher, die Bevölkerung Europas verdoppelte sich, und viele neue Städte sind entstanden. In Nordengland konnte man Wein anbauen und in Deutschland sogar in einer Seehöhe von bis zu 780 m. Deshalb sorgte das wärmere Klima für Wachstum und reiche Ernten. Daraufhin kam es zu einer kleinen Eiszeit, und die Temperaturen fielen dramatisch. Schnee fiel früher, und starke Stürme und Überflutungen sorgten für Ernteausfälle. Wieder kam es zu Hungersnöten und dem Ausbruch von Seuchen.

Das Solar-Minimum sorgte für abwechselnde Phasen von Abkühlung und Erwärmung und eine geringe Anzahl an Sonnenflecken. Jahrhundertelange Beobachtungen der Sonne haben ergeben, dass Sonnenflecken, Sonneneinstrahlung und Sonnenmagnetismus zyklisch variieren, und diese Phänomene entsprechen jeweils den globalen Klimaveränderungen auf der Erde. Erst um das Jahr 1900 kam es zum modernen Sonnen-Maximum und einem ähnlichen Zyklus an starkem Bevölkerungswachstum. Somit steht uns ein mehrere hundert Jahre andauerndes Minimum bevor. In den verschiedenen Sonnenminima bis zum Jahr 1900 sanken die Tiefsttemperaturen in ganz Europa, und die Zeit für das Reifen von Ernten verkürzte sich um einen ganzen Monat. Die Anzahl der kalten Tage mit Schneefall stieg hingegen um einen Monat, und die Böden froren mehrere Meter tief ein. Alpine Gletscher breiteten sich aus und begruben zum Beispiel in den Schweizer Alpen ganze Dörfer.

Das heißt, dass wir unser Solar-Maximum so gut wie hinter uns gebracht haben, und die Periode mit anhaltender Wärme und einem berechenbaren Klima geht zu Ende, weil die Sonnenaktivität jetzt geringer wird. Die Auswirkungen auf die globale Zivilisation mit ihren Milliarden von Erdbewohnern sehen düster aus, schreiben Klimatologen. Physiker denken, dass wir während der 2030er- und 2040er-Jahre im Solar-Minimum verbleiben werden, was ein Desaster für die modernen landwirtschaftlichen Monokulturen bedeutet. Die verweichlichte und verwöhnte westliche Gesellschaft der Welt wird mit diesem Problem laut aller Prognosen nicht fertig werden.

Weil momentan alle vier Magnetfelder der Sonne aus der Phase treten, steht uns ohne Zweifel in den nächsten Jahrzehnten oder länger eine starke Abkühlung, aber keine stetige Klimaerwärmung bevor. Das Ganze könnte sich zu einer neuen kleinen Eiszeit entwickeln. Diese Kaltzeit wird die moderne Gesellschaft ins Chaos stürzen, so wie es schon früher geschehen ist. Wachstumsphasen für Nahrungsmittel werden drastisch verkürzt, Ernten werden ausfallen, Millionen werden durch Hunger oder Krankheit umkommen, und die globale Zivilisation, wie wir sie kennen, wird auseinanderfallen, schreiben Experten. Das wird für einen Finanz-Crash sorgen und die Märkte zerstören. Wirtschafts-Experten warnen vor einem drohenden Crash in der nahen Zukunft.

Studien haben in den vergangenen Jahren überdies konkretisiert, dass das Weltraumwetter einen Einfluss auf den Aktienmarkt hat. Geomagnetische Aktivität mit globalem Einfluss im Bereich der Kopplung von Sonnenwind und Magnetosphäre beeinflusst Anlageentscheidungen, die menschliche Gesundheit, unsere emotionale Stimmung und insgesamt das menschliche Verhalten. Dadurch soll es zu einem vorhersehbaren Finanzcrash kommen, der bereits begonnen hat. Finanzblasen werden kollabieren und Immobilien und Aktien ihren Wert verlieren. Das wird die Altersvorsorge und allgemein die Ersparnisse der meisten Menschen zerstören.

Seit dem Jahr 2020 befinden wir uns im 25. Sonnenfleckenzyklus. Die amerikanische NASA und die NOAA (National Oceanic and Atmospheric Administration) sagen für diesen Zyklus eine historisch niedrige Sonnenaktivität vorher. Die NOAA spricht von einem ausgewachsenen großen Solar-Minimum in den späten 2020er-Jahren, und die NASA betrachtet den 25. Zyklus als den schwächsten der letzten 200 Jahre. Das weist ohne Zweifel auf eine langanhaltende Phase der globalen Abkühlung hin und hat Auswirkungen auf den Golfstrom und auf das gesamte Weltklima.

In diesem Zyklus könnte es außerdem zu einem großen zerstörerischen Sonnensturm kommen, dem stärksten der aufgezeichneten Geschichte. Der letzte dieser Größenordnung hat im Jahr 1859 stattgefunden. Man nennt ihn das Carrington-Ereignis. Das war der mächtigste geomagnetische Sturm der aufgezeichneten Geschichte, und er verursachte globale Probleme und Brände in Telegrafenämtern. Wenn solche Ereignisse zyklisch auftreten, dann haben sie womöglich etwas mit schweren Erdveränderungen und Massensterben aller Arten auf der Erdoberfläche zu tun. Es ist daher denkbar, dass seit der fernen Vergangenheit immer wieder antike Zivilisationen durch ähnliche Ereignisse zerstört worden sind. Sonnenstürme dieser Größenordnung haben vermutlich vor ungefähr 12.000 Jahren die Eismassen geschmolzen, was eine Flutkatastrophe ausgelöst hat und ein raues Klima erzeugte, das zum Aussterben vieler Arten führte. Überlebende mussten sich offenbar unter die Erdoberfläche zurückziehen. Die Alternativ-Archäologen Dr. Robert Schoch und Graham Hancock sagen, dass man Beweise dafür in einigen der ältesten Ruinen der Erde findet. Das wären zum einen die Gizeh-Pyramiden, die Figuren auf der Osterinsel oder die Megalith-Pfeiler von Göbekli Tepe in der Türkei. Auch andere Megalith-Anlagen wurden entweder vorsätzlich oder von Schlammfluten unter Sedimenten begraben. An ihnen findet man Schnitzereien, welche auf diese verheerenden Sonnenphänomene hinweisen.

Unterirdische Höhlen und bewohnbare Komplexe in der Region Kappadokien in Anatolien in der Türkei und Erdställe in Österreich, die dort von dem Forscherehepaar Dr. Heinrich und Ingrid Kusch erforscht werden, sind ein weiterer Hinweis auf die Möglichkeit dieser Theorie. Demnach stammen einige der uralten Ruinen und unterirdischen Anlagen von vorsintflutlichen Zivilisationen wie Atlantis. Sie wirken wie vorzeitliche Bunkeranlagen, die eingerichtet worden sind, um Menschen vor Katastrophen an der Erdoberfläche zu schützen. In Eisbohrkernproben wurden radioaktive Elemente wie Beryllium-10, Chlor-36 und Kohlenstoff-14 entdeckt, die vermutlich durch starke Sonneneinstrahlung entstanden sind. Das deutet darauf hin, dass gewaltige Sonnenstürme viel häufiger und in viel größerer Intensität auftreten als bis zuletzt angenommen. Währenddessen ignorieren Anhänger der wissenschaftlichen Gemeinschaft weiterhin die Beweise dafür, dass traditionelle wissenschaftliche Theorien, die eigentlich nur Gedankenexperimente sind, mit denen wir seit langem getäuscht werden, fehlerhaft sind. Mit einer wachsenden Zahl von Beweisen, die demonstrieren, dass die Menschheitsgeschichte eine deutlich ältere Zeitlinie besitzt, ist es für Historiker schwer, die Realität zu akzeptieren, dass wir eine Spezies mit kollektivem Gedächtnisverlust sind.

Dazu passend hat die NASA im Jahr 2021 eine Studie veröffentlicht, wonach der Mond in Zyklen von 18 bis 19 Jahren in seinem Orbit zu taumeln beginnt. Dadurch kommt es in Küstenregionen der Welt zu Überflutungen. Deshalb sorgt dieser zusätzliche Effekt in den nächsten zwei Dekaden ab 2023 für eine Ausweitung von Überflutungen in der ganzen Welt. Die NOAA registrierte mehr als 600 Überflutungen im Jahr 2019, und bis zur Mitte der 2030er-Jahre soll sich diese Zahl verdreifachen oder vielleicht sogar vervierfachen. Fluten könnten bis zu einem Monat andauern und auf globaler Ebene tagtäglich irgendwo auf dem Globus stattfinden. Dadurch würden hunderttausende Quadratkilometer an Küstenlinien unbewohnbar werden. Zuständig dafür sind laut diesen Auskünften abermals astronomische Ursachen.

Die Struktur und Funktion des Gehirns bestimmen die Grenzen der menschlichen Wahrnehmung des Universums

Im Jahr 2008 erschienen in Wissenschaftsjournalen Meldungen über die Entdeckung von mysteriösen Magnet-Portalen, welche die Erde direkt mit der Sonne verbinden. An diese Anomalie konnten viele Wissenschaftler erst nicht glauben, doch Tonnen von hochenergetischen Partikeln kommen periodisch aus diesen Portalen. Man nennt den Vorgang „Flux Transfer Event“, wobei Experten noch kurze Zeit zuvor sicher waren, dass so etwas nicht existiert. Jetzt liegen allerdings die Beweise dafür vor. Die Magnetosphäre der Erde ist mit Partikeln von der Sonne gefüllt, die durch Sonnenwinde ankommen und aus der Atmosphäre der Sonne stammen. Die Portale öffnen sich zusätzlich alle acht Minuten, weil sich die zwei Felder der Erde und der Sonne verbinden und ein Portal formen, durch das diese Partikel fließen. Das Portal hat dabei die Form eines magnetischen Zylinders vom Durchmesser der Erde. Es ist ungeklärt, warum sich diese Portale alle 8 Minuten öffnen und wie sich Magnetfelder in diesen Zylindern verdrehen und winden. Die Portale bilden sich normalerweise einige zehntausend Kilometer von der Erde entfernt, wo das geomagnetische Feld auf Sonnenwinde trifft. Die Tonnen von energetischen Partikeln beginnen fortan, die obere Erdatmosphäre aufzuheizen. Das erzeugt geomagnetische Stürme und Polarphänomene.

Es kann darüber hinaus festgestellt werden, dass die Herkunft des Erdmagnetfelds bis heute unbekannt bleibt. Wenn der Ursprung des Erdmagnetfelds ermittelt werden könnte, dann würden Forscher endlich die Umstände kennen, in denen sich erste Lebensformen gebildet haben sollen. Bestimmte Kristalle nehmen Spuren von Magnetismus auf, und durch ihre Erforschung zieht man Rückschlüsse über das Alter der Erde. Wissen über Magnetismus war aber schon in antiken Kulturen der Welt verbreitet, die ihre Steintempel nach magnetischen Prinzipien bauten. Sie besaßen offenkundig ein profundes Wissen über geomagnetische Felder, anders als wir heute. Astronomen der Antike kannten die Wissenschaft der Felder und nutzen sie für Bauwerke, die in Resonanz mit Phänomenen am Himmel stehen.

Weswegen wurden antike Monumente an ausgesuchten Plätzen mit speziellen Materialien errichtet? Warum haben Menschen bzw. Mystiker der Antike so viel Zeit, Energie und Ressourcen aufgewendet, um diese rätselhaften Strukturen bauen zu können? Diente es der Verehrung der Sonne als Gottheit? Bodenbeschaffenheit, die Geometrie der Strukturen und gewisse Materialeigenschaften besitzen jeweils einen Bezug zu Himmelskörpern oder wichtigen astronomischen Ereignissen. Antike Monumente wurden immer auf geophysikalischen Anomalien errichtet. An solchen Orten kommt es zu intensiven Aufladungen des Magnetfelds oder Gravitationsfelds der Erde. Oft findet man dort unterirdische Wasservorkommen. Heilige Tempel wurden daher auf Kraftorten gebaut. Das ist längst keine Theorie mehr, sondern eine wissenschaftliche Tatsache. Der Erfinder Nikola Tesla ergründete einige dieser Phänomene und gelangte zu dem Schluss, dass die Erde selbst lebendig ist und elektrische Vibrationen aussendet. Antike Tempel könnten der Übertragung oder Verstärkung von stehenden elektrischen Wellen gedient haben.

Forscher haben herausgefunden, dass die gesamte Topografie und Geomorphologie von Landmerkmalen das Ergebnis stehender Wellen in der Erde sind. Die künstlichen Monumente wurden um natürlich vorkommende Geo-Anomalien herum gebaut. Ihre Stärke hängt auch von der Leitfähigkeit des Bodens ab. Böden mit höherem Mineralgehalt enthalten stärkere Strömungen. Um antike Tempel so effektiv wie möglich zu gestalten, wurden ganz bestimmte Proportionen und Formen zum Bau verwendet, welche der sogenannten heiligen Geometrie entsprechen. Alte Kirchen wurden in Energiefeldern platziert, und die Architektur des Gebäudes wurde so entworfen, dass diese Energie durch ausgewählte Geometrie und Materialien verstärkt wurde, um Energie wie eine Antenne abzugeben. Das demonstriert den Einfluss von Geometrie auf Energie und Materie.

Der Fokus liegt darauf, natürlich auftretende Energieschwankungen der Erde weiter zu konzentrieren. Aus diesem Grund wurden in Megalith-Strukturen kristalline Materialien verwendet, die piezoelektrische Eigenschaften aufweisen. Die vorhandenen elektrischen Ströme werden zu bestimmten Zeiten durch den Einfluss von Himmelskörpern wie der Sonne verstärkt. Das Erdmagnetfeld schwankt entsprechend der täglichen Sonnenbewegung und der Sonnenwinde. Es wurde zudem festgestellt, dass Öffnungen und Ausrichtungen antiker Monumente mit dem Sonnenstandort zu festgelegten Zeiten sowie mit astronomischen Punkten oder Ereignissen übereinstimmen. Der Grund dafür ist, dass bestimmte planetarische Muster Felder erzeugen, in denen bestimmte Arten von Ereignissen stattfinden.

Elektromagnetische Bluttests nach Dr. Dieter Aschoff haben beispielsweise die Wirkung solcher Anomalien auf den Menschen belegt. Geophysikalische Anomalien führen dazu, dass sich die Polarität der Oszillation des Blutfeldes umkehrt. Eine Gruppe von Wissenschaftlern erforschte die Reaktionen einer Gruppe von mehreren hundert Menschen, welche einer geophysikalischen Anomalie ausgesetzt waren. Es kam zu bemerkenswerten Veränderungen bei den Serotonin-Werten, den Zink-Werten und den Kalzium-Werten. Weil der menschliche Körper elektrische Ströme leiten kann, ist vor allem das menschliche Gehirn davon betroffen. Veränderungen des Feldes der Erde erzeugen auch Felder in unserem Gehirn, die intensive mentale Auswirkungen hervorrufen.

Dr. Michael A. Persinger (1945-2018) war ein Professor der Psychologie an der Laurentian Universität in Kanada. Er studierte die Effekte von geomagnetischen Fluktuationen auf die menschliche Biologie und bemerkte eine bedeutende Veränderung in der Gehirnaktivität, in den Schlafmustern, in der Stimmung und bei anderen Gesundheitseffekten. Frequenzen, die in antiken Tempeln zu finden sind, haben daher eine starke Auswirkung auf das menschliche Gehirn, weil ein Tempel eine Verbindung von irdischen und himmlischen Energien ermöglicht. Das ist mittlerweile wissenschaftlich erwiesen, weil Biologie bzw. Menschen, Tiere und Pflanzen auf diese Effekte reagieren. Wichtig ist erst mal, dass Dr. Persinger in einer seiner publizierten Facharbeiten schreibt, dass die globale Erwärmung nicht durch den CO_2-Gehalt verursacht wird. Das Erdmagnetfeld agiert vielmehr mit dem Sonnenwind, schwächte sich dadurch offensichtlich ab, pumpt Energie in die Atmosphäre und lässt schließlich den CO_2-Gehalt ansteigen. Den Verbrauch fossiler Brennstoffe dafür verantwortlich zu machen, wäre kontraproduktiv, meint Persinger.

Persinger hat über 500 Fachartikel in wissenschaftlichen Zeitschriften und verschiedene Bücher veröffentlicht, in denen er Phänomene erforscht, die nicht mit dem wissenschaftlichen Paradigma vereinbar sind. Er argumentierte letztlich, dass alle Phänomene, einschließlich Bewusstsein, spirituelle Erfahrungen und paranormale Ereignisse, eigentlich durch wissenschaftliche Experimente verifizierbar sind. Interessant ist, dass Dr. Persinger erklärte, dass die Struktur und Funktion des Gehirns die Grenzen der menschlichen Wahrnehmung des Universums bestimmen! Unser Gehirn hat daher die Fähigkeit, durch bestimmte Stimulationen andere Bewusstseinszustände hervorzurufen, welche die Erfahrung eines Gefühls des Kontakts mit einer unendlichen und ewigen Quelle und das subjektive Gefühl des inneren Friedens, also das Gegenteil von Todesangst, auslösen. Die entscheidende Frage lautet, welche Quellen innerhalb und außerhalb des Gehirns diese Erfahrungen hervorrufen können und zu welchem Zweck.

Es wird angenommen, dass mystische und religiöse Erfahrungen durch vorübergehende elektrische Mikroanfälle in tiefen Strukturen des Temporallappens im Gehirn hervorgerufen werden. Das ruft außerkörperliche Erfahrungen, Raum-Zeit-Verzerrungen und Visionen hervor. Dr. Persingers bekannteste Forschung sind Versuche mit dem sogenannten „Gott-Helm“, der mit Geräten ausgestattet wurde, um die Regionen im Gehirn zu stimulieren. Schon bei schwachen Magnetfeldern war es möglich, paranormale Empfindungen hervorzurufen. In einem klassischen Experiment wurden Versuchspersonen, die den Gott-Helm trugen und in einem elektromagnetisch abgedichteten faradayschen Käfig untergebracht waren, gemusterten Magnetfeldern ausgesetzt. Dr. Persinger behauptete, dass bis zu 80% der Probanden angaben, ein Gefühl einer Präsenz zu empfinden, die sie als Zugehörigkeit zu einem verstorbenen geliebten Menschen, einem Engel oder einer anderen übernatürlichen Entität beschrieben. Michael Persinger untersuchte auch die geomagnetische Beziehung im Zusammenhang mit UFO-Sichtungen. Er fand heraus, dass solche Berichte zwischen 1950 und 1966 auf einen Zusammenhang mit geomagnetischer Aktivität hinwiesen. Daraufhin konnte ein Modell formuliert werden, dass sich bei 80% der UFO-Sichtungen als richtig herausstellte. Das Phänomen besitzt paranormale Aspekte. Astronauten, die den Einfluss des Erdmagnetfelds verlassen haben, berichten ebenfalls von transformativen Zuständen der Erleuchtung, die sie im Weltraum empfunden haben.

Steinköpfe der Olmeken zeugen von Paläokontakten in ferner Vergangenheit

Interessante Fundstücke, welche diese Thesen untermauern können, werden der sogenannten mesoamerikanischen Monte-Alto-Kultur zugeschrieben. Diese Kultur ist älter als die der Maya und vielleicht sogar älter als jene der Olmeken. Beide Kulturen sind für ihre kunstvoll geformten kolossalen Köpfe aus Stein bekannt. In La Venta in Mexiko gibt es sehr aufschlussreiche Steinschnitzereien der Olmeken. Bizarre fliegende Schlangen am Himmel, manchmal mit Menschen im Inneren. Alternative Archäologen stellen sich die Frage, ob das ein Hinweis auf antike Technologie ist. Warum erschufen die Olmeken vor mehr als 3.000 Jahren gewaltige Steinköpfe mit einem Gewicht von jeweils 8 Tonnen? Viele der Gesichtszüge unterscheiden sich sehr und zeigen vor allem fremdländische Züge. So gibt es Europäer, Polynesier oder Afrikaner zu sehen. Wie und wann sind solche Besucher vor den Maya in Mexiko angekommen? Fast zwanzig dieser Köpfe wurden bislang entdeckt. Sie bestehen aus einem einzigen Basaltblock und wurden mit unbekannten Methoden über Distanzen von mehr als 150 Kilometer transportiert. Sie sind im Schnitt fast drei Meter hoch und wiegen meist um die acht Tonnen, einzelne Exemplare aber auch 20 bis 40 Tonnen!

Gesichtsmerkmale wurden mit Werkzeugen in das Gestein gebohrt, und daher besitzen sie wahre Tiefe. Die dargestellten Gesichter tragen immer einen merkwürdigen Helm. Wo diese Steinköpfe ursprünglich platziert waren, ist nicht bekannt, weil sie verstreut in der Gegend ausgegraben werden mussten. Sie zeigen Anzeichen von vorsätzlichem Vandalismus, so als ob jemand versucht hätte, die widerstandsfähigen Basaltblöcke bzw. ihre Gesichtszüge zu zerstören. Warum fast alle vergraben waren und mindestens 3.000 bis 3.500 Jahre lang vergessen worden sind, ist nicht bekannt. Archäologen schreiben, dass sich die Angehörigen dieser Kultur von ihrer eigenen Vergangenheit distanzieren wollten. Ein erstes Exemplar wurde schließlich im Jahr 1871 wiederentdeckt, das bislang letzte im Jahr 1994. Es wirkt so, als ob sie von einer uralten Zivilisation stammen, mit hochtechnologischen Werkzeugen produziert sind und durch Fluten in der Gegend verstreut und so von Sedimenten begraben wurden. Ihr exaktes Alter kann nicht durch wissenschaftliche Analysen festgestellt werden.

Der Sonnengott der Maya-Kultur wird Kinich Ahau genannt. Man übersetzt seinen Titel besser als „Herr der Sonne“. Man glaubte, er wäre der Erzeuger von Licht, Zeit, Hitze und der vier Himmelsrichtungen, in denen sich das Universum ausdehnt. Kinich Ahau wird zudem mit dem obersten Schöpfergott Itzamna assoziiert, der als Herr des Himmels bekannt war, der im Himmel residiert. Der Sonnengott wird oft mit einer römischen Adlernase dargestellt und trägt meistens einen Bart. Beides ist völlig untypisch für Maya. Auch hat er meist eckige Augen und anders geformte Schneidezähne. Traditionen der Sonne, die Zeit und Zeitzyklen betreffen, waren für die Maya von größter Bedeutung. Sie betrieben eine systematische Beobachtung der Sonne und bestimmten die exakte Länge des Sonnenjahres. Also kannten sie höhere Mathematik. Ihre Pyramiden und Tempel wurden an der Bewegung der Sonne orientiert. Archäologen erklären dazu, dass antike Städte der Vergangenheit als symbolische Landschaften entworfen worden sind, die im Einklang mit der Bewegung der Sterne, des Mondes und der Sonne geplant wurden. Das setzt voraus, dass ihre antike Astronomie von grundlegender Bedeutung war. Es gab in ihren verschiedenen Kalendern spezielle ungewöhnliche Tage, an denen Rituale stattfanden, um die Götter zu besänftigen und Katastrophen zu vermeiden. Der Sonnenkalender war heilig und enthält auch heilige Zyklen der Natur. Während dieser Zyklen haben auch Kommunikationen mit den bedeutenden Göttern des Himmels und der Erde stattgefunden. Zum Leidwesen vieler Historiker ist sehr wenig von ihren heiligen Überlieferungen erhalten geblieben. Spanische Eroberer und Angehörige der katholischen Kirche vernichteten zahllose Texte der mesoamerikanischen Kulturen.

Eine wichtige Persönlichkeit, die hier Erwähnung finden muss, war der erste Bischof von Yucatán, Diego de Landa (1524-1579). Auf seine Anweisung hin wurden alle verfügbaren Schriften der Maya und somit unschätzbar wertvolle Aufzeichnungen über die Geschichte der Maya einfach verbrannt. Lediglich Fragmente von vier Codices sind erhalten geblieben! Die ganze Geschichte des amerikanischen Kontinents wurde rücksichtslos als Aberglaube ausgelöscht. Noch interessanter ist, dass Diego de Landa ein Werk mit dem Titel „*Relación de las cosas de Yucatán*“ verfasste, in dem er sein gesammeltes Wissen über die Kultur und das Schriftsystem der Maya zusammenfasste. Alle originalen Kopien sind verloren gegangen. Eine stark veränderte Version ist im Jahr 1660 produziert worden, und selbst dieses Werk war später mehr als zweihundert weitere Jahre verschollen und wurde erst im 19. Jahrhundert wiederentdeckt. Es erschien dann wieder 1862 in einer Edition, und darin steht zu lesen, dass am 12. Juli 1562 insgesamt 27 Bücher und etwa 5.000 Maya-Kultbilder verbrannt worden sind. De Landa und andere Angehörige der Kirche behaupteten, dass sie Beweise für Menschenopferungen in den Dörfern vorgefunden haben, während sie den Kulturschatz zerstörten. Diese Behauptungen waren teilweise falsch, dennoch wurde eine brutale Inquisition gestartet. Rituale, welche die Spanier und ihre Priester nicht verstehen konnten, fasste man als Götzenverehrung, Aberglauben oder Teufelsanbetung auf. Historiker vermuten, dass die Angaben im Buch von Diego de Landa nicht korrekt sind und in Wirklichkeit hunderte oder tausende von Maya-Büchern verbrannt wurden. Fakt ist, dass fast alle Informationen, die wir heute über die Kultur der Maya besitzen, von de Landa stammen, obwohl Historiker niemals feststellen können, ob diese Informationen tatsächlich den historischen Tatsachen entsprechen oder erfunden sind.

Als die Spanier das Gebiet der Maya erreichten, waren sie und auch Männer der Kirche wie Diego de Landa von den fortschrittlichen Bauwerken der Indios beeindruckt. Sie besaßen in ihren Städten gepflasterte Straßen, monumentale Steinpyramiden und tausende Seiten von Texten in Büchern über Mathematik, Wissenschaft und Astronomie. Nachdem ihr gesammeltes heiliges Wissen zerstört war, wurden sie vor die Wahl gestellt, zum Christentum zu konvertieren oder die Todesstrafe zu erhalten. Möglicherweise hat die Zerstörung des Maya-Wissens etwas mit ihrer Verbindung zu Aliens oder der Zivilisation von Atlantis zu tun. Ihre Götter aus dem Himmel übermittelten ihnen offenbar die Kunst der Mathematik und anderer Wissenschaften und waren darüber hinaus die Erbauer ihrer heiligen Monumente.

Vor den Mayas existierte die ältere und rätselhafte Kultur der Olmeken, die als erste Kultur von Mesoamerika betrachtet wird. Sie besaß bereits eine Art der Schrift und den Kalender der späteren Maya. Wer die Olmeken waren und ob sie eventuell Kolonisten aus dem Weltraum gewesen sind, kann niemand beantworten. Es ist unbekannt, was mit ihnen geschehen ist oder wie hoch entwickelt ihre Kultur war. Möglicherweise ist ihr Ursprung viel älter als heute allgemein angekommen wird. Warum finden wir Steinfiguren der Kultur der Olmeken, die Gesichtszüge von Europäern, Chinesen und Afrikanern haben? Es ist nicht bekannt, wie sich die Angehörigen dieser Kultur selbst nannten, weil auch in diesem Fall nur wenige Texte erhalten geblieben sind, die bis heute nicht entziffert werden konnten.

Einige Historiker und Archäologen, wie Dr. Oscar Rafael Padilla Lara, argumentieren, dass die einzige logische Erklärung für die kulturelle und technologische Entwicklung der Olmeken und jene der späteren Maya und Azteken diejenige ist, dass sie in Kontakt mit einer außerirdischen Zivilisation standen. Sowohl die Sprache als auch die Traditionen und der Ursprung der Olmeken sind nicht zu ermitteln. Heute haben wir ihre Hinterlassenschaften in Form riesiger Köpfe aus Stein gefunden, aber auch andere uralte Relikte, die möglicherweise viele tausende von Jahren alt sind. Als erste bekannte Kultur Mesoamerikas bauten sie schon Mounds und Pyramiden.

Abb. 22: Der Steinkopf aus Guatemala mit kaukasischen Gesichtszügen in den 1950er-Jahren

In den 1950er-Jahren wurde eine Fotografie aufgenommen, auf der ein gigantischer Steinkopf festgehalten ist, der ungewöhnliche Charakteristiken zeigt. Das wären die feinen Gesichtszüge, dünnen Lippen und die lange gerade Nase des Gesichts, das in den Himmel zeigt. Gelehrte sind sich einig, dass es europäische Gesichtszüge aufweist, die keinerlei Ähnlichkeit mit jenen der Angehörigen der präkolumbianischen Kulturen aufweist. Nachdem die Entdeckung lange Zeit in Vergessenheit geraten war, stellte Dr. Oscar Rafael Padilla Lara Nachforschungen an. Er erhielt im Jahr 1987 eine Fotografie des rätselhaften Kopfes, und zwar vom Grundstücksbesitzer, auf dessen Land sich die Statue befindet. Der Ort liegt 10 Kilometer von einem kleinen Dorf nahe La Democracia im Süden Guatemalas entfernt, doch als Dr. Padilla den Kopf wiederentdeckte, war er bereits schwer beschädigt. Rebellen hatten dort angeblich Schießübungen durchgeführt und die Gesichtszüge entstellt. Ähnlich wie bei antiken ägyptischen Statuen, wurden Merkmale wie Nase, Mund und Augen komplett zerstört. Ob es sich um Vorsatz handelt, sei dahingestellt. Dieser Steinkopf ist viel größer als diejenigen, welche der Kultur der Olmeken zugerechnet werden. Die einzige erhalten gebliebene Fotografie zeigt deshalb vielleicht das Abbild eines Außerirdischen oder einen Angehörigen einer verlorenen Zivilisation, die keine Gemeinsamkeit mit jener der Olmeken aufweist, sondern wahrscheinlich von einer noch älteren und höher entwickelten Kultur mit hohem Wissensstand stammt, von der auf diesem Planeten so gut wie keine Aufzeichnungen mehr existieren. In dieser Region in Guatemala wurden im Dschungel auch Steinköpfe der Olmeken gefunden.

Abb. 23: Ein antiker beschädigter Steinkopf der Olmeken

Mythen der indigenen Kulturen Amerikas oder diejenigen der Ägypter, der Mesopotamier und vieler weiterer Völker berichten von Zeiten großer Katastrophen der Vergangenheit, in denen große Brände, große Fluten und große Kälte herrschten. Es war eine Zeit des Chaos und der Dunkelheit, wobei die Texte von der Erschaffung und Zerstörung von Sonnen berichten, und damit sind wohl Phasen großer irdischer Naturkatastrophen gemeint, die sich vor über 10.000 Jahren zugetragen haben. Die Ähnlichkeit der mesoamerikanischen Kulturen mit denen des alten Ägyptens weist auf ein verbindendes Element wie das Reich von Atlantis hin, das infolge dieser Katastrophen und einer möglichen Verschiebung der Erdachse vom Angesicht der Erde verschwunden ist. Alternativ-Archäologen spekulieren, dass sich dabei der ehemalige Kontinent von Atlantis verschob und zur heutigen Antarktis geworden ist, während er vor rund 15.000 Jahren noch ein mildes subtropisches Klima besaß. Von dort und anderen Orten aus verbreiteten sich Überlebende des Kataklysmus wieder über die Welt und siedelten in Ägypten, in Peru oder in Mexiko. An allen diesen Orten haben sie Statuen und Gesichter hinterlassen, die das Erbe einer Rasse der fernen Vergangenheit repräsentieren, die uns ein Vermächtnis ihrer Macht und ihrer Weisheit hinterlassen hat, welche auf diesen Relikten und Monumenten eingraviert ist.

Zu diesen Relikten zählen auch die Steinfiguren der Kultur von Monte Alto, die ebenfalls astronomischen Zwecken dienten. Auch diese Kultur baute Pyramiden und markierte damit die Wintersonnenwende am 21. Dezember. Eine Besonderheit dieser Steinfiguren sind ihre magnetischen Eigenschaften! Es wirkt so, als ob die Künstler verschiedene Muster des Magnetismus in ihre Werke integrierten und über exaktes Wissen über Magnetismus verfügten. Die Monte-Alto-Skulpturen sind daher die ältesten derzeit bekannten magnetischen Fundstücke der Welt! Archäologen können nicht beantworten, warum diese Steine magnetische Eigenschaften haben, aber auch bei den Steinblöcken von Pumapunku in Bolivien und den dort befindlichen exakt geschnittenen H-förmigen Steinblöcken lassen sich anormale magnetische Eigenschaften feststellen, wenn man einen Kompass in ihre Nähe bringt. Antike Kulturen nutzten somit die Effekte von Magnetismus für ihre Tempel und Bauten. Sie müssen eine Methode zur Entdeckung von magnetisiertem Gestein gekannt haben, und das schon vor tausenden von Jahren. Das Volk von Monte Alto erschuf ebenfalls große Steinköpfe, die teilweise stark magnetisiert sind, und errichtete Pyramiden, die signifikante magnetische Anomalien darstellen. Auch von Ruinen der Olmeken ist bekannt, dass sie magnetische Steinwerkzeuge benutzten. Wodurch dieser Magnetismus hervorgerufen wurde und wozu man die Objekte mit den Magnetkräften benutzt hat, ist unbekannt. Die Skulpturen sehen wieder keinen Menschen ähnlich, sondern stellen Götter mit dicken Bäuchen dar.

Olmeken, Maya, Azteken oder antike Ägypter waren davon überzeugt, dass der Planet Erde das Zentrum aller Dinge im All darstellt, dass er fixiert ist und sich nicht bewegt. In ihren Traditionen waren die Sterne, unsere Sonne, Monde und Planeten selbst Götter, die sich um die Erde drehen und durch die Unterwelt reisen. Alle diese Götter besitzen einen direkten Bezug zu menschlichen Angelegenheiten ihrer jeweiligen Kulturen, und man stellte sie immer als physische, menschenähnliche Wesen vor. Die Sonne war für die Maya von größter Bedeutung, und der Fürst der Sonne, Kinich Ahau, war eine der mächtigsten Gottheiten. Er bewegte sich tagsüber durch den Himmel und nachts durch die Unterwelt der Maya. In der Geschichte Ägyptens findet man Parallelen. Angehörige ägyptischer Dynastien und von Maya-Dynastien betrachteten sich selbst als von der Sonne herabgestiegen. Solar-Phänomene wurden genau beobachtet, und antike Monumente enthalten Kammern mit exakten Ausrichtungen zur Sonne, um die Sonnenwenden zu bestimmen.

Der Sonnenstein ist eine Art Kalender, der erstmals in Form eines 24 Tonnen schweren Monolithen im alten Haupttempel der Azteken in der heutigen mexikanischen Hauptstadt ausgegraben wurde. Der Kalender der Azteken wurde schon von anderen präkolumbianischen Kulturen verwendet und dürfte laut diesen Alien-Artefakten aus Stein wesentlich älter sein als bekannt ist. Auch er ist heilig, basiert auf der Sonne und hat möglicherweise etwas mit dem Aufgang der Plejaden am Himmel zu tun. Mit ihm wurde auch in diesem Fall die Tagundnachtgleiche des Frühlings gefeiert. Im Zentrum des Sonnensteins befindet sich ein Gesicht mit ungewöhnlichen Merkmalen. Es besitzt offenbar blonde Haare, weil sie auf die goldene Erscheinung der Sonne hindeuten.

Abb. 24: Eine mesoamerikanische Steintafel mit dem Sonnenstein der Azteken im Zentrum und außerirdischen Wesen in Ufos an allen Seiten

Die Azteken bewahrten die sogenannte „*Legende der fünften Sonne*". Vor Urzeiten trafen sich legendäre Götter in der Stadt Teotihuacán und erschufen die fünfte Welt und setzen die Sonne in Bewegung. Daher glaubten ihre Priester, dass wir uns im Zyklus der fünften Sonne befinden. Vor dieser Welt existierten vier andere, die ebenfalls von den Göttern erschaffen wurden. Jede dieser Welten wird daher als eine Sonne bezeichnet und besaß andere menschliche Spezies als Bewohner. Die Götter kehrten in Zyklen zurück und zerstörten die vorherigen Welten. Unsere 5. Welt soll eines Tages durch die Bewegung der Erde bzw. durch Erdbeben zerstört werden, wobei alle Menschen von Himmelsmonstern gefressen werden, besagt die Legende. Die Azteken betrachteten sich selbst als das Volk der Sonne, und deshalb war es ihre Pflicht, den Sonnengott durch Opfer zu nähren. Andernfalls würde dies das Ende der Welt und das Verschwinden der lebensspendenden Sonne bedeuten.

Vorhersagen über das Ende der modernen Zivilisation ab dem Jahr 2020

Einer der Kalender der Maya erreichte sein Ende in der Wintersonnenwende am 21. Dezember 2012, wobei ein Zyklus von 5.125 Jahren zu Ende ging und der Kalender somit das Ende eines Sonnenzyklus oder Schöpfungszyklus markiert. Einige Forscher denken, dass er dann nicht von vorne beginnt, sondern einen Endpunkt markiert. In einem Interview mit dem Wissenschaftsmagazin *New Scientist* enthüllte der weltbekannte Physiker Dr. Steven Hawking (1942-2018) eine erstaunliche Sache. Er sagte aus, dass das apokalyptische Ende des Maya-Kalenders im Jahr 2012 eine Fehlannahme war, die auf einer falschen Kalkulation basiert. Der Professor aus Cambridge machte mathematische Fehler dafür verantwortlich und meinte, dass die Maya ihrer Zeit voraus waren. Deshalb sollten sich die Menschen Sorgen um das Jahr 2020 machen, das laut Dr. Hawking das wirkliche „*Ende der zivilisierten Welt*" einläutet!

Die Sonne weist, wie man heute weiß, wirklich einige anormale Eigenschaften auf, und sie ist der einzige Stern, den Astronomen genauer untersuchen können. Sonnenwinde bewegen sich bis zu zehnmal schneller um die Sonne als in theoretischen Modellen vorhergesagt wird. Auf der Sonnenoberfläche öffnen sich Schächte oder Trichter. Das hat etwas damit zu tun, dass die Korona der Sonne viel heißer ist als ihre Oberfläche. Diese Anomalie gibt Wissenschaftlern seit Jahrzehnten große Rätsel auf. Die Oberfläche ist nicht ebenmäßig geformt, sondern besitzt Spitzen und Täler, welche durch solares Material erschaffen werden, das sich durch die

Atmosphäre der Sonne bewegt und Sonnenwinde verursacht. Es gibt weit mehr energiereiche Partikel, die von der Sonne abgegeben werden, als bislang gedacht. Sie werden mit außergewöhnlich hohen Geschwindigkeiten von der Sonne geschleudert und bestehen aus verschiedenen Arten von Teilchen, die von Magnetfeldern abgefangen werden.

Im August 2023 kam es zu einem drastischen Anstieg an Gammastrahlung von der Sonne, welche die stärksten Lichtemissionen sind, die jemals registriert wurden. Sie werden teilweise von der Erdatmosphäre absorbiert. Sie erreichten ein Niveau von bis zu 1 Billion Elektronenvolt! Durch diese und andere starke Reaktionen der Sonne, verändern sich selbst die äußeren Planeten des Sonnensystems, weil die Wolken des Neptuns verschwunden sind. Sonnenaktivität umfasst Phänomene wie Eruptionen, Massenauswürfe und Hochgeschwindigkeits-Sonnenwinde, und jedes Mal, wenn der Sonnenzyklus seinen Höhepunkt erreicht, kehrt sich das Magnetfeld des Sterns um. Einen Monat zuvor war es im Sommer 2023 bereits zu gewaltigen koronalen Massenauswürfen gekommen, und das sind die Vorboten von noch stärkeren Ereignissen. Whistleblower haben in den letzten Jahren enthüllt, dass bis zum Jahr 2025 oder 2030 gewaltige Sonnenstürme und ein gewaltiges Solar-Ereignis wie eine Mini-Nova stattfinden sollen. Das gegenwärtige Solar-Maximum endet voraussichtlich im Juli 2025.

Aktuell wurden auf der Sonnenoberfläche schnelle magnetische Wellen gemessen, die erklären könnten, warum die Sonnen-Korona der äußeren Atmosphäre so heiß ist. Genauer gesagt, soll sie eine Hitze von ungefähr 1 Million Grad Celsius aufweisen, während die Oberfläche nur etwa 6.000 °C heiß sein soll. Warum die Korona, die viel weiter vom Zentrum des Sterns entfernt ist, diese Temperatur besitzt, ist unbekannt und stellt eine der wichtigsten Anomalien des Sonnensystems dar. Seit mehr als 80 Jahren haben Physiker an diesem Problem gearbeitet, und sie denken, dass die Erhitzung von magnetischen Wellen stammt.

Die Plattform WikiLeaks hat dazu passend im Jahr 2016 eine Meldung veröffentlicht, wonach sich die ganze Erde auf eine Katastrophe zubewegt. Das geht aus einer E-Mail hervor, die von John Podesta stammt und von einem Mann übermittelt wurde, der angab, für eine geheime kanadische Regierungsorganisation zu arbeiten. Podesta ist ein amerikanischer Politikberater und vormaliger Stabschef des Weißen Hauses während der Präsidentschaft von Bill Clinton. Sein Informant namens Ken Coffin schreibt, dass die Bewegung des magnetischen Nordpols der Erde um das Jahr 2036 eine Katastrophe auslösen könnte, welche die gesamte Menschheit von der Erdoberfläche fegen könnte. Das würde zudem ein neues Massensterben aller Arten auslösen, weil sich der magnetische Nordpol in Richtung Äquator bewegt und einen Polsprung auslöst. Heute befindet er sich fast über Sibirien und soll sich einige Jahre später über der Region des Schwarzen Meeres bewegen und in weiteren zehn Jahren bereits über Indonesien ankommen, lautet diese Prognose. Diese extreme Verschiebung leitet eine geomagnetische Umkehr ein, und die Magnetpole vertauschen ihren Platz. Im Text der E-Mail heißt es weiter, dass die US-Regierung wegen dieser Gefahr ein geheimes Abkommen mit einer überlegenen außerirdischen Rasse geschlossen hat, wobei die Regierung von Kanada außen vor gelassen wurde, und nur diese Aliens die Menschheit vor der Katastrophe retten können. Der kanadische Geheimdienst konnte demzufolge noch weitere interessante Dinge herausfinden.

Ken Coffin an John Podesta: „*Wir verlangen die vollständige Offenlegung aller Kontakte mit Aliens und aller Verträge, welche die USA mit den Aliens vereinbart haben. Wir mögen wenige Informationen besitzen, aber wir haben festgestellt, dass wir Nahrung, Arbeitskräfte und Ressourcen-Generatoren für die außerirdischen Oberherren sind. Unsere Informationen kamen von Ihrem eigenen Verteidigungsministerium, beiläufig und inoffiziell von glaubwürdigen Quellen. Wir müssen nur wissen, mit wem und was wir es zu tun haben. Was sind ihre Absichten? Sind sie feindselig? Können wir sie notfalls stoppen? Welche Deals wurden beschlossen? Unsere gescheiterten Versuche, UFOs abzufangen, zeigten, wie schwach wir waren. Das liegt daran, dass wir nicht wissen, womit wir es zu tun haben. Wir benötigen mehr Daten.*“

In einer anderen E-Mail an Podesta wurde erwähnt, dass der Anunnaki-Planet Nibiru bzw. Planet X real ist und sich auf Kollisionskurs mit der Erde befindet. Ob das stimmt, werden wir somit in wenigen Jahren wissen. Selbst wissenschaftliche Studien besagen, dass das Erdmagnetfeld sich schon in wenigen Jahren umkehren kann, weil es jetzt aus verschiedenen Gründen zu kollabieren scheint. Eine Polumkehr hätte im mildesten Fall die Auslöschung der Stromversorgung der Welt zur Folge, was weitere kaskadenartige Ereignisse nach sich zieht. In den letzten Jahren kam es zu einer Reihe von Aufsehen erregenden Meldungen über unerklärliche Vorgänge, die mit dem Erdmagnetfeld in Verbindung gebracht werden. So haben Forscher beispielsweise herausgefunden, dass sich nunmehr der hypothetische innere Kern der Erde aufgehört haben soll zu drehen. Die Ursachen dafür sind nicht bekannt, und Geologen nehmen an, dass der Kern alsbald seine Drehrichtung ändern könnte. Diese Annahme wird aus Daten in einem Computermodell abgeleitet, mit dem seismische Wellen von schweren Erdbeben ausgewertet werden.

Was wirklich im Erdinneren vor sich geht, kann von Geologen nicht beobachtet werden, und sie sind deshalb auf Messungen von seismischen Wellen angewiesen. In den vergangenen Jahren wurde allerdings ermittelt, dass das Innere unseres Planeten einige bemerkenswerte Anomalien aufweist, die nicht mit den Standardmodellen vom Aufbau unseres Planeten in Einklang gebracht werden können. Auch die Resultate dieser neuen Studie sind kontrovers, denn aus welchem Grund sollte der hypothetische Erdkern aufhören, sich zu drehen? Laut der Studie ist wahrscheinlich, dass er alle 70 Jahre seine Drehrichtung ändert. Entsprechend der gültigen Lehrmeinung besteht der Erdkern aus einem festen Ball aus Metall, der ungefähr die Größe des Mondes aufweisen soll. Dieser solide Kern soll von einer Masse aus flüssigem Material des äußeren Erdkerns umgeben sein. Bewiesen werden kann das freilich nicht, sondern bei diesen Annahmen handelt es sich um Theorien, die durch Computermodelle berechnet werden. Die Erdkruste konnte bislang nur bis zu einer Tiefe von wenigen Kilometern angebohrt werden. In diesen Zonen kam es dann wieder zu magnetischen Anomalien.

Die Annahme, dass sich im Kern eine solide Kugel aus Metall befindet, beruht auf der Existenz des Erdmagnetfelds. Dieses soll durch einen hypothetischen Geodynamo entstehen, der sich durch die gegenläufige Drehung von Erdkern und dem flüssigen Erdmantel ergeben soll. Wissenschaftler können jedoch nicht beantworten, warum der Kern sich abwechselnd mit verschiedenen Geschwindigkeiten in verschiedene Richtungen dreht, weil sie den Kern sowie die gesamten Vorgänge im Erdinneren so gut wie gar nicht studieren können. Die Vorgänge im Erdinneren und speziell im Zentrum unseres Planeten sind im Grunde unerforschlich. Deshalb verstehen Forscher bis heute sehr wenig darüber. Dennoch sorgen diese Vorgänge dafür, dass unsere Welt bewohnbar ist, weil das schützende Magnetfeld daraus hervorgeht, welches schädliche Strahlungen davon abhält, die Erdoberfläche zu erreichen.

Die besten Daten stammen von Messungen seismischer Wellen aus den 1990er-Jahren, die durch den Erdkern gewandert sind und die andere Seite der Erde erreicht haben. Dadurch will man herausgefunden haben, dass sich der Erdkern nicht mehr dreht. Daraus ergeben sich eine Reihe von Komplikationen, wie zum Beispiel die Rate der Gravitation. Forscher leiten aus ihren Computermodellen ab, dass ein selbstregulierender Dynamo durch turbulente Strömungsverhältnisse im äußeren Erdkern angetrieben wird. Diese Computermodelle versagen jedoch, wenn der innere Erdkern nicht das nötige Drehmoment mit den äußeren Schichten des Erdkerns hervorruft, der für Bewegung und Antrieb jenes theoretischen Geodynamos notwendig ist!

Somit gerät diese grundlegende Theorie eines Dynamos ins Wanken, denn Geowissenschaftler können den Ursprung dieser Veränderungen nicht bestimmen. Es sollte jedoch etwas mit den Vorgängen zwischen dem äußeren und dem inneren Kern zu tun haben, die nicht beobachtet werden können. Aus den vorhandenen Daten lässt sich schlussfolgern, dass der Erdkern bereits im Jahr 2009 aufgehört haben soll zu rotieren! Ähnliches soll sich bereits in den frühen 1970er-Jahren ereignet haben, denn auch damals wiesen seismische Daten darauf hin, dass sich der Kern gar nicht dreht. Ob er wirklich einen Richtungswechsel vollführt, ist fraglich. Es wäre auch möglich, dass er sich überhaupt nicht dreht, und das wäre dann eine Wiederlegung der Computermodelle über den Aufbau unseres Planeten und des hypothetischen Geodynamos.

Auf jeden Fall bedeutet dies, dass sich nunmehr die Länge unserer Tage und die globalen klimatischen Bedingungen verändern sollten, die unser Wetter steuern. Das alles erfordert somit völlig neue Modelle in Bezug auf die sonderbaren Beobachtungen des rätselhaften Zentrums der Erde. Die wichtigsten physikalischen Mechanismen, die sich dort befinden sollen, müssen fortan möglichst genau überwacht werden, um Hinweise auf künftige klimatische Veränderungen zu ermitteln. Sollte sich die Theorie über den Ursprung des Erdmagnetfelds als falsch erweisen, haben Geologen große Schwierigkeiten, die Entstehung unseres Planeten zu erklären! Sie behaupten, dass sich durch die Wirkung des Erdmagnetfelds der flüssige Erdmantel bewegt und somit den soliden Erdkern zwingt zu rotieren. Erst dieses Prinzip soll Gravitation bzw. Erdanziehung hervorrufen. Sollte dem nicht so sein, ist unklar, welcher Effekt die Erdanziehung weiterhin hervorruft, warum sich das Klima verändert und warum sich die Länge des Tages verändert. Darüber hinaus würde das anerkannte Modell des inneren Aufbaus unseres Planeten versagen. Wenn sich die Gravitationskräfte zwischen dem Kern und dem Erdmantel verändern, sollte es logischerweise zu einer Deformation der Erdoberfläche kommen, was auch die Meeresspiegel, die Atmosphäre und die Temperaturen beeinträchtigen müsste.

Diese Effekte sind seit den 1970er-Jahren bzw. seit dem Jahr 2009 aber entweder gar nicht oder nur in sehr schwach ausgeprägter Form bemerkbar. Dafür hat sich ein anderes Phänomen bemerkbar gemacht, und zwar die Südatlantik-Anomalie. Das ist eine Anomalie des Erdmagnetfelds im südlichen Atlantik vor Brasilien. Dort kommt es zum Eindringen erhöhter Strahlung aus dem Van-Allen-Strahlungsgürtel, der die Erde umgibt. Im Bereich der Anomalie reicht er viel näher an die Erdoberfläche heran. Das bewirkt, dass Satelliten und die Weltraumstation ISS in diesem Bereich einer höheren Strahlung aus Protonen und Elektronen ausgesetzt sind, was auch für die darunterliegende Erdoberfläche gilt. Diese Abschwächung des Erdmagnetfelds im Atlantik kann bereits seit dem Jahr 1830 beobachtet werden.

Gegenwärtig befindet sich der geomagnetische Nordpol im nördlichen arktischen Kanada und bewegt sich wie gesagt Richtung Sibirien. Auf dieser Gratwanderung hat er im Jahr 2017 übrigens den am nächsten gelegenen Punkt des geografischen Nordpols passiert. Wegen der Unberechenbarkeit des magnetischen Nordpols veröffentlichen Forscher alle fünf Jahre einen Bericht des sogenannten *World Magnetic Model* (WMM). Aus Messungen der letzten 120 Jahre ist abzulesen, dass die gegenwärtige Wanderung in gerader Linie Richtung Russland niemals zuvor stattgefunden hat. Zuvor wanderte der Magnetpol seit dem Beginn der Beobachtungen im

Jahr 1590 irgendwo in Kanada herum! Er wurde erstmals in den 1830er-Jahren lokalisiert, und es ist unklar, warum er sich überhaupt bewegt.

Geowissenschaftliche Studien zeigen, dass er sich aus unbekannten Gründen seit den 1970er-Jahren in gerader Linie zu bewegen anfing. Dieser bemerkenswert lineare Pfad ist einmalig in den historischen Aufzeichnungen. Im Laufe der 1990er-Jahre hat sich zudem die Geschwindigkeit erhöht, und er bewegt sich jetzt sehr schnell und somit insgesamt viel schneller als in den letzten hunderten von Jahren! Im Gegensatz dazu bewegt sich der südliche Magnetpol so gut wie gar nicht und bleibt stabil in der Nähe der Antarktis. Er bewegt sich nur wenige Kilometer pro Jahr und diese Rate hat sich auch in den letzten Jahrzehnten nicht verändert. Warum beide Pole wandern, wollen Forscher vom Zustand der Bewegungen des flüssigen inneren Erdkerns ableiten, dessen Existenz nicht objektiv bestätigt werden kann. Geophysiker vermuten, dass das Magnetfeld unter Sibirien stufenweise stärker wird, während es in Kanada schwächer wird, was den Sog-Effekt auf den magnetischen Nordpol erklären soll.

Zusammengenommen erzeugen die flüssigen Ströme des Materials des Erdmantels eine riesige Verschiebung im Erdmagnetfeld. Die wichtigste Rolle soll dabei der hypothetische flüssige Erdkern spielen, denn dort sollen die Ursachen für die Abschwächung des Erdmagnetfelds zu finden sein. Im März 2023 gaben Forscher bekannt, dass sich aus diesem Grund auch die Größe der Südatlantik-Anomalie ständig vergrößern soll. Sie wächst in rapidem Tempo immer schneller, und Regierungen sind sehr besorgt darüber. Dieses Wachstum hängt aber nicht alleine mit dem Erdmagnetfeld zusammen, sondern auch mit dem Van-Allen-Gürtel und Einflüssen der Sonne. Der Strahlengürtel gibt in letzter Zeit mehr energetisch geladene Partikel ab und beeinträchtigt deshalb zunehmend erdnahe Satelliten. Wissenschaftler stehen diesem Problem ratlos gegenüber. Das Problem wird sich sicherlich in Zukunft noch verschlimmern, weil die Sonne seit Januar 2024 noch mehr super-geladene Partikel in Richtung Erde auswirft.

Diese Anomalie wurde erstmals im Jahr 1958 lokalisiert. Besonders die Weltraumorganisationen NASA und ESA beobachten seitdem die Ausdehnung dieses Effekts. Mittlerweile weist vieles darauf hin, dass sich die Anomalie in zwei neue Zonen aufteilen könnte. Das bedeutet, dass Satelliten und die Weltraumstation ISS größeren Strahlungsmengen ausgesetzt sind, wenn sie diese Zonen passieren. Super-geladene Partikel dringen dort näher zur Erde vor als jemals vorher. Das Sonderbare an dieser Anomalie ist, dass diese Strahlung offenbar außer bei Problemen mit Elektronik noch keinerlei andere bemerkbaren Effekte auf der Erdoberfläche zeigt!

Sollte sich die Südatlantik-Anomalie in Zukunft auf die Kontinente ausweiten, sind Probleme mit Computern, gespeicherten Daten oder Sensoren vorprogrammiert. Deshalb versuchen Physiker herauszufinden, was dort gerade passiert. In zwei Zonen schwächt sich das Magnetfeld immer weiter ab, und das vor allem über Argentinien und Brasilien. Forscher argumentieren, dass diese Veränderungen auf den Fluss von super-erhitzten Metallen im geschmolzenen Erdkern zurückzuführen sein sollen, aber wie gesagt stammen diese Resultate aus Computermodellen, weil niemand wirklich feststellen kann, was sich im Zentrum unseres Planeten befindet. Störungen der hypothetischen Abläufe in den Computermodellen können weder das Fortbestehen des Erdmagnetfelds noch die Wanderung des nördlichen Magnetpols noch die Ausdehnung der Südatlantik-Anomalie erklären. Eines wissen Forscher aber mit Sicherheit: Diese Anomalien werden noch lange nicht verschwinden.

Einige Wissenschaftler sehen voraus, dass diese Magnetfeld-Veränderungen möglicherweise einen katastrophalen magnetischen Polsprung ankündigen. Das ist in der Vergangenheit unseres Planeten mehrmals geschehen. Ohne Zweifel hängt dieses Phänomen mit der Sonnenaktivität zusammen. Anfang März dieses Jahres wurde gemeldet, dass sich auf der Oberfläche der Sonne gigantische koronale Löcher bilden, die bisweilen 20-mal größer als der Planet Erde sind! Diese koronalen Löcher verursachen starke Sonnenwinde, die sich in Richtung Erde bewegen. Auch das stellt eine Gefahr für das Erdmagnetfeld und Satelliten dar. Im schlimmsten Fall kann es die Stromnetze betreffen und das Internet sowie Mobiltelefone und GPS lahmlegen. Gewöhnliche koronale Löcher sind allgemein harmlos, weil sie normalerweise in der Nähe der Pole der Sonne entstehen. Dieses Mal erscheinen sie jedoch am Äquator der Sonne, und das bedeutet, dass die riesigen Löcher gewaltige Mengen geladener Partikel in Richtung Erde schleudern. Das passiert, weil die Sonnenaktivität dieser Tage das Maximum ihres 11-Jahres-Zyklus erreicht.

Das Vorkommen von koronalen Löchern in Verbindung mit koronalen Massenauswürfen bietet die Gelegenheit für „perfekte Sonnenstürme", welche eine Bedrohung für irdische Stromnetze bedeuten und zu Blackouts führen können. Super-geladene Partikel dringen in den Van-Allen-Gürtel ein und stören zusätzlich das Erdmagnetfeld, was eine Menge Energie in das Erdsystem eindringen lässt. Das macht Wissenschaftler nervös, denn die Stärke könnte tatsächlich ausreichen, um Stromnetze lahmzulegen. In den nächsten Monaten ist durch die Entstehung von koronalen Löchern im Sonnen-Äquator mit derartigen Blackouts zu rechnen.

Wie man an diesen Meldungen erkennen kann, wissen Forscher (abgesehen von ihren Computermodellen) nicht, was sich im Inneren unseres Planeten oder der Sonne abspielt. Propheten der Antike und Whistleblower haben seit langer Zeit vor einem künftigen mächtigen Sonnen-Ereignis gewarnt, das starke Effekte auf den Planeten Erde und die Menschheit haben wird. Es ist die Rede von einer gewaltigen energetischen Transformation der Menschheit und einem Aufstieg. Im selben Zeitraum kommt es auf Erden zu chaotischen Zuständen und sogenannter „Endzeit-Verrücktheit". Viele neue wissenschaftliche Resultate weisen darauf hin, dass das Innere unseres Planeten völlig anders beschaffen ist, als es die Standardmodelle der Geologie besagen. Augenzeugen berichten von der Existenz einer innerirdischen Zentralsonne als Quelle des Erdmagnetfelds sowie von zahlreichen bewohnbaren Zonen in der Erdkruste und im Inneren unseres Planeten.

Kosmonauten berichten vom unheimlichen Solaris-Effekt

In meinem Buch mit Jan van Helsing „*UFOs und die innere Erde*" habe ich den Bericht von sowjetischen Kosmonauten erwähnt, die im Erdorbit seltsame Phänomene wahrnahmen und nach ihrer Rückkehr der Leitkontrolle davon berichteten, dass sie leibhaftige Engel im freien Weltraum beobachten konnten. Auch NASA-Astronauten hatten seltsame Erlebnisse und sprechen nicht oft darüber. Diese Piloten selbst nennen dieses Phänomen nach dem bekannten gleichnamigen Roman des Schriftstellers Stanislaw Lem den „Solaris-Effekt".

Abb. 25: Künstlerische Darstellung des Solaris-Effekts im All

Es gibt somit unerklärliche Dinge, die Astronauten während langer Aufenthalte im All widerfahren. Viele Zeugen, welche von diesen Phänomenen berichteten, wurden mentalen und medizinischen Tests unterzogen, die jedoch keinerlei abweichende Resultate lieferten. Die Betroffenen wurden von höherer Stelle angewiesen, nicht mehr darüber zu sprechen. Der russische Kosmonaut Sergei Krichevsky war einer der ersten, der im Jahr 1995 sein Schweigen brach und einige Dinge in einem Vortrag am *Novosibirsk Interstate Institute of Space Anthropoecology* erwähnte. Der interessanteste Aspekt dieses Phänomens ist laut Sergei Krichevsky ein mysteriöses Flüstern, das Kosmonauten und Astronauten im Weltraum hören können:

> *„Astronauten übermitteln Informationen über solche Visionen nur untereinander und teilen Informationen mit denen, die bald einen Flug machen werden. Dort, im Orbit, kann man manchmal nicht unterscheiden, wo der Traum ist, wo die Realität ist. (…) Ein Mensch durchläuft plötzlich eine oder mehrere Transformationen, wandert auf einem unbekannten Planeten, spricht mit seinen anderen Bewohnern. (…) Keine Weltraumtechnologie ist mit dieser Geschwindigkeit und Leichtigkeit in der Lage, einen Menschen in Raum und Zeit zu transportieren. Alle Astronauten, die sich gleichzeitig in einem ähnlichen Zustand befunden haben, erlebten einen*

mächtigen Informationsfluss, der nach außen geht. Der Rest dreht sich darum, dass wir, die Erdlinge, nicht viel über den Kosmos wissen, der für sich selbst vernünftig ist und somit mit uns in Berührung kommt. Es gab sogar einen Begriff: der Solaris-Effekt. Wieder andere schlugen eine Version einer außerirdischen Zivilisation vor, die es geschafft hat, den Weltraum zu beherrschen. (…) Ich denke, dass wir natürlich nicht allein im Universum sind, jemand umgibt uns. Das ist eindeutig. Wir haben einfach nicht bis zu dem Punkt gelebt, an dem es Sinn ergibt, irgendwie mit uns zu interagieren, unser Verstand ist nicht bereit dafür, ich bin mir völlig sicher, dass die Weite des Weltraums überhaupt nicht tödlich ist. Und unsere Erde ist wirklich klein. Ich hatte von Zeit zu Zeit den Gedanken, dass wir auf dem Planeten Erde angesiedelt wurden, dass unsere Heimat irgendwo nicht auf diesem Planeten ist. Es gibt eine solche Theorie der Aussaat: Es scheint, als wären wir auf irgendeine Weise hergebracht und gesät worden. Immerhin wurden zurzeit mehr als tausend erdähnliche Planeten entdeckt. Natürlich gibt es intelligentes Leben, ich bin mir da ganz sicher, dass es an manchen Orten so ist. (...)

Die Hauptschwierigkeit, sich im Weltraum aufzuhalten, war das Flüstern. So nannten wir das Phänomen unter uns. Wissenschaftler haben einen anderen, ich muss zugeben, treffenderen Begriff gefunden – Präsenzeffekt. (…) Um genau zu verstehen, was dabei gemeint ist, muss ich Ihnen von einem meiner Flüge erzählen, bei dem ich nicht allein war. Als das begann, befanden wir uns über der südlichen Hemisphäre. Natürlich hörten wir beide von dem Flüstern, aber vage. Die meisten Astronauten teilten diesen Eindruck damals kaum untereinander, weder untereinander noch mit den Sanitätern, da sie befürchteten, irgendwann aus psychischen Gründen vom Fliegen suspendiert zu werden. Meine Kameraden und ich glaubten natürlich, dass all diese Gerüchte nichts weiter als eine Legende waren, die in der ersten Generation von Piloten geboren wurde, um die Neuankömmlinge einzuschüchtern. Mein Punkt ist, dass wir nicht an irgendein Flüstern geglaubt haben. Wir waren in eine ganz andere Sache vertieft. Das Sternbild Kreuz des Südens, das schönste und hellste Sternbild der südlichen Hemisphäre, erschien in unserem Blickfeld. Glauben Sie mir, es war faszinierend! Wir konnten an nichts anderes denken als an das, was wir durch das Fenster sahen. Hier fing alles an. (...)

Irgendwann hatte ich plötzlich das Gefühl, dass neben uns noch jemand anderes war. (...) Es ist schwer, das Gefühl zu beschreiben. Es war, als ob jemand Unsichtbares mit einem extrem schweren Blick auf deinen Rücken starrte. Die Gewissheit der unsichtbaren Gegenwart ist hundertprozentig! Einen Augenblick später trat mein Kollege, der Flugingenieur, abrupt vom Bullauge weg und begann, sich so viel wie möglich umzusehen. Glauben Sie mir, wir waren beide Menschen, die so weit wie möglich von Mystik entfernt waren! Deshalb waren wir buchstäblich wie betäubt, als sich das unsichtbare Wesen offenbarte: Da war ein Flüstern. (...)

Mein Kollege und ich hatten ein äußerst vertrauensvolles Verhältnis, wir haben uns viele Jahre vor der Stellar kennengelernt. Deshalb haben wir die (geflüsterten) Texte etwas später verglichen: Äußerlich waren sie völlig anders. Aber man konnte nichts anderes erwarten, basierend auf ihrem Wesen! Ich werde versuchen, sie zu rekonstruieren. Natürlich nicht genau, aber ungefähr, denn es zählt der Sinn, nicht die Worte. Die Worte waren, wie ich später verstand, überhaupt nicht wichtig, da es sich nicht um Worte im vollen Sinne des Begriffs handelte. Mein Text klang irgendwo in meinem Hinterkopf ungefähr so: Du bist zu früh und zu falsch hierhergekommen. Glaubt mir, denn ich bin euer Vorfahre mütterlicherseits. Erinnerst du dich, dass sie dir als Kind von einem Urgroßvater erzählte, der im Ural eine Fabrik gründete? Sohn, du solltest nicht hier sein, komm zurück auf die Erde, brich nicht die Gesetze des Schöpfers. Mein Sohn, du musst zurückkommen, komm zurück, komm zurück. Ich darf hinzufügen, dass mir natürlich aus Gründen der Authentizität auch eine kleine Geschichte erzählt wurde, die nur in unserer Familie bekannt ist und sich auf diesen Urgroßvater bezieht. (...)

Aus einem ganz anderen Material bestand der Text meines Gefährten, obwohl der Kern des Textes derselbe war: Ein Appell, den Weltraum zu verlassen und nie wieder hierher zurückzukehren. Sein Gesprächspartner, oder besser gesagt Ansprechpartner, war ein längst verstorbener Verwandter. Um es überzeugend zu machen, wurde eine bestimmte Situation verwendet, von der nur zwei Personen überhaupt wussten. Zwei Tage später landeten wir. Während dieser Zeit wurden unsere Texte noch einmal geflüstert, ohne die geringste Abweichung von ihrem Inhalt. Die Wirkung der Anwesenheit des Außerirdischen ließ uns für den Rest der Zeit im Orbit nicht mehr los.“

Dazu passen Meldungen aus den letzten Jahren, dass periodisch gigantische unbekannte Objekte nahe der Sonne gesichtet werden, die entweder aus dort befindlichen Portalen erscheinen oder vielleicht Energie tanken. Auf einigen der antiken mexikanischen Steintafeln, auf denen Aliens und UFOs zu sehen sind, kann man erkennen, dass sie entweder in die Sonne oder aus der Sonne kommen. Auf jeden Fall ist der Solaris-Effekt ein Rätsel für Psychologen, das mit dem Weltraum zu tun hat. Einige Forscher sprechen davon, dass Astronauten im All kosmischer Strahlung und sich ständig verändernden Magnetfeldern ausgesetzt sind, was ähnlich wie an Kraftplätzen der Erde zu veränderten mystischen oder erweiterten Bewusstseinszuständen führt.

Theorien über einen Kreislauf von Kataklysmen und Atlantis stellen ab sofort Klima-Desinformation dar!

Im Mai 2023 sorgte eine Kontroverse für Aufsehen, als der prominente amerikanische Talkmaster Joe Rogan in einem seiner populären Podcasts über eine Theorie zum Polsprung diskutierte, die einem Buch mit dem Titel „*The Adam and Eve Story*" entstammt, das der amerikanische Forscher Chan Thomas in den 1960er-Jahren verfasstet. Es behandelt wissenschaftliche Hinweise auf einen Kreislauf von Kataklysmen auf der Erde. Diese zyklisch auftretenden Erdveränderungen rufen globale Flutwellen wie Noahs Sintflut hervor. Skeptische Forscher befremdet dieser Gedanke, und der Inhalt dieses kontroversen Buches wird inzwischen als „*Klima-Desinformation*" bewertet. Die Sendung von Joe Rogan wurde online auf der Videoplattform TikTok mehr als 20 Millionen Mal gesehen, und das alarmierte Mainstream-Theoretiker, weil die Behauptungen den Modellen der Mainstream-Wissenschaft entgegenstehen. Ähnliches ereignete sich, als auf Netflix die Serie „*Ancient Apocalypse*" ausgestrahlt wurde, die ebenfalls ein solches Szenario beinhaltet. Die Serie handelt von einer fortschrittlichen prähistorischen Zivilisation der Eiszeit, die durch einen Kataklysmus zerstört wurde. Die Überlebenden der Katastrophe sorgten dafür, dass Monumental-Architektur, Astronomie und Landwirtschaft überdauerten und damit den Grundstein für die Entstehung der modernen Zivilisation lieferten. Auch diese Dokumentationen begeistern ein Millionenpublikum.

Die Erkenntnisse von Chan Thomas lauten, dass Polsprünge viel häufiger und periodischer auftreten als offiziell bekannt gegeben wird, und dass der letzte erst wenige tausend Jahre zurückliegt, so wie es auch Graham Hancock schreibt. Bei einer Polumkehr treten demnach katastrophale Effekte auf, die den ganzen Planeten betreffen und zu einem Massensterben führen. Diese Informationen werden mittlerweile nicht mehr als Verschwörungstheorien bezeichnet, sondern wegen ihrer wissenschaftlichen Basis als Klimawandel-Fehlinformationen. Abweichende Theorien sollen vorgeblich keine Beweise, keine echte Wissenschaft und auch keine echte Physik enthalten, die Magnetfeldveränderungen erklären – speziell in Bezug auf den Klimawandel. Die Daten aus dem Buch von Chan Thomas können laut Skeptikern nicht der *„akzeptierten Wissenschaft"* zugerechnet werden, man bezeichnet sie aber dennoch nicht als pseudowissenschaftlich. Das Buch entstand 1965 und sorgte für Aufsehen, nachdem der Geheimdienst CIA es als geheim einstufte und in einer zensierten Version erst im Jahr 2013 wieder freigegeben hat. Unter anderem wird darin beschrieben, dass Jesus Christus in einem Weltraumfahrzeug in den Himmel fuhr. Ich habe den ganzen unzensierten Inhalt in meinem Buch *„Mein Vater war ein MiB – Band 5"* vorgestellt.

Dieses Jahr wurden Social-Media-Plattformen zur Durchsetzung einer neuen Richtlinie verpflichtet, um die Entfernung von Fehlinformationen über den Klimawandel, die den etablierten wissenschaftlichen Konsens untergraben, zu erleichtern. Kein Wissenschaftler hat sich eingehend zum Material von Chan Thomas geäußert oder explizit erklärt, welche seiner Erkenntnisse für den Mainstream gefährlich sind. Chan Thomas hat erklärt, dass periodische Kataklysmen für die Zerstörung von prähistorischen Zivilisationen und die drastischen Veränderungen der Geologie des Planeten Erde sorgen, so wie man es vom Katastrophismus kennt. Katastrophismus ist ein eigenständiges wissenschaftliches Paradigma und besagt im Gegensatz zum Aktualismus, dass Naturkatastrophen unumkehrbare Ereignisse ausgelöst haben, die bleibende Erdveränderungen hinterließen. Das besagte Buch war jahrzehntelang nicht verfügbar, und in der im Jahr 2013 freigegebenen Version fehlten viele Seiten vom Inhalt. Das Problem von Skeptikern besteht entsprechend verschiedenen Berichten vor allem darin, dass die Verschiebung der Magnetpole und extreme Wettermuster, die derzeit zu beobachten sind, nicht auf einen menschengemachten Klimawandel, sondern auf einen katastrophalen Polsprung hinweisen, wie ihn Chan Thomas vorhersagt.

Tatsächlich haben Alternativforscher eine Menge Beweise für die These geliefert, dass Kataklysmen irdische Vorzivilisationen wie Atlantis zerstört haben. Auch die Ablagerungen von Fossilien zeigen plötzliche katastrophale Polverschiebungen an. Das ist der Grund, warum Forscher momentan so stark daran interessiert sind. Sie befürchten, dass die Rückschlüsse von Chan Thomas und Graham Hancock korrekt sind und die nächste Flutkatastrophe bevorsteht. Ohne auf diese Punkte einzugehen, unterstellen Skeptiker Joe Rogan, Verschwörungstheoretiker in seine Sendung einzuladen, die den menschengemachten Klimawandel leugnen und Fehlinformationen verbreiten.

Rogan wurde dafür kritisiert, seine enorme Reichweite und seinen Einfluss auszunutzen, um die „*Leugnung des Klimawandels*“ zu verstärken. In seinem Podcast waren Forscher zu Gast, welche die verheerenden Auswirkungen des Klimawandels mit aus dem Zusammenhang gerissenen Argumenten herunterspielen und daher „*Lösungen für das Klima*“ angreifen würden. Einer von ihnen ist Randall Carlson, ein Klimatologe mit mehr als vierzig Jahren Erfahrung, der mindestens sechsmal auftrat und erklärte, dass Kohlendioxid nicht für die globale Erwärmung verantwortlich ist und dass natürliche Faktoren mehr dafür verantwortlich sind als menschliches Zutun. In ihrer Diskussion lobten Rogan und seine Gäste zum Beispiel Persönlichkeiten wie Donald Trump für seine Behauptung, dass sich die Erde nicht erwärmt, sondern tatsächlich abkühlt. Dieses Thema ist problematisch, weil die Schuld der Wirtschaft mit ihren fossilen Brennstoffen auf planetarische Kräfte außerhalb der menschlichen Kontrolle umgewälzt wird. Ob es sich um Fehlinformation handelt, kann nur eine detaillierte Analyse oder ein objektiver Fakten-Check aufklären.

Befürwortern der Theorie einer nicht menschengemachten Klimaabkühlung wird unterstellt, sich für verlorene Erdzivilisationen zu interessieren, wobei sogenannte Fehlinformationen über das Klima den Hintergrund solcher Diskussionen bilden. Joe Rogan, der in letzter Zeit auch den britischen Wissenschaftsjournalisten Graham Hancock zu Gast hatte, glaubt, dass es eine unglaublich hoch entwickelte Technologie auf diesem Planeten gab, die durch einen Kataklysmus ausgelöscht wurde. Professionelle Skeptiker entgegnen, dass diese Implikationen andeuten, dass der Mensch keinen Einfluss auf die Erwärmung unseres Planeten hat und dass nahezu apokalyptische Ereignisse aufgrund natürlicher Zyklen im Magnetfeld der Erde unvermeidlich sind. Dies sei eine Klima-Leugnung bzw. eine Hassrede und eine schädliche Fehlinformation, welche Politiker und Unternehmen für fossile Brennstoffe von ihrer Rolle in der Klimakrise freisprechen würde.

Klimatologen verbreiteten in den 1970er-Jahren Meldungen über eine globale Erdabkühlung

Eine Frage, die nicht oft gestellt wird, lautet, wohin die Spur des Geldes in Bezug auf das Narrativ des menschengemachten Klimawandels verläuft. Fachleute aus der Wirtschaft versichern uns, dass hier nicht das Wohl der Menschen im Vordergrund steht, sondern ebenfalls der Gedanke an Profit. Die Finanzierung von erneuerbaren Energien, Smart-Technologien zur Überwachung und von anderen grünen Innovationen sind ein überaus lukrativer Geschäftszweig. Das erklärt, warum der Westen darauf drängt, die bestehende Wirtschaftsordnung zu zerstören, um für erneuerbare Energien zu werben. Banken, Manager und Investoren betrachten diesen Wandel als die nächste große Sache!

Wohlhabende Investoren versuchen jetzt, in diesen Bereich zu investieren, um unglaubliche Gewinne zu erzielen. Klima-Aktivisten sind ihre Handlanger und werden mit Taschengeld abgespeist, um das Narrativ zu verbreiten. Aber auch in diesem Fall gilt: Folge der Spur des Geldes! Die Flutwelle an Finanzierungen in diesem Bereich enthüllt mächtige finanzielle Motive, um Wissenschaftlern Anreize zu liefern, damit sie sagen, dass uns die menschengemachte Klima-Apokalypse ereilen wird. Die Ironie an der Geschichte ist, dass aufrichtige Wissenschaftler, welche das akzeptierte Modell nicht anerkennen wollen, sich Probleme einhandeln. Solange Forscher Geld von privaten Unternehmen und Investoren erhalten, die ihre Forschungsarbeit finanzieren, ist diese Arbeit auf jeden Fall voreingenommen.

Gibt es Gründe, den menschengemachten Klimawandel zu bezweifeln? Mitte der 1970er-Jahre sind in einigen Magazinen spannende Artikel erschienen, die keine Erwärmung, sondern eine Abkühlung und schließlich den Beginn einer neuen Eiszeit vorhersagen. Damals vertraten Klima-Experten noch einen konträren Standpunkt. Klimatologen haben vor 45 Jahren noch mehrheitlich erklärt, dass sich das Weltklima abkühlt, und zwar so gewaltig, dass Meteorologen mit den Entwicklungen kaum Schritt halten konnten. Die Abkühlung würde für kürzere Wachstumsphasen, weniger Ernteerträge und für Hunger sorgen. Damals glaubten Forscher, dass diese Abkühlung bereits Mitte der 1980er-Jahre spürbar werden könnte. Artikel mit dementsprechenden Meldungen erschienen zum Beispiel in der *Time*, der *Los Angeles Times*, in *The Chicago Tribune*, in *The New York Times*, in *Popular Science* und *National Geographic*! Heute sieht es nicht so aus, als ob diese Vorhersagen eingetroffen wären. Wieso haben sich Klimatologen geirrt, und warum glauben sie heute, dass sie mit ihrer Klimapolitik recht behalten werden?

Vielleicht behalten sie nicht recht. In den letzten Jahrzehnten wurden verschiedene Initiativen gestartet, in denen tausende renommierte Wissenschaftler unterzeichnet haben, dass die Theorie vom menschengemachten Klimawandel nicht korrekt ist. Da wäre einmal das Projekt *Petitionproject.org*, das bis heute fast 31.500 Unterschriften von kritischen Forschern gesammelt hat. Eine zweite Initiative, die an den Generalsekretär der UNO adressiert ist, wurde von einer Gruppe von mehreren tausend prominenten Wissenschaftlern und Experten unterzeichnet. Auch dort ist zu lesen, dass kein Klimanotstand zu erkennen ist und dass sich Klimaziele vor allem daran orientieren sollten, das Leben der Menschen zu verbessern und nicht es zu verschlechtern. Es folgen einige spezifische Punkte über die Erkenntnisse dieser Wissenschaftler:

1. Natürliche und menschengemachte Faktoren bewirken eine Erwärmung.
2. Die Erwärmung findet viel langsamer statt als vorhergesagt.
3. Klimapolitik basiert auf unzuverlässigen Modellen.

4. CO_2 ist als Pflanzenfutter für die Fotosynthese essenziell für alles Leben auf Erden.
5. Mehr CO_2 sorgt für ein Anwachsen der globalen Biomasse, auch in der Landwirtschaft.
6. Klimaerwärmung hat nicht zu einer Zunahme an Naturkatastrophen geführt.
7. Klimapolitik muss die wissenschaftlichen und wirtschaftlichen Realitäten berücksichtigen.
8. Es gibt keinen Klimanotstand und deshalb auch keinen Grund zur Panik.

Wenn Befürworter des menschengemachten Klimawandels über *„akzeptierte Wissenschaft"* schreiben, meinen sie damit den wissenschaftlichen Konsens, also eine scheinbare Übereinstimmung der Erkenntnisse aller Wissenschaftler der Welt zu einem Thema. Erheben sich abweichende Stimmen, wird sofort eine Welle von Klima-Hysterie erzeugt. Diese Hysterie wird nicht von wissenschaftlichen Beweisen gestützt. Die Stimmen kritischer Wissenschaftler werden geflissentlich ignoriert, denn es stehen zu viele Finanzierungen auf dem Spiel. Einige kritische Klimatologen sehen die Angelegenheit neutral, können aber nicht bestätigen, dass sich die Erde erwärmt. Das Klima wechselt diesen Erkenntnissen zufolge lediglich alle 20 bis 30 Jahre von einer wärmeren zu einer kühleren Phase. Das wird vor allem auf Strömungen im Atlantik wie die „Atlantische Multidekaden-Oszillation" zurückgeführt. Gegenwärtig befinden wir uns in der kühlen Phase dieses Wechsels, die noch bis zum Jahr 2030 oder 2040 andauern wird.

Aus diesem Grund existiert kein zwingendes wissenschaftliches Argument für drastische Maßnahmen zur Senkung des CO_2-Ausstoßes der Weltwirtschaft. Weitere Faktoren für den natürlichen Klimawandel sind die Sonnenaktivität, Zirkulationen in den Ozeanen, Variationen der Atmosphäre, Vulkane und natürliche Veränderungen in Ökosystemen. Forscher wissen, dass in der Vergangenheit oftmals drastische klimatische Veränderungen auftraten, die nicht von Menschen verursacht worden sind. Außerdem sind sich Experten sicher, dass erneuerbare Energien auf Dauer zu kostspielig sind, um als realistische Alternativen der bestehenden Systeme zu dienen. Wie bereits erwähnt, berufen sich Klima-Aktivisten auf die Aussage, dass 97% aller Wissenschaftler der Welt übereinstimmend der Meinung sind, dass Menschen die Ursache für die globale Erwärmung sind. Dieser Punkt wird von Politikern und in der Klima-Literatur immer wieder hervorgehoben. Fakt ist, dass die Zustimmung der Klimatologen sich je nach Region auf 80 bis 90 Prozent beläuft. Das ist der Grund, warum der Bürger auf der Straße denkt, dass der menschengemachte Klimawandel real ist. Kritiker haben allerdings herausgefunden, dass in der Studienauswertung, die zu jenen 97% Konsens führte, nur ein Drittel aller relevanten Studien berücksichtigt wurden. Die meisten von ihnen wurden außer Acht gelassen, weil sie keine eindeutigen Standpunkte für eine menschengemachte Erwärmung enthalten!

Das Magazin *Forbes* ist der Sache auf den Grund gegangen, und aufgeschlossene Journalisten haben herausgefunden, dass diese zitierten 97% Zustimmung eine vorsätzliche Fehlinterpretation darstellen, um die öffentliche Meinung zu beeinflussen. Viele Forscher, deren Studien in diesen angeblichen Konsens einbezogen wurden, wussten gar nichts davon und haben sogar gegen die falsche Auslegung ihrer Resultate protestiert! Es wurden einige Auszüge daraus so interpretiert, dass sie für den menschengemachten Klimawandel sprechen, während die Autoren festhielten, dass es sich um „*keine akkurate Repräsentation*" ihrer Resultate handelt. Wenn Klima-Aktivisten oder Politiker von solchen Zahlen sprechen, dann sollte man immer daran denken, wie sie fabriziert werden. Es handelt sich um eine grobe Manipulation und Propaganda von Personen, die einer milliardenschweren Klima-Ideologie anhängen – nicht zum Wohle der Allgemeinheit, sondern um daraus Profit zu erwirtschaften. Fakt ist, dass sich das Klima der Erde in den letzten Millionen von Jahren periodisch erwärmt und wieder abgekühlt hat.

Im Jahr 1998 haben Forscher eine Studie veröffentlicht, in welcher der Wandel der globalen Temperaturen in den letzten 1.000 Jahren ermittelt wurde. Dazu wurden Eisbohrkerne, antike Baumringe und Korallen ausgewertet. Es gab immer wieder Klima-Variationen in den vergangenen Jahrhunderten. Im Jahr 2013 wurde eine Studie im Wissenschaftsjournal *Science* veröffentlicht, in der Proben der letzten 11.000 Jahre analysiert worden sind. Auch hier ergab sich dasselbe Resultat. Die Erwärmung im Laufe dieses Jahrhunderts wird als mögliche Vorankündigung einer neuen Eiszeit bewertet. In den letzten 2.000 Jahren befand sich die Erde eigentlich in einer Periode der Abkühlung, was mit ihrer relativen Position zur Sonne zusammenhängt. Der Treibhauseffekt ist wichtig für die Erhaltung von Leben auf der Erde. Bestimmte Gase in der Atmosphäre fangen die Wärme ein. Eines davon ist das wichtige Kohlendioxid (CO_2), und des Weiteren wären da Methan und Stickstoffoxid. Diese Gase sorgen dafür, dass die Temperatur der Erdoberfläche warm bleibt. Ohne diesen Effekt würden die globalen Temperaturen um 33 Grad Celsius abfallen, ermittelte die *World Meteorological Organization* (WMO). Wenn das passiert, verwandelt sich die Erdoberfläche zu einem gefrorenen, unbewohnbaren Ort. Im Jahr 2022 hat sich zudem entgegen aller Erwartungen die Eisdecke der Ost-Antarktis ausgedehnt.

Auch das liebgewonnene Argument, dass der menschengemachte Klimawandel für ein Ansteigen der Meeresspiegel sorgt, ist falsch. Es gibt keinen Beweis dafür, dass sich die durchschnittliche Rate des Anstiegs der Meeresspiegel seit dem Jahr 1850 oder in den letzten Jahrzehnten verändert hätte. Es existieren keine glaubwürdigen wissenschaftlichen Beweise, die darauf schließen lassen, dass sich diese Rate steigern würde oder dass der Anstieg generell etwas mit menschengemachter Klimaerwärmung zu tun hätte. Viele von Ihnen werden noch nie etwas darüber gelesen haben, dass sich die wissenschaftliche Gemeinschaft mit einer allgemeinen Krise konfrontiert sieht. Das größte Problem besteht darin, dass die wichtigsten Basistheorien des modernen Weltbilds bis heute nicht bestätigt werden können. Tagtäglich werden ständig neue Beobachtungen gemacht, die allem widersprechen, was in Lehrbüchern steht. Es herrscht Ratlosigkeit, weil sich Beobachtungen der Realität völlig von den Vorhersagen der Theorien und Computermodellen unterscheiden. In Bezug auf die Aussagekraft von wissenschaftlichen Studien lässt sich seit geraumer Zeit feststellen, dass die meisten der publizierten populären Forschungsresultate nicht zu replizieren oder gar ganz falsch sind!

Kritiker führen diesen Umstand auf Manipulationen der Resultate durch Voreingenommenheit oder finanzielle Interessen zurück. Viele Behauptungen über Forschungsresultate, über die in Wissenschaftsmagazinen berichtet wird, sind nachweislich falsch. In vielen Forschungsbereichen können Resultate nicht wiederholt werden und verlieren dadurch ihre Gültigkeit. In den Kreisen der Wissenschaft wird dieses Problem als „Replikationskrise“ bezeichnet. Besonders davon betroffen sind die Felder Psychologie und Biochemie. In solchen Studien werden größtenteils Fake-News verbreitet! Mittlerweile hat sich diese Krise auf fast jeden wissenschaftlichen Bereich ausgeweitet, und immer mehr Forscher geraten unter Verdacht, vorsätzlich Arbeiten zu fälschen. 2016 hat eine Befragung von 1.500 Wissenschaftlern stattgefunden, und 70% von ihnen haben berichtet, dass sie die wissenschaftlichen Experimente anderer Forscher nicht reproduzieren konnten, mehr als 50% waren nicht dazu in der Lage, die Resultate der eigenen Experimente zu wiederholen!

Deshalb mutet es beinahe amüsant an, wenn immer noch behauptet wird, es gäbe einen allgemeinen Konsens innerhalb der wissenschaftlichen Gemeinschaft. Die Wahrheit ist, dass sich ein gewaltiger Paradigmenwechsel am Horizont abzeichnet, der nicht mehr gestoppt werden kann! Deshalb müssen ständig weitere Einschränkungen hinsichtlich der Verbreitung von Informationen geschaffen werden, speziell wegen angeblicher Klima-Leugnung. Psychologen, deren Wissen sich maßgeblich auf gefälschte Studien stützt, wollen uns hingegen weismachen, dass Menschen aus einfachen Gründen zu Klima-Leugnern werden: aus naivem Realismus, wegen Desinformationen oder aufgrund motivierter Argumentation.

Selbst in einem aktuellen Artikel auf *Psychologytoday.com* reitet man auf dem Argument mit den 97% Konsens herum, wobei Klima-Wissenschaftler uns erzählen wollen, dass Erderwärmung alleine auf menschliche Aktivität zurückzuführen ist, weshalb ein Notfall eingetreten ist, der den gesamten Planeten bedroht. Wieder werden extremes Wetter, Feuer, Fluten, steigende Meeresspiegel usw. als Einwand herangezogen, obwohl zehntausende Forscher erklärt haben, dass diese Behauptungen nicht der Realität entsprechen. Es soll nur noch wenig Zeit vorhanden sein, das globale Klima-Desaster abzuwenden. Über die verheerenden Folgen der Zerstörung der Industrie wird nichts erwähnt. Trotz dieser seit Jahrzehnten im Mainstream verbreiteten Agitation, glauben in den westlichen Nationen im Schnitt noch immer die Hälfte aller Bürger nicht an einen menschengemachten Klimawandel. Das wird „naivem Realismus“ zugeschrieben, der uns vormacht, unsere persönliche Erfahrung wäre Realität. So wären zum Beispiel die kalten Winter der letzten Jahre oder eine Zunahme der Eisdecke in der Antarktis keine Argumente gegen eine eintretende Klimaerwärmung, sondern diese Erfahrungen basieren eben auf naivem Realismus, der wissenschaftlichen Erkenntnissen widerspricht.

Eine Umfrage im Jahr 2017 hat ergeben, dass fast 90% aller US-Amerikaner immer noch nichts über den Konsens von 97% von Klima-Wissenschaftlern über den menschengemachten (anthropogenen) Klimawandel gehört haben! In diesem Zusammenhang wird zumindest erwähnt, dass „einige“ Wissenschaftler der Meinung sind, dass der menschengemachte Klimawandel nicht existiert. Die große Mehrheit von ihnen, das erfahren wir jetzt, sind allerdings keine Klimawandel-Experten. Sie haben nicht alle Studien gelesen, denn je mehr Studien über den Klimawandel veröffentlicht werden, desto mehr Konsens wird hergestellt. Warum das so ist, haben wir bereits gelernt. Die Idee, dass der menschengemachte Klimawandel keine akzeptierte Wissenschaft ist, soll vorsätzliche Desinformation darstellen, die von der Industrie für fossile Brennstoffe ausgeht. Das behaupten Forscher und Journalisten, welche für die Industrie der erneuerbaren Energien tätig sind.

Echte Wissenschaft wird noch viel zu oft als Anti-Wissenschaft bezeichnet. Psychologen klären uns darüber auf, dass dieses Verhalten dem menschlichen Unterbewusstsein entspringt und durch kognitive Dissonanz zu erklären ist. Das „Wissen“, dass wir Menschen der Grund für die Klima-Katastrophe sind, führt zu einer Motivation der inneren Leugnung des menschengemachten Klimawandels, um dem damit einhergehenden Unwohlsein zu entgehen. Der Konsument kann demzufolge an der Situation objektiv betrachtet nur wenig ändern. Er kann ein wenig Energie sparen, weniger mit dem Auto fahren oder weniger Fleisch essen. Bestraft werden soll hingegen in erster Linie die erdölproduzierende Industrie. Deshalb gelangen Psychologen zu dem überraschenden Resultat, dass es keinen Sinn ergibt, Klima-Leugner vom Gegenteil zu überzeugen (aus Mangel an Argumenten). Stattdessen muss auf globaler Ebene eine Akzeptanz für diese Theorie in politischen Kreisen geschaffen werden.

Wie man anhand der dargelegten Informationen sieht, verursacht der nicht von Menschen verursachte Klimawandel längerfristig keine Erderwärmung, sondern wir nähern uns einer Kaltzeit, und es könnte zu einem Polsprung, einem Sonnen-Ereignis, der Rückkehr von Planet X und von Außerirdischen wie den Anunnaki kommen, weil Vorhersagen darüber seit langer Zeit überliefert sind. Stehen wir somit tatsächlich vor einer unvorstellbaren Transformation, die unsere Welt für immer verändern wird, und kehrt damit die Einsicht zurück, dass wir in einem schöpferischen Universum eine zentrale Bedeutung haben?

Sonnenphänomene und der Matrix-Code

Mein Verleger bat mich darum, meinen Lesern einige Dinge aus dem Buch *„Der Matrix Code"* von Morpheus ins Gedächtnis zu rufen, das im Jahr 2003 erschien. Morpheus war ein Pseudonym des heutzutage sehr bekannten Dr. Dieter Broers, über den ich wahrscheinlich keine weiteren Worte verlieren muss. Die Arbeit von Dr. Broers und dieses hochinteressante Buch haben maßgebend dazu beigetragen, den Einfluss kosmischer Phänomene auf das menschliche Bewusstsein zu betonen. Im Besonderen betrifft diese Verbindung zwischen Mensch und Kosmos die auf uns einwirkenden Einflüsse von Sonnenaktivität. Kritiker schreiben, dass Thesen, wonach Sonnen-Ereignisse einen Einfluss auf weltpolitische Aktivitäten ausüben, absurd anmuten, obwohl diese Fakten der Wissenschaft längst bekannt sind. Dr. Broers setzt das Jahr 2012 mit dem Eintritt apokalyptischer Zustände in Verbindung, weil starke Sonnenaktivität und ein Solar-Maximum sich laut neuesten wissenschaftlichen Meldungen tatsächlich zu einer Bedrohung für die moderne Zivilisation entwickeln werden. Es könnte laut seiner Einschätzung sogar zu einem neuen Polsprung kommen, der katastrophale Auswirkungen zeitigen würde.

Dr. Broers sagte vor zwanzig Jahren schon eine Reihe von Dingen voraus, die einen direkten Bezug zum jetzigen Geschehen haben. Er schreibt konkret davon, dass von der Sonne stammende Elektronen Informationen an den Datenspeicher des Planeten Erde übertragen. Obwohl Physiker die Aussagen von Dr. Broers teilweise dem wissenschaftlichen Mystizismus zurechnen, haben sich viele seiner Vorhersagen als korrekt erwiesen.

Gegenwärtig ist Forschern nämlich immer noch nicht bekannt, wie das Erdmagnetfeld entsteht. Sie denken, dass das Magnetfeld der Erde seit 3,5 Milliarden Jahren existiert, wobei Ströme von geschmolzenem Eisen im Erdmantel Ströme erzeugen sollen, die einen Geodynamo bewirken und ein stabiles Feld erzeugen, das sich bis in den Weltraum ausdehnt. Das Problem bei diesem Modell ist, dass der hypothetische Erdkern, bei einem angenommenen Alter des Planeten Erde von mehr als 4 Milliarden Jahren, erst vor knapp einer Milliarde Jahren begonnen haben soll, sich abzukühlen und zu einem soliden Erdkern zu verfestigen. Demnach müsste das Erdmagnetfeld zuvor mehrere Milliarden Jahre lang von einem anderen, unbekannten Mechanismus erzeugt worden sein. Worin dieser Mechanismus bestand, ist nicht zu beantworten. Die nächste Frage lautet, warum die Stärke des Erdmagnetfelds seit hunderten von Jahren beständig schwächer wird.

Forscher wissen, dass ein geomagnetischer Polsprung schlimme Auswirkungen hat, weil es nicht nur zu einem Ausfall von Elektronik kommt, sondern kosmische Strahlung dann ungehindert auf die Erdoberfläche vordringt. Anzeichen sprechen dafür, dass es schon in den nächsten hundert Jahren zu einer Polumkehr kommen könnte. Gegenstand zur Besorgnis liefert die Südatlantik-Anomalie einer signifikanten Magnetfeldabschwächung, die im Laufe der 1950er-Jahre registriert wurde. Der Grund für die Entstehung dieses Phänomens ist unbekannt. Hierbei soll die Abschwächung des Erdmagnetfelds viel wichtiger sein als die Polumkehr selbst. Wenn die Feldstärke im Laufe dieses oder des nächsten Jahrhunderts auf null geht, müssen dementsprechende Notfall-Vorkehrungen getroffen werden.

Dr. Broers schreibt, dass die NASA diesen Entwicklungen große Bedeutung beimisst und deshalb auch Satelliten zur Sonnenbeobachtung ins All schickt. Partikel von der Sonne, welche die Erde erreichen, fügen dem Informationsspeicher der Erde demzufolge wichtige Daten hinzu. Diese Teilchen sollen für die Abschwächung des Erdmagnetfelds zuständig sein. In weiterer Folge bezieht unsere Sonne solche Informationen aus einem Netzwerk von Sternen, die untereinander wie in einem kosmischen Netzwerk Informationen austauschen, und diese Entladungen haben Auswirkungen auf lebendige Systeme wie die Lebewesen hier auf Erden.

Dr. Broers geht davon aus, dass die antike Kultur der Maya davon wusste, dass ein solcher galaktischer Strahl vom Sirius-System unsere Sonne erreicht und zu einem bestimmten Zeitpunkt, der im Maya-Kalender mit dem Jahr 2012 bzw. 2020 markiert ist, starke Auswirkungen auf die menschliche Zivilisation ausüben wird. Der Auslöser dieser kosmischen Transformation liegt dabei mit hoher Wahrscheinlichkeit in höheren Dimensionen, wobei diese Energien aus der galaktischen Zentralsonne oder dem dort befindlichen massiven Schwarzen Loch ausgehen. Da diese Ereignisse auf kosmischen Zyklen beruhen, haben diese Abläufe periodisch auf Erden stattgefunden und zum Aufstieg und Niedergang antiker Kulturen beigetragen, nicht nur bei den Maya, sondern auch bei Ägyptern, Sumerern oder Babyloniern. Die hohe Anzahl an Sonnenflecken korreliert mit der Blütezeit dieser Kulturen. Das weist darauf hin, dass unsere moderne Zivilisation sich einer rapiden Auflösung nähert und eine neue Welt entstehen wird. Darauf deutet das momentan stattfindende solare Maximum an Sonnenaktivität hin. Es ist laut vorliegenden Messdaten außerordentlich stark und erreicht somit eine völlig neue Dimension.

Antike Traditionen waren nicht materialistisch orientiert, sondern spirituell, wobei kosmischen Abläufen die wichtigste Bedeutung für das Leben auf Erden gegeben wurde. Die Aktivität der Sonne steht daher mit der spirituellen Hochentwicklung menschlicher Kulturen in Verbindung. Es existiert ein Muster, das Dr. Broers als Matrix bezeichnet, aus dem wir uns durch eine schnelle Anhebung unseres Bewusstseins befreien können. Trotz Gegenaktionen der herrschenden Eliten der Welt, wachen immer mehr Menschen aus ihrer geistigen Lethargie auf und erkennen, dass fundamentale Veränderungen bevorstehen. Sie begeben sich auf die Suche nach Informationen, die sie im Mainstream-Bereich nicht finden können, weil sie ihnen vom wissenschaftlichen Establishment vorenthalten werden und daher nur in alternativen Publikationen dargelegt und richtig interpretiert werden.

Dr. Broers denkt, dass uns ein Dimensionswechsel bevorsteht, der unsere Wahrnehmung und innere Ausrichtung verändert, was sich dann in der uns umgebenden Realität widerspiegelt, in der sich ständig die Zeitqualitäten verändern bis hin zu einer Zeitlosigkeit bzw. einer prophezeiten Endzeit. Die Maya bedienten sich demzufolge der Vorstellung einer Kalibrations-Welle, einer galaktischen Synchronisation, und daher endet an diesem Punkt die gesamte Zeitrechnung in der Wahrnehmung des Menschen. So ist es vorhergesagt, und Dr. Broers erkennt, dass sich alle Vorhersagen der Vergangenheit über das Ende dieses Zeitalters tatsächlich erfüllen. Die Transformation bedeutet, dass sich egozentrische Denkmuster zugunsten der Herzqualität und der Intuition verändern.

Weltraumorganisationen in Russland und den USA haben sich eingehend mit der Verbindung von Sonnenaktivität und Biologie befasst, und viele der Resultate stehen bis heute unter Verschluss, weil Sonnenaktivität auf bemerkenswerte Art menschliche Verhaltensformen ändert. Gruppen von Forschern haben die Verbindung zwischen Sonne und menschlichem Verhalten seit Jahrzehnten studiert. Ausgehend vom späten 19. Jahrhundert bis zur Mitte des 20. Jahrhunderts sind wichtige Resultate ermittelt worden. Dadurch wurde es sogar möglich, Verhaltensweisen vorherzusagen, die durch Fluktuationen der Aktivität von Sonnenflecken verursacht werden, die in den verschiedenen Sonnenzyklen auftreten.

Alexander Leonidowitsch Tschischewski (1897-1964) war ein sowjetischer Biophysiker, der sich ab 1915 mit der Forschungsrichtung der sogenannten Heliobiologie befasste, die den Einfluss der Sonne auf biologische Systeme erforscht. Tschischewski analysierte Aufzeichnungen über Sonnenflecken und kam dahinter, dass hohe Aktivität in Verbindung steht mit Ausschreitungen, Revolutionen und Kriegen auf Erden. Das geht aus einer Analyse von Daten des Zeitraums 500 vor Christus bis zum Jahr 1922 aus mehr als siebzig Ländern hervor. Daher existiert eine Querverbindung der wichtigsten historischen Ereignisse, in die eine große Anzahl von Menschen verwickelt waren, mit dem regelmäßigen Auftreten von Sonnenflecken-Maxima. Die Arbeit von Professor Alexander Tschischewski wird hierbei als Grundlage aller späteren Beobachtungen betrachtet, denn er kam dahinter, dass Massenbewegungen untrennbar mit Sonnenfleckenaktivität zusammenhängen.

In diesen Maxima erlangen Führer stärkeren Einfluss auf die Massen, weil die Wirkung von Ideen besser aufgenommen wird. Das hat mit der erhöhten Erregbarkeit der Massen zu tun, wobei der Professor sagte, dass diese Veränderungen, die vor allem bei Sonnenflecken-Maxima stattfinden, durch den nervösen und psychischen Charakter der Menschheit erklärt werden können. Tschischewski und andere Heliobiologen haben erkannt, dass das vollständige Energiesystem von lebenden Wesen von Strahlungsenergie und elektromagnetischen oder elektrischen Kräften gesteuert wird!

Der russisch-französische Erfinder Georges Lakhovsky (1870-1942) veröffentlichte im Jahr 1939 sein Werk *„The Secret of Life"*. Darin geht es um den Einfluss von Strahlung und Elektrizität auf den menschlichen Körper. Demzufolge kann der Zellkern einer lebenden Zelle mit einem elektrischen Schwingkreis verglichen werden. Der Zellkern besteht aus Filamenten, Chromosomen und Mitochondrien, die aus isolierendem Material bestehen und mit einer leitenden Flüssigkeit gefüllt sind, die alle im Meerwasser vorkommenden Mineralsalze enthält. Daher agiert die Zelle als eine Einheit des Lebens in Form eines elektromagnetischen Resonators, welcher Strahlungen von hoher Frequenz absorbieren, aber auch übertragen kann. Leben wäre somit ein Resultat der Harmonie verschiedener Strahlungen in einem lebendigen Körper, die aufeinander reagieren. Krankheiten können erst entstehen, wenn es zu einem Ungleichgewicht in dieser Harmonie kommt. Sonnenstrahlen stellen dadurch einen Mechanismus bereit, der eine Wirkung auf das menschliche Verhalten ausübt, indem biochemische Funktionen beeinflusst werden.

Der deutsche Professor für Psychologie Dr. Suitbert Ertel (1932-2017) beschäftigte sich ebenfalls mit dieser Thematik und veröffentlichte im Jahr 1980 das Buch *„Sonnentätigkeit in der Geschichte der Menschheit"* und im Jahr 1996 die Facharbeit *„Space Weather And Revolutions"*. Der Professor stellte dabei die enge Verbindung von Sonnenaktivität und revolutionärem Verhalten in den Vordergrund, die man durch statistische Daten eines Index der Gewalt aus der Periode von 1700 bis zum Jahr 1985 ermittelt hat. In einem anderen Artikel mit dem Titel *„Synchronous Bursts of Activity in Independent Cultures; Evidence for Extraterrestrial Connections"* stellt er fest, dass in Phasen von Solar-Maxima Ausbrüche von kreativer und gleichzeitig aggressiver Aktivität stattfinden, während in Phasen von Sonnen-Minima das Gegenteil der Fall ist. Minima rufen eine Blütezeit der

Wissenschaft, Literatur und Kunst hervor. In Maxima nehmen diese Fähigkeiten selbst bei Fachleuten wieder ab, und das belegt einen außerirdischen bzw. solaren Einfluss auf die globale menschliche Kultur. Des Weiteren kommt es in Phasen starker Sonnenaktivität bei Menschen zu Herzproblemen. Es kommt zu Stress in der Biologie von Lebewesen. Nicht nur die Alten und Kranken, sondern auch Menschen, die nicht mit diesen Strahlungen in Resonanz stehen, werden krank, handeln irrational oder sterben.

Der deutsche Psychologe S. E. Ertel hat den möglichen Zusammenhang zwischen Sonnenaktivität und menschlichem Verhalten eingehend untersucht. Sein Ausgangspunkt war die Arbeit des russischen Historikers A. L. Tschischewski, der vorgeschlagen hatte, dass eine hohe Sonnenfleckenaktivität Revolutionen, Massenmigrationen, Kriege und andere negative oder destruktive Verhaltensweisen fördert. Professor Ertel erweiterte die Hypothese von Alexander Tschischewski, aber keiner von beiden hatte eine Erklärung für den eigentlichen Mechanismus hinter diesem außerirdischen Einfluss auf die Menschheit. In weiterer Folge kommt es beim Auftreten von Sonnenflecken zu einer globalen Klimaveränderung, weil kosmische Strahlung offenbar einen Einfluss auf die Wolkenbildung in der Erdatmosphäre ausübt. Dadurch bilden sich Aerosole, die Kondensationskeime für Wolkenmassen werden. Beim Eindringen hoher Mengen kosmischer Strahlung bilden sich mehr Wolken, und das bewirkt einen kühlenden Effekt, weil Sonnenlicht blockiert und reflektiert wird. Bei weniger Strahlung wird mehr Sonnenlicht durchgelassen. Der Anteil an Sonnenlicht beeinflusst wiederum Neurotransmitter (wie Dopamin, Serotonin und Melatonin) im Gehirn, und das verändert das Verhalten der Massen.

Das als „Sonnenvitamin“ bezeichnete Vitamin D wird bei Sonneneinstrahlung aus UV-B-Strahlung von der Haut produziert. Es spielt eine wichtige Rolle beim Stoffwechsel und der allgemeinen Gesundheit. Ein Mangel an Vitamin D ruft viele chronische Krankheiten hervor, so zum Beispiel Herz-Kreislauf-Erkrankungen oder Schizophrenie. Dann gilt es noch zu bedenken, dass Vertreter der Chronobiologie herausgefunden haben, dass Menschen zeitlichen Organisationen von physiologischen Prozessen unterliegen, die ihr Verhalten steuern. Das sind biologische Rhythmen des Lebensstils, welche einer biologischen Uhr folgen. Zu wenig Aufnahme von Sonnenlicht und Vitamin D kann somit zu Schlafstörungen bis hin zu schwerer Depression führen.

Um 2 Uhr morgens kommt es bei Menschen zum Tiefschlaf, während um 6:45 Uhr der stärkste Anstieg des Blutdrucks am Tage zu verspüren ist. Um 7:30 Uhr verringert sich der Ausstoß von Melatonin. Um 14:30 Uhr erreichen Menschen die Phase der besten Koordination und um 15:30 die beste Reaktionszeit, um 17 Uhr die Phase der stärksten Muskelkraft, um 18 Uhr den höchsten Blutdruck und um 19 Uhr die höchste Körpertemperatur. Um 21 Uhr beginnt dann wieder der Ausstoß von Melatonin, wenn die von der Natur vorgesehene Schlafphase eintritt.

Bei Menschen gibt es insgesamt verschiedene chronobiologisch unterschiedliche Typen. Generell kann man aber sagen, dass man Frühaufsteher von Langschläfern unterscheiden kann. Dieses Verhalten hat biologische bzw. genetische Ursachen. Frühaufsteher starten den Tag sehr produktiv und gehen auch früh ins Bett. Langschläfer fühlen sich am Morgen müde und werden erst am Nachmittag oder am Abend produktiver. Dabei regelt ihre jeweilige innere Uhr ihren Rhythmus. Es gibt erstaunlicherweise mehr Frauen unter den Frühaufstehern als Männer, wobei Studien ermittelt haben, dass Langschläfer oder Spätaufsteher dazu tendieren, einen höheren IQ zu besitzen. Das hat wiederum mit der Aktivität der rechten oder linken Gehirnhälfte zu tun. Langschläfer besitzen ein besseres Gedächtnis und bessere kognitive Fähigkeiten als Frühaufsteher. Neben den Morgen-Menschen und Abend-Menschen gibt es noch Menschen, die den ganzen Tag über hochaktiv sind. Dann gibt es welche, die während des Tages schlafen, oder nur gegen Mittag am aktivsten sind. Die letzte chronobiologische Gruppe sind Leute, die während des ganzen Tages und auch abends wenig aktiv sind.

Wie gesagt ist nicht bekannt, warum das so ist und warum außerirdische bzw. solare Mechanismen das Verhalten von individuellen Menschen oder der gesamten Bevölkerung beherrschen. Dr. Dieter Broers alias Morpheus nennt es ein *„Spielprogramm der Schöpfergötter“*. Weil außerirdische Einflüsse unsere Biologie und Genetik steuern, wird endlich besser verständlich, dass antike metaphysische Texte Informationen darüber enthalten, dass nicht nur die Sonne oder der Mond, sondern auch der Planet Saturn unsere DNS moduliert. Es werden von dort Programme ausgestrahlt, die vom Saturn und seinen Monden Dion oder Rea stammen, welche höherdimensionale Daten übertragen, die den größeren Spielplan der menschlichen Entwicklung enthalten. Elektromagnetische Felder erzeugen Gedankenwellen, die zu irdischen Ereignissen werden und Entscheidungen beeinflussen. Letztlich soll das Ganze dazu beitragen, dass die Menschen der Erde zur Realisierung von Liebe gelangen. Die Sonne agiert als Trägermedium und die Planeten als Modulatoren von Informationen. Die vorhandenen Erdfrequenzen haben einen Effekt auf unser Bewusstsein, und unsere kollektiven Gedanken beeinflussen den Planeten und das Erdbewusstsein, was einen Prozess der Transformation der Menschheit hervorruft. Dabei ist wieder die Stärke des Erdmagnetfelds von Bedeutung, das mit dem körpereigenen Magnetfeld interagiert. Offenbar sind all unsere Erinnerungen nicht im Gehirn abgespeichert – denn kein Gehirnforscher hat bislang eine Zone identifiziert, in der Erinnerungen vorhanden wären –, sondern menschliche Erinnerungen werden in körpereigenen Magnetfeldern abgespeichert. Wenn das Erdmagnetfeld an Intensität abnimmt, kommt es demnach zu einem kollektiven Erinnerungsverlust und einem allgemeinen Zustand der Verwirrung.

Hier kommt wieder das Verhalten von Astronauten ins Spiel, die sich außerhalb des Erdmagnetfelds aufhielten und bei Aufenthalten im Weltraum psychisch auffällig wurden und merkwürdige Phänomene erlebten. Es mussten daraufhin Geräte entwickelt werden, die künstliche Magnetfelder erzeugen, und ein geistiges Training zur Stärkung des körpereigenen Magnetfelds eingeleitet werden, damit diese Zustände minimiert werden konnten. Dennoch kam es weiterhin zu metaphysischen Erlebnissen und sogar starken außersinnlichen und mystischen Effekten im All. Die dort vorhandene Strahlung und eine Abschirmung vom Erdmagnetfeld wurde in vielen Fällen als stark bewusstseinserweiternd empfunden.

Dr. Broers schreibt, dass die antiken Mayas die Sonne als das Herz und den Geist der Galaxie betrachteten, und er sagte, dass die Galaxie oder ihr Geist bestimmte Absichten mit Menschen verfolgt. Demnach stammen sämtliche Kodierungen unserer Realität vom Zentrum der Galaxie. Deshalb stehen wir Menschen auch mit dem Wesen oder Geist unserer Sonne in direkter Verbindung. Sie steht mit mindestens zwei anderen Sonnen im Sirius und den Plejaden in Verbindung und erzeugt ein Kommunikationsfeld, das von einer Zentralsonne im Zentrum unserer Galaxie ausgeht, die gleichzeitig ein gigantisches Schwarzes Loch ist. Dort ist ein Ereignishorizont, der in andere dimensionale Ebenen führt, die wir nicht beobachten können. Deshalb sind diese Effekte im wahrsten Sinne des Wortes metaphysisch, und die damit verbundenen Phänomene reichen sogar bis zur genetischen Transformation von Lebewesen durch Schwarze Löcher und Sterne. Im besten Fall werden Lebewesen dadurch resistenter, langlebiger, kräftiger und robuster – oder sie degenerieren im gegenteiligen Fall.

Zudem kommt es während starker Sonnenstürme zu Veränderungen im menschlichen Nervensystem, zum Beispiel zu auffälligem Verhalten von Insassen in psychiatrischen Kliniken. Allgemein steigert sich auch das aggressive Verhalten, und das löst periodisch Revolutionen und Kriege aus. Durch die Einstrahlung nehmen wie gesagt Todesfälle zu, und auch die Selbstmordrate erreicht einen Höhepunkt. Einige Whistleblower haben erklärt, dass in den kommenden Jahren ein starkes Sonnen-Ereignis ansteht, das auf Erden eine Endzeit-Verrücktheit auslöst, die sich bereits jetzt bemerkbar macht, weil extreme Veränderungen stattfinden. Irrationales Verhalten, Kriege und auch Naturkatastrophen nehmen zu, was zu einem stetigen Zerfall der bestehenden Machtsysteme führt, genauso wie es die Analysen der Historiker vorhersagen.

Joseph L. Kirschvink, ein Geophysiker am *California Institute of Technology*, befasste sich eingehend mit dem Phänomen des Biomagnetismus, der besagt, dass Lebewesen Sensoren für Magnetfelder besitzen. Er und sein Team aus Forschern identifizierten Magnetit-Kristalle im menschlichen Gehirn und belegten dadurch, dass Menschen über einen verborgenen magnetischen Sinn verfügen. Diese winzigen Kristalle befinden sich vor allem in der Zirbeldrüse, was sie zu einem Empfänger für magnetische Einflüsse macht. Das Schlafhormon Melatonin wird hauptsächlich in der Zirbeldrüse produziert, die ihrerseits auf den Einfluss des Erdmagnetfelds reagiert. Melatonin reguliert den Wach- und Schlafrhythmus des Menschen, und hohe Dosen führen zu einer Verlängerung der REM-Tiefschlafphase, in welcher die meisten Träume auftreten. Einige Leute bekommen durch hohe Dosen Alpträume, während andere lebhafte Träume oder sogar Klarträume haben, an die sie sich nach dem Aufwachen noch gut erinnern können. Die meisten Leute erinnern sich nach dem Aufwachen nicht mehr an ihre Träume, was Gehirnforscher auf neurochemische Prozesse im Gehirn zurückführen, die während der REM-Phase im Schlaf auftreten.

All diese ungewöhnlichen Phänomene bringt Dr. Broers in seinem Buch mit den antiken Traditionen der künstlichen Schöpfung der Welt und der Menschheit durch mächtige Schöpfergötter in Zusammenhang. In diesen Traditionen wird die Existenz verlorener Zivilisationen oder vorangegangener Welten erzählt, von denen die letzte durch eine universale Flut zerstört wurde. Das sorgte dafür, dass die Erde von Mutationen und Mischwesen befreit wurde und nach der Flut eine Neuschöpfung verschiedener Menschenrassen eingeleitet worden ist. Kulturbringer aus dem Himmel übermittelten antiken Kulturen nach der Flut ihr astronomisches Wissen und auch Informationen über die Zyklen der Sonne. Ihre Strahlung sorgt für die Übertragung von Informationen in die genetischen Programme von Menschen. Durch die Sonnenzyklen werden auch an unsere Gene Daten übertragen, die sich in vielfältiger Weise in unserer Realität, unserem Denken und Handeln manifestieren.

Die alten Ägypter kannten diese galaktischen Strahlen als ihr KA. Das ist ein Informationen übertragendes Medium aus höheren Dimensionen, welches in physische Körper eindringen kann, die in unserer 3D-Welt auf Erden agieren können. Dr. Broers weist abschließend noch auf die Arbeit von Professor J. J. Hurtak hin, welcher in seinem Buch *„Die Schlüssel des Henoch"* die genetische Kodierung von Menschen beschreibt, welche durch Daten oder Strahlen aus höherdimensionalen Ebenen möglich wird. Sie dringt in unsere geschöpfte kosmische Matrix ein, die wir mit unseren Sinnen in einem DNS-Muster als sichtbares, materielles All wahrnehmen können.

Kapitel 8 – Sonnensystem-Anomalien, unsere einzigartige Milchstraßen-Galaxie und ein neuer Teilchenbeschleuniger

Sonnensystem-Anomalien und Auswirkungen von Sonnenstürmen

Um die Liste an bemerkenswerten Anomalien unseres Sonnensystems zu vervollständigen: Im Oktober 2023 wurde die Meldung veröffentlicht, dass wir alle in einer ungewöhnlichen riesigen kosmischen Leere leben. Der Planet Erde, unser Sonnensystem und sogar unsere Milchstraßengalaxie befinden sich in einer Region des Alls, in der sich keine anderen Galaxien befinden. Astronomen bezeichnen es als eine kosmische Wüste. Erste Ergebnisse dazu wurden schon im Jahr 2013 bekannt gegeben, nachdem diese Situation schon im Jahr 1987 entdeckt wurde. Diese kosmische Leere, in der wir uns befinden, unterscheidet sich von anderen Regionen im All, die große Ansammlungen von Galaxien beherbergen. Fakt ist, dass sich unser Sonnensystem und unsere Galaxie in der größten kosmischen Leere befinden, die jemals im umliegenden All beobachtet worden ist! Der Radius der Leere beträgt laut einer neuen Studie rund eine Milliarde Lichtjahre! Forscher nennen sie die KBC-Leere oder „Lokale Leere". Sie besitzt eine Kugelform. Die Sphäre besteht aus einer Hülle, auf der sich andere Galaxien und Sterne befinden. Die Milchstraßengalaxie selbst befindet sich direkt im Zentrum des „Lokalen Lochs"! Mehrere hundert Lichtjahre um unsere Galaxie herum befindet sich daher weit weniger Materie, als es laut allen kosmologischen Modellen geben sollte.

Darüber hinaus haben Astronomen ermittelt, dass sich unsere Zone der Galaxie in einem mysteriösen magnetischen Tunnel befindet! Astrophysiker schreiben, dass diese Erkenntnis buchstäblich unsere Sicht auf die Welt verändert. Wenn die Erde, das Sonnensystem und alle nahegelegenen Sternsysteme von einer Tunnel-Struktur umschlossen sind, die aus magnetischen Bändern besteht, dann handelt es sich um die nächste bemerkenswerte Anomalie, die jetzt entdeckt werden konnte. Die Erde befindet sich in diesem Tunnel, aber der Rest der Galaxie und des Universums befinden sich außerhalb dieses Tunnels. Das Ausmaß dieser Anomalie beträgt rund 1.000 Lichtjahre. Jenseits dieser Leere befinden sich tausende junge Sterne, deren Formung unklar ist. Forscher denken, dass sich diese Blase um uns herum vor ungefähr 14 Millionen Jahren gebildet hat und für die Entstehung dieser Sterne verantwortlich sein könnte. Wenn dem so wäre, könnten Astronomen endlich erklären, wie und wann sich nahegelegene junge Sterne gebildet haben. Auch diese Daten wurden durch Simulationen errechnet. Alle jungen Sterne befinden sich an der Hülle dieser „Lokalen Blase“. Sie ist seit 50 Jahren bekannt, aber man kann nicht erklären, wie sie sich gebildet hat. Man macht die Explosionen von Supernovas dafür verantwortlich, aber selbst diese Theorie ist unbeweisbar. Warum befindet sich die Erde in einer Region der Milchstraße, die größtenteils leer ist? Sie ist mindestens zehnmal leerer als das durchschnittliche interstellare Medium unserer Galaxie.

Alle diese unerklärlichen Umstände hängen mit der Entstehung von Leben auf der Erde zusammen. Wie bereits beschrieben, hängt das fundamental mit dem rätselhaften Aufbau unseres Sonnensystems zusammen, das sich grundlegend von anderen beobachteten Systemen unterscheidet. Neben den schon erwähnten ungewöhnlichen Charakteristiken der Sonne, muss sie des Weiteren eine genaue Bandbreite von Farbe abgeben, um Fotosynthese auf der Erde zu ermöglichen. Sollte dieser Wert nur leicht in Richtung Rot oder Blau abweichen, könnte die Erde kein Leben erhalten. Die Sonne kann somit vor Milliarden von Jahren eigentlich nicht schwächer geleuchtet haben, weil das zu einer gefrorenen Erdoberfläche geführt hätte, auf der kein Leben entstehen kann. Reiht man alle bis heute bekannten Anomalien auf, dann hat man den physischen Beweis, dass unsere Existenz von einem intelligenten Design abhängt und keinesfalls dem Zufall zuzurechnen ist. Die einzigartigen Eigenschaften unserer Sonne bereiten Kosmologen weiterhin Kopfzerbrechen. Studien, die in den letzten Jahrzehnten durchgeführt wurden, ergeben, dass sich die meisten sonnenähnlichen Sterne von unserer Sonne unterscheiden. Sie weisen im Schnitt fünfmal mehr magnetische Aktivität auf. Andere Sterne, die unserer Sonne gleichen, variieren in ihrer Helligkeit im Schnitt zwölfmal mehr in einem Sonnenzyklus. Daher ist unsere Sonne vermutlich einzigartig und viel stabiler als ähnliche Sterne.

Falls, wie bei anderen Sternen, eine höhere magnetische Aktivität stattfinden sollte, dann würden viel mehr gefährliche Partikel ins Sonnensystem geschleudert werden. Die Erdoberfläche wäre dadurch unbewohnbar. Nur die Stabilität der Sonne macht unsere Existenz auf Erden möglich. Die große Frage lautet auch in diesem Fall, warum sich unsere Sonne so grundlegend von anderen ähnlichen Sternen unterscheidet. Zudem hat sie die richtige Masse, um unser Leben zu erhalten. Wenn sie größer wäre, dann gäbe sie wie gesagt ebenfalls zu viel hochenergetische Strahlung ab. Wenn sie kleiner wäre, dann wäre die Distanz der Erde zur Sonne zu weit, um Leben zu erhalten, und es fände keine Fotosynthese statt. Der präzise Abstand zur Sonne ist außerdem notwendig, um einen stabilen Wasserzyklus zu ermöglichen. Wäre die Sonne größer oder kleiner oder die Erde weiter oder näher an der Sonne, würde die Erdoberfläche einfrieren oder kochen.

Der britische Astronom Sir Fred Hoyle erkannte diesen Umstand, lehnte die Theorie des Urknalls ab und fügte dem hinzu: *„Der gesunde Menschenverstand interpretiert die Tatsachen so, dass eine Superintelligenz sich sowohl mit der Physik als auch mit der Chemie und der Biologie beschäftigt hat und dass es in der Natur keine blinden Kräfte gibt.“*

Mehr und mehr Bestätigungen liegen vor, dass unser Sonnensystem intelligent geplant und künstlich erschaffen wurde! Diese Logik ist einfach und unwiderlegbar. Jemand hat die exakten Konditionen für unsere Existenz ermöglicht, und daher ist es anzunehmen, dass wir hier auf der Erde beobachtet werden. Vielleicht stellen wir sogar ein kosmisches Experiment dar, wie einige Astronomen bereits vermutet haben. Immerhin liegen heutzutage tatsächlich genug Beweise vor, dass unser anomales Sonnensystem ein künstlich erschaffenes Objekt darstellt. So ist es nach wie vor unvorstellbar, dass der Erdmond zufällig in seiner heutigen Position entstanden ist. Er wirkt vielmehr wie ein gigantisches Raumschiff, das speziell für die Erde entworfen wurde. Seine Existenz sowie die Himmelskörper unseres ganzen Sonnensystems sind große Ausnahmen von der Regel unserer Galaxie. In fast allen anderen beobachteten Sternsystemen befinden sich die großen Planeten näher an der Sonne, erst dann folgen die kleineren. Nur in unserem Sonnensystem wird diese Regel der Planetensysteme gebrochen, und dafür gibt es nur eine Erklärung. Es wurde künstlich erschaffen, und zuständig dafür war eine Intelligenz, die als Bewahrer der Erde und der Menschheit betrachtet werden kann. Die meisten der Planeten in diesem Sonnensystem sind Ausnahmen der galaktischen Ordnung und deplatziert. Sie wurden demnach von jemandem oder etwas zu einem ganz bestimmten Zweck in diese Position gesetzt. Sowohl Saturn als auch Uranus oder Neptun sollten sich viel näher an der Sonne befinden – auch Jupiter, welcher die Erde vor Kometen und Asteroiden abschirmt, die sich in unsere Richtung bewegen. Die Planeten besitzen stark voneinander abweichende Charakteristiken, die darauf hinweisen, dass sie künstlich erschaffen und platziert wurden. Sollten diese vorhandenen Merkmale bei der Sonne, dem Jupiter, der Erde oder dem Mond nur geringfügig abweichen, dann käme es unweigerlich zu einer Serie von Katastrophen von planetaren Maßstäben.

Unser Sonnensystem ist daher eine fein abgestimmte Einheit, welche die Entstehung und Erhaltung von Leben ermöglicht. Wenn man nur eine der aufgezählten Anomalien entfernen würde, gäbe es kein Leben auf Erden! In der ganzen Geschichte der Menschheit bis zum Beginn der wissenschaftlichen Revolution wussten die Menschen, dass der Ursprung des Universums und der Welt durch eine übernatürliche Ordnung bestimmt ist. Sie wussten, dass diese Welt künstlich erschaffen wurde. Erst als Astronomen dazu fähig wurden, andere Sternsysteme zu erforschen, haben sie erkannt, dass unser Sonnensystem nicht eines unter vielen ist, weil sich seine Struktur von allen anderen unterscheidet. Daher wurde unser System nach anderen Gesetzen erschaffen. Eine unbekannte, externe Intelligenz oder Macht bewerkstelligte die Entstehung dieses Sonnensystems. Seine Planeten sind vermutlich exklusiv in Relation zur Erde aufgereiht worden, um hier Leben zu ermöglichen, bewusstes menschliches Leben. Übergeordnete Wesen mit unvorstellbarer Macht erschufen einen laborähnlichen Zustand in einer Größenordnung, die schwer vorstellbar ist.

Des Weiteren haben Forscher in aller Welt uralte Protosprachen und Schriftzeichen analysiert. Sie stellen eine Quelle von Weisheit dar, die für uns hinterlassen wurde in Form von antiken Petroglyphen oder Geoglyphen, die Vorhersagen treffen. Unlängst wurden neue Beweise für die Existenz einer universalen Protosprache auf Erden erbracht. Spuren davon befinden sich über den gesamten Globus verteilt. Jahr für Jahr werden immer wieder neue Felszeichnungen entdeckt. Das sind nicht immer bloß einfache Zeichnungen, sondern teilweise ganze Texte, die auf allen fünf Kontinenten offenbar zur gleichen Protosprache zählen und mindestens um die 4.000 Jahre alt sind. Professionelle Archäologen, Historiker und Erforscher antiker Sprachen sammelten eine Menge Material und verglichen es. Dadurch konnten bestimmte Phrasen entziffert werden, und einige Wissenschaftler meinen, es ist genug, um Rückschlüsse auf die Bedeutung dieser antiken Botschaften zu ermöglichen. Zuerst rufen diese Botschaften aus der Vergangenheit zum Gebet zu einem einzelnen Gott auf, gefolgt von einer Geschichte über eine Art globale Katastrophe, die mit der Sonne in Verbindung steht! In allen diesen antiken Quellen und Texten ist von einer ähnlichen Katastrophe die Rede.

Das steht wieder im Widerspruch zur Lehrmeinung über die Antike. Es bestätigt wieder einmal, dass unsere Ahnen eine verlorene globale Kultur besaßen und sich auf der ganzen Welt herumbewegten. Es gab mindestens ein Volk, das die ganze Welt bereiste und eine gemeinsame Sprache bzw. Schriftsprache auf der Welt. In den antiken Texten ist von starker Sonnenaktivität die Rede, von einer extrem großen Anzahl an Sonnenflecken. Diese Petroglyphen wurden hinterlassen, um uns vor zyklischen schweren Sonnenveränderungen und Erdveränderungen zu warnen. Der französische Klimatologe Edouard Bard veröffentlichte kürzlich neue Entdeckungen einer Gruppe von Forschern, die besagen, dass vor etwa 14.000 Jahren ein katastrophaler magnetischer Sturm stattfand, wie ihn die Menschheit noch nie erlebt hatte. Sollte ein solcher Sonnensturm in unserer Gegenwart oder nahen Zukunft erneut auftreten, dann wäre nicht nur das Internet, sondern auch jegliche mobile Kommunikation und Elektrizität verschwunden. Die moderne Zivilisation würde zusammenbrechen. Alles wäre verloren. Neue Daten belegen, dass sich geomagnetische Störungen außerdem auf den Gesundheitszustand von Menschen auswirken, denn mehr als 50% aller Leute reagieren auf diese Fluktuationen.

Im Oktober 2023 wurden neue Daten veröffentlicht, wonach Sonnenstürme und hochenergetische Auswürfe die primären Quellen für Störungen im Erdmagnetfeld sind. Diese Phänomene sorgen dafür, dass Tiere auf dramatische Weise ihr normales Verhalten ändern. Man nimmt an, dass bestimmte Arten über einen sechsten magnetischen Sinn verfügen, der ihnen bei ihren alljährlichen Wanderbewegungen erlaubt, sich am Erdmagnetfeld zu orientieren. Forschungen haben ergeben, dass Vögel von den Effekten des Weltraumwetters und der Sonnenaktivität auf das Magnetfeld beeinflusst werden. Bis zu 20 Prozent der Wandervögel verirren sich auf ihrer Route, was auf geomagnetische Störungen zurückzuführen ist. Neben Vögeln betrifft diese Verhaltensänderung auch Haie, Meeresschildkröten und einige Insektenarten.

Astronomen haben herausgefunden, dass auch unsere Milchstraßen-Galaxie einzigartig im All ist!

Viele Gelehrte denken, dass unsere Milchstraßen-Galaxie speziell ist, weil in ihr die Erde und somit wir Menschen existieren. Der amerikanische Astronom Edwin Hubble hat jedoch als einer der ersten vor knapp 100 Jahren darauf hingewiesen, dass die Milchstraße nicht bloß eine Galaxie unter vielen anderen ist, sondern spezielle Eigenheiten aufweist, die ungewöhnlich sind. Die Milchstraße ist eine Spiralgalaxie, die zu ihrer Scheibenform abgeflacht ist. Sie beinhaltet eigentlich zwei unterschiedliche Scheiben. Die erste Scheibe enthält kosmischen Staub, Gase und den Großteil aller Sterne, samt unserer Sonne. Die zweite Scheibe besteht völlig aus Sternen, die normalerweise zu den ältesten der Galaxie zählen. Nicht alle Galaxien haben solche dicken Scheiben, und Astronomen wissen auch nicht, wie sie sich geformt haben. Eine Theorie ist, dass ein gewaltiger kosmischer Unfall dafür zuständig war, bei welchem eine kleinere Galaxie in unsere größere hineintrieb. Das ist aber mittlerweile mehr als fraglich. Unsere Spiralgalaxie enthält Arme, die von einem Zentrum ausgehen, dabei sind Spiralgalaxien wie unsere erstaunlich selten in der galaktischen Nachbarschaft. Warum das so ist, versuchen Astronomen seit den 1960er-Jahren herauszufinden.

Mit neuen Computersimulationen wurde die Formung der Milchstraße rund 13,8 Milliarden Jahre zurückberechnet. Die Forscher simulierten die Entwicklung unserer galaktischen Nachbarschaft, um zu verstehen, wie Spiralgalaxien entstehen, weil sie in dieser Region des Universums so selten vorkommen. Die Simulationen zeigen, dass regelmäßig Kollisionen und Vermischungen mit anderen Galaxien stattgefunden haben sollen. Wenn

Galaxien miteinander verschmelzen, dann formen sie logischerweise eine neue Art von Galaxie. Wenn zwei Spiralgalaxien zusammenstoßen, dann entsteht eine elliptische Galaxie. Beobachtungen unserer galaktischen Nachbarschaft zeigen eine Menge von elliptischen Galaxien, aber wenige Spiralgalaxien. Daher sieht es so aus, als ob unsere Milchstraße solche Zusammenstöße irgendwie seit Milliarden von Jahren überlebt hat, ohne ihre Form zu ändern, wenn das angenommene Alter des Universums korrekt ist.

Laut Studien ist unsere Milchstraße ein Teil einer größeren super-galaktischen Ebene, die aus mehreren riesigen Galaxienhaufen und Clustern besteht, in denen sich tausende von individuellen Galaxien befinden. Die allermeisten von ihnen sind elliptische Galaxien. Warum die wenigen Spiralgalaxien bis heute erhalten geblieben sind, erscheint mysteriös. Die Milchstraße, unsere Sterneninsel im All, nimmt dabei aber wie gesagt eine spezielle Position ein, denn selbst unter den vorhandenen Spiralgalaxien gibt es nur wenige, die unserer gleichen, weil wir zum Beispiel die hellen Magellanschen Wolken in unserer Nähe haben. Das sind zwei irreguläre Zwerggalaxien nahe der Milchstraße, die man von der südlichen Hemisphäre der Erde aus sehen kann.

In den letzten Jahren haben Astrophysiker etwa 930.000 Galaxien und 120.000 Quasare kartiert, um zu ermitteln, wie sich Galaxien formen. Die Resultate weisen darauf hin, dass wenn der Urknall wirklich stattgefunden haben sollte, Dunkle Materie für die Formung von Galaxien verantwortlich gewesen sein soll. Die Theorie lautet, dass die meiste Materie des Universums aus Material besteht, das man nicht sehen oder messen kann. Sie kann nur anhand ihrer elektromagnetischen Ausstrahlung erkannt werden. Dunkle Materie soll unsichtbar sein und aus einer exotischen Zusammensetzung bestehen. Ihr Einfluss soll für die Verteilung von Galaxien im All und für die Expansion des Universums verantwortlich sein. Seit 2021 sind weitere Studien veröffentlicht worden, wonach Dunkle Materie gar nicht existieren soll! Kosmologen, Physiker und Astronomen diskutieren über Dunkle Materie, die das seltsame Verhalten von Galaxie-Clustern erklären soll, und neue Resultate zeigen nun, dass Dunkle Materie gar nicht existiert. Sie wurde noch niemals gesehen oder beobachtet. Wie sollen wir also von etwas sprechen, das gar nicht existiert? Die neuen Forschungen besagen, dass Mathematik und nicht Dunkle Materie die Gravitationskräfte in der Galaxie steuert.

Das kosmologische Standardmodell geht dennoch weiterhin davon aus, dass das Universum zum Großteil aus Material besteht, das nicht gesehen oder beobachtet werden kann. Wenn es keine Dunkle Materie gibt, wird es schwierig, die Entstehung und Verteilung von Galaxien im All zu erklären. Nicht nur die Formation von Spiralgalaxien ist mysteriös, auch die Formung von Sternen ist nicht hinlänglich erforscht. Wie sich Sterne in Galaxien bilden, ist nicht genau bekannt. Forscher nehmen an, dass sich Sonnen aus Wolken bilden, die aus Gas und Staub bestehen. Sie kennen aber die Sequenzen nicht, die einen Stern entstehen lassen, weil so etwas noch nie beobachtet werden konnte. Was könnte eine Wolke dazu bringen zu kollabieren und sich zu verdichten und zu entzünden? Wie viel einer Wolke benötigt ein Stern, wenn er sich formt? Wie und wann beginnen Planeten, sich um einen neu geformten Stern zu bilden? All diese Fragen sind unbeantwortet.

Das neue James-Webb-Weltraumteleskop liefert gegenwärtig neue Daten über das Zentrum unserer Galaxie. Dort befindet sich ein riesiges Schwarzes Loch, das von Gas, Staub und Schwärmen von Sternen umgeben ist. Im Vergleich zu anderen Galaxien konsumiert unser Schwarzes Loch im Zentrum nicht viel Material, und Astronomen wissen nicht warum. Es ist eigentlich viel zu still, obwohl das nicht immer der Fall gewesen sein kann. Darüber hinaus ist der Platz unserer Galaxie im Kosmos ungewöhnlich. Sie befindet sich nahe dem Zentrum einer kosmologischen Wand. Solche Wände sehen aus wie Membranen zwischen kosmologisch leeren Räumen. Die meisten dieser kosmologischen Wände bestehen aus Galaxien, die im Schnitt zehnmal kleiner sind als die Milchstraße. Das Universum um uns besteht aus relativ kleinen Galaxien, doch warum die Milchstraße im Vergleich dazu so groß ist, ist nicht zu beantworten. Es gibt keine bekannte Spiralgalaxie dieser Größe und Masse, die eine solche Wand aufweist. Eigentlich sollte die Milchstraße nach allen gültigen Erkenntnissen ebenfalls zehnmal kleiner sein!

Das Universum besteht zum größten Teil aus leerem Raum, und warum wir uns genau in der Mitte einer dieser Membranen befinden, ist unklar, denn somit sitzen wir zwischen zwei leeren Räumen fest. Diese Anomalie reiht sich in das große kosmische Rätsel unserer Existenz ein. Warum ist unsere Galaxie inmitten einer kalten Leere so groß geworden? Je kälter eine Wand aus kleinen Galaxien ist, desto schwieriger sollte es sein, riesige Galaxien zu formen. Wie ist die Milchstraße entstanden, und warum hat sich ihre Form nicht verändert? Wenn unsere Galaxie in einem Cluster wäre, würde sie mit den anderen großen Galaxien zusammenstoßen, und das wäre katastrophal für uns. Deutsche und amerikanische Wissenschaftler lassen Simulationen laufen, um die Entwicklung von hunderten von Galaxien zu erforschen. Nur 1% aller Galaxien oder Spiralgalaxien zeigen eine ähnliche Zusammensetzung wie die Milchstraße. Sie hat dabei eine irreguläre Form und Struktur, und auch ihre chemische Zusammensetzung weicht von vergleichbaren Galaxien ab. Maria Bergemann ist Astrophysikerin am Max-Planck-Institut für Astronomie und klärt uns darüber auf, dass unsere Milchstraße keine typische Spiralgalaxie ist. Sie hat sich völlig anders entwickelt als ähnlich aufgebaute Galaxien!

Es ist nicht bekannt, wie sich die Spiralarme einer Spiralgalaxie formen, denn seit den 1950er-Jahren suchen Astronomen nach dem Grund dafür. Wie bilden sich im galaktischen Zentrum Spiralarme? Wie drehen sie sich in der galaktischen Scheibe? Warum lösen sie sich am Rand davon gleichmäßig auf? Wissenschaftler haben keine Antworten auf diese Fragen, weil sie nicht wissen, wie Spiralarme entstehen. Dabei nehmen die Arme verschiedene Positionen ein, und auch die Stärke der Spiralarme oder ihre Helligkeit variiert. Wie lange sie erhalten bleiben, kann ebenfalls nicht ermittelt werden. Sie scheinen irgendwie im Zentrum fixiert zu sein und drehen sich, ohne ihre Form zu verändern, um das galaktische Zentrum mit dem Schwarzen Loch in der Mitte. Diese Form kann nicht durch einen gewalttätigen Zusammenstoß mit einer anderen Galaxie hervorgerufen worden sein, weil dann die Bewegungen der Sterne anders wären.

Die vier großen Spiralarme der Milchstraße würden sich verändern, wenn sie einer zweiten Galaxie zu nahe kommen würden. Alle Ordnung würde sich auflösen und mit ihr die Form der Spiralarme. Die daraus entstehende neue Galaxie würde eine elliptische Form annehmen. Die Theorie lautet, dass die Milchstraße im Laufe von Milliarden von Jahren gewachsen ist, indem sie kleinere Galaxien geschluckt hat, die man als Zwerggalaxien kennt. Doch dann hätten sich auch die Spiralarme auflösen müssen, denn nach der Verschmelzung können sie sich laut den Aussagen von Astronomen nicht mehr neu bilden. Somit müssen die Theorien fehlerhaft sein und große Lücken in den Erklärungsmodellen für die Formung der Milchstraße vorhanden sein. Vor der Entstehung der Astronomie hatten Forscher keine Vorstellung davon, wie speziell unsere Milchstraße, unser Sonnensystem und letztlich der Planet Erde im ganzen Universum ist! All diese abweichenden Charakteristiken zeigen ohne Zweifel, dass wir einen absolut einzigartigen Platz im Kosmos einnehmen und die Menschheit des Planeten Erde einen besonderen Status einnimmt.

Hinzu kommt, dass neue Beobachtungen die Gültigkeit des Urknalls immer weiter infrage stellen. Astronomen haben mit dem James-Webb-Teleskop eine weit entfernte Galaxie gefunden, welche der Milchstraße gleicht. Diese Entdeckung stellt somit auch die Theorien über die Formung unserer Galaxie infrage. Die entlegene Galaxie trägt die Bezeichnung Ceers-2112, und sie ist die am weitesten entfernte Galaxie, die bis jetzt gefunden werden konnte! Demnach sollte sie kurz nach dem Urknall als Proto-Galaxie entstanden sein und rund 11,5 Milliarden Jahre älter sein als die Milchstraße! Astronomen behaupten, dass die Beobachtung solcher Galaxien wie eine Zeitreise in die Vergangenheit des Universums ist. Das Problem ist, dass keine dieser neuen Entdeckungen zu den gültigen kosmologischen Theorien über die Entstehung des Universums passt. Wenn Spiralgalaxien wie unsere schon vor 11,7 Milliarden Jahren existiert haben, warum ist die am weitesten entfernte dann so geordnet und strukturiert, wenn andere mehr irregulär erscheinen? Die Entdeckung von Ceers-2112 verändert auf jeden Fall die Theorien über den Beginn des Universums und die Formung von Galaxien im Allgemeinen. Von Wänden umschlossene große Galaxien sollten eigentlich erst entstanden sein, als das Universum mindestens die Hälfte seines postulierten Alters von 13,8 Milliarden Jahren erlebt hatte. Wissenschaftler glauben, dass mehrere Milliarden Jahre an galaktischer Entwicklung notwendig gewesen sind, bevor riesige Cluster von Sternen sich im Zentrum von Galaxien gebildet haben können. Astronomen sind nunmehr dazu gezwungen ihre Thesen zur Bildung von Galaxien und Sternen zu verändern, denn die ältesten Galaxien sind bereits vollständig ausgebildet.

Sie sind durch die vielen Sterne auch viel heller als sie theoretisch sein sollten. Fast alle der ältesten Galaxien sind mit Gaswolken gefüllt, die noch heller leuchten als die enthaltenen Sterne. Diese ganzen Beobachtungen haben im Grunde genommen die gültige Kosmologie widerlegt. Wie sollen sich bereits wenige hundert Millionen Jahre nach einem Urknall vollständig entwickelte Galaxien mit Sternenclustern wie bei der Milchstraße entwickelt haben? Sie sollten eigentlich gar nicht existieren. Sie hätten sich in einem Bruchteil der Zeit geformt, die unsere Milchstraße benötigt haben soll, um zu ihrer heutigen Größe zu wachsen. Alle Modelle zur Formung von Galaxien sind widerlegt, und damit sogar das Standardmodell der Kosmologie und der Urknall selbst. Das James-Webb-Teleskop sieht außerdem zu viele junge und helle Sterne in den ältesten Galaxien. Die Lage ist für Kosmologen mittlerweile kritisch geworden, denn sie können das ganze Universum und auch die Entstehung unserer Welt nicht mehr erklären. Die Beobachtungen des neuen Weltraumteleskops haben mehr neue Fragen aufgeworfen, als sie beantwortet haben. Diese Entdeckungen sind phänomenal, denn sie zeigen, dass große strukturierte Galaxien viel länger im Universum existieren, als Forscher jemals für möglich gehalten haben. Im Laufe des Jahres 2023 hat das Teleskop eine Reihe von enorm großen uralten Galaxien gefunden, deren Existenz alle etablierten Theorien über das frühe Universum über den Haufen wirft!

Kurz vor dem Abschluss der Arbeit an diesem Buch sind weitere erstaunliche Meldungen in wissenschaftlichen Magazinen erschienen. Es wurden nunmehr mehrere solcher unerklärlicher Galaxien gefunden, und die Entdeckung einer weiteren bedeutet im Grunde bereits das Ende vieler Hypothesen über die Entstehung des Alls. Das James-Webb-Weltraumteleskop beobachtete eine Galaxie mit dem Namen ZF-UDS-7329, die sich nur 800 Millionen Jahre nach dem hypothetischen Urknall geformt haben müsste. Die Existenz dieser Galaxie ergibt in allen gültigen Modellen des Universums keinen Sinn. Diese Entdeckung legt nahe, dass zu diesem Zeitpunkt nicht genug hypothetische Dunkle Materie existiert haben kann, um die Formung dieser alten und großen Galaxien zu erklären. Forscher haben nun weitere Schwierigkeiten, das beobachtbare Universum zu verstehen. Es ist für sie unmöglich zu beantworten, wann und wie sich diese frühen, aber großen Galaxien geformt haben. Dazu sind ganz neue Theorien notwendig, wobei die Existenz von Dunkler Materie ebenfalls umstritten ist, weil niemand sie jemals beobachten konnte. Astrophysiker glauben einfach an ihre Existenz, weil sie laut ihren Modellen die Formung von neuen Galaxien erlaubte. Doch falls Dunkle Materie nicht existiert, kann unmöglich festgestellt werden, wie alt das Universum wirklich ist, oder wann und wie es begann. Ohne die Theorie der Dunklen Materie ist unerklärlich, welche Kraft Galaxien entstehen lässt. Das Standardmodell der Kosmologie ist ein weiteres Mal kurz davor, widerlegt zu werden.

Aber ist das überhaupt vorstellbar? Wenn man beginnt, die Kosmologie umzuschreiben, dann besitzt das wissenschaftliche Establishment kein glaubwürdiges wissenschaftliches Modell vom Ursprung des Universums. Tag für Tag werden mithilfe des neuen Teleskops scheinbar unmögliche kosmische Anomalien entdeckt. Das bedroht tatsächlich „unser Verständnis", wie sich erste Materie im Universum formen konnte. Uralte, ultragroße, voll entwickelte Galaxien sollten sich wie gesagt erst viel später gebildet haben. Daher wird es unumgänglich, dass die etablierten Modelle abgeändert werden müssen. Das bedeutet in weiterer Folge, dass Jahrzehnte an etablierter Wissenschaft vollständig ungültig werden! Experten schreiben, dass sich fortan ein *„Fenster in das Unbekannte"* öffnet. Wissenschaftler wägten sich in Sicherheit, weil man ihre Theorien nicht testen konnte. Das hat sich durch den Einsatz des neuen leistungsstarken Weltraumteleskops geändert. Das Problem, das hierbei besteht, ist nicht nur geringfügig. Man kann die Kosmologie nicht in einem Maße abändern, dass diese neuen Beobachtungen irgendwie in die alten Modelle passen. Somit zerfällt die Theorie vom Urknall vor unseren Augen. Weitere Beobachtungen sollen Wissenschaftlern helfen, mehr über die Entwicklung des Universums herauszufinden. Mit dem Ende ihrer besten Beschreibungen über die Entstehung des Kosmos, nähern wir uns wieder der Realität eines vorhandenen Mystizismus an, der die Frage nach unseren Ursprüngen besser erklären kann. Dazu passen auch die letzten in diesem Werk erwähnten aktuellen Meldungen.

CERN plant, einen neuen Teilchenbeschleuniger zu bauen, um ein Portal zu Extra-Dimensionen zu öffnen

Forscher des momentan größten Partikelbeschleunigers gaben bekannt, einen neuen Ring zu bauen, der dreimal so groß wie der alte werden soll. Das Projekt trägt den Titel „Future Circular Collider" (FCC) und soll sage und schreibe 17 bis 22 Milliarden US-Dollar verschlingen. Die Länge des Beschleunigerrings soll rund 91 Kilometer betragen, wobei der bisherige Large Hadron Collider (LHC) ungefähr 27 km lang ist. Er befindet sich auf dem Gelände der European Organization for Nuclear Research nahe Genf. Physiker wollen den Future Circular Collider bauen, um Fehler im Standardmodell der Teilchenphysik zu erforschen. Sie planen, kleinste Partikel, also die Bausteine des Universums, mit noch stärkerer Energie kollidieren zu lassen. Der LHC kann rund 14 Terra-Elektronen-Volt verwenden, während der FCC rund 100 Terra-Elektronen-Volt zur Verfügung haben soll. Durch diese Versuche hoffen Physiker, unbekannte Partikel und Kräfte zu finden. Einige der grundlegend wichtigen Fragen der Entstehung des Universums können nämlich durch das Standardmodell nicht beantwortet werden. So besteht zum Beispiel ein Ungleichgewicht zwischen Materie und Antimaterie. Auch Dunkle Energie und Dunkle Materie geben Forschern weiterhin Rätsel auf. Es sieht nämlich derzeit so aus, als ob das alles in der Realität außerhalb von Computermodellen gar nicht existiert. Das Modell besagt jedoch, dass unser Universum zu 95% aus diesen unsichtbaren Bestandteilen bestehen soll!

Kosmologen, Physiker und Astronomen denken, dass Dunkle Materie das seltsame Verhalten von Galaxienhaufen erklärt, doch neue Forschungsresultate schlagen vor, dass Dunkle Materie gar nicht existiert. Weder Dunkle Materie noch Dunkle Energie wurden jemals gesehen oder beobachtet. Darum erscheint es eigenartig, dass Experten seit Jahrzehnten darüber diskutieren. Die Theorie der Existenz von Dunkler Materie wurde erstmals im Jahr 1978 aufgestellt, als die Astronomin Vera Rubin die These aufstellte, dass eine unsichtbare Substanz Sterne trotz hoher Rotationsgeschwindigkeit am Rand von Galaxien festhält. Die Substanz konnte allerdings niemals identifiziert werden, obwohl jahrzehntelang Versuche unternommen worden sind, sie zu finden. Aber niemals wurde ein derartiges Partikel entdeckt. Eine Möglichkeit der String Theorie besagt, dass sich Dunkle Materie in einer Extra-Dimension versteckt. Laut diesem Szenario befindet sich mindestens eine unsichtbare Dimension in unserem Universum. Die Revolution in der Kosmologie begann dann eigentlich im Jahr 1998, als Astronomen dahintergekommen sind, dass sich das Universum zunehmend schneller ausdehnt, und sie vermuteten, dass Dunkle Energie dafür verantwortlich ist.

Eine der aktuellsten Meldungen betrifft die Lokalisierung einer fast unsichtbaren Zwerggalaxie, die nicht mit dem Standardmodell des Kosmos erklärt werden kann. Die Galaxie trägt den Namen Nube, und ihre Sterne liegen extrem weit voneinander entfernt, weshalb diese Galaxis kaum Licht abgibt. Somit leuchtet sie zehnmal schwächer als andere Zwerggalaxien und ist dabei insgesamt zehnmal größer als sie nach der Anzahl ihrer Sterne sein sollte. Das ist im Grunde eine weitere Widerlegung der Theorie von Dunkler Materie. Mit dem gegenwärtigen Verständnis der Kosmologie kann diese Galaxie mit ihren Charakteristiken eigentlich gar nicht existieren. Man kann noch nicht einmal den genauen Standort von Nube bestimmen, weil unbekannt ist, wie weit entfernt sie sich von unserer Galaxie befindet. Experten wissen nicht, wie so wenig Masse im Zentrum den Rest der Sterne an Ort und Stelle halten kann. Auch diese Entdeckung widerlegt gültige Theorien, und Journalisten schreiben, dass wir neue Wege finden müssen, um das Universum zu verstehen.

Außerdem sind in den vergangenen Jahren eine Reihe weiterer Studien publiziert worden, die belegen, dass Dunkle Energie gar nicht existiert, weil Beweise dafür erbracht worden sind. Wie gesagt: Wenn Dunkle Materie und Dunkle Energie nicht existieren, kann auch nicht bestimmt werden, woraus 95 bis 96 Prozent des Kosmos bestehen. Eine plausible Erklärung dafür lautet, dass die Standardmodelle des Universums ungültig sind, weil sie nicht funktionieren. Gravitation und die ganze Relativität funktionieren nicht so wie vorhergesagt.

Die nächste Möglichkeit besteht darin, dass Dunkle Energie und Dunkle Materie nicht existieren, denn unsere Welt nimmt einen ganz speziellen Platz im Universum ein! Das geht aus einem aufschlussreichen Artikel des

Magazins *Scientific American* hervor. Bis zur kopernikanischen Wende, glaubten die meisten Gelehrten der Welt bis zurück in die Antike, dass der Planet Erde und somit die gesamte Menschheit einen speziellen oder zentralen Platz im Universum einnimmt. Seit damals wollen uns Kosmologen aber weismachen, dass wir durch ein Unglück wie den Urknall in einem sinnlosen Universum existieren, das keinen speziellen Zweck erfüllt – was in weiterer Folge auch unsere menschliche Existenz betrifft. Wir sollen auf einer bedeutungslosen Welt am Rande einer unbedeutenden Galaxie leben, inmitten eines schier endlosen Alls mit Milliarden von Galaxien. Doch was wäre, wenn das gar nicht stimmt, und unsere Position im All doch sehr speziell ist? Fakt ist, dass Forscher in den letzten Jahrzehnten dahintergekommen sind, dass sowohl unsere Galaxie als auch unser Sonnensystem oder unser Stern und seine Planeten keineswegs anderen Galaxien und Systemen entsprechen, sondern unglaublich viele Anomalien bergen, die beweisen, dass unser Platz im Universum absolut einzigartig ist. Auf diese Anomalien gehe ich in meinen neuesten Büchern sehr detailliert ein.

Astronomen diskutieren nicht gerne über diese Themen der speziellen und zentralen Position unseres Planeten im Universum. Für atheistische Gelehrte ist eine spezielle Schöpfung bis heute undenkbar, dabei war sich selbst Albert Einstein bewusst, dass seine Relativitätstheorie keineswegs beweist, dass dem nicht so ist. Erst jetzt beginnen einige Gruppen von Physikern, in Betracht zu ziehen, dass unser Platz einzigartig ist. Viele Beobachtungen zeigen, dass wir in einer unerklärlichen kosmischen Leere mit gigantischen Ausmaßen existieren, und diese Feststellung ist nur eine von vielen neuen Erkenntnissen, die eine Revolution in der Kosmologie ausgelöst haben.

Somit bestehen mehr als enorme Lücken im Standardmodell, und viele physikalische Vorgänge können nicht geklärt werden. So bleibt auch weiterhin unbekannt, woher die Kraft der Gravitation stammt. Durch die noch stärkere Beschleunigung und Kollision von Partikeln im FCC können diese Fragen vielleicht näher untersucht werden. Weil der LHC in den ganzen Jahren seiner Experimente nur wenige neue Erkenntnisse liefern konnte, wenden einige Wissenschaftler ein, dass die neue, unglaublich teure Maschine wahrscheinlich keine weiteren Durchbrüche ermöglichen wird bei dem Versuch, neue Physik zu finden. Im Jahr 2028 soll entschieden werden, ob das FCC umgesetzt wird oder nicht. Dabei soll die Maschine frühestens im Jahr 2045 fertiggestellt werden, und erst im Jahr 2070 kann der volle Betrieb theoretisch starten, um Protonen miteinander kollidieren zu lassen.

Durch diese Zerstörung von Atomen wollen Wissenschaftler endlich dahinterkommen, ob Dunkle Energie und Dunkle Materie wirklich existieren oder nicht. Wenn sie nämlich nur theoretisch und nicht real vorhanden sind, wird das Standardmodell der Entstehung des Universums ungültig und der Urknall widerlegt. Das Problem hierbei ist, dass es bislang kein anderes Modell des Universums gibt und sein Ursprung nicht auf plausible und wissenschaftliche Weise erklärt werden kann. Somit fällt die Beschreibung des Universums um, und wir bewegen uns in den Bereich der Metaphysik oder exotischen Physik.

Wenn das dunkle Universum also aus 95% unsichtbarem Material besteht, das nicht mit Licht interagiert und nicht durch bekannte Methoden gemessen oder bestätigt werden kann, ist unklar, woraus 95% des Universums eigentlich bestehen. Nur 5% davon können wirklich erklärt werden. Somit liefert das Standardmodell keine tatsächliche Erklärung, weil 95% unerklärlich bleiben. Anders ausgedrückt: Forscher haben keine Ahnung, was unser Universum eigentlich ist.

Wissenschaftler wissen nicht, was Dunkle Energie ist und ob sie überhaupt aus Partikeln besteht. Die Leitung von CERN hat bekannt gegeben, dass der FCC vielleicht die einzige Maschine sein wird, die neue Einblicke in die Geheimnisse des dunklen Universums liefern kann. Doch was ist, wenn es nichts Neues zu entdecken gibt? Hat diese Maschine vielleicht noch andere Fähigkeiten, von denen wir noch nichts erfahren sollen? Vor einigen Jahren haben Forscher nämlich angekündigt, durch die Beschleuniger ein Tor in ein Paralleluniversum öffnen zu wollen.

Eliezer Rabinovici, der Präsident der Ratsversammlung von CERN, gab bekannt, dass der neue Beschleunigerring in der Region von CERN entstehen soll. Warum ausgerechnet dort? Ein kreisrunder Tunnel soll in einer Tiefe von 200 m unter der Erdoberfläche gebohrt werden, wobei die Arbeiten daran frühestens im Jahr 2033 beginnen werden. Wie gesagt, können sich die Baukosten in den kommenden Jahren sicherlich noch erhöhen, und bis jetzt gibt es noch keine Antworten auf die Frage, was überhaupt entdeckt werden könnte, um diese Investitionen zu rechtfertigen. Laut der Leitung von CERN gibt es noch keine theoretischen Anleitungen, wonach überhaupt gesucht werden soll!

Diese Fragen können vielleicht beantwortet werden, indem man Meldungen aus Wissenschaftsmagazinen aus dem Jahr 2017 studiert. Damals wurde gemeldet, dass Forschungen in CERN belegt haben, dass unser Universum laut gültiger Physik eigentlich gar nicht existieren sollte. Seine Entstehung ist also trotz aller Beteuerungen von Physikern unerklärlich. Unser limitiertes Verständnis der Physik sorgt dafür, dass das Universum keinen Sinn ergibt. Laut dem Standardmodell der Physik bestand unser Universum einst aus gleich hohen Anteilen von Materie und Antimaterie, und zwar kurz nach dem hypothetischen Urknall. Materie und Antimaterie hätten sich anschließend gegenseitig auslöschen sollen und hätten nichts zurückgelassen. Demnach sollte das materielle Universum eigentlich gar nicht existieren.

Demzufolge gestehen Physiker auch ein, dass viele neue Beobachtungen alles infrage stellen, was Wissenschaftler über den Urknall zu wissen glauben. Diese Vorstellung ist rund 150 Jahre alt und ist vermutlich vollständig falsch. Wir müssen jetzt ein anderes Fenster zu den Ursprüngen des Universums finden. Das betrifft auch die Suche nach dem Ursprung von Gravitation. Viele Menschen, die an eine übernatürliche Entstehung des Universums und an einen Schöpfer glauben, sind verstört von den Aussagen atheistischer Forscher, die in Erklärungsnot geraten und davon sprechen, dass die Natur bei der Entstehung des Universums vielleicht doch einen komplett anderen Pfad gewählt hat. Der Großteil davon ist wie gesagt bis heute ein komplettes Mysterium geblieben, genau deshalb soll der FCC behilflich sein, die Geheimnisse des dunklen Universums zu lüften. Der LHC war nicht in der Lage, neue Partikel zu finden, aus denen rund 95 Prozent des Universums bestehen sollen. Der letzte Durchbruch ereignete sich im Jahr 2012 mit der Entdeckung des Gottes-Partikels, also des Higgs-Boson. In einigen Fachartikeln wird darüber hinaus ausgeführt, dass nicht nur die Frage gelöst werden soll, warum mehr Materie als Antimaterie im All vorhanden ist, sondern auch ermittelt werden soll, ob unsere Realität mit versteckten Extra-Dimensionen ausgestattet ist. Das betrifft dann wohl den Bereich der Quantenphysik und alles, was sich außerhalb des Standardmodells befindet.

Immer wieder stößt man im Internet auch auf Meldungen in sozialen Medien, in denen erklärt wird, dass die wahre Aufgabe von CERN ist, eine Tür in andere Dimensionen aufzumachen, um unsichtbaren Entitäten oder Dämonen Einlass in unsere Realität zu gewähren. Im Bereich der Ufologie geben Whistleblower übrigens ähnliche Aussagen von sich und denken, dass wir von einer völlig anderen Realität umgeben sind, die wir nicht wahrnehmen oder messen können und mit der wir auch nicht interagieren können. Nichtmenschliche Intelligenzen stammen von diesen Ebenen und besuchen uns hier auf der Erde, die eine Kreuzung in andere Dimensionen darstellen soll.

Vergessen wir nicht, dass selbst in antiken Aufzeichnungen von spirituellen Welten die Rede ist, die neben unserer existieren. Das sind die sieben Himmel oder auch dämonische Astralreiche wie die sprichwörtliche Hölle. Kommunizieren CERN-Wissenschaftler vielleicht tatsächlich mit dämonischen Entitäten in Parallelwelten, und wollen sie Portale dorthin öffnen? Videos von unheimlichen Ritualen auf dem Gelände von CERN sind seit dem Jahr 2016 bekannt. Sie sollen unter anderem eine Menschenopferung zeigen.

Sehen wir uns weitere Meldungen über diese Portale an. Der LHC begann im Jahr 2010 damit, Partikel kollidieren zu lassen, wobei sich einige Forscher kritisch äußerten, dass diese Versuche fehlschlagen und eine Katastrophe auslösen werden. Es besteht nämlich die Möglichkeit, dass sich ein kleines Schwarzes Loch auf der Erde bildet, welches stark genug wäre, den ganzen Planeten zu destabilisieren und dadurch zu zerstören. Doch seitdem hat sich die Welt sprichwörtlich in eine Hölle verwandelt, behaupten alternative Stimmen. Wir nähern uns Tag für Tag einer Apokalypse, und selbst Politiker verwenden jetzt diese Begriffe oder sprechen von einem nahenden Armageddon. Leben wir tatsächlich bereits in einer Zeit, in der Portale zum Multiversum geöffnet werden können, oder handelt es sich bloß um Verschwörungstheorien?

Physiker von CERN haben ausdrücklich gesagt, dass sie nach seltsamer Materie suchen und der Beschleuniger Schwarze Löcher erzeugen kann. Zumindest soll er mikroskopisch kleine Schwarze Löcher simulieren, um zu verstehen, wie das Universum entstanden ist und mehr über den hypothetischen Urknall herauszufinden. Die Weltbevölkerung wurde nicht gefragt, ob sie mit diesen potenziell gefährlichen Experimenten einverstanden ist. Die Suche nach seltsamer Materie und Strangelets, die solche Versuche produzieren könnten, ist ebenso gefährlich, weil diese exotische Materie sich mit der restlichen Materie in unserer Umgebung und der ganzen Erde infizieren kann. Die populäre Netflix-Serie „*Stranger Things*" befasst sich mit solchen Phänomenen und Dämonen aus einer anderen Dimension, welche die Erde befallen.

Weitere Informationen besagen, dass diese Versuche etwas mit dem Mandela-Effekt zu tun haben könnten. Weil niemand herausfinden kann, was ihn hervorruft. Mandela-Effekte sind Veränderungen in der Wahrnehmung der Realität oder Realitäts-Verschiebungen. Sie stellen vielleicht Beweise für das Vorhandensein multipler Universen dar, die sich mit unserem vermischen. Es kommt zum Entstehen verschiedener Zeitlinien und zu Störungen im Raum-Zeit-Kontinuum. Daher könnte ein beabsichtigter oder unbeabsichtigter Prozess des LHC dafür sorgen, dass sich eine neue Realität formt, weil Phänomene wie Wurmlöcher, Portale, Spiegel-Dimensionen, alternative Realitäten oder die Mandela-Effekte entstehen. Es fand eine *International Mandela Effect Conference* (IMEC) statt, auf welcher der Theorie Ausdruck verliehen wurde, dass CERN teilweise für den Mandela-Effekt verantwortlich sein kann. Einige Mandela-Effekte sind schon vor der Inbetriebnahme von CERN aufgetreten, weshalb der LHC nicht als einziger Auslöser infrage kommt.

Physiker sprechen im Fachjargon nicht über Portale oder Zeitlinien, sondern über Verbindungen zwischen Partikeln und der Suche nach Extra-Dimensionen. Und das ist wirklich eine der Aufgaben von CERN. In der Quantenmechanik nennt man solche Phänomene spukhafte Verschränkungen von Partikeln, Quantenteleportation, Quantensuperpositionen und so weiter. Darüber hinaus kann Quantenphysik aber auch keine Basis zum Verständnis der Entstehung der Raumzeit liefern. Der Mandela-Effekt ist vermutlich ein Quanteneffekt, meinen die Sprecher der IMEC. Daher wird der LHC als ein Werkzeug betrachtet, mit dem unsere menschliche Existenz erklärt werden soll. Eine einfache Frage lautet, warum Wissenschaftler überhaupt solche Experimente durchführen? Einige meinen, sie werden von Satan kontrolliert, um eine Maschine zu bauen, die unsere Realität verändert, um die Apokalypse herbeizuführen.

Werfen wir deshalb einen Blick auf Meldungen, die direkt von CERN herausgegeben worden sind. In einem Artikel über Extra-Dimensionen und winzige Schwarze Löcher wird erklärt, dass die Kraft der Gravitation nicht verstanden wird, weil sie teilweise aus Extra-Dimensionen stammt oder sich dorthin erstreckt. Das mag sich für viele zwar nach Science-Fiction anhören, aber die Existenz von Extra-Dimensionen sollte einige der offenen Fragen über das Universum auflösen. Die nächste Frage lautet, wie wir Extra-Dimensionen testen sollen. Eine Option wäre es, Partikel zu finden, die nur in Extra-Dimensionen existieren, was ihre Existenz bestätigen kann. Gravitation entkommt daher vielleicht auch in eine andere Dimension, was die Möglichkeit beinhaltet, dass Dunkle Materie und Energie vielleicht auch in anderen Dimensionen existieren und 95% des Universums daher in Extra-Dimensionen eingebettet sind. Ein anderer Weg, Extra-Dimensionen zu finden, wäre die Produktion von mikroskopisch kleinen Schwarzen Löchern. Es könnte eine ganze Reihe von Extra-Dimensionen geben, falls solche Schwarze Löcher vom LHC erzeugt werden. Das würde wiederum das Tor zu unbekannten Möglichkeiten öffnen.

Somit ist der Verdacht begründet, dass CERN mit dem LHC und dem FCC die Aufgabe verfolgt, Extra-Dimensionen zu finden und Portale dorthin zu öffnen. Die Methode wären Mikro-Quanten Schwarze Löcher. Sie können dann für kurze Zeit beobachtet werden, und die Geometrie von Extra-Dimensionen müsste von Physikern oder Quantencomputern entschlüsselt werden. In einem freigegebenen amerikanischen Regierungsdokument wird erklärt, dass schon seit den 1940er-Jahren bekannt ist, dass UFOs und nichtmenschliche Wesen aus Extra-Dimensionen bzw. aus Extra-Raum-Zeit-Dimensionen stammen.

Diese Idee kam Physikern schon im letzten Jahrhundert. Zu Beginn des Jahres 2000 wurde von den Verantwortlichen begriffen, dass große oder verschlungene Extra-Dimensionen zu einer neuen Art von Signatur am

LHC führen werden, das waren die mikroskopisch kleine Schwarzen Löcher. CERN-Forscher bestätigen, dass das Interesse an Extra-Dimensionen in den letzten Jahren zwar zurückgegangen ist, aber die Bestätigung dafür von der nächsten Generation von Teilchenbeschleunigern wie dem FCC kommen wird, die mehr Energie verwenden.

Über diese Vorgänge kann man lediglich in Artikeln aus dem Jahr 2017 lesen. Neuere Meldungen enthalten keine Hinweise auf die Suche nach Portalen zu verborgenen Dimensionen. In einer weiteren Meldung aus demselben Jahr steht zu lesen, dass Physiker des LHC nach Extra-Dimensionen Ausschau halten und dass bestimmte Detektoren dazu in der Lage sein werden, experimentelle Beweise für ihre Existenz zu finden.

Es wird vorausgesetzt, dass auf mathematischer Grundlage mindestens zehn physische Dimensionen existieren, wobei offiziell noch keine einzige Extra-Dimension erfasst worden ist. Wenn Extra-Dimensionen im Universum vorhanden sind, dann wären Gravitationswellen dazu in der Lage, sie zu durchdringen. Es existieren bereits mathematische Beschreibungen, wie diese Effekte von verborgenen Dimensionen funktionieren. Gravitationswellen würden die Struktur des Universums in anderen Dimensionen anders ausdehnen als in unserer. Aus Facharbeiten geht hervor, dass die wissenschaftliche Suche nach Extra-Dimensionen schon seit langer Zeit betrieben wird und viel darüber diskutiert wird. Gravitationswellen könnten einen Schlüssel zu ihrem Verständnis darstellen.

Experten wie Dr. David Andriot vom Max-Planck-Institut für Gravitationsphysik in Deutschland erklären dazu, dass die Kraft der Gravitation im Vergleich zu anderen physikalischen Kräften sehr schwach ist. Gravitation wird grundsätzlich nicht verstanden. Der Grund für die schwache Kraft der Gravitation wäre, dass sie mit mehr als drei Dimensionen im Raum und einer Dimension in der Zeit interagiert. Daher ist es mehr als wahrscheinlich, dass wirklich bald ein Portal in andere Welten gefunden werden kann. Was wird uns dort erwarten? Suchen Forscher nach einer alternativen Möglichkeit, diesen Planeten zu verlassen?

Nachwort von Jason Mason

Ich habe versucht, in diesem Buch Beweismaterial zu sammeln, welches in der Lage ist zu demonstrieren, dass eine alternative wissenschaftliche Weltsicht möglich ist. Sie hat weder mit Pseudowissenschaft noch mit Verschwörungen zu tun, sondern liegt wissenschaftlichen Modellen zugrunde. Der anstehende Paradigmenwechsel wird beweisen, dass alternativ denkende Gelehrte, welche dem wissenschaftlichen Konsens nicht zustimmen, viele Dinge entdeckt haben, die für die Korrektheit der Beschreibungen des Universums in den ältesten erhalten gebliebenen Schriften der Welt sprechen. Das Universum ist das Produkt einer intelligenten Schöpfung. Die materielle Welt ist eine Illusion, und unser Bewusstsein stammt nicht von unserem Gehirn, sondern existiert ewig. Höhere Wesen haben diesen Planeten für uns erschaffen, um hier im 3D-Universum durch Emotionen und Aktionen individuelle Erfahrungen zu sammeln. In spirituellen Lehren steht geschrieben, dass wir uns bewusst dazu entscheiden sollen, die höheren Prinzipien der Weisheit zu begreifen, um uns aus dem Rad der Wiedergeburt auf Erden zu befreien. Hier tummeln sich einerseits dämonische, andererseits aber auch himmlische Mächte. Unvorstellbar hoch entwickelte außerirdische Zivilisationen führen Operationen im Sonnensystem durch, und selbst auf dem Mond gibt es Aktivitäten von nichtmenschlichen Intelligenzen.

Ich hatte ursprünglich geplant, in diesem Buch noch sehr viele interessante Berichte über den Planeten Venus unterzubringen. Da das vorliegende Buch dadurch zu umfangreich ausgefallen wäre, werden Sie dieses Wissen im Folgebuch finden, das thematisch wieder eine Reihe von Themengebieten enthalten wird, auf die ich hier aus Platzgründen nicht näher eingegangen bin.

Das vorliegende Werk ist diesmal voll von wissenschaftlichen Informationen und enthält weniger Themen der Grenzwissenschaft als üblich. Das war notwendig, um tiefere Einblicke in die Ideologie von Mainstream-Wissenschaftlern zu erlangen, die versucht haben, mit Vertretern der unwissenschaftlichen Soziologie und Psychologie das Denken und Verhalten der Weltbevölkerung zu kontrollieren. Wie seit langer Zeit vorhergesagt, kollabiert diese Agenda vor unseren Augen, und verborgene Wahrheiten gelangen wieder ins Bewusstsein der Massen. Hinzu kommt, dass Alternativ-Informationen durch wenig bekannte wissenschaftliche Entdeckungen an Bedeutung gewinnen. Es gilt jetzt, an einer Symbiose zwischen Wissenschaft und Spiritualität zu arbeiten, wie es die Mystiker des Ostens schon im 19. Jahrhundert gefordert haben, als es zur Durchsetzung des atheistischen materiellen Weltbilds kam. Alle Bemühungen des wissenschaftlichen Establishments konnten nicht verhindern, dass der Zeitgeist dafür sorgt, dass über das allgegenwärtige kosmische Bewusstsein Fortschritte in der Entwicklung der menschlichen Gesellschaft möglich werden.

Freuen wir uns daher auf neue Entdeckungen und Enthüllungen – sie werden unser aller Zukunft verändern...

Ihr *Jason Mason*

Nachwort von Stefan Erdmann

Der letzte Absatz in Jasons Nachwort sagt viel über sein spannendes Werk aus, weil es in diesem Buch viel mehr um wissenschaftliche Informationen geht als um grenzwissenschaftliche Themen. Das wiederum führt uns eine noch ganz andere, bittere Wahrheit vor Augen: Wie wir von den Mainstream-Medien und ihren NGOS belogen und betrogen werden – tagtäglich! Leider begreifen das die meisten Menschen gar nicht.

„*Glaube denen, die die Wahrheit suchen und zweifele an denen, die sie gefunden haben.*", hat der französischer Schriftsteller und Literaturnobelpreisträger André Gide einmal gesagt. Das trifft sicherlich auf viele Themen in Jasons Buch zu.

Gefährlich wird es dann nur, wenn man der Wahrheit zu nahe kommt. Ich selbst habe das vor vielen Jahren leidvoll erfahren müssen, als ich aufgrund meiner Forschungsergebnisse in Ägypten 2015 in Ägypten angeklagt und zwei Jahre später in Kroatien aufgrund eines Interpolhaftbefehls verhaftet wurde. Wehe, man kratzt an antiquierten „Lehrmeinungen"… Die Vergangenheit hat gezeigt, dass es in dieser Hinsicht noch ganz andere Forscher und Denker gab, die der Wahrheit zu nahe kamen und ihr Leben aufs Spiel setzten. Denken wir an Galileo Galilei und seine Geschichte.

Was für mich und meine Geschichte vor vielen Jahren zutraf, kann man sicherlich wohl auch hier zugrunde legen, wozu mir u.a. der Wissenschaftstheoretiker Thomas S. Kuhn einfällt. Kuhn konstatierte einen Konservativismus universitärer Wissenschaft u.a. aufgrund der Tatsache, dass ihre etablierten Vertreter dazu neigen, sich nachhaltig auf Paradigmen – also Systeme kollektiv akzeptierter Erkenntnisse – festzulegen, und folglich alles rigoros ablehnen, was sich einer entsprechenden Einordnung entzieht. In diesem Zusammenhang sprechen Richard L. Thompson und Michael A. Cremo auch von einem sogenannten „Erkenntnisfilter", mit dem Vorstellungen, die nicht mit den herrschenden Paradigmen konform gehen, umgehend verworfen werden. In der Konsequenz werden alle Ideen, die nicht die gängigen Theorien stützen, entweder lächerlich gemacht oder totgeschwiegen.

Sein wir stets offen für neue Wege, für neue Gedanken, neue Erkenntnisse. Ihnen, meine sehr verehrten Leserinnen und Leser, gilt mein herzlicher Dank und selbstverständlich auch Jason Mason!

Ich hoffe, dass in Ihnen viele neue Fragen erweckt werden, denn Fragen suchen Antworten. Durch die Suche nach Antworten beginnen wir zu forschen. Nur dadurch können wir einer unserer ureigensten Bestimmungen gerecht werden: Die erfolgreiche Suche nach der Wahrheit. Und wer weiß, vielleicht gibt es ja eine Fortsetzung...

„Ich habe nur einen Strauß Blumen gepflügt und nichts hinzugefügt, als den Faden, der sie verbindet.“

Michel de Montaigne, franz. Essayst (1533-1592)

Literatur- und Quellenverzeichnis

Vorwort

Gorsleben, Rudolf John, *Die Hochzeit der Menschheit*, Koehler & Amelang, Leipzig 1930, S. 223 und S. 225

Kapitel 1

www.science.org/content/article/webb-telescope-reveals-unpredicted-bounty-bright-galaxies-early-universe
https://socratic.org/questions/how-do-you-calculate-the-age-of-the-universe-using-the-hubble-constant
https://medium.com/predict/how-the-cosmic-horizon-may-hide-the-truth-of-our-universe-20a739027771
www.newscientist.com/article/dn14814-galaxy-flow-hints-at-huge-masses-over-cosmic-horizon/
www.newscientist.com/article/dn14098-hints-of-structure-beyond-the-visible-universe/
www.vice.com/en/article/4agjag/aliens-beyond-the-cosmological-horizon-unobservable-universe
https://aeon.co/essays/our-cosmic-horizon-is-both-unreachable-and-closer-than-ever
www.lppfusion.com/science/cosmic-connection/plasma-cosmology/the-growing-case-against-the-big-bang/
www.quantamagazine.org/physicists-debate-hawkings-idea-that-the-universe-had-no-beginning-20190606/
Wave function of the Universe –
https://journals.aps.org/prd/abstract/10.1103/PhysRevD.28.2960
https://science.howstuffworks.com/dictionary/astronomy-terms/big-bang-theory7.htm
www.sciencefocus.com/space/if-energy-cant-be-created-where-did-it-come-from-in-the-first-place/
www.forbes.com/sites/jamiecartereurope/2020/05/14/is-it-time-to-dethrone-the-big-bang-theory-heres-how-you-overthrow-it/
www.elektrisches-universum.de/
P.C.W Davies - *Electric Universe* (Nature 273, Mai 1978, doi:10.1038/273268b0)
George Woodward Warder - *The universe a vast electric organism* (1903)
www.theguardian.com/science/2019/nov/02/hubble-constant-mystery-that-keeps-getting-bigger-estimate-rate-expansion-universe-cosmology-cepheid
www.deutschlandfunk.de/hubble-konstante-was-stimmt-nicht-mit-der-expansion-des-100.html
www.fr.de/wissen/studie-expansion-verstaendnis-falsch-hubble-universum-konstante-spannung-messungen-neu-92203102.html
www.space.com/hubble-constant-discrepancy-explained.html
Thomas S. Kuhn - *The Structure of Scientific Revolutions* (1962) (Die Struktur wissenschaftlicher Revolutionen)
www.getabstract.com/de/zusammenfassung/die-struktur-wissenschaftlicher-revolutionen/6952

www.space.com/hubble-constant-discrepancy-explained.html
www.space.com/33527-how-fast-is-earth-moving.html
www.forbes.com/sites/startswithabang/2019/08/24/ask-ethan-where-is-the-center-of-the-universe/
https://web.archive.org/web/20220528102420/http://curious.astro.cornell.edu/about-us/105-the-universe/cosmology-and-the-big-bang/our-place-in-the-universe/638-is-the-earth-at-the-centre-of-the-universe-intermediate
www.ed.ac.uk/news/2022/edinburgh-astronomers-find-most-distant-galaxy
www.independent.co.uk/tech/stars-form-high-mass-low-study-new-how-do-universe-galaxy-a8329581.html
www.livescience.com/65978-what-happens-in-intergalactic-space.html
https://bigthink.com/starts-with-a-bang/star-formation-great-galactic-genocide/
https://answersingenesis.org/astronomy/stars/star-formation-and-creation/
www.icr.org/article/james-webb-new-images
www.icr.org/article/old-galaxy-found-young-part-universe/
www.icr.org/article/JW-Telescope-vs-Big-Bang
www.space.com/james-webb-space-telescope-science-denial
https://universemagazine.com/en/james-webb-did-not-refute-the-big-bang-theory/
www.space.com/james-webb-space-telescope-didnt-break-big-bang-explained
https://skepticalscience.com/history-FLICC-5-techniques-science-denial.html
Quelle Zitat Magazin Science Focus: www.sciencefocus.com/space/desperately-seeking-missing-matter-the-search-for-95-per-cent-of-the-universe/
Zitat James Webb Teleskop Space.com: www.space.com/james-webb-space-telescope-science-denial

Kapitel 2

The Public's Growing Distrust of Science? - www.nature.com/articles/nbt1199supp2_14
www.newyorker.com/news/news-desk/the-mistrust-of-science
https://blogs.scientificamerican.com/observations/dis-trust-in-science/
www.aei.org/carpe-diem/michael-crichton-explains-why-there-is-no-such-thing-as-consensus-science/
Science is the pursuit of the truth, not consensus - www.ft.com/content/c49c8472-767b-11dc-ad83-0000779fd2ac
www.theatlantic.com/technology/archive/2014/04/a-majority-of-americans-question-the-science-of-the-big-bang/360976/
www.sciencealert.com/distrust-in-science-is-causing-harm-but-these-researchers-have-a-plan
https://theconversation.com/infographic-how-much-does-the-world-spend-on-science-14069
www.businessinsider.com/how-much-money-types-of-scientists-make-2019-5#1-physicists-had-a-median-annual-salary-of-152430-26
www.icr.org/article/JW-Telescope-vs-Big-Bang
Stephen Hawking - *A Brief History of Time* (Bantam Books 1998)
https://longreads.com/2017/04/13/in-1975-newsweek-predicted-a-new-ice-age-were-still-living-with-the-consequences/
www.petitionproject.org/index.php

www.thequint.com/climate-change/1200-scientists-claim-that-climate-change-is-not-real-heres-the-truth
www.forbes.com/sites/uhenergy/2016/12/14/fact-checking-the-97-consensus-on-anthropogenic-climate-change/
www.psychologytoday.com/us/blog/psych-unseen/202204/why-dont-people-believe-in-climate-change
https://creation.com/our-galaxy-is-the-centre-of-the-universe-quantized-redshifts-show
www.icr.org/article/webb-telescope-continues
https://evolutionnews.org/2022/08/does-the-james-webb-space-telescope-show-that-the-big-bang-didnt-happen/
Eric Lerner - *The Big Bang Never Happened: A Startling Refutation of the Dominant Theory of the Origin of the Universe* (Vintage 1992)
How Many Scientists Fabricate and Falsify Research? - https://journals.plos.org/plosone/article?id=10.1371/journal.pone.0005738
www.theguardian.com/science/blog/2012/nov/02/scientific-fraud-good-science?CMP=twt_fd
www.theguardian.com/science/2012/sep/13/scientific-research-fraud-bad-practice
https://reason.com/2021/07/09/how-much-scientific-research-is-actually-fraudulent/
Why Most Published Research Findings Are False - https://journals.plos.org/plosmedicine/article?id=10.1371/journal.pmed.0020124
Misconduct accounts for the majority of retracted scientific publications - www.pnas.org/doi/abs/10.1073/pnas.1212247109
www.scientificamerican.com/article/cosmic-inflation-theory-faces-challenges/
https://blogs.scientificamerican.com/cross-check/physicist-slams-cosmic-theory-he-helped-conceive/
Experiments cast doubt on theory of how Earth was formed - www.sciencedaily.com/releases/2017/08/170814092840.htm
https://bigthink.com/starts-with-a-bang/has-jwst-disproven-big-bang/
https://ncse.ngo/what-did-karl-popper-really-say-about-evolution
Quelle Zitate Karl Popper: www.goodreads.com/author/quotes/349707.Karl_Popper
Zitat Richard Gott: *Implications of the Copernican principle for our future prospects* (Nature 363:315–319, 1993)
Quelle Zitat Paul Steinhardt - https://blogs.scientificamerican.com/cross-check/physicist-slams-cosmic-theory-he-helped-conceive/
www.linkedin.com/pulse/holistic-universe-bridging-gap-between-naturalism-idealism-van-wyk
Science and Mysticism - https://link.springer.com/chapter/10.1057/9780230375055_7
Juan Miguel Marin - *Mysticism in quantum mechanics: the forgotten controversy* (European Journal of Physics 2009)
https://phys.org/news/2009-06-quantum-mysticism-forgotten.html
https://answersingenesis.org/intelligent-design/creation-and-intelligent-design-god-vs-god/
Stephen C. Meyer, Paul A. Nelson, Jonathan Moneymaker, Scott Minnich, Ralph Seelke - *Explore Evolution: The Arguments for and Against Neo-Darwinism* (Hill House Publishers 2013)
https://creation.com/designed-by-aliens-crick-watson-atheism-panspermia

Stephen C. Meyer - Return of the God Hypothesis: Three Scientific Discoveries That Reveal the Mind Behind the Universe (Harper One 2021)
www.universetoday.com/153083/is-the-universe-fine-tuned-for-life/
Luke A. Barnes, Geraint F. Lewis - *The Cosmic Revolutionary's Handbook* (Or: How to Beat the Big Bang) (Cambridge University Press 2019)
The Fine-Tuning of the Universe for Life - https://arxiv.org/abs/2110.07783
www.theguardian.com/science/2022/jun/28/do-we-need-a-new-theory-of-evolution
Does evolutionary theory need a rethink? - www.nature.com/articles/514161a
Quelle Zitat Erwin Schrödinger: Erwin Schrödinger - *Schrödinger Geist und Materie* (Zsolnay Verlag, Wien 1986)
Zitate Papst Franziskus: www.theguardian.com/world/2014/oct/28/pope-says-evolution-and-creation-both-right
www.npr.org/sections/thetwo-way/2014/04/08/300609595/why-physicists-are-in-a-film-promoting-an-earth-centered-universe
Gerardus D. Bouw - Geocentricity: The Biblical Cosmology (Association for Biblical Astronomy 1992)
Lincoln Barnett - *The Universe and Dr. Einstein* (New American Library 1957)
Albert Einstein, Leopold Infeld - *The Evolution of Physics* (Simon and Shuster 1938)
Felix Schultze - *Christliche Wissenschaft und Evangelium* (Evangelische Verlagsanstalt 1951)
Carl Schöpfer - *Die Erde stehet fest: Beweise, daß die Erde sich weder um ihre Achse noch um die Sonne dreht* (Berlin 1853)
Arthur Miller - *Albert Einstein's Special Theory of Relativity* (Springer 1997)
Bernard Jaffe - *Michelson and the Speed of Light* (Doubleday and Company 1960)
Lincoln Barnett - *The Universe and Dr. Einstein* (Mentor Books 1950)
Abraham Pais - *Subtle is the Lord: The Science and the Life of Albert Einstein* (Oxford University Press 1982)
Edwin Hubble - *The observational approach to cosmology* (1937)
Are flat-earthers being serious? - www.livescience.com/24310-flat-earth-belief.html
www.latimes.com/opinion/la-xpm-2012-jul-13-la-ol-blowback-pscyhology-science-20120713-story.html
https://blogs.scientificamerican.com/the-curious-wavefunction/is-psychology-a-e2809creale2809d-science-does-it-really-matter/
Sociology cannot be regarded as a Science: A Review - https://ignited.in/I/a/89635
Over half of psychology studies fail reproducibility test - www.nature.com/articles/nature.2015.18248
https://isidore.co/misc/Physics%20papers%20and%20books/Cosmology/Copernican%20principle/Sungenis%20&%20De%20Lano/Interview-with-Simran-Mathews-re-Geocentrism.pdf
Robert A. Sungenis - *Galileo Was Wrong* (CAI Publishing, Inc. 2015)
https://de.wikipedia.org/wiki/Flammarions_Holzstich
Carl Gustav Jung: *Ein moderner Mythus: von Dingen, die am Himmel gesehen werden* (Zürich und Stuttgart 1958)
www.popularmechanics.com/space/deep-space/a39301668/black-holes-holographic-duality-theory/
www.space.com/black-holes-holographic-projection-quantum-computing-study
www.nationalgeographic.com/science/article/140218-black-hole-blast-explains-big-bang

Kapitel 3

Carl Sagan - *Direct Contact Among Galactic Civilizations by Relativistic Interstellar Spaceflight* (https://ntrs.nasa.gov/api/citations/19630011050/downloads/19630011050.pdf)
Douglas Vakoch - *Archaeology, Anthropology, and Interstellar* (www.nasa.gov/sites/default/files/files/Archaeology_Anthropology_and_Interstellar_Communication_TAGGED.pdf)
https://news.artnet.com/art-world/nasa-suggests-aliens-may-be-behind-ancient-rock-art-26595
Carl Sagan, I. S. Shklovskii - *Intelligent Life in the Universe* (Holden Day, Reprint Edition 1984)
Donald L. Zygutis - *The Sagan Conspiracy: NASA's Untold Plot to Suppress the People's Scientist's Theory of Ancient Aliens* (New Page Books 2016)
www.theblaze.com/news/2014/05/21/book-published-by-nasa-actually-suggests-ancient-rock-art-might-have-been-made-by-aliens
National Aeronautics and Space Administration, Douglas A. Vakoch - Archaeology, Anthropology, and Interstellar Communication (The NASA History Series) (CreateSpace Independent Publishing Platform 2014)
www.sciencealert.com/500000-year-old-signs-of-extinct-human-species-found-in-poland-cave
https://edition.cnn.com/2013/12/09/health/oldest-human-dna/index.html
The „Wow! Signal" of the terrestrial genetic code - https://arxiv.org/ftp/arxiv/papers/1303/1303.6739.pdf
Quelle Text Oannes: www.sacred-texts.com/cla/af/
www.quantamagazine.org/the-complex-truth-about-junk-dna-20210901/
www.scientificamerican.com/article/what-is-junk-dna-and-what/
https://geneticsunzipped.com/transcripts/2021/8/26/where-did-dna-come-from
www.sciencenews.org/article/all-of-the-bases-in-dna-and-rna-have-now-been-found-in-meteorites
https://jason-mason.com/2022/11/23/astrobiologen-haben-eine-botschaft-von-aliens-in-menschlicher-dns-entdeckt/
https://mg.co.za/article/2004-08-09-alien-message-may-be-in-our-dna/
Footprints of alien technology - www.sciencedirect.com/science/article/abs/pii/S0094576511002323
www.genome.gov/Funded-Programs-Projects/ENCODE-Project-ENCyclopedia-Of-DNA-Elements/pilot
https://explainingscience.org/2017/05/27/the-zoo-hypothesis/
www.ibtimes.co.uk/peking-man-bones-that-were-discovered-90-years-ago-went-missing-during-wwii-1649823
Stefan Wogawa - *Ernst Haeckel und der hypothetische Urkontinent Lemuria* (Eobanus Verlag 2015)
Salvador Freixedo - *The Human Farm: They, the invisible Owners of this Planet* (USA 1988)
https://jason-mason.com/2022/12/11/ist-die-menschheit-eine-alien-hybridenspezies/
www.sciencealert.com/oldest-hominins-could-have-lived-in-europe-instead-of-africa-claims-new-study

Potential hominin affinities of Graecopithecus from the Late Miocene of Europe - https://journals.plos.org/plosone/article?id=10.1371/journal.pone.0177127
Messinian age and savannah environment of the possible hominin Graecopithecus from Europe - https://journals.plos.org/plosone/article?id=10.1371/journal.pone.0177347
www.smithsonianmag.com/smart-news/controversial-study-claims-apes-and-human-ancestors-split-southern-europe-180963426/
www.icr.org/article/prehuman-fossil-age-questioned/
Scientists Look To Europe As Evolutionary Seat - www.sciencedaily.com/releases/2002/02/020219075535.htm
The Laetoli Footprints - https://h2g2.com/edited_entry/A944336
www.livescience.com/3939-controversial-footprints-earliest-man-modern-machine.html
The archaeological geology of the Calico site, Mojave Desert, California - https://pubs.geoscienceworld.org/gsa/books/book/752/chapter-abstract/3902975/The-archaeological-geology-of-the-Calico-site?redirectedFrom=fulltext
Are humans still evolving? - www.medicalnewstoday.com/articles/321942
Has human evolution stopped? - https://pubmed.ncbi.nlm.nih.gov/23908778/
No Fruit Fly Evolution Even after 600 Generations - www.icr.org/article/no-fruit-fly-evolution-even-after-600/
https://bendedreality.com/ets-creating-human-hybrids-scientists-admit-humans-getting-alien-dna-upgrades/
www.who.int/news/item/12-07-2021-who-issues-new-recommendations-on-human-genome-editing-for-the-advancement-of-public-health
Over 95% of the world's population has health problems, with over a third having more than five ailments - www.sciencedaily.com/releases/2015/06/150608081753.htm
Are You the 5 Percent? Small Minority Have No Health Problems - www.livescience.com/51122-world-health-problems.html
www.nbcnews.com/think/opinion/iq-rates-are-dropping-many-developed-countries-doesn-t-bode-ncna1008576
https://christiancourier.com/articles/five-questions-about-evolution-that-charles-darwin-cant-answer
Quelle Zitat Karl Popper: https://quotefancy.com/quote/1370626/Karl-Popper-Evolution-is-not-a-fact-Evolution-doesn-t-even-qualify-as-a-theory-or-as-a
Quelle Zitat Michael Ruse: https://creation.com/michael-ruse-evolution-is-a-religion
https://jason-mason.com/2023/03/15/aliens-besuchen-die-erde-seit-der-zeit-von-hoehlenmenschen/
Zitat Hermann Oberth: www.azquotes.com/author/32407-Hermann_Oberth/tag/ufo

Kapitel 4

www.npr.org/sections/thetwo-way/2014/04/08/300609595/why-physicists-are-in-a-film-promoting-an-earth-centered-universe
Gerardus D. Bouw - *Geocentricity: The Biblical Cosmology* (Association for Biblical Astronomy 1992)
Lincoln Barnett - *The Universe and Dr. Einstein* (New American Library 1957)
Albert Einstein, Leopold Infeld - *The Evolution of Physics* (Simon and Shuster 1938)
Felix Schultze - *Christliche Wissenschaft und Evangelium* (Evangelische Verlagsanstalt 1951)

Carl Schöpfer - *Die Erde stehet fest: Beweise, daß die Erde sich weder um ihre Achse noch um die Sonne dreht* (Berlin 1853)
Arthur Miller - *Albert Einstein's Special Theory of Relativity* (Springer 1997)
Bernard Jaffe - *Michelson and the Speed of Light* (Doubleday and Company 1960)
Lincoln Barnett - *The Universe and Dr. Einstein* (Mentor Books 1950)
Abraham Pais - *Subtle is the Lord: The Science and the Life of Albert Einstein* (Oxford University Press 1982)
Edwin Hubble - *The observational approach to cosmology* (1937)
Are flat-earthers being serious? - www.livescience.com/24310-flat-earth-belief.html
www.latimes.com/opinion/la-xpm-2012-jul-13-la-ol-blowback-pscyhology-science-20120713-story.html
https://blogs.scientificamerican.com/the-curious-wavefunction/is-psychology-a-e2809creale2809d-science-does-it-really-matter/
Sociology cannot be regarded as a Science: A Review - https://ignited.in/I/a/89635
Over half of psychology studies fail reproducibility test - www.nature.com/articles/nature.2015.18248
https://isidore.co/misc/Physics%20papers%20and%20books/Cosmology/Copernican%20principle/Sungenis%20&%20De%20Lano/Interview-with-Simran-Mathews-re-Geocentrism.pdf
Robert A. Sungenis - *Galileo Was Wrong*, (CAI Publishing, Inc. 2015)
https://de.wikipedia.org/wiki/Flammarions_Holzstich
Carl Gustav Jung: *Ein moderner Mythus: von Dingen, die am Himmel gesehen werden* (Zürich und Stuttgart 1958)
www.popularmechanics.com/space/deep-space/a39301668/black-holes-holographic-duality-theory/
www.space.com/black-holes-holographic-projection-quantum-computing-study
www.nationalgeographic.com/science/article/140218-black-hole-blast-explains-big-bang
Quelle Zitat: Carl Schöpfer - *Die Erde stehet fest: Beweise, daß die Erde sich weder um ihre Achse noch um die Sonne dreht* (Berlin 1853)
https://space.stackexchange.com/questions/6161/how-many-photographs-are-there-of-the-whole-earth
https://astronomy.stackexchange.com/questions/8105/can-you-see-man-made-lights-on-the-dark-side-of-the-earth-from-the-surface-of-th?noredirect=1#8105
www.planetary.org/articles/why-are-there-no-stars
www.usatoday.com/story/news/factcheck/2021/11/12/fact-check-image-sunset-earth-seen-space-cgi/6347099001/
https://moon.nasa.gov/resources/475/earth-and-sun-from-the-moons-south-pole/
https://leadstories.com/hoax-alert/2022/11/fact-check-photos-of-earth-from-space-are-not-all-computer-generated.html
https://solarsystem.nasa.gov/resources/459/nasa-releases-new-high-resolution-earthrise-image/
www.eclipseaviation.com/why-does-nasa-take-no-photos-of-earth/
www.bbc.com/news/science-environment-51491471
www.jpl.nasa.gov/news/your-home-planet-as-seen-from-mars
www.theguardian.com/global/2018/may/27/is-the-earth-pancake-flat-among-the-flat-earthers-conspiracy-theories-fake-news

www.space.com/how-to-debate-flat-earther.html
www.khanacademy.org/partner-content/nasa/measuringuniverse/spacemath1/a/the-geocentric-universe
https://en.wikipedia.org/wiki/Geocentric_model#cite_note-Babinski1995-63
www.space.com/geocentric-model
www.wired.com/2014/04/how-do-we-know-the-earth-orbits-the-sun/
www.icr.org/article/geocentricity-creation/
www.space.com/12464-earth-moon-unique-solar-system-universe.html
https://anti-matrix.com/2023/06/10/flache-erde-theorie-strategie-der-diskreditierung-kritischer-meinungsaeusserung-videos/
www.space.com/9337-conspiracy-debunked-nasa-photoshops-images-good-reason.html
https://petapixel.com/2015/09/30/5-ways-nasa-photoshops-images-to-create-stunning-photos-of-space/
Quelle Zitat Blue Marble Apollo 17: https://de.wikipedia.org/wiki/Blue_Marble#cite_note-5
Quelle Zitat Eugene Cernan NASA Tricktechnik:
https://de.wikipedia.org/wiki/Blue_Marble#cite_note-5
Zitat Dr. Sagan blass-blauer Punkt: www.bbc.com/news/science-environment-51491471
Zitat Fred Hoyle: www.icr.org/articles/imp/imp-253.htm#footnote1

Kapitel 5

https://phys.org/news/2020-10-path-planet.html
www.tasnimnews.com/en/news/2021/11/18/2610302/new-mysterious-planet-possibly-spotted-in-solar-system
Evidence for a Distant Giant Planet in the Solar System -
https://authors.library.caltech.edu/63794/
www.yowusa.com/planetx/2008/planetx-2008-05b/1.shtml
The Location of Planet X - https://ui.adsabs.harvard.edu/abs/1988AJ.....96.1476H/abstract
www.techworm.net/2015/07/leaked-files-of-nasas-planet-x-indicate-nasa-knew-nibiru-was-coming-say-conspiracy-theorists.html
www.researchgate.net/publication/262840859_Extreme_trans-Neptunian_objects_and_the_Kozai_mechanism_Signalling_the_presence_of_trans-Plutonian_planets
www.ndtv.com/offbeat/why-all-images-of-space-are-photoshopped-2048113
www.theverge.com/2015/9/29/9413807/adobe-nasa-photoshop-stars
www.techtimes.com/articles/89558/20150929/adobe-explains-how-nasa-space-images-get-photoshopped-to-reveal-the-unseeable.htm
https://answersingenesis.org/blogs/danny-faulkner/2018/08/28/nasa-changing-size-north-america-and-flat-earth/
www.express.co.uk/news/weird/828170/Moon-landings-hoax-Earth-added-NASA-picture-Apollo-11-Metabunk-org
www.iflscience.com/environment/seven-things-that-prove-the-earth-is-flat-according-to-flatearthers/page-3/
www.planetary.org/space-images/all_gal_e1_1hr.
www.universetoday.com/121224/why-dont-we-send-probes-up-in-the-solar-system/

https://eu.usatoday.com/story/news/factcheck/2023/01/10/fact-check-nasa-says-earth-globe-reports-dont-prove-otherwise/10881711002/
https://phys.org/news/2004-08-solar-unique-universe.html
www.space.com/11750-alien-planets-solar-systems-kepler-aas218.html
https://tecake.in/solar-system-completely-different-star-systems-terms-planet-size-spacing
www.sciencealert.com/other-planetary-systems-more-uniform-solar-system
https://learnastronomyhq.com/articles/why-our-solar-system-may-be-unique-in-the-milky-way.html
www.sciencedaily.com/releases/2020/10/201029115802.htm
https://futurism.com/jupiter-turned-venus-uninhabitable?fbclid=IwAR2QA vpNz8W9XUIHBg Ksk8nHp9Onq2MqrdnVl6D5K8_pnj9tvNaVmoavz5g
Quelle Zitat Robert Hunt von Caltech: https://phys.org/news/2017-10-ninth-planet.html, https://phys.org/news/2020-10-path-planet.html
www.science20.com/robert_inventor/could_you_see_moon_city_lights_or_a_greenhouse_from_earth_just_for_fun-157480
https://earthsky.org/space/city-lights-could-reveal-e-t-civilization/
www.universetoday.com/wp-content/uploads/2011/11/hires-e1496705038628.jpg
www.universetoday.com/90682/looking-for-the-city-lights-of-alien-civilizations/
Detection Technique for Artificially-Illuminated Objects in the Outer Solar System and Beyond - https://arxiv.org/abs/1110.6181v1
https://earthobservatory.nasa.gov/images/79790/city-lights-of-asia-and-australia
www.space.com/19049-black-marble-earth-night-photos.html
www.washington.edu/news/2021/04/21/a-growing-problem-of-deepfake-geography-how-ai-falsifies-satellite-images/
www.businessinsider.com/how-a-fake-island-ended-up-on-google-earth-2013-4
www.popsci.com/earth-at-night/
www.esa.int/Enabling_Support/Operations/Cities_at_night_Extraordinary_Rosetta_images
www.scientificamerican.com/article/earth-is-not-round/
https://scitechdaily.com/this-is-real-nasa-camera-a-million-miles-away-shows-moon-crossing-face-of-earth/
www.washingtonpost.com/news/speaking-of-science/wp/2016/07/13/why-nasas-new-photos-of-the-moon-look-super-fake-even-though-theyre-not/
https://leadstories.com/hoax-alert/2022/08/fact-check-reflection-in-astronauts-visor-from-apollo-17-moon-landing-does-not-prove-it-was-hoax.html
www.moonhoaxdebunked.com/2017/07/512-why-do-visors-show-reflections-of.html
www.firstpost.com/world/russian-space-agency-boss-says-that-no-proof-us-ever-landed-on-the-moon-12561302.html
www.aulis.com/raytracing_as11.htm
https://petapixel.com/2021/05/20/this-guy-remastered-photos-of-earth-shot-by-apollo-astronauts/
https://office-watch.com/2022/real-original-earthrise-photos-apollo-8/
https://apod.nasa.gov/apod/ap181224.html
https://science.howstuffworks.com/question188.htm
www.scienceabc.com/eyeopeners/can-we-use-telescopes-to-see-if-the-moon-landings-were-real.html

www.independent.co.uk/news/world/middle-east/saudi-muslim-cleric-claims-the-earth-is-stationary-and-the-sun-rotates-around-it-10053516.html
www.br.de/radio/bayern2/import/audiovideo/galileo-galilei-inquisition-und-sie-bewegt-sich-doch-100.html

Kapitel 6

https://universityarms.com/the-journal/charles-darwins-glutton-club/
Did a discrete event 200,000–100,000 years ago produce modern humans? (www.sciencedirect.com/science/article/abs/pii/S004724841200070X)
www.smithsonianmag.com/science-nature/rethinking-modern-human-origins-5370343/
www.pontecorboli.com/digital/he_archive_articles/he122018/1_Stockle_Thaler.pdf
https://winteryknight.com/2018/06/08/new-study-90-of-species-on-earth-today-originated-100000-to-200000-years-ago/
www.christianpost.com/news/90-percent-animal-species-200k-years-old-not-millions-study.html
www.forbes.com/sites/michaelmarshalleurope/2018/11/26/no-humans-are-probably-not-all-descended-from-a-single-couple-who-lived-200000-years-ago/
www.collective-evolution.com/2020/03/14/a-genetic-study-that-challenges-darwins-theory-of-evolution/
www.afp.com/en/news/826/sweeping-gene-survey-reveals-new-facets-evolution-doc-15e2yc1
https://phe.rockefeller.edu/news/wp-content/uploads/2018/05/Stoeckle-Thaler-Final-reduced.pdf
https://medium.com/@igorgurko/three-experiments-that-change-everything-2bc578480d34
https://phys.org/news/2016-08-dna-naturally-fluoresces.html
Gregg Braden - *The Divine Matrix: Bridging Time*, Space, Miracles, and Belief (Hay House Inc. 2008)
www.researchgate.net/publication/281411802_Investigation_of_the_fluctuation_dynamics_of_DNA_solutions_by_laser_correlation_spectroscopy
https://twm.co.nz/the-dna-phantom-effect/
http://deanradin.com/evidence/RadinPhysicsEssays2013.pdf
http://deanradin.com/evidence/Radin2012doubleslit.pdf
http://laszlo.ind.br/admin/artigos/arquivos/ModulacaodoDNApelaenergiadasmaos.pdf
www.laleva.org/eng/2010/01/wave_genetics_research_targeted_by_russian_academy_skeptics.html
www.fractal.org/Life-Science-Technology/Peter-Gariaev.htm
https://phys.org/news/2009-06-quantum-mysticism-forgotten.html
Juan Miguel Marin – *Mysticism in quantum mechanics: the forgotten controversy* (European Journal of Physics. 30, 2009)
www.academia.edu/260503/_Mysticism_in_quantum_mechanics_the_forgotten_controversy
www.gmilburn.ca/2009/06/15/the-mystics-and-realists-of-quantum-physics/
www.endlesssearch.co.uk/science_scientistmystics.htm
Quelle Zitat Schrödinger: www.azquotes.com/author/13142-Erwin_Schrodinger
Quelle Zitate Max Planck: https://bathtubbulletin.com/max-planck-on-god/

Max Planck - *Wege zur Physikalischen Erkenntnis: Meine wissenschaftliche Selbstbiographie, Reden und Vorträge* (Wissenschaftliche Bibliothek 21, 2018)
www.ichbinanderermeinung.de/Dokument93.pdf
https://ichbinanderermeinung.de/internes-papier-des-bmi/
www.focus.de/politik/deutschland/privatmeinung-ueber-offizielle-kanaele-verkuendet-eklat-im-innenministerium-mitarbeiter-stellt-corona-in-papier-als-fehlalarm-dar_id_11975312.html
www.jstor.org/stable/20116209?seq=1
www.noetic.org/blog/how-science-convinces-skeptics/
https://en.wikiquote.org/wiki/Max_Planck
www.azquotes.com/author/11714-Max_Planck
www.sciencealert.com/harvard-scientists-think-they-ve-pinpointed-the-neural-source-of-consciousness
Decades-long bet on consciousness ends - www.nature.com/articles/d41586-023-02120-8
www.vox.com/future-perfect/2023/6/30/23778870/consciousness-brain-mind-hard-problem-neuroscience-koch-chalmers
https://exploringyourmind.com/is-consciousness-a-product-of-the-brain/
https://allatra.ca/consciousness-of-man-why-consciousness-is-not-the-brain/
Awareness and Cognitive Activity During Cardiac Arrest - www.ahajournals.org/doi/10.1161/circ.140.suppl_2.387
https://allatra.ca/consciousness-of-man-why-consciousness-is-not-the-brain/
Penfield, Wilder - *The Mystery of the Mind: A Critical Study of Consciousness and the Human Brain* (Princeton University Press 1975)
Werner Heisenberg - *Der Teil und das Ganze* (R. Piper & Co. Verlag 1969)
Quelle Zitat Dr. Vladimir Poponin: https://medium.com/@igorgurko/three-experiments-that-change-everything-2bc578480d34
Quelle Zitat Richard Phillips Feynman: https://twm.co.nz/the-dna-phantom-effect/
Quelle Zitat Dr. Cassandra Vieten: https://twm.co.nz/the-dna-phantom-effect/
Quelle Zitat Pim van Lommel: https://exploringyourmind.com/is-consciousness-a-product-of-the-brain/
Quelle Zitat Erwin Schrödinger: www.azquotes.com/author/13142-Erwin_Schrodinger
Quelle Zitate Max Planck: https://bathtubbulletin.com/max-planck-on-god/
www.forbes.com/sites/startswithabang/2017/11/22/scientific-proof-is-a-myth/#430fd0e02fb1
Michael D. Gordin - *The Pseudoscience Wars: Immanuel Velikovsky and the Birth of the Modern Fringe* (University of Chicago Press 2012)
Kenneth L. Feder - *Frauds, Myths, and Mysteries: Science and Pseudoscience in Archaeology* (Oxford University Press 2017)
Immanuel Velikovsky - *Worlds in Collision* (Paradigma Ltd. 2012)
Laird Scranton - *The Velikovsky Heresies: Worlds in Collision and Ancient Catastrophes Revisited* (Bear & Company 2012)
Immanuel Velikovsky - *Welten im Zusammenstoß* (Umschau Ffm. 1978)
www.simpletoremember.com/articles/a/einstein/
www.quoteperson.com/author/swami-vivekananda
Albert Einstein - *The Expanded Quotable Einstein* (Princeton University Press 2002)
https://theosophy.net/profiles/blogs/what-everyone-should-know

H. P. Blavatsky - *The Secret Doctrine - The Synthesis of Science Religion and Theosophy* (The Theosophy Company 1888)
Bernard Cohen - *An Interview with Einstein* (Scientific American, Vol. 193, July 1955)
www.jasoncolavito.com/blog/was-einstein-reading-worlds-in-collision-when-he-died
Sylvia Cranston - *H.P.B. The Extraordinary Life & Influence of Helena Blavatsky Founder of the Modern Theosophical Movement* (Tarcher Perigee 1993)
www.blavatskyarchives.com/brown/jackbrownoneinstein.htm
Fred Warshofsky - *Doomsday: The Science of Catastrophe* (Readers Digest Press 1977)
www.goodreads.com/author/quotes/278.Nikola_Tesla
https://eduzenith.com/list-of-good-pseudoscience-topics
www.astronomynotes.com/pseudoscience.html
www.livescience.com/56479-americans-believe-conspiracy-theories.html
www.scientificamerican.com/article/how-come-some-people-believe-in-the-paranormal/
https://slate.com/technology/2018/05/the-thousands-of-secret-patents-that-the-u-s-government-refuses-to-make-public.html
www.forbes.com/sites/kristinakillgrove/2015/09/03/what-archaeologists-really-think-about-ancient-aliens-lost-colonies-and-fingerprints-of-the-gods/#53e73d747ab0
Jonathan C. Smith - *Pseudoscience and Extraordinary Claims of the Paranormal: A Critical Thinker's Toolkit* (Wiley-Blackwell 2011)
Robert Carroll - *The Skeptic's Dictionary: A Collection of Strange Beliefs, Amusing Deceptions, and Dangerous Delusions* (Wiley 2007)
Ronald H. Fritze - *Invented Knowledge: False History, Fake Science and Pseudo-Religions* (Reaktion Books 2009)
www.sanskritimagazine.com/nikola-tesla-and-swami-vivekananda/
https://ancientscience.in/vedas/how-old-are-the-vedas
Zitate Swami Vivekananda: www.azquotes.com/author/15121-Swami_Vivekananda
Quelle Zitate Albert Einstein - www.azquotes.com/author/4399-Albert_Einstein/tag/religion
Quelle Zitate Nikola Tesla: www.learning-mind.com/nikola-tesla-quotes/
www.grunge.com/1162169/the-unexplained-ufo-like-flying-objects-in-ancient-hindu-texts/
George King, Richard Lawrence - *Contacts With The Gods From Space - Pathway to the New Age* (The Aetherius Society 2014)
Edwin Bryant - *The Quest for the Origins of Vedic Culture: The Indo-Aryan Migration Debate* (Oxford University Press 2001)
I. B. Arya Lawa Manuaba, I Nyoman Sudirman - *Descriptions Of Aliens* (Extraterrestrial Beings) In Vedic Scriptures
(https://ejournal.ihdn.ac.id/index.php/IJHSRS/article/view/619/517)
https://web.archive.org/web/20101127141841/http:/www.lsu.edu/departments/gold/2010/09/mounds.shtml

Kapitel 7

www.newscientist.com/article/2209895-journal-criticised-for-study-claiming-sun-is-causing-global-warming/
www.britannica.com/science/climate-change/Faint-young-Sun-paradox
www.deepdyve.com/lp/springer-journals/increase-of-the-mean-sun-earth-distance-caused-by-a-secular-mass-JOUe19GLSN

Klaus Wilhelm, Bhola N. Dwivedi - *Increase of the mean Sun-Earth distance caused by a secular mass accumulation* (www.deepdyve.com/lp/springer-journals/increase-of-the-mean-sun-earth-distance-caused-by-a-secular-mass-JOUe19GLSN)
Oscillations of the baseline of solar magnetic field and solar irradiance on a millennial timescale – www.nature.com/articles/s41598-019-45584-3#Sec6
www.cnbc.com/2022/10/13/what-is-solar-geoengineering-sunlight-reflection-risks-and-benefits.html
www.legacy.dge.carnegiescience.edu/labs/caldeiralab/Caldeira%20downloads/PSAC,%201965,%20Restoring%20the%20Quality%20of%20Our%20Environment.pdf
www.nationalacademies.org/news/2021/03/new-report-says-u-s-should-cautiously-pursue-solar-geoengineering-research-to-better-understand-options-for-responding-to-climate-change-risks
www.cnbc.com/2023/04/13/solar-geoengineering-climate-scientists-are-far-from-convinced.html
www.solargeoeng.org/non-use-agreement/open-letter/
www.ucsusa.org/resources/how-does-sun-affect-our-climate
www.nytimes.com/2021/03/25/climate/geoengineering-sunlight.html
www.nytimes.com/interactive/2021/10/25/climate/world-climate-pledges-cop26.html
www.unep.org/news-and-stories/press-release/inadequate-progress-climate-action-makes-rapid-transformation
Guillermo Gonzalez - *Is the Sun anomalous?* (Astronomy & Geophysics, Vol. 40, 1999)
www.newscientist.com/article/mg20527461-100-first-breath-earths-billion-year-struggle-for-oxygen/
www.technologyreview.com/2009/07/29/93773/the-puzzle-of-astronomys-unexplained-anomalies/
www.gaia.com/article/space-anomalies-that-will-shock-you
www.energy-gravity.com/resolv_anom.htm
Quelle Zitat: Louis Essen - https://claesjohnson.blogspot.com/2014/01/louis-essen-relativity-not-theory.html
https://wiki.tfes.org/Michelson-Morley_Experiment#Why_Relativity_Was_Accepted
Louis Essen - *RELATIVITY – Joke or Swindle?* (Electronics & Wireless World, February 1988)
www.energy-gravity.com/DoubleForce.pdf
Louis Essen - *The Special Theory of Relativity: A Critical Analysis* (Oxford University Press 1971)
www.technologyreview.com/2009/07/29/93773/the-puzzle-of-astronomys-unexplained-anomalies/
www.oilseedcrops.org/2019/09/18/the-rise-and-fall-of-civilization-are-dictated-by-the-sun/
Effect of Ap-Index of Geomagnetic Activity on S&P 500 Stock Market Return - www.hindawi.com/journals/aa/2019/2748062/
www.nasa.gov/press-release/solar-cycle-25-is-here-nasa-noaa-scientists-explain-what-that-means
www.gaia.com/article/ancient-solar-storm-backs-theory-of-lost-civilizations-cataclysm
www.nasa.gov/feature/jpl/study-projects-a-surge-in-coastal-flooding-starting-in-2030s
Quelle Zitat Ronald W. Clark - *Einstein: The Life and Times* (Avon Book, New York 1984)

Quelle Zitat Gerald James Whitrow: G. J. Whitrow - *The Structure and Evolution of the Universe* (Harper and Brothers Publishers, New York 1959)
Quelle Zitat Douglas C. Giancoli - *Physics: Principles with Applications* (Pearson/Prentice Hall 2004)
https://science.nasa.gov/science-news/science-at-nasa/2008/30oct_ftes/
https://news.mit.edu/2020/origins-earth-magnetic-field-mystery-0408
https://psi-encyclopedia.spr.ac.uk/articles/michael-persinger
Geophysical Variables and Behavior: XXX. Intense Paranormal Experiences Occur during Days of Quiet, Global, Geomagnetic Activity - www.researchgate.net/publication/275816493_Geophysical_ Variables_and_Behavior_XXX_Intense_Paranormal_Experiences_Occur_ during_Days_of_Quiet_Global_Geomagnetic_Activity
Michael A. Persinger - *Space-time transients and unusual events* (Chicago: Nelson-Hall 1977)
Religious and Mystical Experiences as Artifacts of Temporal Lobe Function: A General Hypothesis - https://journals.sagepub.com/doi/10.2466/pms.1983.57.3f.1255
The Neuropsychiatry of Paranormal Experiences -
https://web.archive.org/web/20180130091607/https://pdfs.semanticscholar.org/4857/87022759ddf1dca6c2411937a3f9889115e2.pdf
www.smithsonianmag.com/science-nature/mesoamerican-sculptures-reveal-early-knowledge-magnetism-180972820/
https://insiderstulum.com/mayan-gods-and-goddessess/
www.thoughtco.com/maya-gods-and-goddesses-117947
www.monkeyandelf.com/the-riddle-of-the-olmec-civilization-and-their-connection-with-the-atlanteans/
https://journalnews.com.ph/lost-civilizations-and-the-mysterious-giant-stone-head-of-guatemala/
www.thoughtco.com/ancient-maya-astronomy-2136314
www.crystalinks.com/aztecalendar.html
Quelle Olmeken/Mounds und Pyramiden: https://1.bp.blogspot.com/-AOOlzqMK1P0/UCHoPJfJBZI/AAAAAAAAA4Q/GIoJaP9KZ90/s1600/MysteriousHead.jpg
Quelle Guatemala/Steinköpfe der Olmeken: https://brewminate.com/wp-content/uploads/2018/04/042518-84-Native-American-Art-History-Mesoamerica.jpeg
www.thoughtco.com/aztec-creation-myth-169337
MAYANS MISCALCULATED BY 8 YEARS, 2020 IS ACTUAL END OF CIVILISATION - https://2020apocalypto.wordpress.com/
https://futurism.com/scientists-new-data-nasa-solar-probe
https://news.uchicago.edu/story/what-nasas-parker-solar-probe-has-discovered-its-first-five-years-looping-sun
www.ign.com/articles/scientists-spot-super-high-energy-gamma-rays-coming-from-the-sun
www.msn.com/en-us/news/technology/neptunes-clouds-have-disappeared-and-the-sun-might-be-responsible/ar-AA1fCz3q
www.space.com/solar-orbiter-fast-magnetic-waves-sun-coronal-heating
www.express.co.uk/news/weird/724318/WIKILEAKS-Global-extinction-20-years-magnetic-north-towards-equator
www.popularmechanics.com/science/environment/a42623052/earths-inner-core-stopped-spinning/

https://library.oarcloud.noaa.gov/noaa_documents.lib/NESDIS/NCEI/WMM_Annual_Report_2022.pdf
https://d.newsweek.com/en/full/2213056/north-magnetic-pole-movement-since-1831.webp?w=790&f=19c096bb85826822ca2f839092ecb290
https://bgr.com/science/magnetic-north-pole-shifting-siberia-russia-2019/
www.nature.com/articles/s41561-020-0570-9
www.realclearscience.com/2023/03/25/mysterious_south_atlantic_anomaly_is_deepening_889454.html
www.ncei.noaa.gov/news/2022-wmm-annual-report-released
www.news.com.au/technology/science/space/the-sun-has-developed-a-coronal-hole-20-times-the-size-of-earth/news-story/feb9da014adcbc5541bf0c67a13d1a20
https://content.api.news/v3/images/bin/5691e9c2f77198fe3d6cb02be5ecf80a
Quelle Zitat Ken Coffin an John Podesta:
www.express.co.uk/news/weird/724318/WIKILEAKS-Global-extinction-20-years-magnetic-north-towards-equator
https://anomalien.com/the-solaris-effect-in-space-and-other-mysterious-phenomena-astronauts-dont-talk-about/
www.abovetopsecret.com/forum/thread1295835/pg1
https://cdn.pixabay.com/photo/2023/08/11/17/24/ai-generated-8184040_1280.png
Quelle Zitat Sergei Krichevsky: www.abovetopsecret.com/forum/thread1295835/pg1
Quelle Zitat Sergei Krichevsky: https://timefordisclosure.com/30-meter-angels-reincarnations-time-travel-and-star-whispering-solaris-effect-of-the-iss-astronauts/
www.theverge.com/2023/5/24/23733231/tiktok-joe-rogan-podcast-climate-misinformation
www.mediamatters.org/tiktok/climate-change-conspiracy-theory-about-cataclysmic-changes-earths-magnetic-field-goes-viral
www.cia.gov/readingroom/docs/CIA-RDP79B00752A000300070001-8.pdf
www.heritage.org/environment/commentary/follow-the-climate-change-money
https://longreads.com/2017/04/13/in-1975-newsweek-predicted-a-new-ice-age-were-still-living-with-the-consequences/
https://clintel.nl/wp-content/uploads/2019/09/ecd-letter-to-un.pdf
www.petitionproject.org/index.php
www.thequint.com/climate-change/1200-scientists-claim-that-climate-change-is-not-real-heres-the-truth
www.businessinsider.com/scientists-who-deny-climate-change-2015-10?op=1#lets-not-forget-8
www.forbes.com/sites/uhenergy/2016/12/14/fact-checking-the-97-consensus-on-anthropogenic-climate-change/
www.forbes.com/sites/alexepstein/2015/01/06/97-of-climate-scientists-agree-is-100-wrong/
www.dw.com/en/fact-check-is-global-warming-merely-a-natural-cycle/a-57831350
www.euronews.com/green/2022/05/13/what-s-behind-the-surprising-growth-of-one-antarctic-ice-sheet
www.scienceunderattack.com/blog/2019/9/23/no-evidence-that-climate-change-is-accelerating-sea-level-rise-35
https://reason.com/2021/07/09/how-much-scientific-research-is-actually-fraudulent/
www.psychologytoday.com/us/blog/psych-unseen/202204/why-dont-people-believe-in-climate-change

Morpheus - *Matrix-Code* (Trinity-Verlag 2003)
https://news.mit.edu/2020/origins-earth-magnetic-field-mystery-0408
https://ec.europa.eu/research-and-innovation/en/horizon-magazine/earths-magnetic-poles-could-start-flip-what-happens-then
https://borderlandsciences.org/journal/vol/56-8/v56-1/Solar_Activity_Cycle23.html
Suitbert Ertel - *Space weather and revolutions*, Chizevsky's heliobiological claim scrutinized - www.proquest.com/openview/c44d6f262331c5f5e40d5d86bde3106c/1?pq-origsite=gscholar&cbl=1817340
Suitbert Ertel - *Sonnentätigkeit in der Geschichte der Menschheit* (Ernst-August-Universität, Göttingen 1980)
Georges Lakhovsky - *The Secret of Life* (BSRF 1985)
https://paulcooijmans.com/genius/solar_activity.html
Sunlight and Vitamin D - www.ncbi.nlm.nih.gov/pmc/articles/PMC3897598/
GWAS of 89,283 individuals identifies genetic variants associated with self-reporting of being a morning person - www.nature.com/articles/ncomms10448
www.sciencealert.com/scientists-say-there-are-6-human-chronotypes-not-just-morning-people-and-night-owls

Kapitel 8

www.space.com/37191-we-live-in-a-cosmic-void.html
https://en.wikipedia.org/wiki/Local_Hole
www.cbc.ca/radio/asithappens/as-it-happens-the-monday-edition-1.6215149/our-entire-solar-system-may-exist-inside-a-giant-magnetic-tunnel-says-astrophysicist-1.6215150
Star formation near the Sun is driven by expansion of the Local Bubble - www.nature.com/articles/s41586-021-04286-5
www.sciencealert.com/the-solar-system-floats-in-a-void-now-we-know-how-that-void-triggered-the-formation-of-stars
www.icr.org/article/sun-finely-tuned/
www.icr.org/article/our-calm-sun-crazy-coincidence-deliberate-design/
www.soulask.com/proto-language-and-global-catastrophe-a-storehouse-of-wisdom-engraved-on-ancient-petroglyphs-and-their-prophesy-for-us/
https://thedebrief.org/a-powerful-force-is-dramatically-altering-animal-behavior-and-scientists-say-its-coming-from-outer-space/
Quelle Zitat Fred Hoyle: www.nytimes.com/2020/04/30/science/sun-magnetic-storms.html
www.sciencealert.com/mystery-solved-we-finally-know-why-the-milky-way-seems-so-unique
www.businessinsider.com/astronomers-may-know-why-milky-way-galaxy-rare-2023-11?international=true&r=US&IR=T
https://earthsky.org/space/how-unique-is-the-milky-way/
www.sciencetimes.com/articles/28967/20210107/new-research-suggests-that-dark-matter-doesnt-exist.htm
https://webbtelescope.org/contents/articles/is-the-milky-way-unique
www.sciencetimes.com/articles/44727/20230706/milky-way-special-astronomer-comparison-galaxies-necessary-find-answer.htm
www.space.com/gaia-reveals-spiral-arms-milky-way

www.space.com/spiral-galaxies-milky-way-supercomputer-simulation
https://edition.cnn.com/2023/11/14/world/ceers-2112-distant-barred-spiral-galaxy-webb-scn/index.html
www.space.com/james-webb-space-telescope-extreme-glow-from-90-percent-early-galaxies
www.msn.com/en-us/news/technology/oxford-professor-unpacks-webb-findings-and-key-challenges-in-astronomy/ar-AA1jVhmW
https://bgr.com/science/webb-found-a-galaxy-that-could-turn-our-models-of-the-universe-on-their-head/
https://news.yahoo.com/scientists-befuddled-impossible-galaxy-seen-203911237.html
www.msn.com/en-us/news/technology/discovery-of-unexpected-ultramassive-galaxies-may-not-rewrite-cosmology-but-still-leaves-questions/ar-BB1ievRj
www.msn.com/en-us/news/other/cern-proposes-17-billion-particle-smasher-that-would-be-3-times-bigger-than-the-large-hadron-collider/ar-BB1i0tKJ
www.quantamagazine.org/in-a-dark-dimension-physicists-search-for-missing-matter-20240201/
www.sciencetimes.com/articles/28967/20210107/new-research-suggests-that-dark-matter-doesnt-exist.htm
www.msn.com/en-us/news/other/we-do-not-understand-how-it-can-exist-astronomers-baffled-by-almost-invisible-dwarf-galaxy-that-upends-a-dark-matter-theory/ar-AA1n04y4
www.scientificamerican.com/article/does-dark-energy-exist/
www.msn.com/en-us/news/technology/how-the-large-hadron-colliders-successor-will-hunt-for-the-dark-universe/ar-BB1hZWc8
www.scientificamerican.com/article/large-hadron-colliders-17-billion-successor-moves-forward/
https://futurism.com/cern-research-finds-the-universe-should-not-actually-exist
https://phys.org/news/2024-02-europe-huge-particle-collider.html
https://eu.usatoday.com/story/news/factcheck/2022/07/26/fact-check-scientists-cern-not-opening-portal-hell/10094679002/
www.science.org/content/article/prankster-scientists-perform-fake-human-sacrifice-cern
www.snopes.com/fact-check/human-sacrifice-captured-at-cern/
www.dazeddigital.com/life-culture/article/56485/1/scientists-opening-a-portal-to-hell-large-hadron-collider
www.vice.com/en/article/88qg5v/is-cern-causing-mandela-effect-by-creating-portals-to-alternate-dimensions-an-investigation
https://home.cern/science/physics/extra-dimensions-gravitons-and-tiny-black-holes
https://cms.cern/physics/detecting-extra-dimensions
https://cerncourier.com/a/the-lhcs-extra-dimension/
www.sciencealert.com/gravitational-waves-could-be-the-key-to-discovering-extra-dimensions-in-our-universe
www.newscientist.com/article/mg23431244-200-gravitational-waves-could-show-hints-of-extra-dimensions/
www.sci.news/physics/signatures-universes-extra-dimensions-gravitational-waves-04997.html

Bildquellen

1. https://i.pinimg.com/originals/e0/22/ed/e022ed985e93917375a1f6f416720403.jpg
2. https://images.fineartamerica.com/images-medium-large-5/geocentric-universe-mikkel-juul-jensen.jpg
3. www.syfy.com/sites/syfy/files/wire/legacy/styles/media_gallery_image/public/images/12%2520 cave%2520painting.jpg
4. https://1.bp.blogspot.com/-hAtAUZowGGY/VRgwVvx4uFI/AAAAAAAACL0/8PtrKetTiUI/s1600/1sumerians.jpg
5. https://i.pinimg.com/474x/76/c8/4c/76c84cefa954ada072d6d63764379db0.jpg
6. http://4.bp.blogspot.com/-sTFMS7GXHE4/VqcT2LZ-afI/AAAAAAAAPZE/rM7PzWCnfpA/s1600/bigfoot-ufos.png
7. www.ufoinsight.com/wp-content/uploads/2018/10/Ancient-Alien.jpg
8. https://1.bp.blogspot.com/-NYzAptHGsJo/WTMcKsHfpxI/AAAAAAAA9LA/YSXYcEsdqIsei_6cptY8A0VT89cGJUiJwCLcB/s640/Artrtrds%25C4%25B1z.jpg
9. www.blinklearning.com/useruploads/ctx/a/32868189/r/s/7533279/AC10937_en.jpg
10. https://upload.wikimedia.org/wikipedia/commons/8/87/Flammarion.jpg
11. https://assets.answersingenesis.org/img/articles/2018/09/nasa-fake-earth.jpg
12. www.metabunk.org/sk/20150726-072348-3wujb.jpg
13. https://planetary.s3.amazonaws.com/assets/images/3-earth/2011/20130218_osiris_color_2009-11-12T12-28UTC_rot_north.png
14. https://img.youtube.com/vi/771BCym46JE/hqdefault.jpg
15. https://de.wikipedia.org/wiki/Earthrise#/media/Datei:NASA-Apollo8-Dec24-Earthrise.jpg
16. https://62e528761d0685343e1c-f3d1b99a743ffa4142d9d7f1978d9686.ssl.cf2.rackcdn.com/files/11646/area14mp/m43jdmhf-1339553872.jpg
    www.atomicheritage.org/sites/default/files/Niels_Bohr_Date_Unverified_LOC.jpg
    https://1.bp.blogspot.com/-6l_FZqDQzs4/Wbuyd4hRHFI/AAAAAAAAgic/qi C2KzgPy3Ep8m ATRGBju7xiRdyOwyytwCLcBGAs/s320/Schrodinger.jpg
    https://lbsitbytes2010.files.wordpress.com/2013/03/john-von-neumann.jpg
17. https://upload.wikimedia.org/wikipedia/commons/f/fc/Bundesarchiv_Bild_183-R0116-504%2C_Max_Planck.jpg
    https://cdn.pixabay.com/photo/2019/03/22/12/26/fantasy-4073144_960_720.jpg
18. https://2.bp.blogspot.com/-1VreaYdqY2w/WBFhuPUkmrI/AAAAAAAADAw/TcnL3dXlLGEm7L1buPKiG7N644-7SggkgCLcB/s1600/AAAS_1974_Sagan_Velikovsky.jpg
19. https://upload.wikimedia.org/wikipedia/commons/f/fc/Swami_Vivekananda_Jaipur.jpg
    https://i.pinimg.com/originals/e1/3f/55/e13f55c27676eb32c96cfa0d83b78681.jpg
20. Bildquelle: www.blavatskyarchives.com/brown/jackbrownoneinstein.htm
21. https://paranormal.lt/_nw/49/76223023.png
22. https://1.bp.blogspot.com/-AOOlzqMK1P0/UCHoPJfJBZI/AAAAAAAAA4Q/ GIo-JaP9KZ90/s1600/MysteriousHead.jpg
23. https://i.pinimg.com/originals/66/45/ef/6645ef959e188d6409a2c6714df14a45.jpg
24. Bildquelle ist im Internet nicht mehr existent!
25. https://cdn.pixabay.com/photo/2023/08/11/17/24/ai-generated-8184040_1280.png

UFOS UND DIE RINGMACHER DES SATURN

Jason Mason

NASA-Sonden haben gigantische Raumschiffe fotografiert, die sich in den Ringen des Saturn verstecken – und man hält es geheim! Wer auch immer für diese gigantischen Maschinen in unserem Sonnensystem verantwortlich ist, hat Zugang zu einer unvorstellbar hoch entwickelten Technologie. Das wirft weitere Fragen hinsichtlich der Anwesenheit von außerirdischen Intelligenzen auf den benachbarten Planeten unseres Sonnensystems auf. Viele dieser Fragen werden in diesem Buch endlich beantwortet. Wir waren niemals allein und werden von nichtmenschlichen Wesen studiert! Weitere Themen des Buches sind: • Geschichte entschlüsselt: Existiert eine geheime Historie der Welt? • Haben Aliens der Vorzeit überall auf unserem Planeten Pyramiden errichtet? • 1933 stürzte in Italien ein UFO ab – was geschah damit? • Welche geheimen Regierungsprogramme finden in der „Area 51" statt? • Was befindet sich in den geheimen Kammern des Vatikans? • Versucht die „Unsichtbare Hand" eine Neue Weltordnung einzuführen, und will sie die Weltbevölkerung dezimieren? • Gab es eine Kooperation des Deutschen Reichs mit Zeitreisenden? • Weiße Götter: Warum versetzen verbotene Atlantis-Theorien Wissenschaftler in Panik? • Erfolgt jetzt die Rückkehr der Anunnaki und von Planet X?

ISBN 978-3985620210 • 26,00 Euro

GEHEIMNISSE DER WELT DER GÖTTER

Jason Mason

Haben Außerirdische die Pyramiden gebaut? In diesem Buch finden Sie eine Chronologie der verschwiegenen Fakten über die Geheimnisse von Ägypten aus der Zeit der leibhaftigen Götter. Ägyptologen der ersten Stunde ermittelten Beweise dafür, dass die ägyptische Kultur aus einer verlorenen Zivilisation hervorging, die durch menschenähnliche, göttliche Wesen begründet wurde. Um diese Tatsache zu verbergen, erschufen Geheimgesellschaften ein falsches Geschichtsbild über den Ursprung der Menschheit. Besonders die Identität und Herkunft der Pyramidenbauer ist heftig umstritten, denn viele Pharaonen besaßen die gleichen Gene wie moderne Europäer! Darüber hinaus suchen die einflussreichsten Ägyptologen der Welt nach der legendären Halle der Aufzeichnungen. Freimaurer wissen, dass diese Hinterlassenschaften von der verlorenen Zivilisation von Atlantis stammen. Deswegen wurde ein Komplott ersonnen, um den wahren Zweck der großen Gizeh-Pyramide und der mysteriösen Sphinx zu verbergen. Sie dienen als Zeitwächter und zur Markierung einer versiegelten, ägyptischen Unterwelt, die rätselhafte Artefakte birgt.

ISBN 978-3943348941 • 28,00 Euro

UFOS UND DAS GEHEIMNIS DER INNEREN ERDE

Jason Mason

Spätestens seit den 1940er-Jahren versuchen Forscher hinter das Geheimnis der mysteriösen Flugscheiben zu kommen. Fakt ist, dass sie schon seit dem Beginn der aufgezeichneten Menschheitsgeschichte einen beinahe unsichtbaren Einfluss auf unsere Zivilisation ausüben. Besonders die Verbindung des Deutschen Reichs und einer deutschen Absetzbewegung, die ein geheimes Weltraumprogramm erschaffen hat, hängt womöglich mit antikem Wissen außerirdischer Besucher zusammen. Gab es vor Kriegsende direkten Kontakt mit Wesen, die in altertümlichen Aufzeichnungen samt ihren Artefakten als „Götter der Vorzeit" Erwähnung finden?

Neue Hinweise aus den USA sowie aus Russland zeigen nun, dass ein Teil der UFOs gar nicht außerirdisch ist, sondern aus dem Inneren unseres Planeten stammt. Nicht nur Außerirdische haben seit Jahrtausenden riesige Stützpunkte in der Erdkruste und auf dem Grund der Ozeane errichtet, es gibt auch antike Hochzivilisationen, wie beispielsweise die Atlanter, die sich vor Katastrophen unter der Erdoberfläche und in großen Gebirgen in Sicherheit brachten und dort immer noch existieren.

ISBN 978-3-98562-004-3 • 26,00 Euro

MEIN VATER WAR EIN MiB – Band 5

Jason Mason

Wir nähern uns dem Kern der größten Mysterien unserer Zeit! Band 5 der MiB-Reihe reiht sich nahtlos in die Serie ein und es gibt eine Unmenge an neuen Informationen zu entdecken. Jason Mason berichtet wieder von den Bucegi-Bergen in Rumänien und die dortigen Tunnelsysteme, die ins Zentrum der Erde führen. Die Botschafter innerirdischer Zivilisationen hüten Aufzeichnungen der wahren historischen Geschichte der Menschheit. Wieso versucht die „Weltelite", das zu verhindern? Erfahren Sie die aufregendsten Geheimnisse deutscher Wissenschaftler, die für das frühe amerikanische Weltraumprogramm aktiv waren. Wer steuert die unbekannten Flugobjekte, und wird die Welt gerade auf die Bekanntgabe von UFOs und Außerirdischen auf der Erde vorbereitet? Jason Mason präsentiert neue Whistleblower, die weitere Details über die Alien-Präsenz auf der Erde enthüllen. Weitere Themen: Enthüllungen von militärischen Whistleblowern über UFOs, unheimliche Begegnungen mit Reptiloiden, geheime Untergrundbasen und das Geheime Weltraumprogramm sowie die Rückkehr der Anunnaki.

ISBN 978-3938656860 • 33,00 Euro

ALCHEMIST UND TEMPLER

Stefan Erdmann

Vor Ihnen liegt ein faszinierendes Buch, das es in dieser Form noch nie gegeben hat. Es handelt unter anderem von einem außergewöhnlichen Menschen, einem Alchemisten und Templer-Großmeister: Ewald Sauter aus Österreich. Er hatte vor Jahrzehnten Zugang zu geheimen Archiven eines Zisterzienserklosters. Aus dem Studium dieser Unterlagen gewann er nicht nur altes und bis dato nicht veröffentlichtes Wissen über den Templerorden, das Leben Jesu und die Geheimnisse der Bundeslade, sondern auch über die Alchemie und das Herstellen von Heiltinkturen.
Nach Jahren des Studiums stellte er eigene, hochwirksame Heiltinkturen her und hat im Laufe der letzten 30 Jahren tausenden von Menschen mit seiner besonderen Diagnostik und seinen selbst hergestellten Heiltinkturen geholfen, wieder gesund zu werden. Heute kommen Menschen nicht nur aus Österreich zu ihm, sondern auch aus Deutschland und anderen europäischen Ländern. Zweimal wurde er sogar vom katarischen Königshaus eingeladen, um mit seinem Heilwissen Familienangehörigen der Königsfamilie zu helfen. Bis heute hüten bestimmte Templerkreise den geheimen Ort der Bundeslade!

ISBN 978-3-985620-05-0 • 24,00 Euro

AUF DER SUCHE NACH DEM GARTEN EDEN

Roland M. Horn

Gerade heute, in einer Zeit der Kriege und der Seuchen und damit verbundenen Angst vor einem Dritten Weltkrieg sowie die Angst vor Viren wie Covid-19, mag sich der Mensch an das Paradies zurückerinnern, ja zurücksehnen – an den Garten Eden, in dem der Mensch lebte, bevor er wegen des Sündenfalls von dort vertrieben wurde. Hat der Garten Eden der Bibel je existiert und wenn ja, wo hat er wirklich gelegen? Eines ist klar: Die Geschichte von diesem Garten und insbesondere der Schöpfung überhaupt kann deswegen nicht als "religiöser Unsinn" verworfen werden, weil es keine Alternative gibt! Die Theorie von einer zufälligen Evolution ist vollkommen unbrauchbar, wie sich bei genauer Betrachtung herausstellt. So begibt sich der Autor auf die Suche nach dem Garten Eden, beleuchtet die Schöpfungsgeschichte der Bibel und findet einige bisher kaum beachtete und verblüffende Aussagen in ihr. Bei seinen Recherchen gelangt er zu verblüffenden Erkenntnissen und stößt neben alternativen, aber teilweise noch konventionellen Erklärungen u.a. auf ein technisch hoch entwickeltes Atlantis, außerirdische Besucher, eine antike Raumstation, eine urzeitliche immaterielle Welt sowie eine in Wirklichkeit holografische Erde.

978-3985620197 • 19,90 Euro

BANKEN, BROT UND BOMBEN – Band 1

Stefan Erdmann

Band 1

Die historischen Hintergründe...

„Es ist egal, ob George W. Bush oder Al Gore Präsident wird – Alan Greenspan ist der Chef der Notenbank...“, las man vor der letzten US-Präsidentschaftswahl in der Süddeutschen Zeitung.
Sicherlich sind die meisten Personen, die heute die Welt steuern, aus dem Wirtschafts- und Finanzbereich. Doch der wahre Grund, warum sie so mächtig sind und die Geschicke der Welt über unsichtbare Fäden lenken, liegt mitunter in ihrer Mitgliedschaft in Geheimlogen. Wer das ist und was diese Kreise vorhaben, präsentiert hier Stefan Erdmann in seinem Zweiteiler ***Banken, Brot und Bomben***.

ISBN 978-3-9807106-1-9 • 19,70 Euro

BANKEN, BROT UND BOMBEN – Band 2

Stefan Erdmann

Band 2

Mit den historischen Hintergründen aus Band 1 gewappnet, nimmt Sie Stefan Erdmann im Folgeband auf eine nicht weniger spannende Reise durch ein Netzwerk von Freimaurerlogen (Bilderbergern, Komitee der 300, CFR...), Medien- und Pharmamogulen, Energielobbyisten bis hin zur Hochfinanz mit und zeigt deren Machtstrukturen bis in die Jetztzeit auf. Dabei beleuchtet er unter anderem auch die Hintergrundpolitik der russischen Revolution und des Ersten Weltkrieges und erläutert dabei auch schlüssig, wieso aus den Ergebnissen, die auf der Versailler „Friedenskonferenz“ mit dem Versailler Vertrag beschlossen wurden, die Grundlage für einen neuen Weltkrieg geschaffen wurde.
Stefan Erdmann zeigt dabei auch schonungslos die Rolle der Massenmedien auf, verdeutlicht anhand von Beispielen, wie diese den heutigen Konsummenschen bewusst manipulieren, erläutert die Mechanismen der psychologischen Kriegsführung und die gezielte Verblödung unserer Kinder durch das gegenwärtige Erziehungssystem und eine bewusste Verrohung durch den Fernseher. Bei all diesen Betrachtungen lässt er auch die Hintergründe des inszenierten Anschlags auf das World Trade Center nicht außer Acht, erklärt die wahren Absichten der amerikanischen Regierung für den Krieg im Irak und damit den Beginn des Dritten Weltkriegs sowie die juristische Situation Deutschlands beziehungsweise des Deutschen Reiches nach dem Ende des Zweiten Weltkriegs.

ISBN 978-3-9807106-0-2 • 19,70 Euro

GEHEIMAKTE BUNDESLADE

Stefan Erdmann

Was wissen Sie über die Bundeslade? War Ihnen bekannt, dass es sich hierbei um den bedeutendsten Kultgegenstand der Juden und Christen handelt? Doch was verbirgt sich in ihr, was genau ist sie? Waren die zehn Gebote darin aufbewahrt? War es eine technische Apparatur oder gar ein Gerät zur Kommunikation mit den Göttern? Offiziell ist sie nie gefunden worden. Einige Quellen behaupten, sie sei spurlos verschwunden. Stefan Erdmann enthüllt in diesem Buch erstmals Details über einen geheimnisvollen Fund der Tempelritter im Jahre 1118, den diese aus Jerusalem nach Frankreich brachten und der die Grundlage für ihren unermesslichen Reichtum wurde. Auf seiner Spurensuche traf er sich unter anderem auch mit Vertretern verschiedener Logengemeinschaften und fand erstmals Verbindungen zwischen den Templern, den Freimaurern, den Zisterziensern und der Thule-Gesellschaft. Diese Verknüpfungen waren die Grundlage für geheime militärische wie auch wissenschaftliche Operationen, und es wurde offenbar, dass das Grundlagenwissen für den Bau deutscher Flugscheiben während des Zweiten Weltkriegs wie auch für das US-amerikanische Philadelphia Experiment im Jahre 1943, zum Teil aus Geheimarchiven der Zisterzienser stammte.

ISBN 978-3-9807106-2-6 • 21,00 Euro

DIE JAHRTAUSENDLÜGE

Jan van Helsing & Stefan Erdmann

Seit Jahrtausenden sind die Menschen von den ägyptischen Pyramiden fasziniert, dem letzten der sieben Weltwunder der Antike. Sie strahlen etwas Mystisches, etwas Magisches und Geheimnisvolles aus, und viele haben sich – so wie Stefan und Jan – in der Großen Pyramide aufgehalten, dort gar die eine oder andere Nacht verbracht und können von eigenartigen Erlebnissen, Visionen oder ganz besonderen Eindrücken berichten. Wie passt das zur gängigen Theorie, dass die Große Pyramide von Gizeh ein Grabmal gewesen sein soll? Oder war sie eine Einweihungsstätte, wie manch Esoteriker es annimmt? Was ist denn an solchen Behauptungen dran, was davon ist bewiesen? Oder war die Große Pyramide etwas ganz anderes?

Durch ein geheimes Zusammentreffen mit einem hochrangigen ägyptischen Diplomaten erfuhren Stefan und Jan von neuen, geheimen Grabungen und einer Entdeckung, welche den Sinn und Zweck der Erbauung der Großen Pyramide in ein ganz neues und gänzlich unerwartetes Licht rückt.

ISBN 978-3-938656-30-3 • 19,70 Euro

DEN GÖTTERN AUF DER SPUR

Stefan Erdmann

Waren wir bisher der Meinung, dass die Frage nach der Entstehung des Menschen längst geklärt sei? Wenn ja, werden wir durch dieses Werk eines Besseren belehrt. Stefan Erdmann hat auf seinen Expeditionen durch sechs Kontinente – schwerpunktmäßig jedoch durch den afrikanischen – Entdeckungen gemacht, die sehr überzeugend darlegen, dass die ersten Kulturbringer der Menschheit einst von den Sternen kamen und genetisch in die Entwicklung auf der Erde eingegriffen hatten. Wie ein roter Faden ziehen sich Berichte über diese „Besucher" durch die Geschichte der Menschheit, und wir werden dabei unweigerlich mit der Frage konfrontiert, ob der Mensch wirklich die Krone der Schöpfung ist, wie es das Alte Testament lehrt, oder nur ein evolutionärer Fremdling, der sein Auftauchen der Laune einer Gruppe von „Göttern" zu verdanken hat?

ISBN 978-3-9807106-6-4 • 20,30 Euro

HITLER ÜBERLEBTE IN ARGENTINIEN

Jan van Helsing, Stefan Erdmann & Abel Basti

Augenzeugen kontra Geschichtsbücher

„So ein Unsinn", werden Sie über den Titel denken. *„Hitler ist im Berliner Bunker gestorben. Man hat die verkohlten Leichen von ihm und Eva Braun gefunden, und das dort aufgefundene Gebiss wurde als das von Hitler identifiziert."*

Nun ja, diese Darstellung des Ablebens von Adolf Hitler ist zwar offiziell anerkannt und wurde kürzlich auch recht aufwendig verfilmt, ist aber selbst unter Historikern umstritten – nicht zuletzt deshalb, weil das angebliche Schädelfragment Hitlers im Jahre 2010 untersucht wurde und sich nach einem DNS-Test als das einer Frau herausstellte. Und wieso berichten die größten Tageszeitungen Paraguays im Jahre 2010, dass Hitler lange in Südamerika gelebt hat und auch dort gestorben ist? Nun stellen Sie sich bestimmt die Frage: *„Ja und, was soll's? Jetzt ist er aber bestimmt tot! Was soll ich mich damit noch beschäftigen?"* Richtig, genau das sollte man meinen. Allerdings werden in diesem Buch Personen präsentiert – die namentlich genannt werden –, die nicht nur behaupten, Adolf Hitler persönlich in Südamerika angetroffen zu haben und das über einen längeren Zeitraum hinweg – bis ins Jahr 1964 –, sondern auch, dass er die letzten zwanzig Jahre seines Lebens nicht untätig war – ganz im Gegenteil!

ISBN 978-3-938656-20-4 • 26,00 Euro